ALINHAMENTO

ROBERT S. KAPLAN
DAVID P. NORTON

ALINHAMENTO

ROBERT S. KAPLAN
DAVID P. NORTON

Tradução
Afonso Celso da Cunha Serra

Revisão Técnica
Equipe Symnetics:

Adriane Rickli
André Ribeiro Coutinho
Andréa Dias
Antonio Sorbara Júnior
Daniela Marques Luciano
Flávia Ribeiro
Guilherme Dultra
Guilherme Huguet
Jamile Balaguer Cruz
Jayme Alexandre Dias de Lima
Karina Kuroda
Luis Cláudio Pinho
Luis Eduardo de Carvalho
Luiz Ricardo Kabbach de Castro
Márcia Ares Coimbra
Maria Auxiliadora Moraes Amiden
Patrícia da Silva Pacheco
Reinaldo Belickas Manzini
Rogério Caiuby
Vanildo Siller

15ª tiragem

ALTA BOOKS
EDITORA
Rio de Janeiro, 2017

Impresso no Brasil.

Obra disponível para venda corporativa e/ou personalizada. Para mais informações, fale com projetos@altabooks.com.br

---

Copidesque
Cristiana de Assis Serra

Editoração Eletrônica
Estúdio Castellani

Revisão Gráfica
Mariflor Brenlla Rial Rocha

Produção Editorial
Elsevier Editora - CNPJ: 42.546.531./0001-24

Erratas e arquivos de apoio: No site da editora relatamos, com a devida correção, qualquer erro encontrado em nossos livros, bem como disponibilizamos arquivos de apoio se aplicáveis à obra em questão.

Acesse o site www.altabooks.com.br e procure pelo título do livro desejado para ter acesso às erratas, aos arquivos de apoio e/ou a outros conteúdos aplicáveis à obra.

Suporte Técnico: A obra é comercializada na forma em que está, sem direito a suporte técnico ou orientação pessoal/exclusiva ao leitor.

CIP-Brasil. Catalogação-na-fonte
Sindicato Nacional dos Editores de Livros, RJ

13996 Kaplan, Robert S., 1940-
K26a Alinhamento: utilizando o Balanced Scorecard para criar sinergias corporativas/Robert S. Kaplan e David P. Norton; tradução Afonso Celso da Cunha Serra. – Rio de Janeiro: Alta Books, 2017.

Tradução de: Alignment
ISBN: 978-85-508-0119-3

1. Planejamento estratégico. 2. Administração de empresas. 3. Organização industrial. 4. Alianças estratégicas (Negócios). 5. Eficiência organizacional. I. Norton, David P., 1941-. II. Título.

06-1190. CDD 658.4012
CDU 65.012.2

ALTA BOOKS
EDITORA

Rua Viúva Cláudio, 291 — Bairro Industrial do Jacaré
CEP: 20970-031 — Rio de Janeiro - RJ
Tels.: (21) 3278-8069 / 3278-8419
www.altabooks.com.br — altabooks@altabooks.com.br
www.facebook.com/altabooks

Prefácio

Alinhamento é o quarto livro resultante de nossa colaboração. Nosso primeiro artigo, "Balanced Scorecard – Indicadores que impulsionam o Desempenho", e nosso primeiro livro, *A Estratégia em Ação – Balanced Scorecard*, introduziram uma nova abordagem para mensuração do desempenho organizacional.[1] O artigo e o livro ofereceram orientação e exemplos para a escolha de indicadores nas quatro perspectivas do Balanced Scorecard e descreveram um novo sistema para a gestão da estratégia que já havia sido adotado pelos primeiros usuários do conceito. O artigo seguinte, "Usando o Balanced Scorecard como Sistema de Gestão da Estratégia", e nosso segundo livro, *Organização Orientada para a Estratégia*, descreveram como as empresas estavam utilizando o scorecard como elemento central de um sofisticado sistema para gerenciar a execução da estratégia.[2] Esses trabalhos, nos quais desenvolvemos o sistema de gestão da estratégia apresentado no primeiro livro, identificaram cinco princípios-chave para alinhar os sistemas de mensuração e gestão com a estratégia:

1. Mobilizar a mudança por meio da liderança executiva
2. Traduzir a estratégia em termos operacionais
3. Alinhar a organização com a estratégia
4. Motivar para transformar a estratégia em tarefa de todos
5. Gerenciar para converter a estratégia em processo contínuo

Um terceiro livro, *Mapas Estratégicos*, e outro artigo, "Having Trouble with Your Strategy? Then Map It", desenvolveram o Princípio 2 sobre como traduzir a estratégia em objetivos e indicadores tangíveis.[3] O livro e o artigo propuseram um modelo geral para representar a estratégia por meio de objetivos específicos, que podiam ser interligados através de relações de causa e efeito, ao longo das quatro perspectivas do Balanced Scorecard. O modelo alinhou processos, pessoas e tecnologias com a proposta de valor para os clientes e com os objetivos dos clientes e acionistas.

O presente livro amplia o Princípio 3: alinhar todas as unidades organizacionais com a estratégia. A maioria das empresas compõe-se de múltiplos negócios e várias unidades de apoio. As corporações operam sob um único guarda-chuva corporativo, de modo a obter economias de escala e escopo. Mas para conseguir esses benefícios, a administração corporativa precisa de uma ferramenta para articular a teoria sobre como operar as várias unidades que constituem a estrutura organizacional, de modo a gerar valor além do que cada unidade seria capaz de criar de maneira isolada, sem orientação e intervenção central. Afinal, a administração corporativa pode subtrair mais do que somar, pois incorre em custos explícitos decorrentes dos salários e despesas gerais referentes à equipe de executivos da sede. Também impõe custos implícitos, decorrentes da demora no processo decisório e da exigência de que as unidades de negócio e as unidades de apoio apresentem relatórios gerenciais. A criação de valor que compensa esses custos deve resultar do alinhamento das unidades descentralizadas para gerar nova fonte de valor, que denominamos *valor gerado pela organização*.

Este livro introduz o papel do Mapa Estratégico e do Balanced Scorecard corporativos, que esclarecem as prioridades da administração central, de modo que, então, sejam claramente comunicadas a cada unidade de negócio e de apoio, assim como ao conselho de administração e aos principais clientes, fornecedores e parceiros. Em seguida, a administração central examina os Mapas Estratégicos e os scorecards produzidos por essas unidades, a fim de acompanhar como as prioridades da empresa estão sendo implementadas por qualquer uma de suas partes componentes. Usados dessa maneira, o Mapa Estratégico e o Balanced Scorecard corporativos oferecem aos executivos da sede uma estrutura de governança que ajuda a converter em realidade a criação de valor, resultante de sinergias organizacionais, que até então se encontrava em estado latente.

Além do alinhamento das unidades organizacionais, que constitui o foco básico deste livro, a administração corporativa também deve promover o alinhamento das pessoas e dos processos e sistemas gerenciais com a estratégia (Princípios 4 e 5 da organização orientada para a estratégia). Para completar nossa análise, exploramos, com menos detalhes, esses dois outros processos de alinhamento no último capítulo do livro.

AGRADECIMENTOS

Este livro baseia-se em vasta literatura sobre a estratégia no nível corporativo, que resumimos no Capítulo 2. Muito devemos ao trabalho pioneiro de estudiosos da estratégia, que nos ensinaram o poder da estratégia corporativa:* Alfred Chandler, Michael Porter, Cynthia Montgomery, David Collis, Joseph Bower, Michael Goold, Andrew Campbell, Marcus Alexander, Gary Hamel, C. K. Prahalad e Constantinos Markides. Esperamos que tenhamos refletido suas contribuições com fidedignidade, a elas acrescentando nossas explicações sobre como desenvolver um sistema de mensuração e de gestão que transmita e gerencie a captação do *valor gerado pela organização.*

Também muito nos beneficiamos com as experiências das mais de 30 empresas que citamos neste livro. As inovações contínuas em suas organizações sempre estimularam e enriqueceram nossas ideias. Em especial, expressamos nossos agradecimentos às seguintes pessoas:

• Aktiva	Andreja Kodrin
• Bank of Tokyo-Mitsubishi	Takehiko Nagumo, Nobuyuki Hirano
• Canon, EUA	Charles Biczak
• Citizen Schools	Eric Schwarz
• DuPont	Craig Naylor
• First Commonwealth Financial Corporation	Angela Ritenour, Jerry Thomchick
• Handleman Company	Stephen Strome, Mark Albrecht, Rozanne Kokko, Gina Drewek
• Hilton	Dieter Huckestein, Dennis Koci
• IBM	Ted Hoff, Lynda Lambert

* *Nota do Tradutor:* A *estratégia corporativa* situa-se no nível da *corporação*, no sentido de "empresa ou grupo de empresas de grande porte e de forte presença em um ou mais setores de atividade" (Dicionário Houaiss da Língua Portuguesa). Em nível mais baixo, encontram-se as *estratégias das unidades de negócio* (ou competitivas). Portanto, *estratégia corporativa* é a da *corporação* composta de várias unidades de negócio. Refere-se ao empreendimento ou grupo como um todo e não se confunde com as estratégias específicas de cada unidade de negócio.

- Ingersoll-Rand — Herb Henkel, Don Rice
- KeyCorp — Henry Meyer, Michele Seyranian
- Lockheed Martin — Pamela Santiago
- Marriott — Roy Barnes
- MDS Corporation — John Rogers, Bob Harris
- Media General — Stewart Bryan, Bill McDonnell
- New Profit Inc. — Vanessa Kirsch
- RCMP — Giuliano Zacardelli, Keith Clark
- Unibanco — Marcelo Orticelli
- Exército dos EUA — Strategic Readiness System Team

Também agradecemos aos profissionais da Balanced Scorecard Collaborative. Esse pessoal talentoso sempre promoveu as boas práticas de gestão nas organizações dos clientes. Eles são nossa fonte de conhecimentos. Gostaríamos de reconhecer as seguintes contribuições específicas para este livro: Arun Dhingra, por seu trabalho para o alinhamento de organizações financeiras; Robert Gold, por suas contribuições para o alinhamento de organizações de TI; Cassandra Frangos, por sua liderança no alinhamento do capital humano; Mike Nagel, por seu trabalho pioneiro na governança exercida pelos conselhos de administração; Randy Russell, por suas pesquisas sobre programas de melhores práticas em gestão; e Rob Howie, por liderar o programa do Balanced Scorecard Hall of Fame.

Gostaríamos de agradecer a Steve Fortini, que preparou os muitos gráficos complexos deste livro. Finalmente, somos gratos aos nossos assistentes – Rose LaPiana e David Porter – e ao pessoal da HBS Press, sobretudo a Hollis Heimbouch, responsável pela edição de nossos quatro livros sobre o Balanced Scorecard, e Jen Waring, editora de produção.

NOTAS

1. R. S. Kaplan e D. P. Norton, "The Balanced Scorecard: Measures that Drive Performance", *Harvard Business Review* (janeiro-fevereiro de 1992): 71-79; R. S. Kaplan e D. P. Norton, *The Balanced Scorecard: Translating Strategy into Action* (Boston: Harvard Business School Press, 1996).

2. R. S. Kaplan e D. P. Norton, "Using the Balanced Scorecard as a Strategic Management System", *Harvard Business Review* (janeiro-fevereiro de 1996): 75-85; R. S. Kaplan e D. P. Norton, *The Strategy-Focused Organization: How Balanced Scorecard Companies Thrive in the New Competitive Environment* (Boston: Harvard Business School Press, 2001).
3. R. S. Kaplan e D. P. Norton, "Having Trouble with Your Strategy? Then Map It", *Harvard Business Review* (setembro-outubro de 2000): 167-176; R. S. Kaplan e D. P. Norton, *Strategy Maps: Converting Intangible Assets into Tangible Out-comes* (Boston: Harvard Business School Press, 2004).

Prefácio da Edição Brasileira

Organizações em todo mundo têm buscado colocar a estratégia no centro dos seus modelos de gestão. O propósito é assegurar que a estratégia, como instrumento de comunicação e de gestão, chegue a todos os níveis da organização e seja compartilhada. A esta tarefa de assegurar sinergias entre equipes, processos, unidades de negócio e parceiros externos denominamos "Alinhamento".

O livro *Alinhamento* é uma síntese construída a partir da observação de casos reais de aplicação da gestão da estratégia em todo o mundo e das maneiras como organizações vencedoras têm buscado mecanismos diferenciados para garantir alinhamento interno e externo. Nele será possível constatar as diferentes alternativas para de fato assegurar sinergias e o desdobramento da estratégia de uma organização. Será abordado o papel da "corporação", e a forma pela qual ela influencia significativamente as premissas de desdobramento e implementação da estratégia; o papel das Unidades de Negócio e das Áreas de Apoio; o alinhamento com acionistas e parceiros externos, entre outros. Todo este conhecimento visa, sobretudo, auxiliar organizações de todo o mundo em sua contínua evolução na direção de uma "Organização com Foco na Estratégia".

O Brasil tem demonstrado evolução significativa neste processo de alinhamento. Organizações de diferentes portes, setores de atuação e características têm buscado, de forma criativa e fundamentada, a criação de sinergias internas e externas. Grupos empresariais nacionais, por exemplo, veem no Balanced Scorecard um instrumento poderoso na descentralização da gestão e no fortalecimento da Governança Corporativa. Nestas empresas a utilização de mapas e objetivos estratégicos em todos os níveis tem sido uma forte aliada dos executivos e colaboradores no crescimento dos negócios. Por outro lado, organizações brasileiras de interesse público têm procurado alinhar ações e atividades de suas diversas unidades e áreas em torno de objetivos e metas. Organizações públicas focadas na estratégia configuram uma resposta dos gestores destas instituições à demanda por maior eficácia e eficiência no setor. Tanto nas empresas privadas como em organizações públicas ou sem fins lucrativos, o Balanced Scorecard não tem sido aplicado somente como instrumento de medição e controle, mas sim como alavanca para a evolução e a mudança em termos de gestão. As organizações brasileiras têm também, desta forma, contribuído significativamente com novas técnicas e alternativas para promover o alinhamento.

Algumas experiências de alinhamento em empresas brasileiras merecem destaque: CST, Suzano Petroquímica, Duke Energy Brasil, Unibanco AIG Seguros, Petrobras e SENAI.[1] É comum em todas elas o esforço e a convicção de que todos devem conhecer e participar da estratégia. Dentro deste espírito, temos observado também iniciativas que buscam criar o alinhamento de diferentes partes interessadas em prol de uma estratégia compartilhada já nos primeiros passos de implementação do Balanced Scorecard. Um exemplo a ser destacado é o movimento "O Rio Grande que Queremos", um esforço inédito em nível estadual (Rio Grande do Sul) que inclui representantes do empresariado, governo, trabalhadores, ONGs, universidades, líderes políticos e religiosos na formulação e implementação de uma agenda estratégica do estado para 2020. Independentemente do governo e do contexto político, iniciativas desta natureza estão crescendo em áreas distintas como indústria (reunindo centenas de empresários) e educação (através da articulação entre educadores e empresários) como forma legítima de democracia e protagonismo da sociedade na implementação de um futuro melhor.

Ainda de forma pioneira e dentro do processo de alinhamento organizacional, temos verificado no Brasil a prática de vínculo de processos com a estratégia. Muitas vezes no lugar de optar pelo alinhamento funcional, ou seja, desdobramento da estratégia corporativa para áreas, unidades ou departamentos, tem-se percebido a necessidade crescente de assegurar um melhor vínculo da estratégia com as atividades do dia a dia sistematizadas nos processos. Iniciativas como esta têm se destacado em diferentes setores como o automotivo, químico etc.

Finalmente, podemos constatar que o uso do Balanced Scorecard como alavanca de uma gestão com foco na estratégia tem crescido significa-

---

1. Vide *Gestão da estratégia: Experiências e lições de empresas brasileiras*, Symnetics, Rio de Janeiro. Campus/Elsevier, 2005.

tivamente em nosso país. Já somos considerados como referência em uma série de práticas. As organizações brasileiras têm vivenciado o "Alinhamento Organizacional" como um princípio fundamental da sua gestão. Estamos certos de que o livro em questão acrescentará muitos subsídios a todo este aprendizado, beneficiando organizações de todo mundo.

Fanny Schwarz
Country Manager
Symnetics Brasil
Balanced Scorecard Collaborative Affiliate – A Palladium Company

Sobre os Autores

ROBERT S. KAPLAN é professor da Baker Foundation da Harvard Business School, autor ou coautor de 16 artigos publicados pela *Harvard Business Review*, mais de 100 outros trabalhos e 12 livros, inclusive quatro com David Norton. Suas atividades de pesquisa, ensino, consultoria e palestras se concentram na integração da estratégia com o desempenho e com os sistemas de gestão de custos, principalmente os métodos Balanced Scorecard e Custeio Baseado em Atividades. Recebeu numerosas honrarias, inclusive os prêmios Outstanding Educator Award, da American Accounting Association (AAA), Lifetime Contributions Award, da Management Accounting Section da AAA, e o Chartered Institute of Management Accountants (UK) Award for "Outstanding Contributions to the Accountancy Profession". Pode ser encontrado em rkaplan@hbs.edu.

DAVID P. NORTON é presidente da Balanced Scorecard Collaborative/Palladium, empresa de serviços profissionais que facilita, mundialmente, o uso do método Balanced Scorecard para a execução da estratégia. Antes, foi presidente da Renaissance Solutions, Inc., empresa de consultoria que cofundou em 1992, e da Nolan, Norton & Company, onde ficou 17 anos como presidente. O Dr. Norton é consultor empresarial, pesquisador e palestrante nas áreas de gestão do desempenho estratégico. Com Robert Kaplan, é cocriador do conceito de Balanced Scorecard, coautor de sete artigos na *Harvard Business Review* e coautor de três livros: *A estratégia em Ação – Balanced Scorecard; Organização orientada para a estratégia – como as empresas que adotam o Balanced Scorecard prosperam no novo ambiente de negócios* e *Mapas Estratégicos – convertendo ativos intangíveis em resultados tangíveis.* É Trustee da Worcester Polytechnic Institute e ex-diretor da ACME (Association of Consulting and Management Engineers). Pode ser encontrado em dnorton@bscol.com.

Sobre os Autores

Sumário

CAPÍTULO 1

ALINHAMENTO

Fonte de Valor Econômico

Nos fins de semana do outono e da primavera, geralmente avistamos barcos de remo para oito pessoas subindo o Charles River, que separa Boston de Cambridge. Embora cada barco seja impulsionado por atletas altamente motivados, a chave do sucesso é a sincronia entre os remadores. Imagine uma equipe de oito remadores muito bem treinados e com excelente condicionamento físico, mas cada um imbuído de ideias diferentes sobre como alcançar o sucesso: quantas remadas por minuto é o nível ótimo e que curso seguir em face da direção e da velocidade do vento, das correntes fluviais e do curso sinuoso com várias pontes. Se oito remadores excepcionais desenvolvessem e tentassem implementar suas próprias táticas, os resultados seriam desastrosos. Remando em ritmos diferentes e em direções diversas, o barco provavelmente movimentar-se-ia em círculos e talvez virasse. As equipes vencedoras invariavelmente remam em perfeita sincronia; cada integrante movimenta o remo com vigor, mas de maneira coordenada com os outros, sob a orientação de um timoneiro, que é responsável pelo ritmo das remadas e pela direção da embarcação.

Muitas empresas são como barcos sem coordenação. São compostas por maravilhosas unidades de negócios, cada uma delas reunindo executivos altamente treinados, experientes e motivados. Mas os esforços das várias unidades de negócio não estão alinhados entre si. Na melhor das hipóteses, as unidades de negócio não interferem umas nas outras e o desempenho da corporação é igual à soma do desempenho de cada unidade de negócio, menos o custo da administração central. O mais provável, contudo, é que as diferentes unidades de negócio desenvolvam atividades conflitantes envolvendo clientes comuns ou recursos compartilhados, ou que percam oportunidades de desempenho ainda melhor, por não conseguirem coordenar suas ações. Como consequência, o resultado final fica muito aquém do que poderia ser alcançado se elas trabalhassem juntas.

O timoneiro do barco a remo é como a administração central. O mau timoneiro ocupa espaço valioso, aumenta o peso do barco e compromete o desempenho geral da equipe. Já o bom timoneiro, em contraste, compreende os pontos fortes e os pontos fracos de cada remador, estuda o ambiente externo e analisa a competição. Define, então, um curso de ação claro para o barco e assegura sua implementação, mediante a coordenação dos remadores em busca do desempenho ótimo. O bom timoneiro, como a administração corporativa bem liderada, contribui para o melhor desempenho dos remadores individualmente.

ALINHAMENTO É IMPORTANTE

Todos os anos, a Balanced Scorecard Collaborative seleciona algumas organizações para ingressarem no *Balanced Scorecard Hall of Fame for Strategy Execution*,[1] por terem implementado com sucesso suas estratégias, utilizando um sistema de gestão de desempenho baseado no BSC.

Por exemplo, vejam o caso da Chrysler Group, divisão de automóveis da DaimlerChrysler, nos Estados Unidos, que se deparou com previsão de prejuízo de US$5,1 bilhões no exercício de 2001. A divisão contratou um novo CEO, que usou o BSC para comunicar uma reformulação completa da estratégia, abrangendo redução de custos e crescimento futuro, por meio do desenvolvimento de novos produtos. Apesar do enfraquecimento contínuo do mercado automobilístico americano, a Chrysler gerou lucro de US$1,9 bilhão em 2004, mediante uma combinação de lançamentos de novos veículos e aumentos substanciais na eficiência da produção. A Media General, empresa regional de comunicação (jornais, televisão e internet), recorreu ao scorecard para alinhar seus diferentes negócios numa nova estratégia de convergência. Em quatro anos suas ações valorizaram-se 85% mais do que as de seus concorrentes. O conglomerado coreano E-Land (hotéis, móveis, construções e varejo de roupas) dobrou sua receita para US$1,1 bilhão entre 1998 e 2003, com aumento no lucro que passou de US$8 milhões para US$150 milhões, no mesmo período.

Estudamos as práticas de gestão específicas, adotadas pelas organizações do Hall of Fame, e as comparamos com as de dois outros grupos, a que tivemos acesso por meio de pesquisa on-line: os usuários com benefícios expressivos (*high-benefit users* – HBU) informaram que alcançaram resultados significativos com o uso do Balanced Scorecard, e os usuários com benefícios pouco expressivos (*low-benefit users* – LBU) alegaram que obtiveram apenas benefícios limitados com seus programas de scorecard. Classificamos as práticas de ambos os grupos em cinco princípios de gestão que já tínhamos identificado como importantes para a implementação bem-sucedida da estratégia:[2]

- *Mobilização*: orquestrar a mudança por meio da liderança executiva.
- *Tradução da estratégia*: desenvolver Mapas Estratégicos, indicadores balanceados, metas e iniciativas.
- *Alinhamento da organização*: alinhar a corporação, as unidades de negócio, as unidades de apoio, os parceiros externos e o conselho de administração com a estratégia.
- *Motivação dos empregados*: proporcionar capacitação, comunicação, definição clara de objetivos, remuneração variável e treinamento.
- *Gerenciamento*: integrar a estratégia ao planejamento, ao orçamento, aos sistemas de relatórios e às reuniões gerenciais.

A Figura 1.1 compara os três grupos quanto aos níveis de excelência que alcançaram nas práticas de gestão da estratégia. Os resultados revelam nítida ordem de classificação. O nível de excelência nas práticas das organizações Hall of Fame superou o dos outros dois grupos em cada um dos processos de gestão da estratégia, e o nível de excelência nas práticas dos usuários com benefícios expressivos também se revelou bem melhor do que o dos usuários com benefícios pouco expressivos, sob os mesmos critérios de avaliação. O melhor desempenho nas práticas de gestão da estratégia está associado ao alto nível dos benefícios obtidos.

A maior diferença entre as práticas das organizações Hall of Fame e as dos outros dois grupos ocorreu no alinhamento organizacional. As empresas que desfrutam dos maiores benefícios resultantes do novo sistema de gestão do desempenho são muito melhores no alinhamento de suas estra-

Figura 1.1 Relação entre excelência na gestão e nível de benefícios

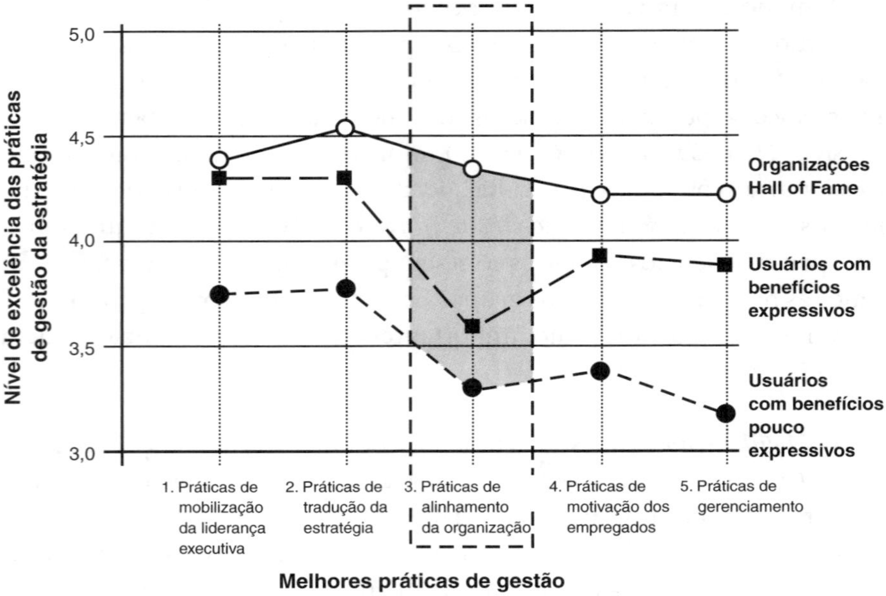

Os participantes classificaram seu nível de excelência nas práticas utilizando uma escala de cinco pontos:
(1 = "Somos péssimos"; 2 = "Não somos bons"; 3 = "Somos razoáveis";
4 = "Somos bons"; 5 = "Somos a melhor prática")

tégias no nível da corporação, das unidades de negócio e das unidades de apoio, demonstrando que esse alinhamento, assim como o sincronismo alcançado pelas equipes de remadores de alto desempenho, produz grandes benefícios. Compreender como promover o alinhamento nas organizações é um grande desafio, capaz de gerar retornos expressivos para todos os tipos de empresas. Nosso interesse pelo assunto é natural, pois pesquisas com altos executivos revelam que o Balanced Scorecard é considerado uma das principais ferramentas para gerar integração organizacional.[3]

VALOR GERADO PELA CORPORAÇÃO

O alinhamento das unidades organizacionais para criar valor no nível da corporação tem recebido menos atenção do que a criação de valor no nível das unidades de negócio (UN). A maioria das teorias sobre estratégia se concentra nas unidades de negócio, com seus diferentes produtos, serviços, clientes, mercados, tecnologias e competências. A estratégia de uma unidade de negócio descreve como ela pretende criar produtos e serviços que ofereçam aos clientes potenciais um conjunto de benefícios único e diferenciado, chamado *proposta de valor para o cliente*. Se a proposta de valor for bastante atrativa, as sucessivas compras pelos clientes criam valor para a unidade de negócio. Em nosso livro anterior analisamos quatro propostas de valor, com base nas quais as unidades de negócio tipicamente competem no mercado.[4]

Melhor custo total:	Oferece produtos e serviços consistentes, oportunos e de baixo custo.
Líder de produto:	Oferece produtos e serviços que expandem as fronteiras dos atuais níveis de desempenho.
Relacionamento ou intimidade com o cliente:	Fornece um conjunto personalizado de produtos e serviços, combinados com conhecimento profundo de cada cliente, para oferecer uma solução completa.
Aprisionamento:	Fornece uma plataforma que se torna o padrão da indústria para a oferta de produtos e serviços.

As unidades de negócio desenvolvem Mapas Estratégicos e Balanced Scorecards para promover o consenso entre o grupo de executivos, para comunicar a estratégia aos empregados de modo que possam colaborar na sua execução, para alocar recursos com base nas prioridades estratégicas e, finalmente, para monitorar e orientar a execução da estratégia. Todas essas atividades proporcionam melhores condições às unidades de negócio para a criação de valor em seus relacionamentos com os clientes.

No entanto, atualmente a maioria das grandes empresas é composta por portfólios de unidades de negócio e unidades de serviços compartilhados. Para que a corporação agregue valor ao seu conjunto de unidades de negócio e unidades de serviços compartilhados, ela precisa alinhar essas unidades operacionais e de serviços para criar *sinergia*. Esse é o coração da estratégia organizacional, definir como a corporação agrega valor.[5] Quando a organização alinha as atividades de suas várias unidades de negócio e unidades de apoio, ela cria fontes adicionais de valor, que denominamos *valor gerado pela organização.*

$$\left[\begin{array}{c}\text{Criação}\\ \text{de valor}\end{array}\right] = \left[\begin{array}{c}\text{Valor gerado}\\ \text{pelo cliente}\end{array}\right] + \left[\begin{array}{c}\text{Valor gerado}\\ \text{pela}\\ \text{organização}\end{array}\right]$$

$$\left[\begin{array}{c}\text{Estratégia}\\ \text{de criação}\\ \text{de valor}\end{array}\right] = \left[\begin{array}{c}\text{Proposta de}\\ \text{valor para}\\ \text{o cliente}\end{array}\right] + \left[\begin{array}{c}\text{Proposta de}\\ \text{valor da}\\ \text{organização}\end{array}\right]$$

Por exemplo, uma corporação pode desenvolver um novo canal de vendas, que promove a venda cruzada de produtos e serviços oferecidos por suas várias unidades de negócio. É possível obter economias de escala mediante o compartilhamento de recursos críticos dispendiosos, como unidades de produção, sistemas de informação ou laboratórios de pesquisa e desenvolvimento. Mas a sinergia não será criada se o nível corporativo não desempenhar papel ativo identificando e coordenando as oportunidades para a integração de suas unidades de negócio descentralizadas. Se, contudo, a corporação não criar tais sinergias – ou, pior, consumir parte do valor criado por seu conjunto de unidades operacionais e de serviços –, os investidores podem questionar, com razão, por que as várias unidades são reunidas sob uma organização comum. Os acionistas obteriam maior retorno se dissolvessem a corporação desarticulada e ficassem com participação proporcional nas operações como empresas individuais, evitando o custo e a burocracia de gerir uma corporação.

A estratégia corporativa descreve como uma organização evita esse destino, criando valor superior ao que seria gerado por unidade, se fossem negócios independentes. Denominamos esse conjunto de objetivos específicos, comuns a todas as unidades, e que geram valor para a organização, *proposta de valor da organização.*

Os órgãos públicos e as organizações sem fins lucrativos enfrentam questões semelhantes. O Departamento de Defesa dos Estados Unidos precisa integrar os esforços de unidades grandes e poderosas (como o Exército, a Marinha, os Fuzileiros Navais, a Força Aérea e a Agência de Logística da Defesa), todas com verbas próprias, além da tradição de muitos anos de funcionamento autônomo. A Royal Canadian Mounted Police também tem que alinhar suas diversas unidades funcionais e regionais, não só as da polícia nacional, que enfrentam a criminalidade e o terrorismo internacional, mas também as unidades remotas que promovem a saúde e a segurança das comunidades aborígines, além de unidades terceirizadas, que prestam serviços de policiamento tradicional às províncias e municípios. A American Diabetes Association e a Cruz Vermelha precisam reunir uma rede multinacional de unidades descentralizadas sob filosofia e marca comuns. Cada uma dessas entidades necessita de uma metodologia, como o Balanced Scorecard e o Mapa Estratégico, para esclarecer, comunicar e facilitar seu papel corporativo.

Proposta de valor da organização

O modelo das quatro perspectivas do Balanced Scorecard descreve como a unidade de negócio cria valor para os acionistas, por meio de melhor relacionamento com o cliente, impulsionado pela excelência nos processos internos. Os processos são aprimorados continuamente, mediante o alinhamento de pessoas, sistemas e culturas. As quatro perspectivas são as seguintes:

Perspectiva financeira	Quais são as expectativas de nossos acionistas, em termos de desempenho financeiro?
Perspectiva do cliente	Para atingir nossos objetivos financeiros, como criamos valor para os clientes?
Perspectiva de aprendizado e crescimento	Como alinhamos nossos ativos intangíveis – pessoas, sistemas e cultura – para melhorar os processos críticos?
Perspectiva dos processos internos	Em que processos devemos ser excelentes para satisfazer nossos clientes e acionistas?

Cada uma dessas quatro perspectivas é interligada por uma cadeia de relações de causa e efeito. Por exemplo, um programa de treinamento para aprimorar as habilidades dos empregados (perspectiva de aprendizado e crescimento) contribui para a melhoria dos serviços aos clientes (perspectiva dos processos internos), o que, por sua vez, resulta em maior satisfação e lealdade dos clientes (perspectiva dos clientes) e, por fim, aumenta a receita e as margens (perspectiva financeira).

O modelo das quatro perspectivas, usado no desenvolvimento das estratégias das unidades de negócio, se estende naturalmente à elaboração do Balanced Scorecard corporativo (Figura 1.2). A corporação não tem clientes nem opera processos que geram produtos e serviços. Clientes e processos operacionais pertencem ao domínio das unidades de negócio. A corporação alinha as atividades que criam valor, executadas por suas unidades de negócio – criando condições para que gerem mais benefícios para os clientes e/ou para que reduzam seus custos operacionais totais – além do que poderiam alcançar por si mesmas, se funcionassem com total independência. Assim, os objetivos das quatro perspectivas do Balanced Scorecard corporativo devem responder às seguintes perguntas:

Perspectiva financeira: Como podemos aumentar o valor para o acionista de nosso portfólio de unidades de negócio estratégicas?

A sinergia financeira da corporação gira em torno de temas como onde investir, onde colher, como equilibrar o risco e como criar uma imagem atrativa para os investidores. A administração corporativa de *holdings* e de corporações altamente diversificadas (como Berkshire Hathaway, FMC Corporation e Textron) cria valor principalmente com base em sua capacidade superior de alocar capital entre as unidades operacionais. O valor corporativo para essas empresas diversificadas resulta da operação de um mercado de capitais interno que é mais eficaz e eficiente do que se cada unidade de negócio fosse uma companhia aberta independente.

Outras corporações, além de se empenhar para a obtenção de sinergias financeiras resultantes de processos superiores de alocação de recursos e de governança corporativa, desempenham papel ativo na criação de sinergias entre as três outras perspectivas do Balanced Scorecard.

Perspectiva do cliente: Como podemos compartilhar a interface com os clientes para aumentar o valor total?

Cliente satisfeito é recurso valioso. A predisposição positiva resultante do bom relacionamento com os clientes se traduz em propensão para a recompra e em tendência de ampliação do relacionamento para outros produtos e serviços da empresa, sobretudo os que se apresentam sob a mesma marca. Empresas com outlets de varejo homogêneos – como agências bancárias e

Figura 1.2 Construindo o scorecard corporativo

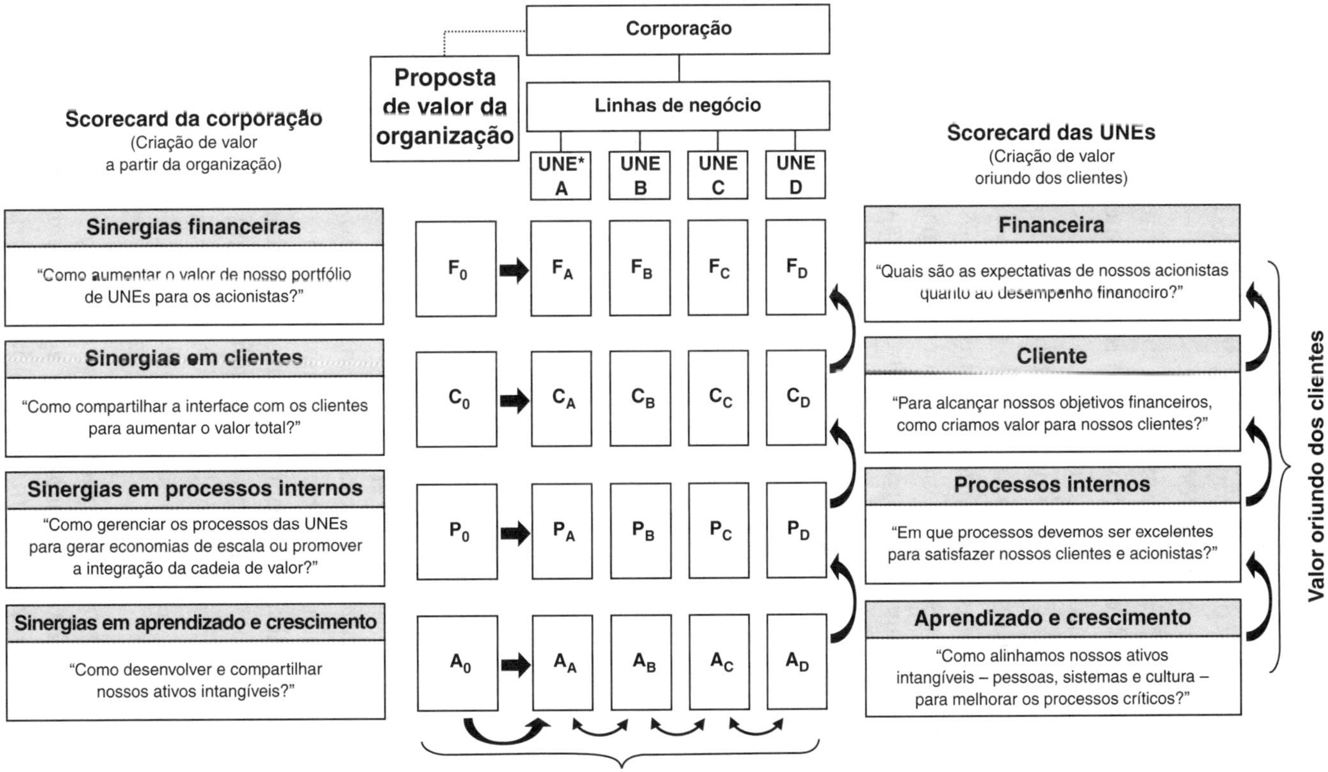

*UNE = Unidade de Negócio Estratégica.

lojas, e franqueadores como Hotéis Hilton e Wendy's – tentam promover a padronização em todas as suas unidades dispersas, para fornecer aos clientes uma experiência comum e consistente, em todas as localidades, de modo a ampliar e reforçar a marca corporativa.

Em corporações mais diversificadas, uma única unidade de negócio pode iniciar e desenvolver até certo ponto o relacionamento com determinado cliente, mas ela acabará limitada em suas pretensões pela variedade de seus produtos e serviços. Outras unidades de negócio da corporação são capazes de ampliar o relacionamento, oferecendo produtos e serviços complementares ao mesmo cliente. Um fabricante de instrumentos médicos, por exemplo, talvez tenha clientes satisfeitos e leais para a sua gama de produtos. Mas também é possível que ele consiga gerar outras fontes de receita – quem sabe mais lucrativas e decerto mais estáveis – por meio de serviços de pós-venda e manutenção, executados pela unidade de negócio de assistência técnica. Ao expandir a mensagem de marketing e reformular o processo de vendas, as corporações podem oferecer aos clientes os produtos de várias unidades de negócio, aumentando assim a receita por cliente, através de vendas cruzadas.

Por exemplo, a estratégia anterior da Northwestern Mutual, empresa de serviços financeiros, baseava-se na oferta de seguros de vida com características superiores, por meio de uma única força de vendas de especialista em seguros. A nova estratégia da empresa ampliou essa base, acrescentando toda uma faixa de produtos de investimento e de serviços de assessoria, para atender às necessidades dos clientes nas áreas de proteção financeira, gestão de patrimônio, preservação de propriedades imobiliárias e distribuição de ativos. A empresa criou uma rede de especialistas para ajudar a força de vendas, por meio da orientação e do apoio necessários para servir aos clientes e promover a venda cruzada desse conjunto mais extenso de serviços. O papel da corporação era criar valor mediante a ampliação do conjunto de serviços oferecidos aos clientes, que agora contavam com os conhecimentos da equipe de vendas e com a oferta de produtos múltiplos complementares, de modo a dispor de soluções mais completas. A corporação criou equipes de trabalho entre as unidades de negócio que até então operavam de maneira autônoma.

Perspectiva interna: Como podemos gerenciar os processos das UNEs para obter economias de escala ou promover a integração da cadeia de valor?

As grandes organizações têm oportunidades de criar economias de escala para ampliar a vantagem competitiva e o valor para os acionistas. Os processos de compras e distribuição do Wal-Mart (setor privado) e dos Serviços de

Logística da Defesa (setor público) operam em uma escala de valores equivalente ao Produto Interno Bruto de alguns países pequenos. Todas as corporações compostas de várias unidades são capazes de criar economias de escala com base no exame de processos comuns às diferentes unidades de negócio.

Por exemplo, uma das áreas corporativas de um varejista, como The Limited, contrata e gerencia os imóveis utilizados por todas as lojas de varejo. Outra área no nível corporativo negocia com os fornecedores para todas as unidades de negócio. Empresas automobilísticas, como a Daimler-Chrysler, coordenam o design e o desenvolvimento de novos produtos em nível mundial. Em nossos livros anteriores, descrevemos como a divisão de produtos marítimos da Brown & Root criou valor com a integração das ofertas de suas unidades de negócio de engenharia, projetos, produção, instalação e logística, até então independentes, de modo a oferecer aos clientes soluções completas, do tipo *turnkey*, ou seja, o cliente recebe o projeto totalmente pronto, bastando girar a chave.

Perspectiva de aprendizado e crescimento: Como desenvolver e compartilhar nossos ativos intangíveis?

Talvez a melhor oportunidade para a corporação gerar valor seja desenvolver e compartilhar ativos intangíveis críticos: pessoal, tecnologia, cultura e liderança. As organizações de serviços profissionais, como SAS Institute (software), Accenture (consultoria) e Schering (produtos farmacêuticos), gerenciam de forma sistemática o movimento de ideias em todo o âmbito da empresa. A Citicorp e a Goodyear foram pioneiras na criação de uma cultura global, por meio do rodízio de cargos executivos em seus escritórios espalhados pelo mundo, para apoiar suas estratégias de expansão global. Organizações como a British Petroleum (BP) possuem unidades de TI centralizadas, que compartilham o conhecimento sofisticado e especializado de TI com diversas unidades organizacionais. Os ativos intangíveis se transformaram em nova força nas estratégias de negócios. Ao mesmo tempo oferecem a oportunidade e uma ordem explícita para a corporação fazer a gestão de modo a criar sinergia e vantagens competitivas sustentáveis.

A Figura 1.3 resume várias fontes de sinergia no nível da corporação, distribuídas pelas quatro perspectivas do Balanced Scorecard corporativo. Descrevemos e exemplificamos essa estrutura com mais detalhes nos Capítulos 3 e 4, nos quais também examinamos exemplos de contribuições bem-sucedidas da corporação em organizações públicas, privadas e sem fins lucrativos.

Figura 1.3 Fontes de sinergia na corporação

Scorecard corporativo	Fontes de valor geradas pela corporação (temas estratégicos)
Sinergias financeiras "Como aumentar o valor de nosso portfólio de UNEs para os acionistas?"	■ *Gestão do capital interno:* Criar sinergias por meio da gestão eficaz dos mercados internos de capital e de trabalho. ■ *Marca corporativa:* Integrar um conjunto diverso de negócios em torno de uma marca única, promovendo valores ou temas comuns.
Sinergias com clientes "Como compartilhar a interface com os clientes para aumentar o valor total?"	■ *Vendas cruzadas:* Criar valor por meio da venda cruzada de ampla gama de produtos e serviços de diferentes unidades de negócio. ■ *Proposta de valor comum:* Criar uma experiência de compra consistente, em diferentes estabelecimentos, conforme os padrões corporativos.
Sinergias em processos internos "Como gerenciar os processos das UNEs para gerar economias de escala ou promover a integração da cadeia de valor?"	■ *Serviços compartilhados:* Criar economias de escala, por meio do compartilhamento de sistemas, instalações e pessoal, nos processos de apoio críticos. ■ *Integração da cadeia de valor:* Criar valor por meio da integração de processos contíguos na cadeia de valor da indústria.
Sinergias em aprendizado e crescimento "Como desenvolver e compartilhar nossos ativos intangíveis?"	■ *Ativos intangíveis:* Compartilhar competências no desenvolvimento do capital humano, do capital da informação e do capital organizacional.

A SEQUÊNCIA DO ALINHAMENTO

A Figura 1.4 mostra uma sequência típica de geração de valor pela organização. O processo começa quando a administração corporativa define a proposta de valor da organização, destinada a criar sinergias entre as unidades operacionais, as unidades de apoio e os parceiros externos. O Mapa Estratégico e o Balanced Scorecard corporativos identificam e esclarecem as prioridades da organização e as comunicam com clareza a todas as unidades de negócio e unidades de apoio.

Alinhamento da corporação com as unidades operacionais

Depois que a corporação desenvolve sua estratégia e sua proposta de valor, cada unidade de negócio e de apoio elabora seu planejamento de longo prazo e constrói seu Balanced Scorecard de maneira alinhada com o scorecard corporativo. O processo ajuda as unidades de negócio a equilibrar seus desafios. Evidentemente, as unidades de negócio devem ser concorrentes formidáveis em seus mercados locais. Em geral, elas escolhem os clientes-alvo e sua proposta de valor, depois desenvolvem o próprio pessoal, sistemas e cultura para melhorar os processos operacionais internos, os processos de gestão de clientes e os processos de inovação que oferecem valor aos clientes e à matriz corporativa. As unidades de negócio também devem contribuir para as sinergias no nível corporativo, incorporando os temas corporativos, prestando serviços aos clientes comuns e integrando e coordenando suas atividades com as de outras unidades de negócio, em busca de novas fontes de criação de valor. Os Mapas Estratégicos e os Balanced Scorecards das unidades de negócio refletem tanto as excelências locais quanto a contribuição corporativa. Analisamos esse alinhamento nos Capítulos 3 e 4.

Alinhamento das unidades de apoio e de serviços

Em seguida, as unidades de serviços compartilhados, como recursos humanos, tecnologia da informação, finanças e planejamento, desenvolvem seus planos de longo prazo e Balanced Scorecards para apoiar as estratégias das unidades de negócio e as prioridades da corporação. Por exemplo, a proposta de valor da organização talvez exija que a área de recursos humanos crie sinergias por meio do desenvolvimento de novos programas de recrutamento, treinamento, retenção e compartilhamento do pessoal-chave em todas as unidades organizacionais. Se a estratégia da corporação impuser

Figura 1.4 Inclusão do alinhamento no processo de planejamento

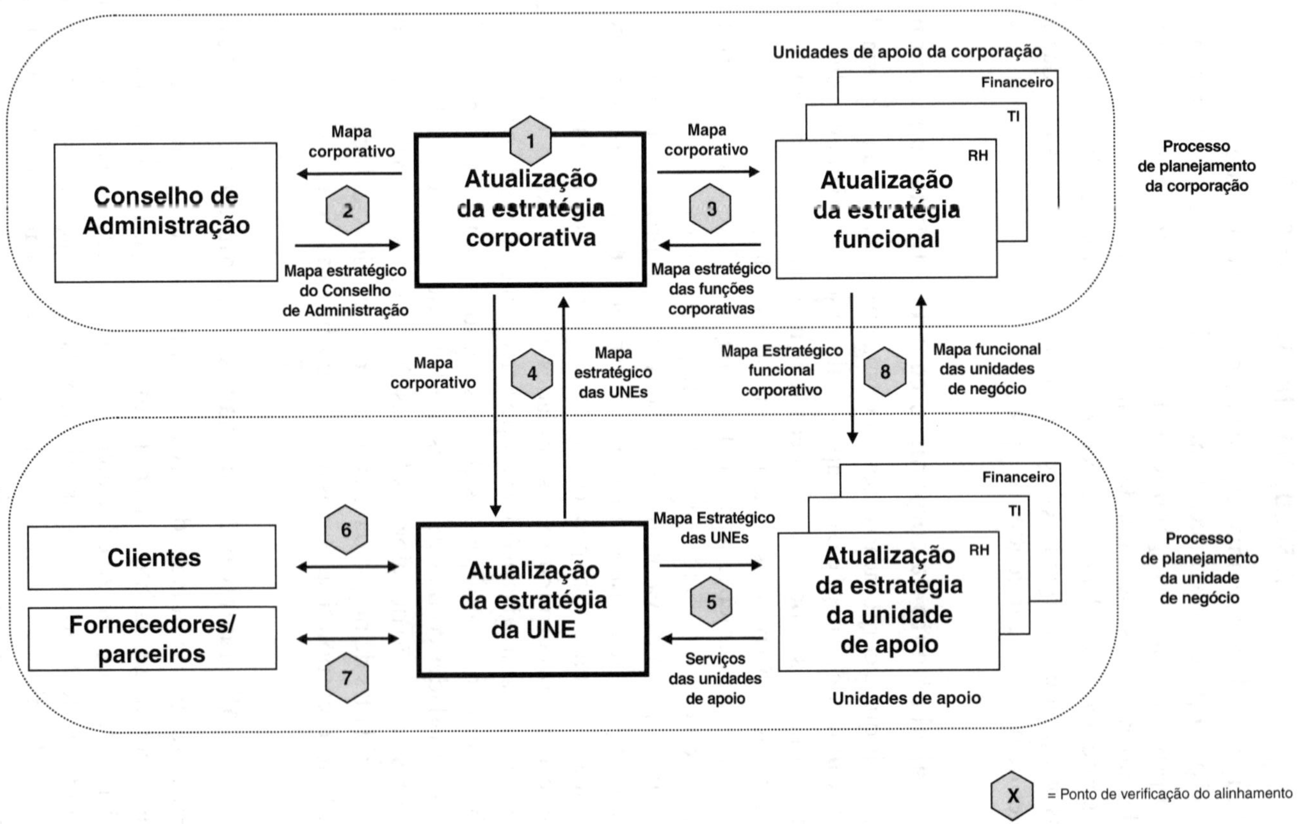

ênfase na redução do risco de terrorismo, por exemplo, a área de tecnologia da informação pode liderar um programa de prevenção contra desastres que se aplique a todas as unidades. Para serem eficazes, as unidades de serviços internos devem compreender a estratégia corporativa e com ela alinhar suas atividades.

Tradicionalmente, contudo, as corporações têm tratado suas unidades de serviços como *centros de despesas distintos*. Todos os anos, durante o processo orçamentário, decidem quanto podem gastar com cada unidade de serviços e então, durante o ano subsequente, monitoram as despesas efetivas das unidades de serviços em comparação com as verbas orçadas. O tratamento dessas unidades como centros de despesas distintos pouco contribui para alinhá-las, de modo a melhor servir os clientes: as unidades de negócio internas e a corporação. O desenvolvimento de Mapas Estratégicos e Balanced Scorecards para as unidades de serviços criam condições para que as empresas promovam a geração de valor adicional pela corporação, por meio do alinhamento dos objetivos referentes a clientes, processos e aprendizado e crescimento dessas unidades com os objetivos das unidades de negócio. O processo transforma os grupos de serviços e de apoio, até então considerados centros de custos, em parceiros estratégicos. O Capítulo 5 descreve o processo de criação de Mapas Estratégicos e de Balanced Scorecards que interligam as estratégias das unidades de serviços com as estratégias da corporação e das unidades de negócio.

As grandes organizações seguiram vários caminhos para alinhar as unidades de negócio e serviços compartilhados. Algumas começaram com a definição da estratégia no nível corporativo e daí partiram para o desdobramento da estratégia para todas as unidades operacionais e de serviços. Esse processo lógico e ordenado foi adotado por algumas organizações altamente estruturadas e hierarquizadas, como o Exército dos Estados Unidos e a Petrobras, empresa brasileira de energia dedicada à exploração e refino de petróleo e gás e comercialização de derivados. De forma alternativa, muitas outras, se não a maioria, iniciaram seus programas de Balanced Scorecard numa única unidade de negócio ou até num grupo de serviços. Essas organizações não queriam que o Balanced Scorecard fosse visto como algo imposto pela corporação. Deliberadamente desenvolveram o programa de baixo para cima, adiando a definição da proposta de valor da organização e a coordenação em âmbito geral, até que todas as unidades operacionais já tivessem adotado o novo sistema de gestão. Analisamos esses diferentes caminhos de implementação no Capítulo 6.

Alinhamento das organizações externas

Além do alinhamento interno das unidades de negócio e de serviços, a organização pode explorar outras oportunidades de alinhamento, com base na formulação de planos e de scorecards que definam os relacionamentos com o conselho de administração e parceiros externos, como clientes, fornecedores e joint ventures. O CEO e o CFO por vezes usam o Balanced Scorecard para reforçar a governança corporativa e melhorar a comunicação com os acionistas. As empresas alinham o conselho de administração com a estratégia, adotando os Mapas Estratégicos e o Balanced Scorecards corporativos e das unidades de negócio, como principais fontes de informação para o conselho de administração. Algumas empresas vão ainda mais longe, trabalhando com o conselho na construção de Mapas Estratégicos e scorecards para o próprio conselho de administração. Essas duas ferramentas descrevem os objetivos do conselho de administração aos investidores, acionistas, reguladores e comunidade, definem os processos críticos que precisam ser bem realizados de forma a entregar os resultados esperados, e identificam as habilidades, informações e cultura de que o órgão necessita para tomar suas decisões.

Depois que o conselho de administração se sentir à vontade com a tradução e indicadores de desempenho da estratégia no Balanced Scorecard corporativo, o CEO e o CFO podem usar o BSC da corporação para estruturar a comunicação com os acionistas e a divulgação de informações ao público. Várias empresas estão incluindo seus Mapas Estratégicos nos relatórios anuais aos acionistas e usando os indicadores do BSC como referencial para análises e discussões com analistas. A eficácia da governança, da divulgação de informações e da comunicação reduz o risco com que se defrontam os investidores ao confiar seu capital aos gestores das empresas, e assim diminuem o custo de capital para a organização. Analisamos essas aplicações no Capítulo 7.

A construção de scorecards com parceiros externos – clientes-chave, fornecedores ou parceiros de joint ventures – oferece mais uma oportunidade de criação de valor por meio do alinhamento. Esse processo cria condições para que os gestores executivos das duas organizações trabalhem juntos de modo a alcançar consenso sobre os objetivos de seu relacionamento. O processo também promove a compreensão e a confiança além das fronteiras organizacionais, trazendo a redução dos custos de transação e a diminuição dos riscos de desalinhamento entre as duas partes. E o scorecard por si só explicita os critérios que serão utilizados para medir o desempenho do relacionamento interorganizacional. Sem o Balanced Scorecard, a mensuração se concentra em indicadores financeiros, como preço e custo. O scorecard fornece mecanismos contratuais mais amplos, criando condições para incorporar indicadores referentes a diferentes dimensões, como relacionamento, nível de serviço, cronograma, inovação, qualidade e flexibilidade, além de custo e preço, conforme discutimos no Capítulo 8.

GESTÃO DO ALINHAMENTO COMO UM PROCESSO

Cada atividade que identificamos é uma oportunidade para criar sinergia e valor. A maioria das organizações tenta gerar sinergia, mas de maneira fragmentada e não coordenada. Não veem o alinhamento como processo de gestão. Quando ninguém é responsável pelo alinhamento de toda a organização, não raro se perdem oportunidades de criar valor por meio de sinergias.

Para criar sinergia, é preciso mais do que um conceito e uma estratégia. A proposta de valor da organização define a estratégia de criação de valor por meio do alinhamento, mas não mostra como alcançar esse resultado. Para ser executada, a estratégia de alinhamento precisa de um *processo de alinhamento* que, como o orçamento, deve ser parte do ciclo anual de gerenciamento. Sempre que há mudanças nos planos no nível corporativo ou das unidades de negócio, é provável que os executivos tenham de *realinhar* a organização com o novo direcionador.

Esse processo de alinhamento indispensável deve ser cíclico e realizado de cima para baixo. As sinergias almejadas pela corporação devem ser definidas no topo e realizadas nas unidades de negócio. Da mesma maneira como o CFO coordena o processo orçamentário, um executivo sênior deveria coordenar o processo de alinhamento – atribuição do Escritório de Gestão da Estratégia (Office of the Strategy Management – OSM).[6] O ciclo de planejamento anual fornece a arquitetura em torno da qual se pode executar o processo de alinhamento. Apresentamos a seguir oito pontos de verificação do alinhamento (Figura 1.4) para a corporação, as unidades de negócio e as unidades de apoio de uma organização típica, composta de vários negócios, a serem incluídos no processo de planejamento anual.

1. *Proposta de valor da organização*: A corporação define as diretrizes para a elaboração das estratégias nos níveis mais baixos da organização.
2. *Alinhamento do conselho de administração e acionistas*: O conselho de administração analisa, aprova e monitora a estratégia corporativa.

3. *Do corporativo para as unidades de apoio*: A estratégia corporativa é traduzida em políticas e normas que serão administradas pelas unidades de apoio.
4. *Do corporativo para as unidades de negócio*: As prioridades corporativas são desdobradas em estratégias das unidades de negócio.
5. *Das unidades de negócio para as unidades de apoio*: As prioridades estratégicas das unidades de negócio são incorporadas às estratégias das unidades de apoio funcionais.
6. *Das unidades de negócio para os clientes*: As prioridades da proposta de valor para o cliente são comunicadas aos clientes-alvo, refletindo-se nos mecanismos específicos de feedback e mensuração referentes a estes clientes.
7. *Das unidades de apoio dos negócios para os fornecedores e outros parceiros externos*: As prioridades compartilhadas entre fornecedores, provedores terceirizados e parceiros se incorporam às estratégias das unidades de negócio.
8. *Apoio corporativo*: As estratégias das unidades locais *de apoio* dos negócios se refletem nas *prioridades* da unidade de apoio corporativa.

Usando esses oito pontos de verificação como referência, as organizações podem medir e gerenciar o grau de alinhamento e, consequentemente, aumentar as sinergias na organização. As organizações que dominam esse processo podem criar vantagens competitivas de difícil neutralização ou superação. No Capítulo 9, analisamos o processo contínuo de sustentação do alinhamento, que exige a modificação dos atuais processos de gestão, de modo a concentrar o foco na identificação e captação de sinergias no nível corporativo.

Embora não se trate, rigorosamente, de parte do alinhamento organizacional – foco básico deste livro – a corporação também precisa alinhar seus empregados e processos de gestão com a estratégia. O alinhamento e integração das estratégias de todas as unidades organizacionais surtem pouco efeito se os empregados não tiverem conhecimento da estratégia, nem se sentirem motivados para ajudar as unidades organizacionais em sua implementação. As organizações devem desempenhar papel proativo para comunicar, capacitar, motivar e alinhar todos os empregados à estratégia. Também precisam alinhar seus processos de gestão – para alocação de recursos, definição de metas, gestão de iniciativas, sistema de relatórios e análises – com a estratégia. No Capítulo 10, discutimos esses outros processos de alinhamento.

ESTUDO DE CASO: SPORT-MAN, INC.

Ilustramos muitas das questões referentes a alinhamento por meio de um estudo de caso simulado, Sport-Man, Inc. (SMI). A empresa foi fundada em 1925 para fabricar e comercializar botas de trabalho para homens. Seu sucesso inicial foi atribuído a um modelo clássico com cadarços, à prova d'água, que se tornou padrão para trabalhadores de construção civil, agricultura e outras atividades que envolvem trabalho extenuante ao ar livre. A SMI construiu uma bem-sucedida rede de vendas nacional, coordenada por seu escritório central em Massachusetts, por meio de canais de distribuição tradicionais, representados por grandes lojas de departamento e lojas especializadas.

Durante a Segunda Guerra Mundial, a SMI recebeu um grande pedido de compra do Exército dos Estados Unidos, que utilizou as botas de combate nos pés de mais de dois milhões de soldados. O sucesso continuou no pós-guerra, com o "boom" da economia. Para fortalecer a marca Sport-Man, a empresa desenvolveu nova linha de botas para caminhada e tornou-se mais consciente das oportunidades de crescimento no mercado de calçados para lazer. Na década de 1960, criou nova linha de sapatos esportivos masculinos, vendidos em lojas de varejo da empresa. Na década de 1970, diversificou suas atividades e entrou no mercado de roupas para homens, criando nova linha de negócios de roupas masculinas para trabalho ou esportes. As roupas logo se tornaram sinônimo de "esportes de aventura". Aproveitando o crescimento dos shoppings nos arredores das cidades, a SMI em pouco tempo abriu mais de cem lojas de varejo, a maioria no Nordeste dos Estados Unidos. Durante a década de 1980, os produtos passaram a ser vendidos em todo o país, com lojas em mais de 400 shoppings.

O crescimento desacelerou em meados da década de 1990. A Sport-Man era uma grande marca, mas seu mercado para calçados e roupas masculinas ficou saturado. Uma revisão abrangente da estratégia revelou que a marca Sport-Man poderia ser estendida para outras linhas de roupas. Além disso, sua presença no varejo dos principais shoppings de todo o território norte-americano era um excelente canal para a abertura de novas lojas, para a venda de novas linhas de produtos. As novas lojas de varejo poderiam ser instaladas em espaços contíguos às já existentes, de modo a criar boas oportunidades de vendas cruzadas com os atuais clientes. Finalmente, a capacidade da SMI, desenvolvida ao longo de 40 anos no pós-guerra, de adquirir matérias-primas e suprimentos de fábricas na Europa e na Ásia criaria condições para o rápido crescimento de sua nova linha de roupas, além de possibilitar economias de escala significativas.

Assim, a empresa iniciou seu primeiro grande programa de diversificação em 30 anos, ampliando sua oferta sob a marca Sport-Man. Os pontos específicos da estratégia eram os seguintes:

- Desenvolver duas novas linhas de negócios para complementar as duas atuais, de calçados e roupas para homens:
  - Nova linha de negócios de roupas masculinas para o dia a dia.
  - Nova linha de negócios de artigos esportivos: roupas, calçados e equipamentos.
- Gerar sinergias de distribuição, por meio do compartilhamento de imóveis nos 400 shoppings em que a SMI tinha lojas.
- Compartilhar os dados cadastrais e de crédito dos clientes já existentes com os novos negócios.
- Compartilhar as competências da empresa na compra de produtos.
- Compartilhar as principais competências de gestão com as novas linhas de negócios.

Financeiramente, a SMI tinha dois objetivos: manter a participação de mercado em seu principal negócio, de calçados e roupas para esportes de aventura, e aumentar a fatia de mercado das novas linhas de negócios para níveis semelhantes aos das duas outras, nos próximos cinco anos. A SMI geraria caixa com os dois negócios tradicionais, para investir no crescimento dos dois novos negócios.

Os executivos da SMI reconheceram que essa estratégia exigia extraordinário alinhamento e trabalho em equipe entre todas as linhas de negócios. Queriam que os clientes vissem cada marca como negócio isolado, mas se empenhavam para que as unidades de negócio cooperassem entre si, redistribuindo caixa entre elas e compartilhando listas de clientes, informações de crédito, imóveis, fornecedores, tecnologia, funcionários-chave e conhecimentos. Com exceção dos imóveis, os atuais negócios tinham autonomia para serem geridos com independência, de forma que o trabalho em equipe exigido pela nova estratégia imporia grandes mudanças.

Os executivos da SMI recorreram ao Balanced Scorecard para ajudá-los a promover o alinhamento organizacional necessário, da seguinte maneira:

- Definir com clareza a estratégia corporativa para cada unidade de negócio e, em especial, de que modo elas poderiam trabalhar juntas para criar sinergia.
- Alinhar as unidades de negócio com a estratégia corporativa.
- Alinhar as unidades de apoio com as unidades de negócio.
- Desenvolver um processo de governança para garantir a manutenção contínua do alinhamento.

A Figura 1.5 mostra a primeira fase desse processo: a criação do scorecard corporativo, que descreve como gerar sinergia. A sinergia financeira na SMI será alcançada pelo uso do excedente de caixa dos negócios maduros, para investir no crescimento dos novos negócios. O indicador corporativo *crescimento das vendas por loja* enfatiza que as lojas existentes devem participar do crescimento normal do setor, enquanto as novas lojas precisam cumprir as metas de crescimento da receita. O scorecard corporativo também mede montante de fluxo de caixa gerado e investido.

As sinergias em clientes resultam do compartilhamento da atual base de clientes com os novos negócios. O indicador corporativo de clientes, *percentual da receita proveniente de clientes comuns*, monitora diretamente esse objetivo, e *crescimento anual das vendas por cliente* enfatiza a importância das vendas cruzadas entre as linhas de produtos.

A SMI contava com três fontes de sinergias em processos internos: (1) usar uma categoria de produtos dominante para atrair clientes para a loja (medido pela *participação de mercado* da categoria); (2) compartilhar imóveis em shoppings reunindo as lojas e marcas da SMI em locais próximos (medido pelas *vendas por metro quadrado* e *tráfego entre lojas*); (3) obter economias de escala nas compras (medidas por *devoluções* e *atendimento de pedidos*).

Finalmente, as sinergias em aprendizado e crescimento seriam conquistadas por meio do rodízio de profissionais experientes para cargos-chave nas novas empresas (rodízio do pessoal-chave), compartilhamento de sistemas de tecnologia da informação (*sistemas comuns* versus *planejado*) e conhecimentos (*compartilhamento das melhores práticas*), e, por fim, com a promoção do alinhamento organizacional (*índice de alinhamento*).

Esse scorecard corporativo reflete os elementos essenciais da estratégia (ponto de verificação do alinhamento 1), proporcionando à empresa um direcionador de cima para baixo, do corporativo para as unidades de negócio e de apoio, que devem ser levadas em conta na elaboração do planejamento estratégico.

Figura 1.5 Scorecard corporativo da Sport-Man, Inc.

Sinergias	Proposta de valor corporativa	Scorecard corporativo
Sinergias financeiras "Como podemos aumentar o valor de nosso portfólio de UNEs para nossos acionistas?"	**Crescimento com financiamento interno** ■ Investir intensamente nos negócios em crescimento. ■ Gerar caixa dos negócios maduros.	■ Aumento das vendas (por loja). ■ Nível de investimentos estratégicos. ■ Geração de caixa disponível.
Sinergias em clientes "Como compartilhar a interface com os clientes para aumentar o valor total?"	**Migração de clientes** ■ Promover migração de clientes dos negócios maduros para os novos negócios em crescimento.	■ Porcentagem da receita oriunda de clientes compartilhados. ■ Vendas totais por cliente (crescimento anual).
	Construção de marcas ■ Construir marcas de nicho em torno de categorias dominantes.	■ Participação de mercado em categorias dominantes (p. ex., tênis para corrida).
Sinergias em processos internos "Como gerenciar os processos das UNEs para gerar economias de escala ou promover a integração da cadeia de valor?"	**Destination Stores (Lojas Destino*)** ■ Construir clusters em shoppings para estimular o tráfego entre marcas.	■ Vendas por metro quadrado. ■ Tráfego entre lojas.
	Economias de escala no suprimento ■ Desenvolver parcerias duradouras para garantir acesso a produtos confiáveis e de alta qualidade.	■ Devoluções. ■ Atendimento de pedidos.
Sinergias em aprendizado e crescimento "Como desenvolver e compartilhar nossos ativos intangíveis?"	**Construção da infraestrutura** ■ Compartilhar funções e habilidades. ■ Promover o alinhamento organizacional. ■ Compartilhar sistemas e conhecimentos críticos.	■ Prontidão do capital humano. ■ Rodízio do pessoal-chave. ■ Índice de alinhamento. ■ Sistemas comuns (*versus* planejado). ■ Compartilhamento das melhores práticas.

**Nota do Tradutor*: Lojas de *commodities* (Wal-Mart) ou de produtos especiais (Starbucks) que fazem com que as pessoas saiam de casa com o propósito específico de nelas fazer compras. O conceito confunde-se com o de lojas-âncora.

A Figura 1.5 mostra como as unidades de negócio traduzem o scorecard corporativo em seus próprios scorecards (ponto de verificação do alinhamento 4). A diferença básica é entre negócios maduros e negócios em crescimento.

Sob a perspectiva financeira, espera-se que os negócios maduros gerem fluxo de caixa positivo, mantendo suas receitas (*vendas por loja*) e melhorando a produtividade (*giro do estoque* e *aumento das despesas*). Sob a perspectiva do cliente, o objetivo da corporação é compartilhar clientes entre as unidades de negócio. Todos os indicadores medem os mesmos objetivos: *receitas de clientes comuns* e *vendas por cliente*. Os negócios maduros estarão concentrados na *fidelidade dos clientes*, enquanto os novos negócios enfatizarão a *satisfação dos clientes*, pré-requisito para sua *fidelidade*.

Na perspectiva de processos internos, todas as unidades de negócio monitoram o *reconhecimento da marca* no mercado. Também acompanham *vendas* e *participação de mercado* nas categorias almejadas. Os negócios em crescimento se empenham mais na conquista de novos clientes, medindo *novas entradas de cartões de crédito*. Todas as unidades de negócio acompanham os mesmos indicadores referentes a compras: *devoluções* (equivalente à *má qualidade*) e *atendimento de pedidos*.

Os objetivos e indicadores da perspectiva de aprendizado e crescimento são os mesmos para todas as unidades de negócio, refletindo o compartilhamento de pessoas (*prontidão das funções estratégicas*), tecnologia (*prontidão dos sistemas estratégicos*) e conhecimentos (*compartilhamento das melhores práticas*). O *índice de alinhamento* mede quão formalmente alinhados estão os objetivos da corporação com os das unidades de negócio. Por exemplo, 87% dos indicadores do scorecard corporativo foram incluídos nos scorecards das unidades de negócio. Dois indicadores são exclusivos da corporação: (1) *nível de investimento*, uma medida do quanto está sendo investido nos negócios em crescimento, e (2) *rodízio do pessoal-chave*, que mede quanto a corporação está promovendo a movimentação do pessoal-chave. O indicador *prontidão das funções estratégicas* das unidades de negócio reflete o sucesso dessa mobilidade dos empregados. Aproximadamente 80% dos indicadores nos scorecards das unidades de negócio são comuns, o que reflete não só as semelhanças, mas também o grau significativo de compartilhamento entre as unidades de negócio.

As unidades de apoio corporativas ajudam as unidades de negócio a executar as prioridades da corporação (ponto de verificação do alinhamen-

Figura 1.6 Alinhamento entre a corporação e as UNEs na Sport-Man, Inc.

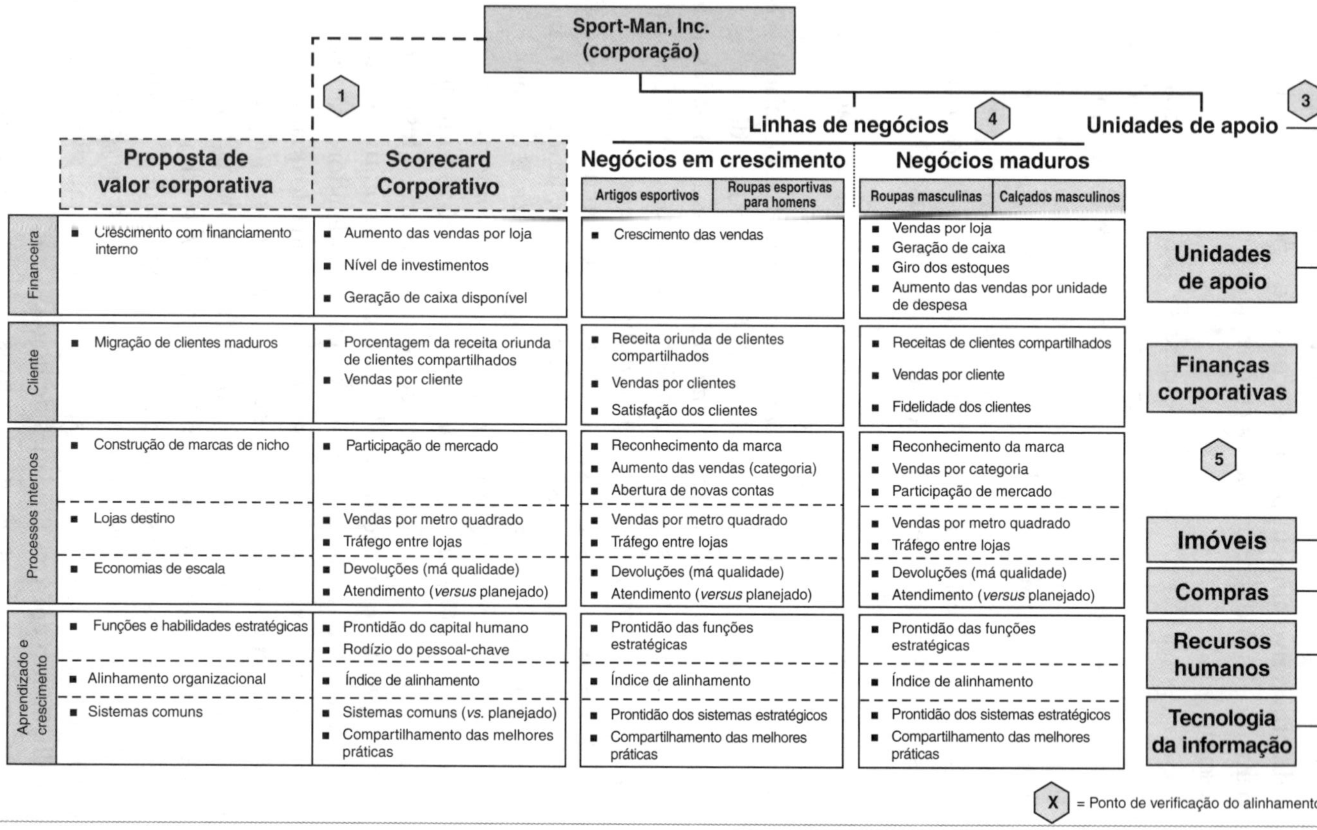

to 3). Por exemplo, o objetivo de rodízio do pessoal-chave exigia um programa dirigido pela área de recursos humanos da corporação para selecionar, desenvolver e alocar os empregados.

A Figura 1.7 descreve o Balanced Scorecard da divisão de compras (ponto de verificação de alinhamento 8), que seleciona e gerencia os fornecedores que fabricam os sapatos, as roupas e os equipamentos vendidos pela organização. Os produtos são projetados conforme as especificações da SMI. Os bons fornecedores apresentam os seguintes atributos: qualidade excelente, estilo inovador, entrega confiável, desenvolvimento rápido de novos produtos e perfeição no atendimento dos pedidos. A seleção e a constante gestão da alta qualidade dos fornecedores são fundamentais para toda a parte da operação na estratégia da SMI. É particularmente importante que as necessidades emergentes das unidades de negócio sejam compreendidas e convertidas em acordos com fornecedores confiáveis.

A área de compras atua como intermediária na promoção do alinhamento entre as necessidades das unidades de negócio e os fornecedores. Cada uma das unidades de negócio conta com um gerente de relacionamento da área de compras, cuja função é atuar como parceiro estratégico, gerenciando as necessidades de abastecimento da unidade de negócio. Todos os anos, como parte do processo anual de planejamento e orçamento, a área de compras negocia um acordo de serviço com cada unidade de negócio (ponto de verificação do alinhamento 5). A discussão sobre o acordo de serviço começa com o exame do planejamento de longo prazo, do Mapa Estratégico e do BSC da unidade de negócio.

Com base nesse plano, o gerente de relacionamento e o líder da unidade de negócio definem indicadores e metas de desempenho para oito parâmetros referentes às mercadorias a serem compradas (p. ex., qualidade, entrega e preço), como mostra a Figura 1.7, constituindo o que vem a ser o acordo de serviço para o ano subsequente. A cada trimestre, as unidades de negócio fornecem feedback dos clientes por escrito, descrevendo sua avaliação do desempenho da área de compras, com base nos oito parâmetros do contrato de serviço. Esse feedback constará do scorecard da área de compras como resultado em termos de cliente, e serve como agenda para a reunião trimestral entre o gerente de relacionamento e o gerente da unidade de negócio, destinada à análise do desempenho. A divisão de compras adota abordagem idêntica para interligar-se com seus numerosos fornecedores e com as unidades de negócio, por meio de scorecards e de contratos de serviço (ponto de verificação do alinhamento 7).

Figura 1.7 Alinhamento das unidades de apoio na Sport-Man, Inc.

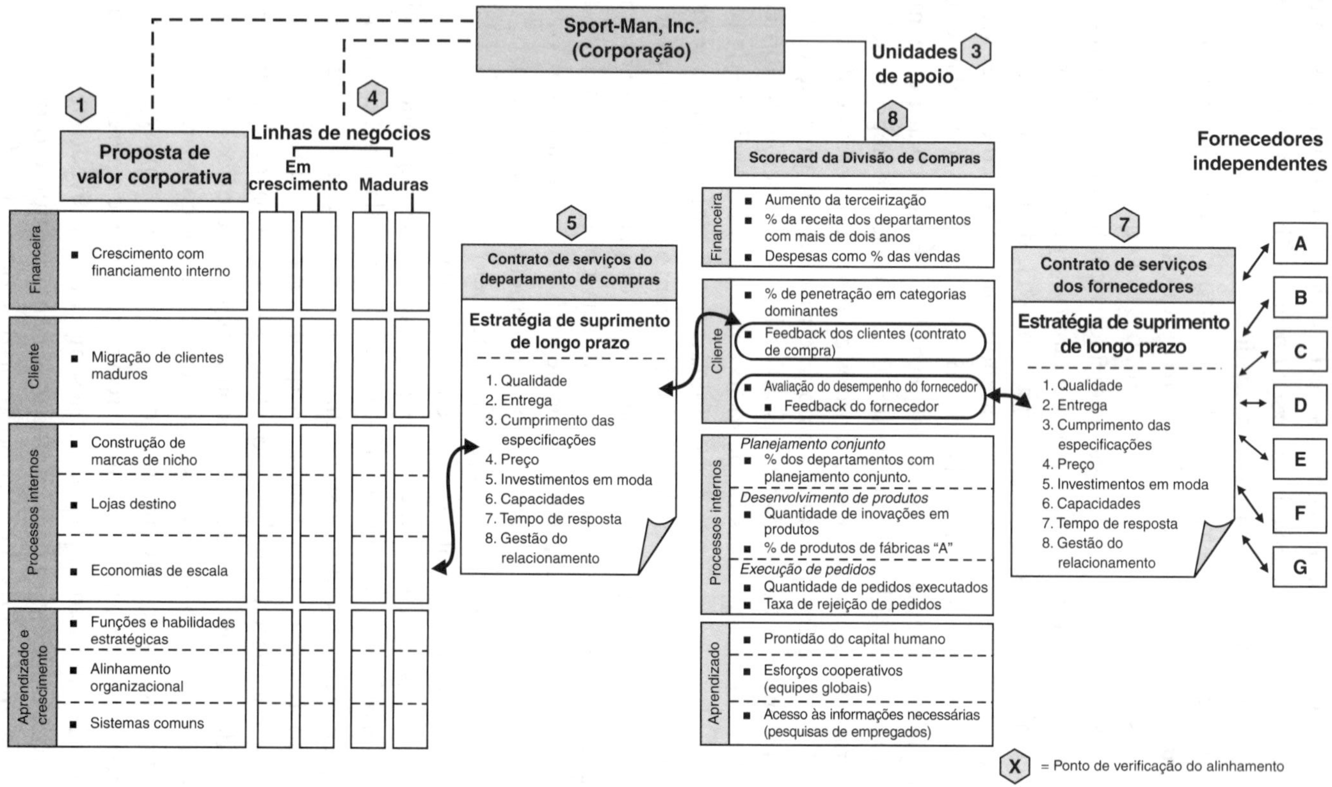

Para garantir que o alinhamento da organização seja gerenciado como um processo contínuo, os executivos da SMI fizeram da abordagem de desdobramento e integração, item permanente de seu calendário de gestão. Conforme mostra a Figura 1.8, o processo de planejamento estratégico anual começa em março, com a atualização do orçamento de três anos e das questões estratégicas da empresa. Em junho, a equipe executiva corporativa se reúne para traduzir essa estratégia em uma proposta de valor da organização, Mapa Estratégico e BSC atualizados. Em julho, as unidades de negócio atualizam suas estratégias e desdobram o scorecard corporativo em Mapas Estratégicos e BSCs das unidades de negócio. Pouco depois, o processo de desdobramento prossegue com a atualização das estratégias das unidades de serviços. Em setembro, o conselho de administração revê as estratégias corporativa, das unidades de negócio e das unidades de serviços, com os respectivos Balanced Scorecards. Ao mesmo tempo, a SMI atualiza os acordos de serviço e os scorecards com seus parceiros externos, os principais fornecedores.

O processo orçamentário começa em setembro e prossegue até o fim do ano. Nesse período, o diretor financeiro e o diretor de planejamento estratégico analisam, selecionam e distribuem recursos entre as iniciativas estratégicas. As unidades de serviços finalizam os acordos de serviço com as unidades de negócio. A apresentação do orçamento ao conselho de administração e sua aprovação final ocorre em dezembro.

Finalmente, cada empregado da organização desenvolve um scorecard individual, cujos objetivos e metas para o ano seguinte são acordados em dezembro. Esses scorecards individuais são interligados ao scorecard da unidade de negócio ou de serviços a que pertence a pessoa, garantindo, assim, o alinhamento completo de baixo para cima.

A Figura 1.9 resume o alinhamento estratégico da Sport-Man, Inc., usando o mapa de alinhamento para descrever os oito pontos de verificação. Nessa empresa, o alinhamento é extremamente forte em sete dos oito pontos de verificação. Apenas a interface com o cliente (ponto de verificação 6) carece de um mecanismo de alinhamento claro e definido. Essa situação não é incomum em segmentos de varejo com muitos clientes ativos ou potenciais, nos quais se usam indicadores estatísticos de satisfação dos clientes ou utilizam "*focus groups*" (pesquisa feita com pequenos grupos de discussão) para monitorar a interface com o cliente. Os setores "*business to business*", com clientes relativamente pouco numerosos – como os de produtos químicos, eletrônicos e de serviços de engenharia – tendem a adotar mecanismos mais formais, como acordos de nível de serviço, para promover o alinhamento com os clientes.

Figura 1.8 Processo de alinhamento e governança na Sport-Man, Inc.

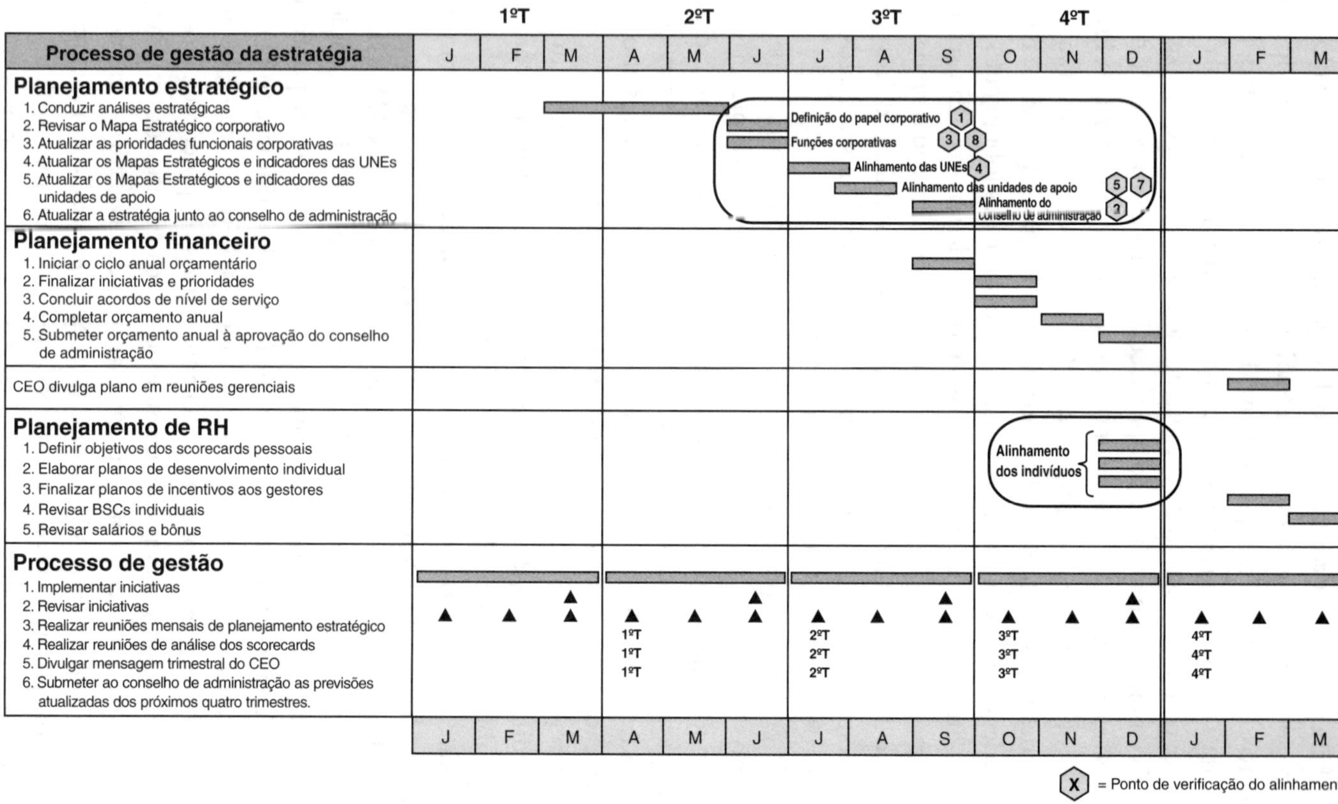

Figura 1.9 Mapa de alinhamento organizacional da Sport-Man, Inc.

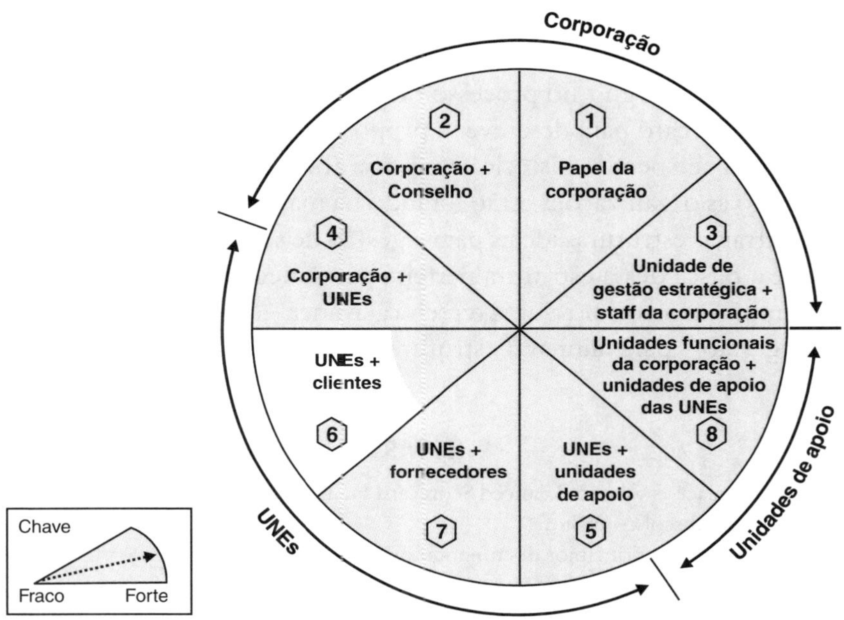

A SMI definiu com clareza o papel corporativo e usa scorecards e acordos de serviço para alinhar a estratégia corporativa com as estratégias das unidades de negócio e de serviços. Utiliza os scorecards corporativo, das unidades de negócio e das unidades de serviços para comunicar e obter o aval do conselho de administração sobre a estratégia. No ano seguinte, o conselho monitora o sucesso na implementação da estratégia por meio de reuniões de análise trimestrais dos scorecards. A SMI alinha os planos de desempenho pessoais com as estratégias de suas unidades de negócio e de apoio. Assim, a empresa criou uma rede coesa de alinhamento, que concentra a energia de toda a organização e de seus parceiros estratégicos no alcance de uma estratégia integrada e desafiadora.

RESUMO

As corporações devem empenhar-se na busca constante de novas maneiras de tornar o todo mais valioso do que a soma das partes. O alinhamento é fundamental para que uma organização gere sinergias por meio de suas unidades de negócio e de apoio. Um novo sistema de mensuração e gestão, baseado em Mapas Estratégicos e Balanced Scorecards, ajuda as empresas a definir e explorar os benefícios do alinhamento organizacional.

Antes de prosseguir no processo de criação do Mapa Estratégico e do Balanced Scorecard para descrever a proposta de valor da organização, inserimos uma perspectiva histórica em nossa abordagem. O Capítulo 2 descreve como as organizações estão lutando há mais de um século no intuito de encontrar as estruturas ideais para a gestão de suas estratégias. Acreditamos que a busca dessa estrutura perfeita permanecerá frustrante, a menos que as empresas recorram a uma terceira alavanca – seus sistemas de mensuração e gestão – para alinhar a estrutura com a estratégia.

NOTAS

1. Mais informações sobre o Balanced Scorecard Hall of Fame podem ser encontradas em http://www.bscol.com/hof.
2. Estes são os cinco princípios documentados em R. S. Kaplan e D. P. Norton, *Organização orientada para a estratégia – como as empresa que adotam o Balanced Scorecard prosperam no novo ambiente de negócios* (Rio de Janeiro: Campus/Elsevier, 2001).
3. D. Rigby, *Management Tools* (Boston: Bain & Company, 2001).
4. R. S. Kaplan e D. P. Norton, *Mapas estratégicos: convertendo ativos intangíveis em resultados tangíveis* (Rio de Janeiro: Campus/Elsevier, 2004).
5. Estas são as principais referências sobre estratégia corporativa: A. D. Chandler Jr., *Strategy and Structure: Chapters in the History of the Industrial Enterprise* (Cambridge, MA: MIT Press, 1962); *Scale and Scope: The Dynamics of Industrial Capitalism* (Cambridge, MA: Harvard University Press, 1990); e "The Functions of the HQ Unit in the Multibusiness Firm", *Strategic Management Journal* (1991): 31-50.

   M. E. Porter, "From Competitive Advantage to Corporate Strategy", *Harvard Business Review* (abril-maio de 1987): 43-59.

   B. Wernerfelt, "A Resource-Based View of the Firm", *Strategic Management Journal* (1984): 171-180.

   M. Goold, A. Campbell e M. Alexander, *Corporate-Level Strategy: Creating Value in the Multibusiness Company* (Nova York: John Wiley & Sons, 1994); A. Campbell, M. Goold e M. Alexander, "Corporate Strategy: The Quest for Parenting Advantage", *Harvard Business Review* (março-abril de 1995): 120-132.

   D. J. Collis e C. A. Montgomery, "Competing on Resources: Strategy in the 1990s", *Harvard Business Review* (julho-agosto de 1995): 118-128; "Creating Corporate Advantage", *Harvard Business Review* (maio-junho de 1998); 70-83; e *Corporate Strategy: Resources and the Scope of the Firm* (Chicago: Irwin, 1997).

C. Markides, "Corporate Strategy: The Role of the Centre", in *Handbook of Strategy and Management*, primeira edição, eds. A. Pettigrew, H. Thomas e R. Whittington (Londres: Sage Publications, 2001).

J. Barney, "Firm Resources and Sustained COmpetitive Advantage", *Journal of Management* (1991): 99-120.

J. Bower, "Building the Velcro Organization", *Ivey Business Journal* (novembro-dezembro de 2003): 1-10.

K. K. Eisenhardt e S. L. Brown, "Patching: Restitching Business Portfolios in Dynamic Markets", *Harvard Business Review* (maio-junho de 1999): 72-82.

6. R. S. Kaplan e D. P. Norton, "The Office of Strategic Management", *Harvard Business Review* (outubro de 2005): 72-82.

CAPÍTULO 2

ESTRATÉGIA CORPORATIVA E ESTRUTURA ORGANIZACIONAL

Perspectiva Histórica

Na aurora da Revolução Industrial, a organização típica era a fábrica de alfinetes de Adam Smith, pequeno empreendimento concentrado em estreita faixa de produtos, destinados quase sempre a seus clientes locais. A estrutura organizacional da fábrica de alfinetes de Smith era simples: um empreendedor proprietário, às vezes um supervisor, e vários empregados contratados. O dono e gestor encomendava materiais, admitia e pagava os empregados, supervisionava a produção e acompanhava o desempenho das atividades de marketing, vendas, faturamento e cobrança.

A Segunda Revolução Industrial, que começou em meados do século XIX, caracterizou-se pelo crescimento de setores muito mais complexos, intensivos em capital, como metalurgias primária e secundária, produtos químicos, bens de capital e equipamentos de transporte. As grandes empresas dominantes nesses setores desfrutavam de enormes economias de escala, por causa de seus grandes investimentos em instalações de produção e distribuição. Para lidar com sua base de investimentos mais ampla e com sua carteira de clientes mais volumosa, as organizações necessitavam de uma estrutura mais complexa do que a da fábrica de alfinetes de Smith como meio para conquistar e coordenar economias de escala em suas atividades de compras, produção, marketing, distribuição e desenvolvimento de produtos. Também precisavam, sem dúvida, de mais gestores para gerenciar essas novas unidades e coordenar os produtos e processos. A Figura 2.1 ilustra a *organização funcional centralizada* que foi desenvolvida para gerenciar a indústria típica de fins do século XIX.[1]

Na organização funcional centralizada, as duas maiores áreas funcionais – produção e vendas – exerciam as atividades básicas que agregavam valor. Um terceiro departamento, finanças, desempenhava duas funções importantes: (1) coordenar o fluxo de fundos entre os vários departamentos operacionais e (2) fornecer informações aos executivos, para que eles monitorassem as unidades operacionais e distribuíssem recursos conforme as necessidades e prioridades. A empresa também precisava de departamentos para executar atividades em áreas especializadas, como compras, pesquisa e desenvolvimento de produtos, logística, engenharia, assuntos legais, imóveis, recursos humanos e relações públicas. Os chefes das grandes áreas funcionais, com o CEO e o presidente do conselho de administração, compunham a equipe sênior de decisão da corporação. Por meio de reuniões regulares, esta equipe executiva coordenava as atividades dos departamentos funcionais da corporação.

A estrutura funcional centralizada das corporações de fins do século XIX oferecia grandes vantagens para a empresa. Em cada área funcional, as pessoas eram altamente experientes e especializadas nos respectivos campos e colaboravam com os colegas de departamento para executar com eficiência e eficácia suas diferentes atribuições – em produção, compras, desenvolvimento de produtos, assuntos legais e marketing. E os grandes grupos de pessoas que executavam tarefas semelhantes forneciam excelentes oportunidades para *coaching*, *mentoring* e promoção.

As empresas industriais bem-sucedidas continuaram a crescer no início do século XX. Algumas adquiriram concorrentes, por meio de fusões e incorporações horizontais. Várias, como a Ford Motor, promoveram a integração vertical para melhor coordenar o fluxo de entrada e saída de materiais. A maioria expandiu-se geograficamente para que pudessem explorar suas economias de escala físicas e organizacionais em seus mercados internos e para alcançar clientes em mercados mais distantes. E muitas aproveitaram sua atual infraestrutura de produção e distribuição, assim como seus amplos recursos organizacionais e gerenciais, a fim de diversificar suas atividades e desenvolver novas linhas de produtos e segmentos de mercado.

Assim, no início do século XX, a empresa industrial familiar com atividades locais, que Adam Smith preconizara cem anos antes, se transformou

Figura 2.1 Empresa multidivisional e multifuncional

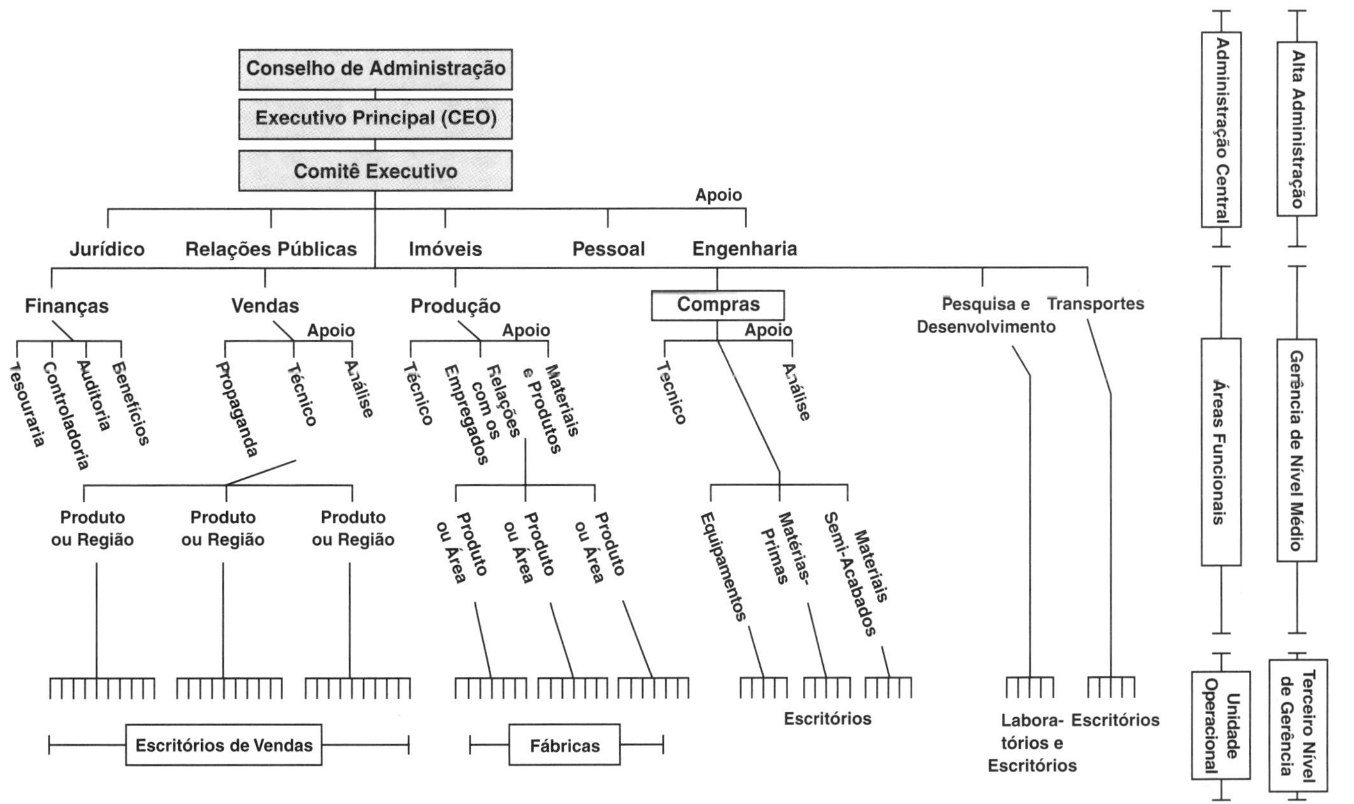

Fonte: Alfred D. Chandler, *Scale and Scope: The Dynamics of Industrial Capitalism* (Cambridge, MA: Harvard University Press, 1990).

em uma gigante corporação multirregional, multifuncional e multiprodutos. O desafio da gerência era continuar a oferecer produtos atraentes, inovadores e de baixo preço à vasta base de clientes, sem afundar sob o peso da complexidade das operações, que agora eram executadas por uma única corporação.

À medida que se expandiam e se diversificavam, as empresas com organização funcional centralizada se depararam com novos problemas. A coordenação e as transferências de trabalho entre os departamentos eram em geral ineficientes, dispendiosas e demoradas. A escassa troca de informações entre especialistas de marketing e pessoal de vendas (que lidavam com os clientes), engenheiros (que projetavam novos produtos e serviços) e pessoal operacional (que fabricava produtos e prestava serviços) quase sempre resultava em dispendiosos projetos de produtos e serviços que envolviam altos custos de fabricação e entrega e que não satisfaziam plenamente às expectativas e necessidades dos clientes. As organizações funcionais também reagiam com lentidão às mudanças nas preferências dos clientes e às novas oportunidades e ameaças no mercado.

Alfred Chandler assim resumiu os problemas enfrentados por essas organizações funcionais centralizadas:

> *A falta de tempo, de informação e de compromisso psicológico com uma visão empreendedora holística não seria entrave tão sério se as atividades básicas da empresa se mantivessem estáveis, ou seja, se suas fontes de matérias-primas e suprimentos, sua tecnologia de produção, seus mercados e a natureza de seus produtos e linhas de produtos fossem relativamente constantes. Mas quando as expansões para novas funções, novas áreas geográficas ou novas linhas de produtos aumentaram em muito todos os tipos de decisões gerenciais, os executivos da administração central ficaram sobrecarregados e seu desempenho gerencial se tornou menos eficiente. Tais pressões crescentes, por sua vez, resultaram na necessidade de construção ou adoção da estrutura multidivisional, com uma sede corporativa e divisões operacionais autônomas.*[2]

Empresas como DuPont, General Motors, General Electric e Matsushita introduziram uma nova forma de organizar-se nas décadas de 1920 e 1930. A *empresa multidivisional* compunha-se de divisões concentradas em linhas de produtos ou em áreas geográficas específicas. Cada divisão reunia empregados com habilidades em todas as funções, os quais, em conjunto, desenvolviam, construíam e entregavam uma linha de produtos específica, vendida a clientes em determinado segmento do mercado (ver Figura 2.2). Cada divisão era supervisionada por um gerente-geral, com o apoio de uma equipe que abrangia os chefes das unidades funcionais apenas daquela área específica. Assim, cada divisão constituída sob o critério de produto ou geografia era uma réplica da empresa de origem, com seus próprios departamentos funcionais centralizados, com a exceção de que o gerente-geral era agora um gestor de nível médio, que se reportava aos executivos mais altos da administração central.

Os executivos da sede corporativa não mais dirigiam a empresa. Sua função era avaliar o desempenho das divisões operacionais e executar o planejamento estratégico e a distribuição de fundos, instalações físicas e pessoal entre as divisões. A sede corporativa também dispunha de pessoal especializado para apoiar os executivos da corporação, além de orientar e coordenar o trabalho das correspondentes unidades funcionais nas diferentes divisões.

O surgimento da organização multidivisional, embora tenha criado condições para que as divisões de produtos e de áreas geográficas se tornassem mais sensíveis às oportunidades e ameaças locais, enfrentou seus próprios desafios gerenciais. A menor dimensão das divisões de produtos acarretou a perda de muitas eficiências – os efeitos das economias de escala e da curva de aprendizado – que se auferiam nas organizações funcionais centralizadas, cujos recursos podiam ser distribuídos entre várias linhas de produtos, segmentos de mercado e áreas geográficas. Os clientes ficavam confusos e geralmente se queixavam quando vários vendedores, do que antes consideravam uma única empresa, os procuravam, cada um promovendo uma única linha de produtos. As empresas também corriam o risco de perder profundidade nas especialidades funcionais, ao dispersarem os especialistas por toda a organização, em vez de concentrá-los onde eram capazes de compartilhar conhecimentos e resolver problemas lado a lado, em grupos homogêneos.

A década de 1960 presenciou o nascimento do *conglomerado* – uma nova estrutura organizacional. Em vez de promover o crescimento por meio da expansão do negócio principal, do desenvolvimento das tecnologias e das competências essenciais ou ainda mediante aquisições de negócios correlatos, muitas empresas cresceram através de fusões e incorporações em setores díspares. Empresas como ITT, Litton Industries, Textron e Gulf + Western transformaram-se em um conjunto de operações autônomas, sem sinergias aparentes entre elas.

Figura 2.2 DuPont Corporation: Exemplo de estrutura multidivisional

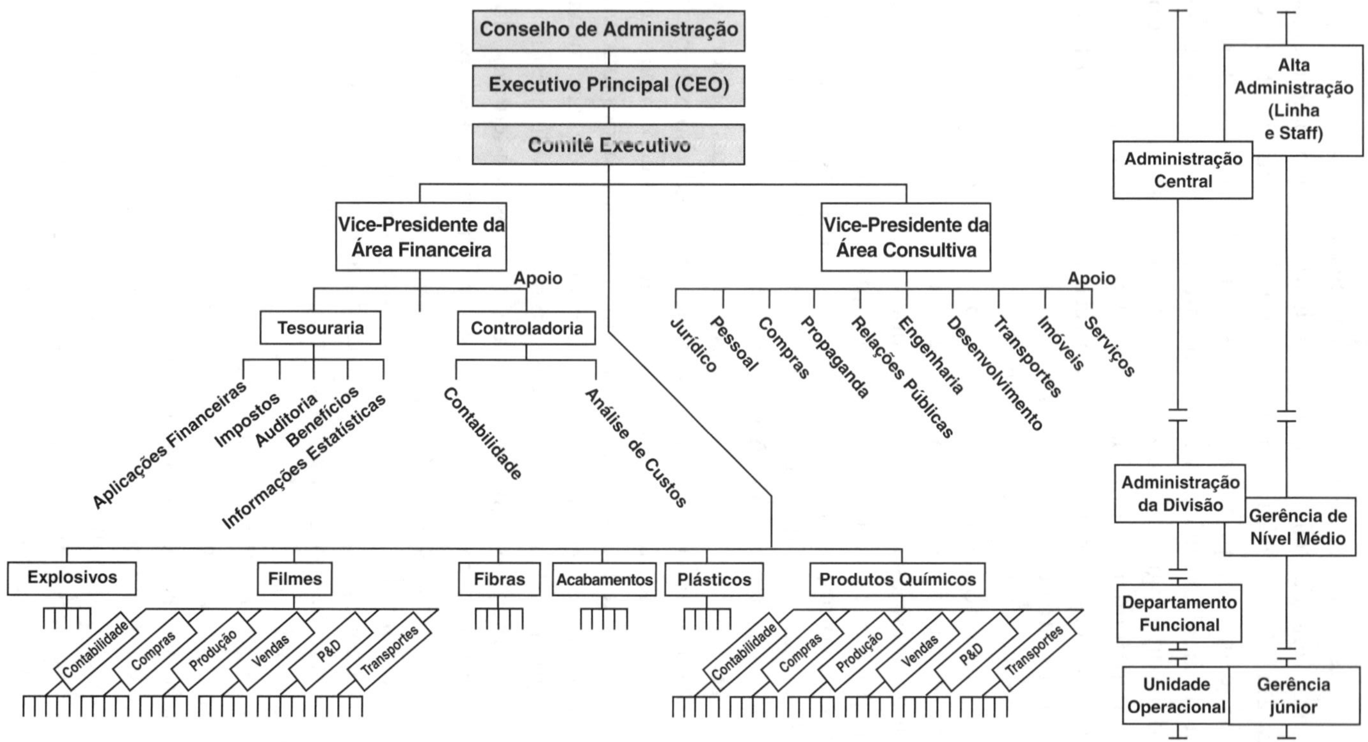

Fonte: Alfred D. Chandler, *Scale and Scope: The Dynamics of Industrial Capitalism* (Cambridge, MA: Harvard University Press, 1990).

A explicação mais comum para a proliferação dos conglomerados era a redução do risco dos ciclos econômicos, por meio da diversificação do portfólio de negócios. No entanto, a verdadeira razão era, acima de tudo, diminuir o risco para a equipe executiva pois os acionistas poderiam gerenciar o próprio risco por meio da composição de carteiras de investimentos compatíveis com seus perfis, evitando, assim, os altos custos das fusões e aquisições, além das despesas e ineficiências de uma sede corporativa. Mais plausível e com sólidos fundamentos econômicos é o argumento de que a qualidade dos altos executivos dos conglomerados poderia criar mais valor para o conjunto de empresas do que o resultante da atuação independente de cada empresa, sem o benefício da administração central.

Estrutura organizacional semelhante surgiu em muitos países em desenvolvimento. Grupos de empresas, como Tata Group, na Índia, Koç Group, na Turquia, Siam Cement, na Tailândia, e os conglomerados Samsung e Hyundai, na Coreia do Sul, são grandes conjuntos de negócios díspares que operam principalmente no país de origem. Esses grupos evoluíram em seus mercados domésticos porque os governos locais adotaram a política explícita de promover a substituição de importações, levantando barreiras comerciais e de capital que limitavam a competição externa. Esses grupos empresariais, quase sempre encabeçados por famílias empreendedoras, prosperaram em seus mercados regionais, sobretudo em face de lacunas institucionais na infraestrutura dos países, como mercados de capitais e de trabalho ineficientes, escassez de informações e de mecanismos de proteção aos consumidores, insegurança contratual e corrupção frequente no judiciário e na política.[3]

Mas quase todos os países que se revelaram solo fértil para esses grupos empresariais estão ingressando na economia global. Com os países abertos aos mercados mundiais, os grupos, até então protegidos, agora estão sujeitos a vigorosa competição externa. As sedes corporativas desses grupos empresariais nacionais agora precisam avaliar os benefícios de reunir centenas de negócios díspares em uma única estrutura organizacional. Mais do que nunca, é fundamental que determinem como a equipe de executivos da administração corporativa agrega, em vez de subtrair, o valor criado pelas operações locais.

Além do desenvolvimento de conglomerados e de grupos de empresas nos mercados emergentes, a economia globalizada de hoje, baseada na informação e no conhecimento, oferece novas oportunidades para que as administrações corporativas criem sinergia. Algumas corporações vêm apresentando, continuamente, excelente desempenho, mediante a operação de sistemas gerenciais eficazes, abrangendo as diferentes unidades de negócio, com todos os gestores seguindo estratégias competitivas mais ou menos semelhantes. Por exemplo, uma empresa como a Cisco desenvolveu a capacidade excepcional de integrar empresas de alta tecnologia, resultantes de aquisições. No outro extremo, outras administrações corporativas são extremamente hábeis na gestão de empresas maduras, com produtos do tipo *commodities*, por meio de constantes reduções de custo, gerenciamento da cadeia de suprimentos e promoção de relações trabalhistas cooperativas.

Muitas empresas alcançaram enorme sucesso com base na exploração de marcas bem conhecidas em diferentes negócios. Os filmes da Disney criam personagens do reino animal, como Mickey ou Rei Leão, que a empresa então explora em seus parques temáticos, programas de televisão e lojas de varejo. Richard Branson fundou a Virgin Airlines e em seguida alavancou a marca Virgin, que evoca diversão, alta qualidade, serviços excelentes e um estilo de vida específico, em negócios tão diversos quanto trens, resorts, finanças, bebidas não alcoólicas, música, telefones celulares, carros, vinhos, editoras e roupas para noivas.

Outras corporações, como as que atuam nos mercados de serviços financeiros e de telecomunicações, exploraram seu *relacionamento com os clientes* para oferecer ampla gama de serviços, através de um único canal, nos respectivos setores de atividade. Empresas como a Microsoft e a eBay tornaram-se dominantes em seus mercados por meio do aproveitamento de uma *plataforma* de padrão setorial em vasto conjunto de serviços. Corporações das áreas farmacêutica e de biotecnologia alavancam sua pesquisa básica e aplicada sobre determinadas categorias de doença para a criação de novos medicamentos e tratamentos que lhes permitem dominar os respectivos setores.

Em todos esses exemplos, cada negócio vale muito mais como parte da estrutura corporativa do que se estivesse operando como unidade independente. A principal questão organizacional para qualquer empreendimento de um determinado porte, portanto, é como a administração central agrega valor ao conjunto de unidades de negócio funcionais, geográficas, de produtos e de canais. Para que a administração central agregue valor, os benefícios de suas atividades de monitoração, coordenação e distribuição de recursos devem superar os custos de suas operações. A sede corporativa destrói valor quando gera atrasos no processo decisório, quando não é sensível às novas oportunidades e ameaças locais e comete erros na distribuição e orientação dos recursos, por falta de contato com as condições, concorrentes e tecnologias dos mercados locais.

Se a administração central não agregar valor, o próprio mercado de controle acionário entrará em cena para promover a reestruturação da empresa. Os fortes movimentos de aquisições de empresas da década de 1980, que ficaram conhecidos como *leveraged buyout – LBO* e *management buyout – MBO* foram reações que revelaram o valor oculto de um conjunto de unidades de negócio. Deflagrados pelas inovações nos mercados de capitais, esses movimentos eliminaram ou reduziram, principalmente nas corporações diversificadas, drasticamente o papel das sedes corporativas, que passaram a ser encaradas como destruidoras, em vez de criadoras de valor para os acionistas.

ALINHAMENTO DA ESTRUTURA COM A ESTRATÉGIA

Boa parte da literatura acadêmica e gerencial sobre estratégia se concentra no nível de unidades de negócio: como uma unidade de negócio se posiciona e alavanca seus recursos em busca de vantagem competitiva.[4] Se todas as empresas fossem semelhantes à fábrica de alfinetes de Adam Smith, essa abordagem seria suficiente. No entanto, uma vez que hoje a maioria das empresas constitui-se por combinações complexas de unidades funcionais centralizadas e de unidades de negócio descentralizadas, as sedes corporativas experimentaram várias maneiras de coordenar atividades e gerar sinergias.

Muitas empresas tentaram resolver o problema da coordenação por meio da *organização matricial*.[5] A Figura 2.3 mostra uma organização matricial típica em que os gerentes se reportam tanto a executivos funcionais da corporação como ao gestor da respectiva unidade de negócio ou de produto. A Figura 2.4 mostra uma organização matricial que tenta alinhar as operações locais com grupos de produtos globais e ao mesmo tempo com as diretrizes locais de cada país.

A ABB, empresa mundial de produtos elétricos, popularizou a organização matricial por linha de produtos e área geográfica na década de 1990, quando reorganizou suas centenas de unidades de negócio locais em todo o mundo. Na nova estrutura, cada unidade de negócio local reporta-se tanto ao executivo responsável pelo país quanto ao executivo da linha de negócio em todo o mundo. A organização matricial sem dúvida criou condições para que a corporação alcançasse os benefícios da coordenação centraliza-

Figura 2.3 Organização matricial

Negócio / Função	Unidade de Negócio 1	Unidade de Negócio 2	...	Unidade de Negócio n
P&D	Gerente de P&D UN_1	Gerente de P&D UN_2	...	Gerente de P&D UN_n
Compras	Gerente de Compras UN_1	Gerente de Compras UN_2	...	Gerente de Compras UN_n
Produção	Gerente de Produção UN_1	Gerente de Produção UN_2	...	Gerente de Produção UN_n
Marketing	Gerente de Produção UN_1	Gerente de Produção UN_2	...	Gerente de Marketing UN_n
Vendas	Gerente de Vendas UN_1	Gerente de Vendas UN_2	...	Gerente de Vendas UN_n

da, da expertise funcional e das economias de escala nos grupos de produtos, ao mesmo tempo em que preservou a autonomia e o empreendedorismo das divisões locais em marketing e vendas.

Na prática, apesar de seu apelo, a organização matricial revelou-se difícil de gerenciar, por causa das tensões intrínsecas entre os interesses dos executivos responsáveis por gerenciar uma linha ou uma coluna da matriz. Os gestores que se situam nas interseções da matriz lutam para

Figura 2.4 A organização matricial por grupos de produtos globais e países

	País 1	País 2	...	País n
Linha de Produto 1	UN_{11}	UN_{12}	...	UN_{1n}
Linha de Produto 2	UN_{21}	UN_{22}	...	UN_{2n}
Linha de Produto 3	UN_{31}	UN_{32}	...	UN_{3n}
> > >	> > >	> > >	v v v	> > >

conciliar as preferências dos executivos da linha ou da coluna, o que constitui novas fontes de dificuldades, conflitos e atrasos. Nas organizações matriciais, os conceitos de autoridade e responsabilidade tornam-se ambíguos. Em consequência, propuseram-se novas formas de organização, denominadas pós-industriais. Entre os exemplos, destacam-se as organizações virtuais e em rede, que operam além das fronteiras tradicionais, e as organizações "velcro", que podem ser desmontadas e remontadas sob novas estruturas, em resposta aos contextos e às oportunidades em constante mudança.[6]

Com todas as inovações nas estruturas das empresas, quaisquer soluções organizacionais que tentem equilibrar as tensões entre especialização e integração são sempre efêmeras e instáveis. Tal constatação não é surpreendente. No famoso modelo 7-S, da McKinsey, para o desenvolvimento de organizações alinhadas, Estratégia (*Strategy*) e Estrutura (*Structure*) são apenas dois dos sete Ss.[7] Um terceiro S – Sistemas – também é indispensável para a promoção do alinhamento organizacional. A McKinsey define *sistemas* como "processos e procedimentos formais usados para gerenciar a organização, abrangendo sistemas de controle gerencial, sistemas de avaliação e recompensas, sistemas de planejamento, orçamento e alocação de recursos, sistemas de informação e sistemas de distribuição".

A McKinsey realizou suas pesquisas para a elaboração do Modelo 7-S em 1980, antes do desenvolvimento dos Mapas Estratégicos, do Balanced Scorecard e dos cinco princípios da Organização Orientada para a Estratégia – mobilizar, traduzir, alinhar, motivar e gerenciar.[8] Hoje, compreendemos com clareza como as inovações resultantes do Balanced Scorecard criam condições para que as empresas projetem seus próprios sistemas operacionais para alinhar a estrutura com a estratégia e também contribuem para os outros quatro Ss: pessoal (*staffing*), habilidades (*skills*), estilo (*style*) e valores compartilhados (*shared values*).[9] O *insight* que extraímos de nosso trabalho com centenas de organizações é que estas não devem buscar a estrutura perfeita para suas estratégias, mas sim escolher uma estrutura que seja razoável e pareça funcionar sem grandes conflitos, e então elaborar e desdobrar, de cima para baixo, um *sistema* específico e individualizado, composto por Mapas Estratégicos e Balanced Scorecards interligados, para sintonizar a *estrutura* – a corporação e seu conjunto de funções centralizadas e grupos de produtos e unidades geográficas descentralizadas – com a *estratégia*.

BALANCED SCORECARD: UM SISTEMA PARA ALINHAR A ESTRATÉGIA CORPORATIVA E A ESTRUTURA ORGANIZACIONAL

O trabalho de Chandler, ampliado por Michael Porter, afirma que a estratégia precede a estrutura e os sistemas. Portanto, devemos começar com uma breve análise da estratégia corporativa, antes de mostrar como os Mapas Estratégicos e os Balanced Scorecards alinham a estrutura com a estratégia no nível corporativo. Goold, Campbell e Alexander argumentam que a estratégia corporativa – motivo para a operação de vários negócios dentro da mesma entidade corporativa – deve decorrer da "vantagem no apoio da matriz" (*parenting advantage*).[10]

A corporação deve demonstrar o que chamamos de proposta de valor da organização: como a administração corporativa extrai mais valor dos negócios que possui e opera do que conseguiriam seus rivais se reunissem o mesmo conjunto de negócios ou se cada negócio operasse de maneira completamente independente.[11] As quatro perspectivas do Balanced Scorecard fornecem uma maneira natural para classificar os vários tipos de propostas de valor, capazes de contribuir para as sinergias corporativas:

Sinergias Financeiras

- Aquisição e integração eficaz de outras empresas.
- Excelência nos processos de monitoramento e governança dos diversos empreendimentos.
- Exploração da marca comum (Disney, Virgin) pelas várias unidades de negócio.
- Obtenção de escala ou de habilidades especializadas nas negociações com entidades externas, como governos, sindicatos, fontes de capital e fornecedores.

Sinergias em Clientes

- Cumprimento consistente de uma proposta de valor única em uma rede geograficamente dispersa de unidades de varejo ou de atacado.
- Aproveitamento de clientes comuns, mediante a combinação de produtos e serviços de várias unidades, com vistas à oferta de vantagens diferenciadas: baixo custo, conveniência ou soluções personalizadas.

Sinergias em Processos de Negócios

- Exploração de competências essenciais que alavancam a excelência em tecnologias de produtos e processos entre várias unidades de negócio,[12] como microeletrônica, optoeletrônica, desenvolvimento de software, desenvolvimento de novos produtos e sistemas de produção e distribuição *just-in-time*, que geram vantagens competitivas em vários segmentos setoriais. Entre tais competências essenciais também se incluem conhecimentos sobre como atuar com eficácia em determinadas regiões do mundo.
- Alcançar economias de escala por meio de recursos comuns de produção, pesquisa, distribuição e marketing.

Sinergias em Aprendizado e Crescimento

- Aumentar o *capital humano* com base em práticas excelentes de recursos humanos nas áreas de recrutamento, treinamento e desenvolvimento da liderança nas várias unidades de negócio.
- Alavancar *tecnologias comuns*, como uma plataforma dominante na indústria ou um canal de acesso dos clientes à ampla gama de serviços da empresa, que seja compartilhada por várias divisões de produtos ou serviços.
- Difusão de melhores práticas, por meio de ferramentas de gestão do conhecimento, que transfiram excelência na qualidade dos processos entre múltiplas unidades de negócio.

Collis e Montgomery resumem nos seguintes termos essas estratégias corporativas eficazes:[13]

> *A estratégia corporativa notável não é um conjunto aleatório de diferentes componentes, mas um sistema de partes interdependentes, cuidadosamente concatenadas... Em uma estratégia corporativa ótima, todos os elementos [recursos, negócios e organizações] estão alinhados uns com os outros. Esse alinhamento é impulsionado pela natureza dos recursos da empresa – seus ativos especiais, suas habilidades e suas capacidades.*[14]

Os Mapas Estratégicos e o Balanced Scorecard são mecanismos ideais para descrever a proposta de valor da organização e, em seguida, para alinhar os recursos da corporação, com vistas a aumentar a criação de valor. A equipe de executivos da administração central usa o Mapa Estratégico e o Balanced Scorecard corporativos para articular o papel da corporação: de que modo ela gera mais valor mantendo diferentes unidades de negócio em sua estrutura hierárquica, em vez de permitir que cada uma opere como entidade independente, com sua própria estrutura de governança e suas fontes de financiamento.

NOTAS

1. Esse breve resumo de uma história complexa foi extraído do Capítulo 2 de "Scale, Scope and Organizational Capabilities", in A. D. Chandler Jr., *Scale and Scope: The Dynamics of Industrial Capitalism* (Cambridge, MA: Harvard University Press, 1990), 14-49.
2. A. D. Chandler Jr., *Strategy and Structure: Chapters in the History of the Industrial Enterprise* (Cambridge, MA: MIT Press, 1962), 297.
3. T. Khanna e K. Palepu, "Why Focused Strategies May Be Wrong for Emerging Markets", *Harvard Business Review* (julho-agosto de 1997): 41-51.
4. Exploramos o papel dos Mapas Estratégicos e dos Balanced Scorecards na descrição e implementação da estratégia das unidades de negócio no livro *Mapas Estratégicos: Convertendo Ativos Intangíveis em Resultados Tangíveis* (Rio de Janeiro: Campus/Elsevier, 2004).
5. S. Davis e P. Lawrence, "Problems of Matrix Organizations", *Harvard Business Review* (maio-junho de 1978); H. Kolodny, "Managing in a Matrix", *Business Horizons* (março-abril de 1981).
6. L. Hirschhorn e T. Gilmore, "The New Boundaries of the 'Boundaryless' Company", *Harvard Business Review* (maio-junho de 1992): M. Raynor e J. Bower, "Lead from the Center: How to Manage Divisions Dynamically", *Harvard Business Review* (maio de 2001); J. Bower, "Building the Velcro Organization: Creating Value Through Integration and Maintaining Organization-Wide Efficiency", *Ivey Business Journal* (novembro-dezembro de 2003): 1-10.
7. R. H. Waterman, T. J. Peters e J. R. Philips, "Structure is not Organization", *Business Horizons* (1980).
8. R. S. Kaplan e D. P. Norton, *Organização orientada para a estratégia* (Rio de Janeiro: Campus/Elsevier, 2001).
9. R.S. Kaplan, "De volta à excelência: Como o Balanced Scorecard reforça o modelo 7-S da McKinsey", *Balanced Scorecard Report* (março-abril de 2005).
10. D. Collis e C. Montgomery, *Corporate Strategy: Resources and the Scope of the Firm* (Chicago: Irwin, 1997), se referem basicamente ao mesmo conceito como "vantagem corporativa". Usaremos a imagem mais vívida da corporação como matriz de uma vasta prole.
11. M. Goold, A. Campbell e M. Alexander, *Corporate-level Strategy: Creating Value in the Multibusiness Company* (Nova York: John Wiley & Sons, 1994); A. Campbell, M. Goold e M. Alexander, "Corporate Strategy: The Quest for Parenting Advantage", *Harvard Business Review* (março-abril de 1995); 120-132.

12. O termo *competências essenciais* (*core competencies*) foi definido por Markides como o "pool de experiências, conhecimentos e sistemas da corporação que podem ser usados para reduzir o custo ou o tempo que se gasta para a criação ou a ampliação de um ativo estratégico"; ativos estratégicos são os que "promovem vantagens de custo ou diferenciação e só podem ser imitados, substituídos ou negociados de maneira imperfeita". Ver C. Markides, "Corporate strategy: The Role of the Centre" in *Handbook of Strategy and Management*, primeira edição, eds. A. Pettigrew, H. Thomas e R. Whittington (Londres: Sage Publications, 2001)
13. D. J. Collis e C. A. Montgomery, "Competing on Resources: Strategy in the 1990s", *Harvard Business Review* (julho-agosto de 1995): 118-128; e "Creating Corporate Advantage", *Harvard Business Review* (maio-junho de 1998): 70-83.
14. Collis e Montgomery, "Creating Corporate Advantage", 72.

CAPÍTULO 3

ALINHANDO AS ESTRATÉGIAS FINANCEIRA E DE CLIENTES

As corporações podem criar sinergias de muitas maneiras. Algumas alavancam as sinergias financeiras por meio de políticas eficazes de fusões e incorporações e da boa gestão dos mercados de capitais internos. Outras exploram marcas comuns ou relacionamentos com clientes entre várias unidades de negócio e lojas de varejo. Ainda outras geram economias de escala mediante o desenvolvimento de processos comuns e de serviços compartilhados por várias unidades de negócios ou produzem economias de escopo através da integração eficaz de alguns componentes da cadeia de valor de um setor. E, finalmente, as empresas criam sinergias quando desenvolvem e compartilham capital humano, capital da informação e capital organizacional no âmbito de várias unidades. A sede corporativa deve explicitar as sinergias almejadas e em seguida implementar um sistema gerencial para divulgá-las e explorá-las.

Neste capítulo, descrevemos exemplos de corporações que criaram valor mediante a alavancagem de sinergias financeiras e dos clientes. No Capítulo 4, prosseguimos com a análise, apresentando oportunidades para a alavancagem de sinergias em processos internos críticos e para a integração de recursos de aprendizado e crescimento em todo o âmbito da empresa. Nos dois capítulos, mostramos como empresas privadas, órgãos públicos e organizações sem fins lucrativos criaram valor oriundo da corporação, dispensando atenção específica às fontes de sinergia.

SINERGIAS FINANCEIRAS: MODELO DA *HOLDING*

Todas as organizações têm oportunidades de gerar sinergias, por meio da alocação de recursos e da gestão financeira, centralizada. Porém, o exemplo mais típico é o das *holdings*, ou empresas de participação, que são um conjunto de unidades de negócios ou de empresas que operam sobretudo como entidades independentes. Essas empresas criam sinergias apenas com base em suas competências e práticas financeiras. Na maioria dos casos, as unidades operacionais das *holdings* se localizam em diferentes regiões, atuam em diversos setores, vendem a diferentes clientes, usam distintas tecnologias e elaboram suas próprias estratégias.

Tal situação também ocorre no setor público, no qual os ministérios ou secretarias geralmente consistem em um conjunto de órgãos independentes, cujas operações têm pouco em comum e não requerem coordenação muito coesa. Veja o caso, por exemplo, do departamento de transportes dos Estados Unidos, cuja posição hierárquica equivale aos ministérios do governo federal brasileiro. Ele se compõe de 13 órgãos praticamente autônomos, como Federal Aviation Administration, Federal Highway Administration, Federal Transit Association, Federal Motor Carrier Safety Administration, Federal Railway Administration, Federal Maritime Administration e National Highway Transportation Safety Administration. Cada um desses órgãos tem seu próprio público ou clientes (por exemplo, empresas de aviação, rodovias, trânsito, caminhões, navios e automóveis), missão e estratégia.

O Capítulo 2 mostra de que maneira as corporações da década de 1960 – como Litton Industries, ITT, Textron e Gulf + Western – seguiram uma estratégia de aquisições agressivas, reunindo sob uma única estrutura organizacional um conjunto de empresas que tinham poucos recursos, tecnologias ou clientes compartilhados. Os motivos expostos para esse movimento dos conglomerados eram dois: primeiro, a corporação ganhava acesso a novos setores com perspectivas de maior crescimento e de menor competição do que no caso dos negócios existentes e, segundo, a estratégia de aquisições reduzia os riscos da corporação, mediante a composição de um portfólio de empresas com ciclos econômicos não correlatos.

Nenhum desses dois motivos acabou resistindo ao escrutínio econômico e à experiência prática. Embora algumas empresas realmente tenham melhores oportunidades de crescimento do que outras, os acionistas das empresas mais dinâmicas quase sempre estão bem conscientes desse potencial e já o embutem na formação do preço da ação. Portanto, a adquirente já paga um prêmio considerável para adquirir empresas de crescimento acelerado. Muitos estudos já demonstraram que nas fusões, incorporações e aquisições os vendedores geralmente ficam com todos os ganhos, ao passo que os compradores sofrem a maldição dos vencedores, pagando demais pelas expectativas de crescimento e em seguida auferindo retornos abaixo do mercado.

Quanto aos alegados benefícios de redução do risco, a maioria dos investidores já conta com quantidade suficiente de empresas para promover a diversificação de sua própria carteira, com vistas a reduzir o risco específico referente a cada ação. Não precisam que gestores de empresas paguem ágios expressivos para alcançar os mesmos resultados. Seja como for, a maioria dos conglomerados não conseguiu executar sua estratégia de redução de riscos. Durante a desaceleração econômica da década de 1970, praticamente todas as empresas que compunham esses conglomerados padeceram juntas, o que levou a grandes dificuldades para o pagamento dos juros e da amortização das dívidas assumidas durante a fase de aquisições agressivas da década anterior.

Durante a década de 1970, o crescimento dos lucros e a redução dos riscos atribuíveis aos conglomerados foram decepcionantes e, em fins da década de 1970 e durante a década seguinte, esse desapontamento desencadeou uma onda de aquisições destes conglomerados por outras companhias, desinvestimentos e substituições de equipes executivas. No entanto, o engodo do crescimento e a redução do risco para os gestores de empresas diversificadas ainda exercem forte apelo (para não mencionar os altos honorários cobrados pelos bancos de investimento que organizam as atividades de fusões e incorporações de empresas), e muitas dessas empresas sobreviveram até hoje. O grande desafio enfrentado pelas equipes executivas em suas sedes corporativas é como reverter a experiência histórica. Elas precisam demonstrar que são capazes de selecionar e gerenciar um conjunto de negócios díspares, de modo a criar valor superior ao que poderia ser gerado por negócio separadamente.

Os principais exemplos de empresas dessa categoria, como Berkshire Hathaway e Kohlberg Kravis Roberts (KKR) são puras corporações de investimentos diversificados ou de private equity, ou seja, que adquirem ações de empresas de capital fechado promissoras. Cada empresa desses portfólios de negócios são geradas e financiadas de maneira independente. Todas têm seus próprios conselhos de administração, que geralmente incluem representantes da matriz. Não existem participações cruzadas e o caixa gerado por uma empresa não pode ser usado por outra.

Os ganhos desse tipo de corporação resultam de duas fontes de sinergia financeira. A primeira é a acuidade investidora dos principais proprietários, como Warren Buffett na Berkshire Hathway e os sócios seniores da KKR. Esses proprietários criam valor corporativo com base em sua capacidade de identificar empresas subestimadas ou passíveis de viradas. Eles também dispõem de processos excelentes de due dilligence, para confirmar as oportunidades detectadas por sua alta sensibilidade. Com efeito, essa capacidade exige disponibilidade de informações e execução de análises de qualidade, de modo que a corporação realmente seja capaz de "comprar na baixa e vender na alta", de maneira consistente.

A segunda fonte de criação de valor financeiro decorre da operação de um sistema de governança eficaz que monitore e oriente o desempenho de longo prazo das empresas do portfólio e de seus executivos seniores. As *holdings* em geral participam da seleção e da distribuição do quadro de pessoal-chave, além de introduzir métodos de gestão profissional.

Por exemplo, a FMC Corporation, uma das primeiras a adotar o Balanced Scorecard, operava mais de duas dúzias de empresas, nos setores de máquinas e equipamentos, produtos químicos, mineração e armamentos. Os executivos seniores da corporação tinham ampla experiência nas áreas de atuação das empresas operacionais. Também contavam com fontes de informações confidenciais sobre oportunidades, ameaças, pontos fortes e pontos fracos das diferentes unidades e respectivos mercados. Com base nessa experiência e informações, a administração central tinha condições de decidir melhor do que o mercado de capitais externos sobre a alocação de recursos entre os diferentes negócios. Por exemplo, uma das empresas da FMC produzia equipamentos para aeroportos, destinados ao manuseio de bagagens, transporte interno de passageiros, corredores de acesso às aeronaves e rampas de embarque. Durante um dos ciclos depressivos típicos da indústria de aviação civil, os investimentos sofreram forte queda em todo o setor. Na ocasião, a empresa efetuou um investimento estratégico para adquirir seu maior concorrente, por valor muito inferior ao que os executivos da matriz consideravam ser o preço justo e seu valor no longo prazo. A decisão foi mais do que validada durante o período seguinte de ascensão no setor de transporte aéreo, com aumento significativo na expansão e nos investimentos em aeroportos.

Assim, a proposta de valor da corporação para empresas altamente diversificadas inclui a capacidade superior de alocar capital e de gerenciar riscos entre seus diferentes negócios. Os objetivos financeiros do scorecard da corporação devem incluir indicadores comuns de alto nível, como valor econômico agregado (EVA) e retorno sobre o capital empregado. Tais critérios de avaliação fornecem paradigmas comuns para a avaliação da contribuição financeira de cada empresa que compõe o portfólio corporativo. Evidentemente, mesmo nessas corporações altamente diversificadas, os executivos da sede corporativa são gestores ativos de portfólios, capazes de destacar diferentes indicadores financeiros para cada negócio, de modo a facilitar a alocação de recursos. Eles podem optar por enfatizar o aumento das vendas e o crescimento da participação de mercado no caso de empresas no início do ciclo de vida e escolher por capacidade de geração de caixa para empresas em fases mais maduras.

Os estudos de casos a seguir, da Aktiva e da New Profit Inc. mostram de que maneira as corporações que buscam sinergias financeiras podem explorar o Balanced Scorecard como principal ferramenta de seu sistema de governança de um portfólio composto de unidades de negócios díspares.

ESTUDO DE CASO: AKTIVA

Aktiva, empresa *holding* de capital fechado, foi fundada na Eslovênia, em 1989, e hoje tem sede em Amsterdã, com escritórios em Genebra, Ljubjana, Londres, Milão e Tel Aviv. No primeiro trimestre de 2004, os ativos da empresa eram de € 600 milhões. Já os ativos das 30 empresas, em 30 países diferentes, sob seu controle exclusivo ou com parceiros, superava € 12 bilhões.

A corporação adota métodos de governança dinâmicos que transfere teorias, práticas e disciplinas gerenciais de ponta às empresas de seu portfólio. Sua estratégia inicial seguia abordagens de gestão baseada em valor e indicadores de valor econômico agregado para incutir disciplina e foco financeiro nas empresas operacionais. Em 2000, ela percebeu a oportunidade de ajudar de maneira mais ativa seu portfólio de empresas, exigindo que cada uma delas desenvolvesse um Balanced Scorecard para descrever e implementar sua estratégia. A Aktiva começou com a elaboração de seu próprio Balanced Scorecard, que mostrava como ela maximizaria seu valor, por meio da gestão e governança ativa de sua carteira de negócios (ver Figura 3.1). Em seguida ela ajudou cada empresa de seu portfólio a desenvolver e implementar seu Balanced Scorecard.

Figura 3.1 Mapa Estratégico de governança ativa da Aktiva Corporate

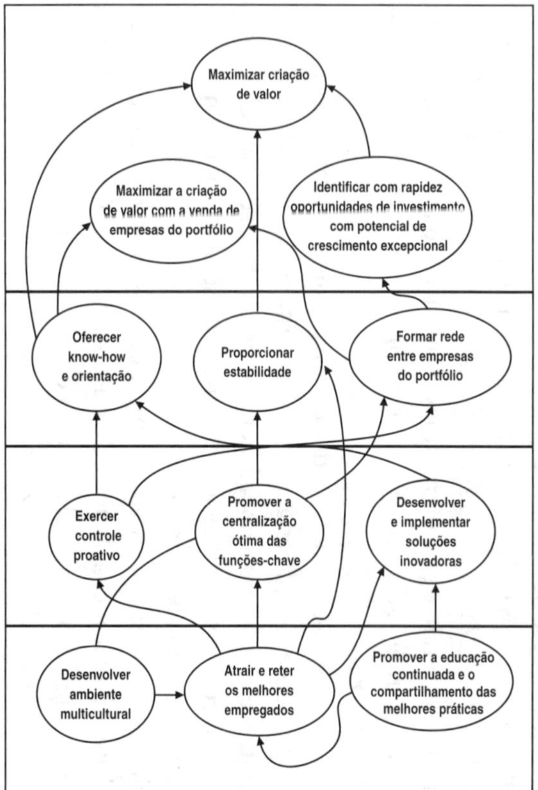

	Objetivo	Indicador
Financeiros	Maximizar criação de valor	Aumento do valor dos ativos líquidos
		Taxa interna de retorno
	Maximizar a criação de valor com a venda de empresas do portfólio	Excedente líquido de valor com a venda de empresas do portfolio
	Identificar com rapidez oportunidades de investimento com potencial de crescimento excepcional	Quantidade e qualidade dos novos investimentos
		Quantidade e valor dos negócios concluídos com novos parceiros.
Clientes	Oferecer know-how e orientação	Percepção do valor agregado pelo know-how da Aktiva por parte das empresas controladas.
		Número de implementações de novos conceitos
		Tempo médio necessário por implementação
	Proporcionar estabilidade	Crises de caixa
		Classificações de crédito
		Número, qualidade e extensão dos relacionamentos com instituições financeiras
	Formar rede entre empresas do portfólio	Número e qualidade de novos contatos
		Número de contatos convertidos em relacionamentos de longo prazo por empresa
		Número de contatos por empresa compartilhados entre as demais empresas
Processos internos	Exercer controle proativo	Quantidade de mudanças de foco de estratégias e de criação de BSCs em todos os níveis
		Quantidade de novas oportunidades de negócios identificadas pelo "grupo de governança ativa"
		Número de situações de prevenção de prejuízos pelo "grupo de governança ativa"
	Promover a centralização ótima das funções-chave	Impostos como porcentagem do lucro (otimização dos impostos)
		Quantidade de transações com otimização do caixa
		Redução de custos dos produtos financeiros
	Desenvolver e implementar soluções inovadoras	Número de soluções avaliadas
		Quantidade de implementações pioneiras
		Nível de satisfação com as novas soluções implementadas
Aprendizado e crescimento	Desenvolver ambiente multicultural	Quantidade de equipes multinacionais
		Número de países com atividades de negócios do grupo Aktiva
	Atrair e reter os melhores empregados	Nível de qualidade do pool de talentos
		Satisfação e retenção dos empregados
		Sucesso na identificação e reconhecimento de "estrelas"
		Gestão bem-sucedida do pessoal com mau desempenho
	Promover a educação continuada e o compartilhamento das melhores práticas.	Porcentagem de empregados cujas necessidades de treinamento e desenvolvimento foram identificadas.
		Número de novas ideias resultantes do treinamento externo
		Número de propostas de treinamento interno por empregado

Para tanto, a Aktiva constituiu o que chamou de "grupo de governança ativa" em sua estrutura organizacional. Os gestores que compõem esse grupo se mudam para a localidade geográfica das empresas. Lá, ajudam no dia a dia e orientam as equipes executivas no desenvolvimento dos Mapas Estratégicos e dos Balanced Scorecards que descrevem e ajudam os gestores a implementar suas estratégias. Cada membro do grupo de governança ativa participa do plano de incentivos das empresas do portfólio, o que significa forte motivação para contribuir para o sucesso do negócio. Por sua vez, os planos de incentivos para os gerentes de níveis médio e superior de cada empresa estão ligados aos scorecards pessoais e ao scorecard da empresa.

Os executivos da Aktiva se reúnem a cada trimestre, e não raro mensalmente, com as equipes executivas das diferentes empresas do portfólio para avaliar o desempenho de seu Balanced Scorecard e para sugerir maneiras de resolver problemas e melhorar os resultados. Essas reuniões, da qual participam os membros do grupo de governança ativa da corporação, também são oportunidades para que os conhecimentos e experiências de uma empresa se transfiram rapidamente para todas as demais.

O processo de governança ativa da corporação, por meio da gestão baseada em valor e do Balanced Scorecard, tem alcançado grande sucesso. O retorno sobre os ativos líquidos dos maiores investimentos da Aktiva subiram de 2% negativos, em 1998, para 12% positivos, em 2003. A Pinus TKI, empresa de seu portfólio fabricante de produtos químicos agrícolas, com sede na Eslovênia, dobrou suas vendas de 1996 a 2003, período em que também virou o valor econômico agregado de menos € 1,5 milhão para mais € 1,5 milhão.

A Aktiva, como empresa de investimentos, não como negócio operacional, às vezes vende um dos itens de seu portfólio, quando consegue preço que reflita plenamente o crescimento de seu valor intrínseco durante sua gestão. Curiosamente, as empresas vendidas, mesmo depois de saírem da esfera de governança da Aktiva, continuam usando seus Balanced Scorecards – tributo à crença predominante em cada empresa quanto ao valor dessa ferramenta de gestão e governança. O CEO da Aktiva, Darko Horvat, testemunhou o valor do Balanced Scorecard para a sua empresa de investimentos em companhias fechadas:

Antes de implementarmos o BSC, a Aktiva já crescia excepcionalmente rápido, mas sempre havia o perigo de excesso de ênfase nos indicadores financeiros. Estávamos conscientes de que os resultados fi-

nanceiros não são sustentáveis durante vários anos. Ao implementarmos o BSC, nosso foco se expandiu do EVA (valor econômico agregado) para também abranger as três outras perspectivas, que, no final das contas, são as que mais contribuem para o desempenho no futuro, assim como para o sucesso financeiro do negócio. Para nós, o BSC é insubstituível na condição de espinha dorsal da maneira como conduzimos nosso negócio sob uma abordagem orientada à estratégia. Nós o consideramos parte essencial, profundamente integrada em nossa trajetória para o sucesso.[1]

ESTUDO DE CASO: NEW PROFIT INC.

Versão sem fins lucrativos do modelo de empresa de investimentos também auferiu grandes benefícios com o uso do Balanced Scorecard. A New Profit Inc. (NPI), organização de empreendimentos filantrópicos, atrai grandes doações de pessoas físicas, fundações e empresas, interessadas em contribuir para organizações empreendedoras sem fins lucrativos, capazes de demonstrar experiência comprovada e potencial para aumento de escala.[2] A NPI oferece financiamentos de vários anos às organizações de seu portfólio, criando condições para que desenvolvam capacidade de crescimento. De maneira muito semelhante às empresas de capital de risco do setor privado, a NPI incumbe as empresas de seu portfólio de alcançar metas, definidas de comum acordo, com base em critérios de avaliação de desempenho mensuráveis. A NPI mantém seus financiamentos a essas organizações enquanto elas cumprirem suas metas.

Ao contrário das empresas de investimentos do setor privado, das que aplicam em empresas de capital fechado promissoras (private equity) e das empresas de capital de risco, a NPI não tem condições de adotar indicadores financeiros para avaliar o desempenho de seus investimentos em organizações sem fins lucrativos. O sucesso das organizações de seu portfólio é medido por seu impacto social, não pela capacidade de levantarem fundos ou de equilibrar seus orçamentos. Os sócios fundadores da NPI recorreram ao Balanced Scorecard como a melhor ferramenta para desenvolver contratos de desempenho com as organizações de seu portfólio e em seguida para avaliar os resultados obtidos.

O ponto de partida da NPI foi a elaboração de um Balanced Scorecard em nível corporativo para si mesma (ver Figura 3.2). A empresa desenvolveu seu scorecard em conjunto com o conselho de administração e com os investidores existentes e potenciais. Dessa forma ela pode assumir responsabilidade por seu próprio desempenho, da mesma maneira como exige que as empresas de seu portfólio também se responsabilizem por seus resultados. O scorecard da NPI em nível corporativo serviu como modelo para os que depois viriam a ser desenvolvidos nas demais organizações de seu portfólio. Esse esquema criou condições para que todos os scorecards mantivessem estruturas semelhantes, facilitando a comunicação com os conselheiros e com os investidores da NPI, mas permitindo que as organizações do portfólio adotassem seus próprios objetivos específicos, nas quatro perspectivas, de modo a compatibilizá-los com suas diferentes missões e constituintes.

Depois da conclusão do scorecard da corporação, o pessoal da NPI trabalhou com as organizações do portfólio, ajudando-as a projetar e a implementar Balanced Scorecards sob medida para suas metas específicas. A NPI agora monitora o desempenho das organizações de seu portfólio com base na extensão em que atingem os indicadores e metas de seus respectivos scorecards. Em relatórios semestrais, os sócios da NPI apresentam aos "investidores" (ou seja, as pessoas que pagam contribuições ou contribuintes) um resumo do Balanced Scorecard de cada organização, para que eles avaliem o impacto social e o desempenho de cada organização do portfólio.

No caso da NPI, a proposta de valor da corporação inclui um excelente processo de due dilligence, que identifica oportunidades de investimento promissoras em termos de impacto social e de potencial de crescimento. A NPI também mantém um processo ativo de monitoramento e governança, que atribui responsabilidade aos empreendedores sociais pela produção de resultados mensuráveis, e ainda oferece consultoria gerencial para treinar e orientar os empreendedores sobre como desenvolver organizações mais eficazes e eficientes. Como não existe mercado de capitais externo para financiar o crescimento de organizações sem fins lucrativos, a NPI gera expressivo valor social ao criar condições para que iniciativas sociais de alto desempenho tenham acesso a financiamentos de longo prazo, destinados à promoção do crescimento e à construção de capacidade.

Cada organização do portfólio, em parceria mental com a New Profit, cria seu próprio scorecard, com base em sua missão, constituintes e proposta de valor. A NPI fornece apenas o modelo amplo – sugerindo perspectivas de maior impacto social, clientes potenciais, fontes de financiamento, pessoal e recursos – e cada organização do portfólio desenvolve seu próprio scorecard.

Figura 3.2 Balanced Scorecard de 2005 da New Profit

Missão da New Profit: Demonstrar novos métodos de praticar filantropia, que gerem recursos estratégicos e financeiros, para capacitar empreendedores sociais visionários e suas organizações a criar impacto transformador duradouro.

Aspectos	Objetivos	Indicadores
Impacto social	A. Constituir fundo filantrópico de primeira classe para financiar e reforçar a atuação de empreendedores sociais selecionados.	1. As organizações do portfólio estão apresentando desempenho superior no cumprimento da missão. a. Alcance e crescimento: Aumento anual agregado na quantidade de vidas beneficiadas pelo portfólio. b. Crescimento: Crescimento anual agregado das receitas geradas pelo portfólio c. Qualidade: % das organizações do portfólio que cumprem os padrões de qualidade (com variação de 5%). d. Sustentabilidade: Mudança média no escore do "checklist de graduação" em todo o portfólio. 2. Inclusão de organizações de alto potencial no portfólio. a. X novos investimentos em organizações que passam pelo processo de due dilligence.
	B. Alavancar resultados, experiências e redes de modo a desenvolver ambiente vigoroso para empreendimentos sociais de crescimento acelerado.	3. Reconhecimento da New Profit como líder capaz de influenciar as ações de atores-chave na área, de modo a melhorar o ambiente para empreendedores sociais com grande potencial. a. Sucesso na arregimentação de importantes líderes em empreendedorismo social e no desenvolvimento de iniciativas dinâmicas. b. Elaboração de estratégias detalhadas para garantir o progresso em iniciativas e critérios de avaliação que abranjam todo o âmbito de setores-chave. Além de marcos específicos para cada iniciativa, possíveis indicadores de sucesso seriam: i. Inclusão espontânea da New Profit em importantes eventos e discussões promovidos por terceiros. ii. Aumento na quantidade e/ou escala de outras organizações filantrópicas que adotem modelos de filantropia semelhantes aos da New Profit. iii. Aumento duradouro na quantidade de empreendedores sociais que atingiram escala.

Figura 3.2 Balanced Scorecard de 2005 da New Profit *(Continuação)*

Aspectos	Objetivos	Indicadores
Constituinte	C. Proporcionar o máximo de satisfação aos investidores da New Profit.	4. Resultados de pesquisa sobre satisfação dos investidores.
	D. Garantir o reconhecimento do valor de trabalhar com a New Profit pelos empreendedores sociais do portfólio.	5. Resultados de pesquisa sobre satisfação geral.
	E. Oferecer alto nível de satisfação aos membros do Grupo de Monitoramento da América do Norte com o compromisso da TMG de fornecer recursos à New Profit.	6. Resultados de pesquisa de satisfação do Grupo de Monitoramento da América do Norte quanto ao relacionamento com a New Profit.
Finanças	F. Melhorar os resultados das atividades de levantamento de fundos.	7. Total de novas contribuições em $ resultantes de campanhas. • Aumento no % de fundos oriundos de grandes investidores. • Aumento no total de dinheiro levantado pelo conselho de administração. 8. Formação de novas joint ventures.
	G. Desenvolver processos mais sistemáticos e previsíveis que não dependam tanto do fundador.	9. Aumento nas quantias levantadas perante investidores por tempo dedicado pelos sócios seniores. 10. Número de investidores potenciais qualificados, ainda em desenvolvimento (indicações pessoais dos atuais investidores ou contatos nos últimos três meses, em que surgiram propostas de investimentos específicos), entrando para o próximo ano.
	H. Alavancar investimentos diretos nas organizações do portfólio, com novas fontes de recursos e financiamentos.	11. "Índice de alavancagem" (valor total de novos recursos no portfólio da New Profit / investimentos diretos efetuados pela New Profit).
Operações internas	I. Reforçar os controles financeiros internos em torno das principais decisões operacionais.	12. Novos investimentos com pelo menos 100% de cobertura de fundos. 13. Cumprimento das metas de despesas do orçamento. 14. Pontualidade da cobrança dos compromissos dos investidores.
Capacidade organizacional	J. Revigorar os processos de gestão do portfólio, para torná-los eficazes, consistentes e de alta qualidade.	15. Cem por cento das organizações do portfólio têm "planos de campanha" completos, com avaliação trimestral do andamento e dos resultados. a. Novas organizações do portfólio têm planos de campanha e análises de investimento claras ao tempo do aporte de recursos.
	K. Criar organização altamente motivada, eficiente e produtiva.	16. Cem por cento dos membros do staff com objetivos formais. 17. Maior retenção do pessoal da New Profit
	L. Aumentar a eficácia dos relacionamentos NPI-Monitor.	18. Propostas concretas referentes à "próxima geração" de relacionamentos NPI-Monitor acordadas por todos os principais decisores.

SINERGIAS FINANCEIRAS: MARCAS E TEMAS CORPORATIVOS

As sedes corporativas também podem criar valor mediante a alavancagem proativa de recursos, capacidades ou informações no âmbito de todas as entidades individuais. Por exemplo, corporações altamente diversificadas, como General Electric, Emerson e FMC Corporation, compõem-se de um grupo de segmentos ou empresas, em grande parte autônomos, que atuam em diferentes setores. A proposta de valor da corporação decorre não só da capacidade dos executivos da administração central de operar o mercado de capitais interno de modo a gerar resultados superiores aos do mercado de capitais externo (como no caso de *holdings*), mas também do compartilhamento de temas ou informações comuns entre todas as unidades, de maneira que não seria possível se cada entidade operacional fosse independente e enfrentasse o mercado sozinha.

Essas corporações diversificadas adotam uma abordagem de baixo para cima, com a matriz aprovando os scorecards no nível das empresas, à medida que são desenvolvidos, e então monitorando cada uma delas, de acordo com as respectivas estratégias específicas para a criação de valor. A matriz pode impor uma estrutura – como os critérios de avaliação financeiros que devem aparecer em cada scorecard – e os temas gerais para as várias perspectivas: "Tornar-se o fornecedor mais valioso de nossos clientes", "Alcançar níveis de qualidade seis sigma em todas as operações", "Ser o líder setorial em meio ambiente e segurança do trabalho", "Recrutar os melhores talentos" e "Explorar a tecnologia para a melhoria dos processos". As unidades operacionais interpretam essas orientações gerais em seus próprios contextos e desenvolvem seus scorecards individuais para refletir suas estratégias locais de maneira compatível com as orientações da corporação.

Muitas outras corporações, embora não sejam exatamente conglomerados, também se enquadram nessa categoria. Ainda que todas as unidades operacionais pertençam ao mesmo grupo setorial amplo, como serviços financeiros ou fabricação de peças e componentes, cada uma opera com diferentes estratégias e em diferentes segmentos. Por exemplo, imagine uma corporação composta de empresas de ciências da vida. Algumas delas são organizações inovadoras que assumem a liderança do produto; outras fabricam produtos do tipo *commodities* e operam com base no custo baixo, na qualidade excelente e na entrega pontual; e ainda outras oferecem um conjunto integrado de produtos e serviços aos seus clientes-alvo. Essas corporações também devem identificar sua proposta de valor: como seu conjunto de empresas com interligações pouco amarradas pode gerar valor adicional por operarem sob a mesma estrutura corporativa.

A maioria das corporações diversificadas bem-sucedidas possui competências distintas e as exploram em suas empresas operacionais. Por exemplo, as empresas da Emerson operam em setores maduros, envolvendo produtos de engenharia, nos quais o sucesso exige processos de fabricação altamente eficientes, com base em tecnologias elétricas e mecânicas. As empresas da FMC atuam em indústrias tradicionais, de capital intensivo, com processos tecnológicos em lenta evolução. Muitos dos negócios do conjunto eclético da General Electric – incluindo locomotivas, motores de aviação, serviços financeiros, assistência médica, energia, tratamento de água e radiodifusão – se caracterizam por longos ciclos de desenvolvimento e contratação. Essa homogeneidade fornece a oportunidade para que a matriz agregue valor em todas as unidades operacionais.

Algumas corporações altamente diversificadas consideram benéfico desenvolver uma estratégia de marca para promover coesão aos olhos dos investidores e clientes. Os valores representados pela marca transcendem as estratégias das empresas operacionais. Ao longo de sua história, a General Electric distinguiu seus negócios com uma série de temas sobrejacentes: "Oferecemos algumas das boas coisas da vida", "Progresso é nosso produto mais importante" e "Viva melhor com eletricidade". Hoje, para expressar sua ênfase cada vez maior na inovação, a GE introduziu novo tema: "Imaginação em ação." Agora, cada empresa operacional da GE salienta a maneira como a imaginação proporciona novos produtos, serviços e soluções aos clientes.

Durante mais de um século, a Emerson Electric era conhecida como organização de empresas que oferecia aos clientes produtos de engenharia de baixo custo. Com seu novo nome abreviado, a Emerson reformulou sua marca, do mesmo modo como a GE, para destacar as qualidades de inovação e tecnologia. Ela salienta que cada uma de suas empresas operacionais, cujas denominações sempre começam com Emerson, cumprirá a promessa da marca corporativa:

> *Na Emerson, reunimos tecnologia e engenharia para criar soluções em benefício dos clientes. Oferecemos respostas avançadas, capazes de satisfazer os clientes, para alcançar o sucesso num mundo ativo. Não fazemos concessões em nosso impulso para levar aos clientes soluções de qualidade dignas do nome Emerson.*

Para as empresas de todo o mundo, a marca Emerson representa tecnologia global, liderança setorial e foco nos clientes. Para os investidores, o nome Emerson simboliza modelo de gestão comprovado, estratégia de crescimento acelerado e vigoroso desempenho financeiro. Para os empregados, a experiência da Emerson significa oportunidades para crescer, prosperar e fazer diferença.[3]

Os Balanced Scorecards de corporações altamente diversificadas também podem incluir objetivos referentes a clientes e a processos internos. Na primeira dessas perspectivas se incluiriam os resultados almejados, como imagem da marca e conquista, satisfação e retenção de clientes, participação de mercado e rentabilidade. De um modo geral, nessa perspectiva não se enquadram objetivos ou indicadores que descrevem a proposta de valor para os clientes, pois cada empresa operacional terá a sua própria proposta de valor diferenciada para seu público-alvo.

Quanto à perspectiva dos processos internos, as empresas diversificadas frequentemente definem temas em nível corporativo para processos críticos, como qualidade seis sigma, competência em e-business e práticas excelentes sobre meio ambiente, segurança e pessoal. Por exemplo, muitas corporações adotaram a qualidade, representada por programas do tipo seis sigma, como tema corporativo. Nesse caso, a sede corporativa estimula as empresas operacionais a concorrer a prêmios de qualidade nacionais ou internacionais, para demonstrar sua liderança em processos de qualidade. Além disso, criam concursos internos para fomentar a competição pela qualidade entre as empresas operacionais.

Para evitar que as consequências de que algum fracasso ou incidente localizado afete toda a corporação, a matriz também pode exigir que cada empresa operacional seja excelente nos processos regulatórios e sociais. Problemas de responsabilidade civil por danos causados por produtos, acusações de suborno, má reputação por impacto ambiental e questões frequentes sobre segurança e saúde dos empregados numa única empresa operacional podem resultar em publicidade altamente desfavorável, capaz de afetar os recursos financeiros e a viabilidade de longo prazo de toda a corporação. Sob um ponto de vista positivo, o desempenho excepcional quanto aos objetivos referentes a pessoal, meio ambiente, saúde, segurança e comunidade pode atrair clientes, investidores e empregados para todas as empresas da corporação.

A excelência nos processos regulatórios e sociais pode contribuir para que a marca corporativa favoreça todas as empresas operacionais. Por exemplo, grupos de empresas como Tata e Siam Cement exigem que suas empresas operacionais cumpram seus contratos com todo o rigor, de modo a conquistar a fama de boa empresa para fazer negócios, embora a exata observância de todas as cláusulas nem sempre seja indispensável, em face das deficiências do judiciário nos países em desenvolvimento, nos quais operam esses grupos de empresas.[4] O Mapa Estratégico e o Balanced Scorecard da Amanco, empresa que opera na América Central e na América do Sul, se baseia em três categorias de indicadores de desempenho que refletem resultados finais, nas áreas econômica, ambiental e social, de modo a posicionar-se como importante corporação progressista em todas as regiões nas quais exerce suas atividades.[5] As corporações diversificadas que pretendem explorar as vantagens do desempenho excelente nos processos operacionais, regulatórios e sociais podem incluir objetivos referentes a esses temas de nível corporativo na perspectiva interna de seus Mapas Estratégicos e Balanced Scorecards de toda a corporação.

Ilustramos o desenvolvimento do Mapa Estratégico e do Balanced Scorecard de uma empresa diversificada com o exemplo da Ingersoll-Rand, corporação que conseguiu aumentar o valor para os acionistas, esclarecendo sua marca corporativa e concentrando suas linhas de negócios em temas comuns.

ESTUDO DE CASO: INGERSOLL-RAND

Fundada há mais de 130 anos, como negócio especializado em equipamentos de construção e mineração, a Ingersoll-Rand (IR) é hoje uma corporação industrial diversificada, com vendas anuais superiores a US$10 bilhões. Seu portfólio corporativo compõe-se de numerosas marcas de sucesso, como Thermo King (refrigeração), Bobcat (construção), Club Car (carros para golfe e veículos utilitários) e Schlage (segurança).

Historicamente, a IR era uma empresa centrada em produtos, com cada marca desenvolvendo seus próprios clientes e canais de vendas. Os negócios operacionais da IR geravam bons resultados e o crescimento do lucro por ação da corporação ficou acima de 20% durante seis anos consecutivos, de 1995 a 2001.

Herb Henkel tornou-se presidente e CEO da IR em 1999. Embora destacando a excelência dos negócios da IR, baseada em produtos, que impulsionara o sucesso no passado, ele agora também pretendia promover a integração entre os negócios, de modo a gerar nova fonte de receita e de crescimento. Essa melhor interligação entre as empresas criaria condições para que a IR explorasse com mais eficácia seus canais de vendas, seus produtos e sua base de clientes, assim como o conhecimento e a experiência de seu pessoal. Henkel reconheceu, contudo, que essa integração entre os negócios seria contrária à cultura organizacional da corporação. Portanto, precisaria promover grande transformação na IR, de alto a baixo.

A mudança começou com a criação de nova arquitetura organizacional, baseada na estratégia corporativa (ver Figura 3.3). Henkel reorganizou todas as unidades de produtos, até então independentes, em quatro setores globais de crescimento acelerado: Controle Climático, Soluções Industriais, Infraestrutura e Segurança. Esses setores geravam mais foco no mercado, compartilhavam os canais de vendas e criavam oportunidades para a venda cruzada dos produtos. As empresas de cada setor se empenhavam em criar novo valor para os clientes, fornecendo soluções, em vez de simplesmente vender produtos. O trabalho em equipe dentro desses setores seria a principal fonte de sinergia.

O núcleo corporativo criava valor oriundo da corporação mediante a integração entre os negócios e por meio do aumento do valor da marca IR para os investidores. A administração central agora tinha cinco missões:

1. Construir a nova identidade corporativa para benefício dos clientes, empregados e investidores.
2. Promover alavancagem e sinergia com os recursos da IR.
3. Melhorar o desempenho dos setores.
4. Exercer liderança estratégica.
5. Cumprir as exigências legais.

Henkel reuniu as unidades de serviços compartilhados da IR numa nova unidade, Global Business Services (GBS), que representou o terceiro elemento da nova arquitetura. No passado, os serviços compartilhados costumavam descer às minúcias das questões de negócios. Agora, a GBS era responsável pela criação de processos padronizados e pela difusão das melhores práticas, para facilitar e ampliar as sinergias entre os negócios. Acordos de serviços entre a GBS e os setores forneceram os mecanismos para a consecução de tais resultados.

Figura 3.3 Arquitetura corporativa da Ingersoll-Rand

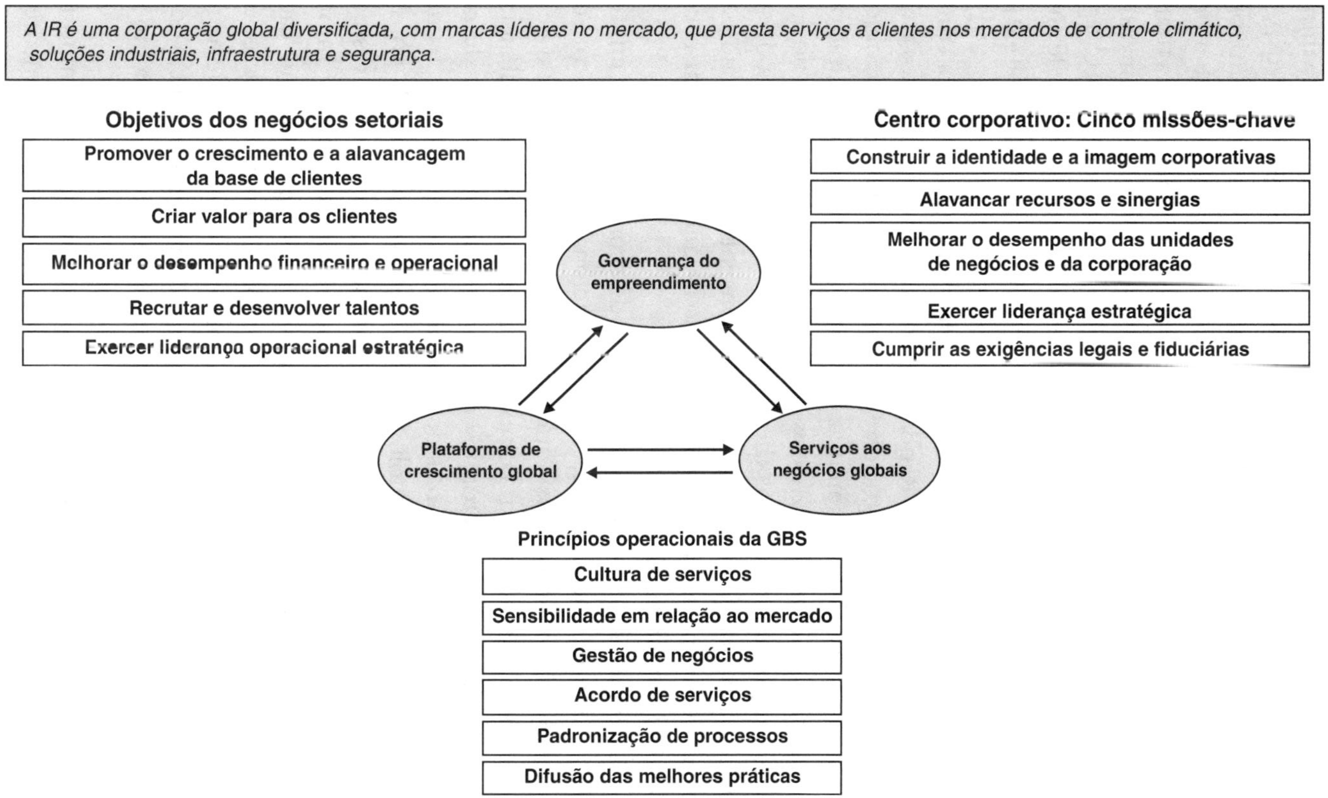

A criação da arquitetura corporativa foi um primeiro passo importante e essencial na execução da estratégia da IR. Sacudiu os executivos, demonstrando a necessidade de mudança, apesar de seis anos consecutivos de desempenho excepcional Dela resultou novo estilo gerencial e a definição clara das responsabilidades; ambos os objetivos destinavam-se a tirar os gestores da zona de conforto do passado. Depois do desenvolvimento da infraestrutura gerencial, a IR elaborou seu Mapa Estratégico Corporativo para traduzir em termos operacionais a estratégia corporativa de alto nível. O referido mapa adotou temas corporativos como diretrizes para o planejamento dos setores.

O paradigma do Mapa Estratégico descrevia uma filosofia comum – a filosofia da nova Ingersoll-Rand – que fornecia os fundamentos da estratégia de cada unidade de negócios. Como mostra a Figura 3.4, os objetivos financeiros eram claros: aumentar a receita, reduzir custos e usar os ativos com eficiência. A perspectiva dos clientes refletia a essência da nova estratégia sob o ponto de vista dos clientes e dos mercados. A oferta de soluções deslocava o foco do negócio, até então concentrado em estreita estratégia de produtos, para relacionamentos pessoais que exploravam o conhecimento das equipes da IR.

A perspectiva dos processos internos do scorecard girava em torno de três temas fundamentais – excelência operacional, intimidade com os clientes e inovação dos produtos – que, em seguida, cada setor adotava e adaptava à sua situação específica. Por exemplo, "impulsionar a excelência operacional" exigia que cada setor desenvolvesse estratégias capazes de assegurar a melhoria contínua das áreas de segurança e medicina do trabalho, meio ambiente, fabricação e tecnologia. "Impulsionar a demanda por meio de intimidade com os clientes" requeria que cada setor desenvolvesse programas de marketing personalizados para os principais clientes. "Impulsionar crescimento acelerado por meio da inovação" demandava que cada setor elaborasse aplicações e soluções inovadoras e diferenciadas. Os aspectos específicos das abordagens desenvolvidas pelos setores e linhas de negócios se diferenciavam drasticamente, com base nas características únicas de cada situação. No entanto, todos os setores e negócios usavam agora um referencial comum para abordar o mercado.

A perspectiva das pessoas identificava a dimensão mais importante da agenda de mudança da corporação: dupla cidadania. Historicamente, todo o pessoal trabalhava para uma única linha de negócios. Embora essa estratégia gerasse benefícios inquestionáveis, ela significava o trancamento dos ativos

Figura 3.4 Mapa Estratégico da Ingersoll-Rand

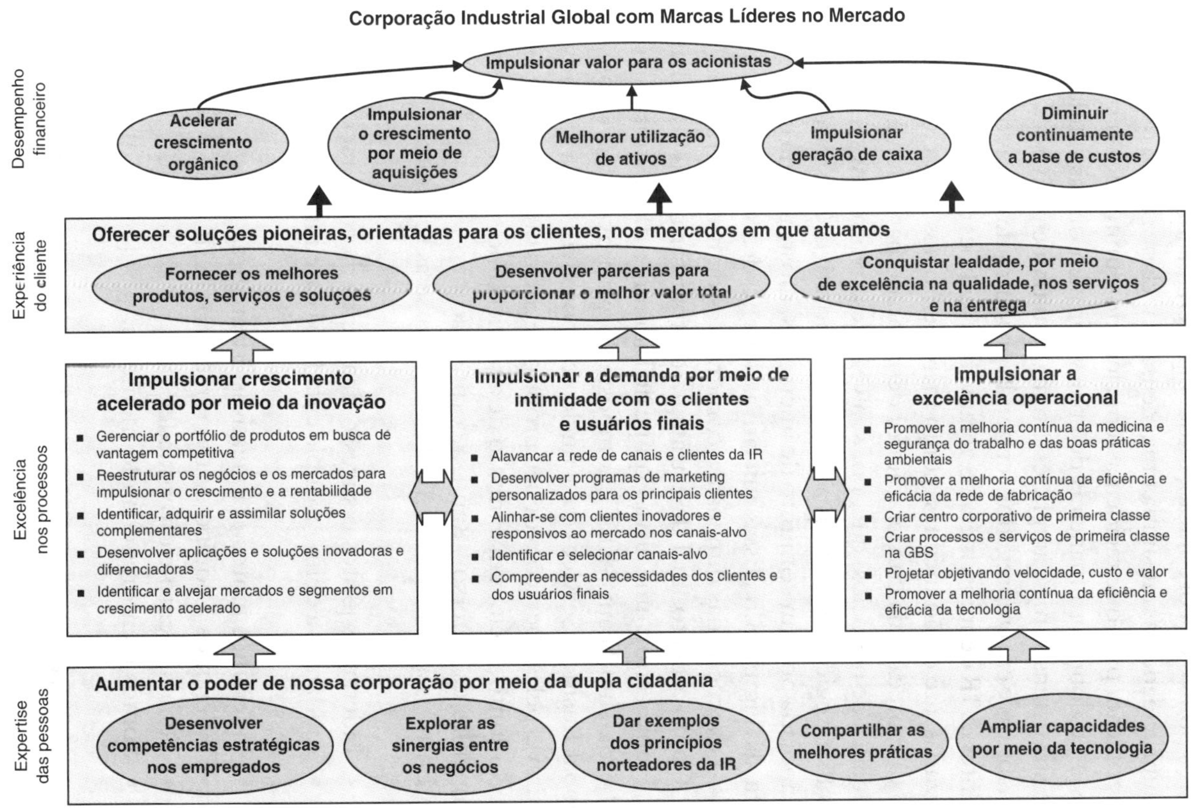

tangíveis e intangíveis nas respectivas áreas, incapazes de serem usados em outros pontos da corporação, onde se poderiam auferir retornos adicionais. A dupla cidadania transmitia uma mensagem clara a todos os empregados da corporação, para que raciocinassem além dos limites dos respectivos negócios e descobrissem maneiras de criar valor para outras unidades e setores. Em sua extensão mais ampla, esse tema resultava em divisões compartilhando fábricas e em empregados vendendo produtos de outras divisões para seus clientes. A IR definiu a meta de gerar vários milhões de dólares em transações cruzadas, até então inéditas, como incremento aos negócios rotineiros.

O scorecard da corporação foi desdobrado para cada um dos setores e unidades de negócios, que, por sua vez, desenvolveram seus próprios Mapas Estratégicos, alinhados ao Mapa Corporativo. A estratégia corporativa foi apoiada por um conjunto de iniciativas, mostradas na coluna mais à direita da Figura 3.5. Essas iniciativas desencadearam as ações necessárias para a execução das dimensões corporativas da nova estratégia.

Como aspecto final da estratégia de transformação e alinhamento da IR, Henkel criou uma nova Equipe de Liderança da Corporação (Enterprise Leadership Team – ELT), composta de executivos-chave dos setores, da Global Business Services e do núcleo corporativo. Cada executivo era responsável pelas operações de seu próprio negócio ou unidade de apoio, mas, em conjunto, aceitaram a missão de agirem como superintendentes do desempenho da Ingersoll-Rand, a corporação.

Entre as atribuições da ELT, incluíam-se as seguintes:

- Lideramos juntos o sucesso financeiro da corporação.
- Ajudamos a definir a dupla cidadania e a eliminar barreiras ao seu sucesso.
- Lideramos juntos as iniciativas estratégicas.
- Lideramos a equipe de comunicação da IR.
- Temos talento e diversidade.
- Somos mentores criando mentores.

A criação da equipe de liderança executiva, a nova arquitetura organizacional, o Mapa Estratégico e o Balanced Scorecard da corporação e as iniciativas forneceram um modelo operacional para tornar a Ingersoll-Rand mais valiosa do que a soma de suas partes.

Desde 2001, o lucro por ação da empresa, levando em conta inclusive as ações em tesouraria, triplicou; a geração de caixa aumentou significativamen-

Figura 3.5 Balanced Scorecard parcial da Ingersoll-Rand

Sinergias corporativas		Proposta de valor do empreendimento total	Scorecard da corporação	Iniciativas da corporação
Financeira	●	▪ Aumentar o valor para os acionistas	▪ Retorno total para os acionistas ▪ Crescimento total da receita ▪ Crescimento orgânico da receita ▪ Crescimento do lucro operacional ▪ Geração de caixa	▪ Finanças como motor de crescimento ▪ Aquisições e integração ▪ Tributação da corporação
Cliente	◐	▪ Oferecer soluções pioneiras, orientadas para os clientes	▪ Pesquisas de clientes ▪ Desempenho das principais contas ▪ % de pedidos perfeitos	▪ Soluções no varejo
Processos internos	◐	▪ Impulsionar crescimento acelerado por meio da inovação	▪ Receita oriunda de novas soluções ▪ Desempenho do portfolio de produtos/UNEs	▪ Distribuição IR
		▪ Impulsionar a demanda por meio da intimidade com os clientes e usuários finais	▪ Receita oriunda de vendas cruzadas	▪ Soluções dos fornecedores
		▪ Impulsionar a excelência operacional	▪ Porcentagem da receita com o apoio de plataforma tecnológica padronizada ▪ Índice de qualidade da IR ▪ Perda de dias de trabalho ▪ Resíduos perigosos	▪ Tecnologia no âmbito da corporação
Aprendizado e crescimento	◐	▪ Aumentar o poder de nossa corporação por meio da dupla cidadania	▪ Pesquisa de empregados ▪ Plano de desenvolvimento da liderança ▪ Participação no plano de gestão do desempenho	▪ Sistema de gestão estratégica ▪ Universidade/Instituto de Liderança da IR ▪ Comunicações

Chave: funções da corporação

● Processos e indicadores comuns/interligados

◐ Temas comuns

te, em comparação com igual período retroativo do ano anterior, no intervalo entre 1991 e 1994; e suas margens operacionais avançaram de 6,3% em 2001 (excluídas as despesas de reestruturação) para 11,9% em 2004.

Ao mesmo tempo, dobrou sua base de receitas recorrentes por meio do foco em serviços e nos negócios de reposição (que é componente crítico da estratégia de crescimento da empresa) e melhorou substancialmente seu balanço patrimonial, com acentuada redução no índice de endividamento, de 46,3%, em fins de 2001, para 24,2%, em fins de 2004.

SINERGIAS DE CLIENTES COMPARTILHADOS

Muitas corporações descentralizadas têm unidades de negócios que vendem aos mesmos clientes. Por exemplo, Datex Ohmeda (DO), subsidiária da Instrumentarium Corporation (hoje parte da GE Healthcare), era historicamente organizada por unidades de produtos, que desenvolviam produtos inovadores para sistemas de tratamento médico em situações agudas, como máquinas de anestesia, respiradores e sistemas de aplicação de medicamentos. As diferentes linhas de produtos, muitas delas resultantes de aquisições, tinham suas próprias equipes de vendas, que se concentravam nos atributos técnicos de cada sistema de hardware.

Os executivos da DO viram uma oportunidade de alavancar suas várias unidades de negócios, substituindo uma estratégia orientada para produtos por uma abordagem de relacionamento com os clientes, que enfatizava soluções completas para seus clientes de assistência médica. Integrando a força de vendas para criar equipes responsáveis por grupos de contas de clientes, a DO ampliou o escopo de seus produtos e serviços aos clientes, resultando em grande aumento da receita por conta.

Em geral, as corporações cujas empresas operacionais vendem a clientes comuns têm a oportunidade de alavancar seus vários produtos e serviços, de modo a criar soluções únicas para os clientes, gerando níveis de lealdade e satisfação que não podem ser igualados por empresas menos diversificadas e mais concentradas.

A perspectiva dos clientes no BSC dessas corporações destaca resultados e proposta de valor que envolvem o fornecimento de soluções mais completas. Por exemplo, um dos objetivos poderia ser aumentar a participação nas compras dos clientes, medido pela porcentagem dos gastos dos clientes em determinada categoria que está sendo conquistada pela corporação como um todo. Outros objetivos podem ser aumentar o número de diferentes produtos e serviços adquiridos por clientes-alvo, a lucratividade sustentável dos novos clientes e a qualidade das soluções completas oferecidas aos clientes. Os objetivos de processos internos relacionados a clientes incluem conquista de clientes de alto valor potencial, capazes de beneficiar-se com soluções integradas; vendas cruzadas aos atuais clientes, para que adquiram outros produtos e serviços e retenção e incremento dos negócios com os clientes-alvo.

Algumas organizações do setor público também adotaram estratégias corporativas para compartilhamento dos clientes entre suas diferentes unidades. Os municípios de Charlotte, na Carolina do Norte, nos Estados Unidos, e Brisbane, na Austrália, reconheceram que seus departamentos operacionais tinham clientes comuns que, nesses casos, eram os cidadãos e as empresas da cidade. Charlotte e Brisbane desenvolveram Balanced Scorecards no nível da cidade, de modo a desenvolver estratégias que as transformassem nas melhores cidades da região para viver, trabalhar e divertir-se. As unidades operacionais da cidade, como polícia, defesa civil, higiene e saúde, serviços, planejamento, habitação, parques e recreação, elaboraram, então, seus próprios scorecards, que cumprissem sua proposta de valor em todo o âmbito municipal, para se diferenciarem e se tornarem melhores do que as comunidades que operavam com menos foco e atenção aos clientes comuns, o cidadão. Cada departamento tinha de integrar suas ofertas com as dos outros departamentos, com vistas a oferecer experiência sem igual aos residentes e às empresas locais.

O seguinte estudo de caso da Media General descreve o Mapa Estratégico e o Balanced Scorecard desenhado de forma a alcançar os benefícios advindos do compartilhamento de clientes entre as múltiplas unidades de negócio.

ESTUDO DE CASO: MEDIA GENERAL

A Media General é uma empresa de mídia do Sudeste dos Estados Unidos, com receita de US$837 milhões, em 2003, e cerca de 8 mil empregados. Naquele ano, ela possuía 25 jornais, com circulação conjunta superior a 1 milhão; mais de 100 periódicos semanais; 26 emissoras de televisão afiliadas a redes, alcançando mais de 30% dos domicílios na região (8% dos Estados Unidos); e mais de 50 sites relacionados com os seus jornais e emissoras de televisão.

A Media General foi fundada há mais de 150 anos e até a década de 1990 tinha uma história de crescimento irregular, comprando diversos negócios de mídia e de publicações em todo o território americano. No entanto, as pressões competitivas e o crescimento explosivo da TV a cabo e da internet diminuíram o valor das ações da Media General. Quando J. Stewart Bryan III tornou-se chairman e CEO, em 1990, a empresa adotou um programa de grandes transformações, desfazendo-se de velhos negócios e adquirindo outros, para retomar o foco em suas raízes históricas no Sudeste. Para tanto, desfez-se de todos os seus negócios fora da região e, em 1995, possuía apenas três jornais, três emissoras de televisão, além de participação numa empresa de cabos e numa empresa de papel-jornal. Nos cinco anos seguintes, a Media General comprou 22 jornais e 23 emissoras de televisão, tudo no Sudeste, e vendeu suas participações em cabos e papel-jornal.

Agora a empresa tinha condições de explorar sua concentração regional, para embarcar em uma nova estratégia baseada na convergência. Bryan queria criar sinergia, aproveitando as forças individuais e conjuntas das três divisões da Media General: jornais, televisão e mídia interativa. Seu objetivo era coordenar as diferentes mídias em dado mercado para fornecer informações de qualidade no meio em que cada uma fosse mais capaz – porém, distribuídas sob uma perspectiva abrangente e unificada.

A Media General reunia as forças exclusivas da imprensa, televisão e mídia interativa, para oferecer aos clientes de seus mercados regionais acesso contínuo a um conjunto integrado de plataformas de conteúdo. Além disso, alavancava seus três negócios de mídia em cada região para torná-los as fontes preferidas de notícias e de conteúdo para os residentes locais. A convergência das três mídias correlatas também criava condições para que a Media General oferecesse aos anunciantes uma audiência de alta qualidade, aos quais poderiam direcionar propaganda integrada em pacotes multimídia.

A nova estratégia de convergência não era uma iniciativa natural para os negócios da Media General. Historicamente, a mídia impressa e de broadcast competiam pelos mesmos públicos e anunciantes. Além disso, os operadores da mídia interativa encaravam a televisão e os jornais como relíquias da "velha economia". Bryan concluiu que essa estratégia de convergência para a criação de novas fontes de receita requeria o uso do Balanced Scorecard para desenvolver intenso trabalho em equipe, comunicação e cooperação entre as linhas de negócios.

A Media General começou estabelecendo sua declaração de missão: "Ser o principal provedor de notícias, entretenimento e informação no Sudeste dos Estados Unidos, mediante a construção contínua de nossa posição de força em mercados estratégicos locais." Em seguida, a corporação desenvolveu seu Mapa Estratégico (ver Figura 3.6), que descrevia a estraté-

Figura 3.6 Mapa Estratégico da Media General

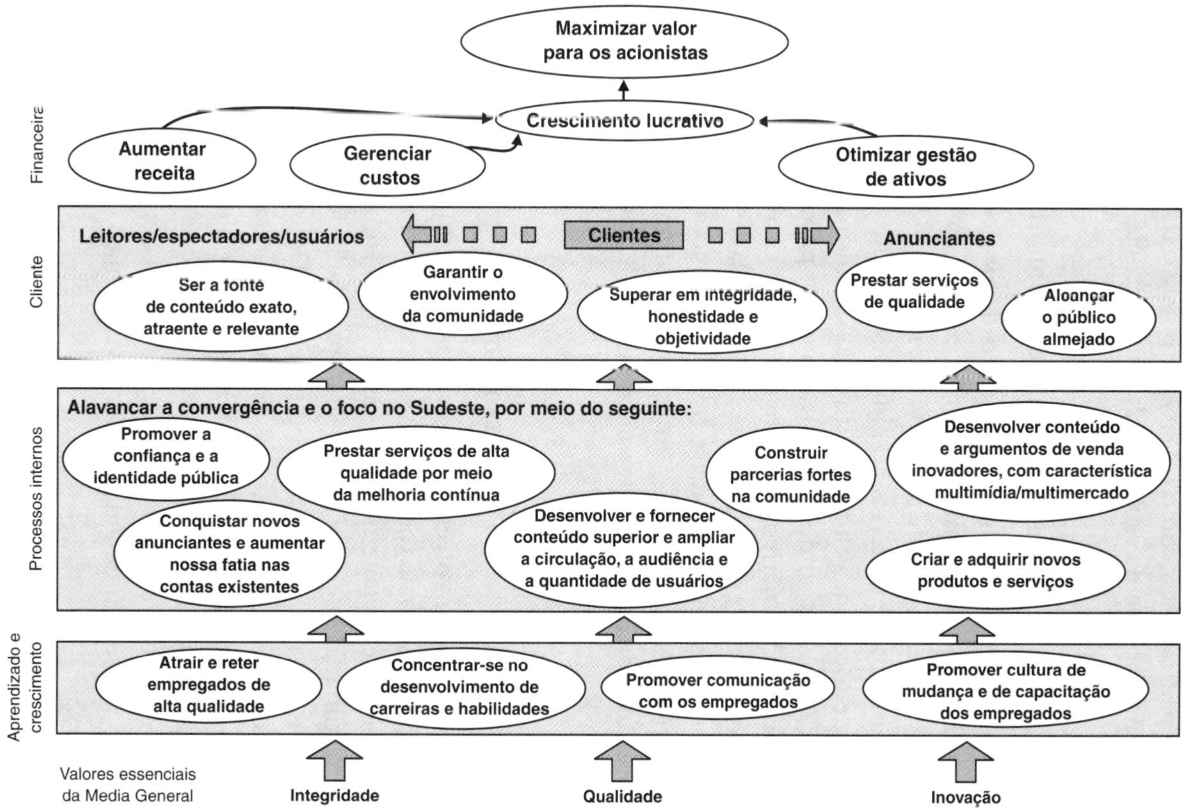

gia de convergência. A seguir, identificamos e analisamos vários objetivos em cada perspectiva, começando com os alicerces – aprendizado e crescimento – para salientar como o Mapa Estratégico corporativo da Media General impregnou-se da estratégia de convergência.

Aprendizado e crescimento

O propósito mais amplo do conjunto de objetivos da perspectiva de aprendizado e crescimento era gerar um foco convergente que orientaria as atividades diárias de todos os empregados. O objetivo "foco no desenvolvimento de carreiras e habilidades" contemplava o treinamento dos vendedores em vendas multimídia e multimercado, de modo que fossem capazes de vender com eficácia novos pacotes multimídia para os anunciantes. O objetivo "promover cultura de mudança e capacitação dos empregados" envolvia educação que ajudasse os empregados a compreenderem os benefícios de se trabalhar como membros de uma única equipe regional da empresa, em vez de pensarem dentro de silos, como empregados de um jornal, de uma emissora de televisão ou de um site na internet.

Processos internos

O objetivo "Desenvolver e fornecer conteúdo superior" mostrava como as salas da redação de todas as divisões deviam trabalhar em equipe para desenvolver reportagens conjuntas. O propósito era ter mais matérias compartilhadas, além de melhorar a qualidade dos produtos e divulgar com mais presteza o conteúdo. O objetivo "Desenvolver conteúdo e argumentos de venda inovadores" tinha a ver diretamente com o propósito de convergência. Os indicadores para esse objetivo incluíam o número de novos anunciantes ou de novas contas que explorassem a convergência, conquistadas por meio de esforços cooperativos das três divisões, de novos anunciantes não convencionais e de novos programas vendidos.

A empresa esperava que esses dois objetivos de processos internos influenciassem um terceiro, "Construir parcerias fortes na comunidade". As sinergias que se alcançavam quando as três divisões trabalhavam juntas, em vez de competir entre si, deviam aumentar a conscientização local quanto à marca Media General.

Clientes

O objetivo "prestar serviços de qualidade", da perspectiva do cliente, baseou-se em nova pesquisa on-line entre os anunciantes. O propósito era verificar se a nova proposta de valor da Media General, de oferecer conteúdo integrado de multimídia, realmente proporcionava aos anunciantes locais novos veículos para levar sua mensagem ao público e gerar mais tráfego de consumidores nos seus locais de negócios. O objetivo "Garantir o envolvimento da comunidade" monitorava a percepção sobre a Media General pelos clientes como cidadã comunitária atuante. Esse objetivo avaliava diretamente a extensão em que a empresa se beneficiava com sua estratégia de convergência, em face de sua maior presença na comunidade, por ter vários negócios na mesma região.

Financeira

Em última instância, o sucesso da estratégia de convergência da corporação podia ser medido pela melhoria dos resultados financeiros. O objetivo "Aumentar a receita" tinha um indicador que identificava a parcela da receita decorrente da convergência, como incremento à receita oriunda da base de negócios tradicionais nas três divisões. Media diretamente o aumento de receita resultante da compra pelos atuais anunciantes de novos pacotes multimídia/multimercados, assim como as receitas provenientes de novos anunciantes, atraídos pelas ofertas de convergência.

Um segundo indicador desse objetivo rastreava o aumento da receita oriunda das fontes tradicionais, para motivar as três divisões a manter o foco em seus negócios principais e, ao mesmo tempo, contribuir para os novos negócios de convergência. O objetivo "Gerenciar custos" avaliava as economias de escala almejadas, decorrentes da produção integrada de notícias pelas três divisões, da reengenharia dos processos e do compartilhamento das melhores práticas entre as três divisões.

Desdobramento

Depois que a Media General desenvolveu o Mapa Estratégico e o Balanced Scorecard corporativo, cada um dos negócios nas três divisões criou seus respectivos scorecards, refletindo o equilíbrio entre as prioridades de convergência do scorecard corporativo e a situação dos negócios locais em cada divisão.

Aspecto singular do processo de implementação na Media General foi o passo subsequente de criar um Mapa Estratégico e um scorecard para cada região. De início, equipes locais compostas de representantes dos diversos negócios consolidaram os mapas e os scorecards das três divisões na região. Em seguida, construíram Mapas Estratégicos e scorecards de "convergência" regional, para destacar as oportunidades de sinergia, apresentando-os aos três negócios, a fim de que atualizassem seus scorecards locais, de modo a refletir os objetivos de convergência em suas regiões. (ver Figura 3.7).

Resultados

Em 2002, ano especialmente difícil na indústria editorial, o lucro por ação gerado por operações contínuas quase triplicou, com 4% de aumento da receita. Os pacotes de propaganda multimídia contribuíram para o crescimento de 42,5% na receita da divisão de mídia interativa. Em 2003, ocorreu pequeno aumento na taxa de crescimento da receita, mas a parcela oriunda de operações contínuas cresceu mais de 10%. A divisão editorial foi a segunda do país em crescimento da receita no grupo de jornais e a divisão de mídia interativa apresentou 60% de crescimento da receita.

SINERGIAS ORIUNDAS DE UMA PROPOSTA DE VALOR COMUM PARA OS CLIENTES

Muitas corporações geram valor mediante a oferta e o cumprimento consistente de uma mesma proposta de valor para os clientes em todas as suas unidades descentralizadas. Os clientes podem ter a certeza de que sempre receberão os mesmos produtos e serviços, com idêntico valor, e desfrutarão de experiências de compra semelhantes em todas as unidades da empresa com que mantiverem transações.

Exemplos de unidades homogêneas, operando sob uma única estrutura corporativa, são *fast-foods* de marca e redes de restaurantes, hotéis, postos de gasolina, lojas de roupas, lojas de conveniência e agências de bancos de varejo. As empresas que operam essas unidades de varejo colocam sua estratégia em todos os contatos com os clientes, em todas as unidades. A proposta de valor corporativa é criar clientes satisfeitos e leais, oferecendo uma experiência consistente, conforme os padrões de qualidade da corporação, em cada loja, em qualquer relacionamento com os clientes.

Figura 3.7 Desdobramento da estratégia de convergência da Media General

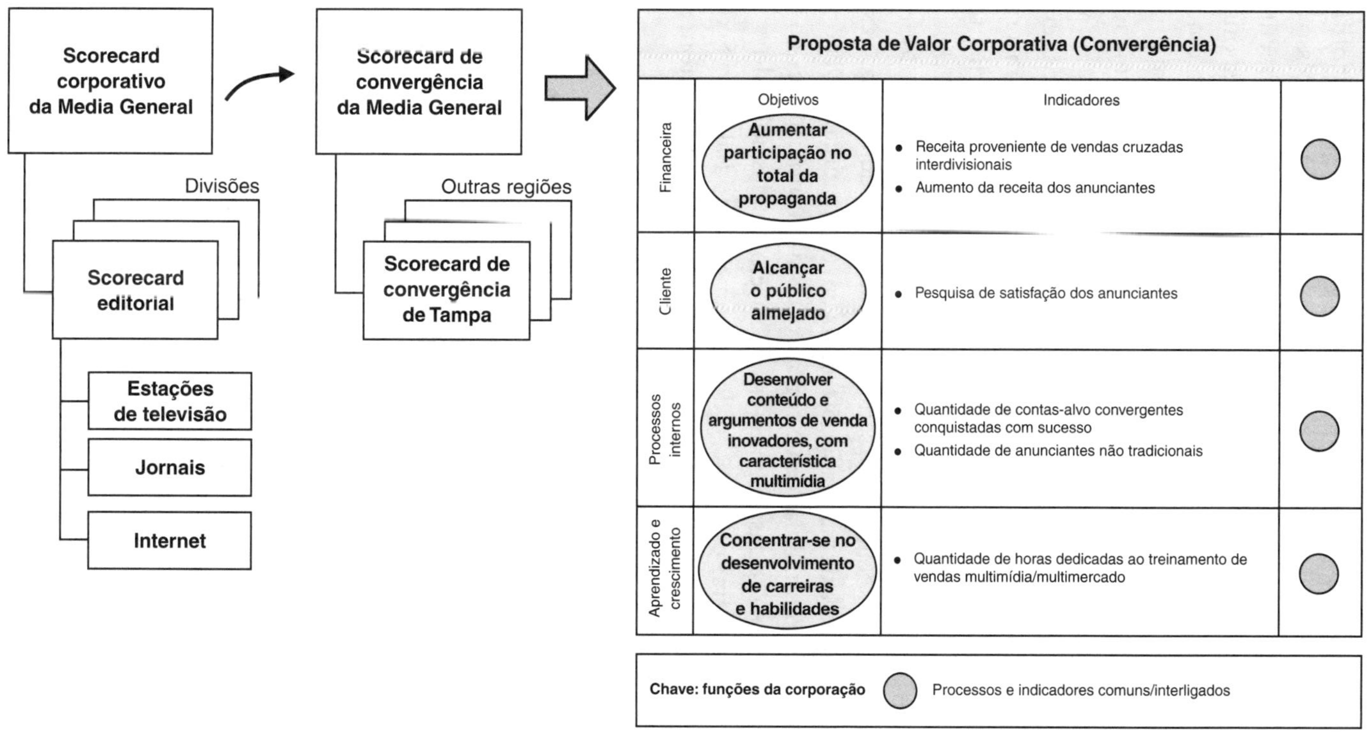

A perspectiva financeira do scorecard corporativo identifica os indicadores financeiros adotados pela empresa para avaliar o sucesso da estratégia. Em geral, tais métricas são específicas do setor, como aumento das vendas por loja (para unidades de varejo) e receita por quarto disponível (para hotéis). Na perspectiva dos clientes, os objetivos consistem em criar clientes satisfeitos e leais em todas as experiências de compra. Em processos internos, os objetivos difundem a importância de que cada unidade observe os padrões da corporação, de modo a cumprir a proposta de valor para os clientes, inclusive quanto à velocidade, à qualidade e aos serviços amigáveis. Os objetivos de aprendizado e crescimento enfatizam a retenção e desenvolvimento dos empregados, pois a experiência dos clientes com a empresa normalmente é gerada pelo pessoal da linha de frente.

As empresas dessa categoria têm os processos de desdobramento mais simples. Os executivos da sede corporativa decidem sobre a estratégia e sobre a proposta de valor a ser oferecida em cada unidade. Depois, traduzem a estratégia num Balanced Scorecard com os indicadores-chave, o qual é transmitido a todas as unidades de varejo e nelas aplicado.

Para ilustrar essa função de alinhamento do Balanced Scorecard, apresentamos dois estudos de casos: um do setor privado, Hilton; e outro do setor sem fins lucrativos, a Citizen Schools.

ESTUDO DE CASO: HOTÉIS HILTON

Em 2005, a família de marcas Hilton Hotéis abrangia mais de 2.300 negócios próprios e de franquia totalizando mais de 360.000 quartos. A Hilton introduziu de início o Programa Balanced Scorecard em seus hotéis próprios em 1997, depois de um período de estagnação do desempenho. No nível corporativo, os executivos seniores desenvolveram cinco direcionadores de valor estratégicos (perspectivas), com base nos quais criaram indicadores-chave de desempenho (KPIs) para cada uma das unidades de negócios estratégicas (UNs), ou seja, seus hotéis (ver Figura 3.8). Dessa maneira, criaram condições para que os hotéis se alinhassem com a direção estratégica da corporação, ao mesmo tempo em que adotavam seus próprios indicadores-chave, com base nos resultados dos anos anteriores, acrescidos de um fator de aprimoramento.

O mesmo formato de scorecard para cada unidade permitiu que se transmitisse uma mensagem consistente ao longo de toda a cadeia. A promessa da marca exige que os clientes experimentem o mesmo nível de qua-

Figura 3.8 Estudo de caso: Hotéis Hilton

Perspectivas	Proposta de valor corporativa	Scorecard corporativo
Financeira: Eficácia operacional, maximização da receita	Promover a compreensão comum dos indicadores de sucesso	• LOB $ (lucro operacional bruto) • LOB % • Rec/PQD: Receita por quarto disponível • Índice Ver/PAR: Em comparação com o contexto competitivo

Lealdade dos clientes	Criar clientes satisfeitos e leais em cada ponto de contato	• Índice de lealdade dos hóspedes (mensuração)
		  • Satisfação
		  • Probabilidade de voltar
		  • Probabilidade de recomendar

Operações	Cumprir de maneira consistente a proposta de valor para os clientes	• Índice de consistência da marca
		  • Padrões da marca
		  • Condições físicas
		  • Serviços em geral
		  • Limpeza

Aprendizado e crescimento	Reter e desenvolver membros de equipes	• Lealdade dos membros da equipe • Índice de treinamento • Diversidade

lidade e serviços em cada unidade Hilton e que o desempenho de cada hotel seja comparado internamente com todas as demais unidades Hilton.

Agora, com a direção estratégica da corporação interligada com os indicadores dos hotéis, os gerentes de cada unidade Hilton eram capazes de transmitir os indicadores para cada membro da equipe. As equipes dos hotéis incluíam a compreensão e a conscientização quanto aos indicadores em todos os programas de orientação e treinamento e atualizam continuamente os escores dos nove indicadores-chave, de modo que seus membros sejam capazes de monitorar o desempenho e as tendências. Finalmente, o desempenho dos hotéis estava vinculado com a remuneração dos executivos, por meio de planos de bônus. E, para garantir o alinhamento de todos os membros das equipes com o BSC em cada unidade do hotel, *todos* os empregados dos hotéis que haviam alcançado zonas verdes nos nove indicadores-chave de desempenho dividiam uma parcela de US$1 milhão do lucro anual, o chamado prêmio "Fique no Verde".

De 1997 a 2000, o Hilton alcançou margens de lucro três pontos percentuais acima das de outros hotéis com serviços integrais. Esse desempenho financeiro decorreu de melhoria no índice de receita por quarto disponível (recPQD), na satisfação dos clientes, na lealdade pós-estada (apresentando os escores mais altos na história da empresa).

Em 2004, depois da cisão dos hotéis de jogo e da incorporação do Promus Hotels (Doubletree, Embassy Suites, Homewood, Hampton Inn), o Balanced Scorecard do Hilton passou a fazer parte de um programa abrangente de gestão do desempenho, que incluía planejamento, definição de metas orçamentárias, mensuração (BSC), processo de melhoria contínua, apoio operacional e reconhecimento e recompensas (ver Figura 3.9).

O novo Sistema de Gestão do Desempenho do Hilton baseia-se na internet, o que permite a abertura (*drill-down*), de modo que os gestores sejam capazes de determinar as causas básicas e detalhar as informações por trás dos números, para ajudá-los no esforço de melhoria contínua. Além disso, o Hilton também passou a usar seu amplo banco de dados transverso para desenvolver conexões estatísticas entre seus processos, seus objetivos e seus indicadores de tendências e de resultados. Os indicadores ajudavam a identificar as relações entre variáveis e a detectar oportunidades de identificação das causas básicas dos problemas. Em seguida, avaliavam se as soluções implementadas estavam surtindo os efeitos almejados. Finalmente, o sistema permitia o desdobramento do scorecard ao longo da hierarquia organizacional, a partir do corporativo, passando pelas regiões, hotéis e departamentos, até chegar ao nível individual, otimizando o alinhamento, a atribuição de responsabilidades e a prestação de contas em toda a organização.

ESTUDO DE CASO: CITIZEN SCHOOLS

Citizen Schools, uma das empresas do portfólio da New Profit Inc. (a NPI foi analisada no começo deste capítulo) é exemplo desse modelo de proposta de valor comum, em organização sem fins lucrativos. A Citizen Schools oferece cursos complementares, para crianças de 9 a 14 anos, em Boston e em outras regiões dos Estados Unidos. Atuando como aprendizes de especialistas locais, as crianças desenvolvem habilidades do mundo real, a autoconfiança e se integram nas comunidades.

O Balanced Scorecard da Citizen School (ver Figura 3.10) segue o modelo de cinco perspectivas da New Profit Inc., contendo indicadores refe-

Figura 3.9 Balanced Scorecard corporativo do Hilton

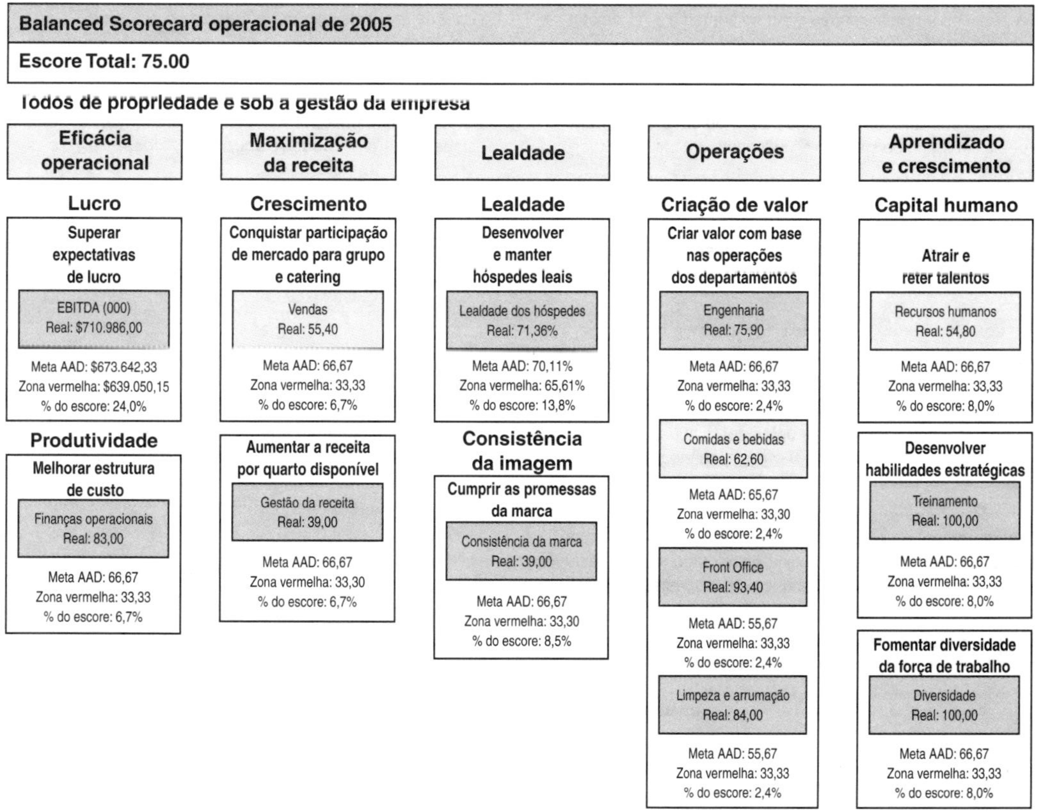

Figura 3.10 Balanced Scorecard da Citizen Schools (exercício social de 2001)

Aspecto	Objetivos	Indicadores e metas
Impacto social	a. Oferecer programa de qualidade superior que eduque as crianças e fortaleça a comunidade, desenvolvendo habilidades (redação, análise de dados e apresentações orais), acesso, liderança e interações com a comunidade.	1. Escore de 4,0 pontos ou mais numa escala de 5 pontos (conjunto de até 10 perguntas-chave de várias partes interessadas) na avaliação do impacto sobre os alunos. 2. 75% (ou mais) dos alunos matriculados (atualmente, 9 em 11) melhorarão em um nível durante o ano acadêmico sua capacidade de redação. 75% (ou mais) de todos os alunos melhorarão sua capacidade de apresentação oral. *Meta desafiante:* mais de 80%.
Financeiro	b. Receber US$7,5 milhões em dinheiro ou em compromissos, como parte de uma campanha de quatro anos, totalizando US$25 milhões.	3. Alcançar a meta de US$7,5 milhões até o fim do ano. *Meta desafiante: 1:* Mais que $8,5 milhões dos indicadores acima. *Meta desafiante 2:* Incremento no financiamento (mínimo maior que 10% *versus* metas de crescimento) mais rápido que os gastos entre 2000-2001.
	c. Cumprir o orçamento de 2001.	4. Registrar superávit de 5% e manter-se dentro da verba de US$4,8 milhões.
Cliente	d. ***Alunos**:* Ampliar a procura e a matrícula de novos alunos.	5. Aumentar a matrícula de novos alunos de 1.248, no exercício social de 2000, para 1.530 (mais ou menos 5%). *Meta desafiante*: Promover aumento significativo na demanda, caracterizado por 2/3 das escolas com lista de espera de 10% ou mais, para o programa do outono de 2001.
	e. ***Professores cidadãos***: Proporcionar experiência marcante em voluntariado, aumentando, assim, o pool de voluntários.	6. Com base em pesquisas, 85% ou mais dos CPs (a) estão dispostos a voltar e a lecionar para um novo aprendiz, (b) sugerem que um amigo participe do programa e (c) avaliam a experiência em 4,0 ou mais, quanto a seu possível impacto sobre o voluntário.
	f. ***Parceiros de treinamento***: Oferecer treinamento de alta qualidade e de alto impacto no primeiro ano de atividade dos parceiros.	7. Escore de 4,0 pontos ou mais na avaliação da qualidade e impacto do treinamento pelos diretores executivos e pessoal de apoio de dois ou mais parceiros.

Figura 3.10 Balanced Scorecard da Citizen Schools (exercício social de 2001) (Continuação)

Aspecto	Objetivos	Indicadores e metas
Operações	g. Desenvolver instrumentos de avaliação mais precisos para medir o impacto dos programas.	8. Executar o seguinte: Contratar avaliador externo para avaliação de três anos, analisar resultados de pesquisas e desenvolver ferramentas de mensuração em todas as áreas-chave de resultados.
	h. Preparar-se para a alavancagem nacional do modelo Citizen School.	9. Publicação: Desenvolver e divulgar internamente Versão 1.0 de Melhores Práticas da Citizen School.
		10. Política: Quatro reuniões com pessoal local, quatro com pessoal em nível estadual e nacional, e cobertura favorável em cinco veículos de mídia.
	i. Aprofundar a parceria com as escolas.	11. Oito entre 12 diretores de campus e 8 entre 12 diretores de escolas devem avaliar os seguintes componentes da parceria como 4,0 ou mais: (a) alinhamento acadêmico, (b) demanda por matrículas e (c) envolvimento com a comunidade.
	j. Implementar de maneira consistente o plano de ação.	12. Realizar com sucesso 75% ou mais das metas do plano de ação, nos prazos estipulados. *Meta desafiante*: 85% ou mais do plano de ação.
Aprendizado e crescimento	k. Promover retenção do pessoal em tempo integral e aumentar a diversidade do staff.	13. Retenção de 75% ou mais do pessoal em tempo integral, abrangendo empregados admitidos até janeiro de 2001. *Meta desafiante:* Retenção de 85%.
		14. Desenvolver estratégia de recrutamento para aumentar contratação e retenção de minorias raciais.
	l. Explorar a tecnologia como ferramenta confiável de comunicação e operações.	15. Até o fim do segundo trimestre, cada estação de trabalho deve contar com o seguinte software: banco de dados, e-mail, internet, MS Office. Cada membro do staff em tempo integral deve ter acesso a e-mail e a secretária eletrônica.
	m. Desenvolver ainda mais o programa de treinamento do pessoal em tempo integral.	16. Todo o pessoal admitido ao longo de 2001 participará dos seguintes programas de treinamento: plano estratégico Citizen School, Balanced Scorecard Citizen School, banco de dados, tecnologia de escritório e dois outros tópicos organizacionais, definidos pela liderança. *Meta desafiante*: O escore de satisfação dos participantes do treinamento será igual ou superior a quatro pontos.
	n. Melhorar a comunicação, desenvolvendo e implementando procedimentos e protocolos de alta qualidade em recursos humanos.	17. Até o fim do ano, todo o pessoal terá: (a) descrição de cargo, (b) avaliação do desempenho e (c) treinamento contínuo. Além disso, a Citizen School desenvolverá programa de ambientação de novos empregados e processo de entrevistas de saída.

rentes ao desenvolvimento acadêmico e social dos alunos e fornecendo orientação e feedback para o treinamento e desenvolvimento de seu pessoal.

Elemento central da estratégia da Citizen Schools é a reprodução de seu modelo nas múltiplas localidades em torno de sua sede, em Boston, assim como nas afiliadas e franqueadas que atuam em todo o território americano. Em 2004, as unidades da Citizen Schools estavam presentes em seis outras cidades de Massachusetts; em San Jose e Redwood City, Califórnia; em Houston, Texas; em Tucson, Arizona; e em New Brunswick, Nova Jersey. À medida que se expande, a organização usa o Balanced Scorecard para difundir a estratégia comum em todas as localidades.

Em geral, o pessoal nas novas unidades não está familiarizado com o Balanced Scorecard e sua terminologia, mas todos compreendem as perspectivas de impacto social e de clientes. A Citizen Schools se baseia nos indicadores-chave do BSC para divulgar as expectativas de desempenho e para monitorar os resultados em cada localidade. Com mais de 12 unidades operando com os mesmos indicadores de scorecard, a Citizen Schools compara os dados de desempenho de todas as unidades e identifica oportunidades para o compartilhamento das melhores práticas. Dispor de um sistema de avaliação e gestão comum é ingrediente fundamental para a rápida expansão de suas operações para o nível nacional, ao mesmo tempo em que continua oferecendo experiência e proposta de valor consistentes em cada uma de suas novas unidades.

RESUMO

Mesmo as corporações mais diversificadas podem criar valor quando operam um mercado de capitais interno de forma mais eficaz do que o externo, ao qual cada unidade de negócios do portfólio teria de recorrer se não estivesse sob o amparo do guarda-chuva corporativo. Essas corporações descrevem e monitoram seus objetivos de criação de valor, por meio de indicadores financeiros de alto nível.

As empresas diversificadas também criam valor quando definem temas corporativos que marcam cada unidade operacional com a imagem da corporação e que alavancam recursos relacionados com objetivos como boa governança, qualidade dos produtos, soluções focadas nos clientes, responsabilidade comunitária ou excelência ambiental. Outra forma de gerar valor para os clientes ocorre quando diversas unidades de negócios combinam seus produtos e serviços para oferecer aos clientes soluções integradas e convenientes. Uma terceira fonte de valor para os clientes surge quando unidades homogêneas, apesar da dispersão geográfica, oferecem aos clientes experiências de compra consistentes e de alta qualidade. Nessas organizações, a sede corporativa trabalha a marca e a experiência comum e usa o Balanced Scorecard para motivar e monitorar a prestação de serviços em todas as suas unidades dispersas.

NOTAS

1. Correspondência particular para Balanced Scorecard Collaborative.
2. R. S. Kaplan e D. P. Norton, *Organização orientada para a estratégia* (Rio de Janeiro: Campus/Elsevier, 2001).
3. http://ww.gotoemerson.com/about_emerson/index.html.
4. T. Khanna e K. Palepu, "Why Focuse Strategies May Be Wrong for Emerging Markets", *Harvard Business Review* (julho-agosto de 1997).
5. *Mapas Estratégicos: convertendo ativos intangíveis em resultados tangíveis* (Rio de Janeiro: Campus/Elsevier, 2004).

CAPÍTULO 4

ALINHANDO AS ESTRATÉGIAS DE PROCESSOS INTERNOS E APRENDIZADO E CRESCIMENTO

Integração dos Temas Estratégicos

O Capítulo 3 trata das sinergias geradas a partir da proposta de valor da corporação que permitem alinhar os recursos financeiros e de clientes ao longo de um conjunto de unidades de negócio. Neste capítulo, analisamos as oportunidades a serem exploradas pelas organizações, mediante o alinhamento de seus processos internos e de seus ativos intangíveis para alcançar sinergias no nível da corporação. Abordamos quatro tipos de propostas de valor corporativas: processos e serviços compartilhados, integração vertical, ativos intangíveis e temas estratégicos corporativos.

SINERGIAS DECORRENTES DO COMPARTILHAMENTO DE PROCESSOS E SERVIÇOS

Entre as maneiras mais frequentes de criar valor a partir da corporação está o compartilhamento de processos e serviços comuns entre várias unidades de negócio. O valor daí resultante é gerado de dois modos: primeiro, as corporações geram economias de escala com a centralização de processos. Segundo, elas captam os benefícios da centralização obtendo conhecimento especializado e expertise sobre como operar os processos ou serviços chaves.

Conquistar economia de escala nos processos de negócios é há muito tempo objetivo e vantagem competitiva de grandes organizações. Desde os primeiros dias da era empresarial moderna, o tamanho é fonte de oportunidades. Mais de um século atrás, a Standard Oil desenvolveu uma vantagem dominante por meio de economia em suas grandes refinarias e sistemas de distribuição. Hoje, megabancos, como Citigroup ou Bank of America, geram economia de escala por meio da fusão de suas atividades de suporte e de outras instituições financeiras por eles adquiridas. The Limited, varejista de roupas para homens, mulheres e crianças, integra as compras de suas várias divisões para criar expressiva economia e benefícios. Conseguem vantagens similares centralizando a gestão de imóveis da sua cadeia de varejo. Nos dois casos, se os processos não fossem centralizados, as divisões competiriam entre si no mercado aberto por tecido e espaço e seriam carentes de escala suficiente para fechar os melhores negócios com fabricantes e empreendedores imobiliários de qualquer lugar do mundo.

A gestão de tecnologia da informação é outra função que cria oportunidades para economia de escala. A relevância financeira dos processos de compra e da operação de grandes centros de processamento em organizações como Citicorp (serviços financeiros), Allstate (seguros) e British Petroleum – BP (energia) – empresas que gastam mais de US$1 bilhão em TI – são oportunidades naturais para reduzir custos, alcançar escala significativa em expertise e melhorar a produtividade. O compartilhamento de recursos sofisticados, indispensáveis para a eficácia de TI, também permite que as organizações melhorem a segurança dos centros de dados, adotem padrões flexíveis para plataformas operacionais e mantenham-se atualizadas na permanente onda de novas tecnologias. As grandes organizações também desfrutam de enorme potencial para redução de custos e despesas nos processos de negócios por meio do conhecimento. Embora a gestão física dos processos possa continuar descentralizada, o compartilhamento de filosofias, programas e competências comuns é capaz de gerar benefícios significativos. Por exemplo, o *movimento da qualidade* abrange programas como gestão da qualidade total (TQM), Baldrige National Quality Program, European Foundation for Quality Management (EFQM) e, mais recentemente, Seis Sigma. A *gestão baseada em atividade* estimula a melhoria dos processos e o gerenciamento da criação de ideias, a partir do modelo de custo da organização. A *gestão de clientes* – incorporada na gestão do valor para os clientes, na gestão do relacionamento com os clientes e na gestão do ciclo de vida dos clientes – destina-se a concentrar os esforços dos gestores e empregados nas melhorias operacionais que rendem melhor desempenho a favor dos clientes.

Esses métodos de gestão dos processos têm ajudado muitas organizações a conseguir grandes avanços na qualidade, no custo e nos prazos de seus processos produtivos e de prestação de serviços. Muitas destas organizações que adotam o BSC para implementar suas estratégias precisam inevitavelmente integrar seu scorecard dentro de um sistema de gestão que inclui uma ou mais dessas disciplinas de gestão. No entanto, algumas organizações estão confusas sobre as funções relativas a cada um desses programas e não conseguem integrá-los, sobretudo quando um deles já está implementado.

Sob a liderança de um programa corporativo, o BSC pode combinar-se de maneira eficaz com um ou mais desses métodos, de modo a gerar vantagens mais amplas do que os benefícios que seriam alcançados por qualquer um deles isoladamente. O BSC legitima esses métodos em todo o âmbito da organização, proporcionando-lhes contexto estratégico e ancorando-os no sistema de gestão geral, de maneira holística. As relações de causa e efeito do BSC ajudam a destacar as melhorias de processos e as iniciativas que cada programa identifica como responsável pelo maior impacto sobre o sucesso estratégico da organização.

ESTUDO DE CASO: BANK OF TOKYO-MITSUBISHI (HQA)

O Bank of Tokyo-Mitsubishi (BTM) é um dos maiores bancos do mundo. HQA, a sede corporativa em Nova York para todo o continente americano, gerencia as ofertas por atacado do BTM na América do Norte e na América do Sul. Em 2001, a HQA adotou o Balanced Scorecard para ajudar a esclarecer e a comunicar a estratégia em vários níveis, de modo a promover o senso de responsabilidade, melhorar a colaboração e reduzir o risco. Desenvolvemos o Mapa Estratégico da HQA em nosso livro anterior.[1] O mapa, reproduzido aqui na Figura 4.1, mostra os três grandes temas da estratégia da HQA: aumentar a receita, gerenciar o risco e melhorar a produtividade. O tema gerenciamento de riscos oferece excelente exemplo do papel da corporação na gestão de um processo interno comum para criar valor a partir da corporação.

Na região das Américas, o BTM se concentrou no negócio de serviços bancários por atacado, com 12 agências, 11 subsidiárias, 2 escritórios de

Figura 4.1 Bank of Tokyo-Mitsubishi

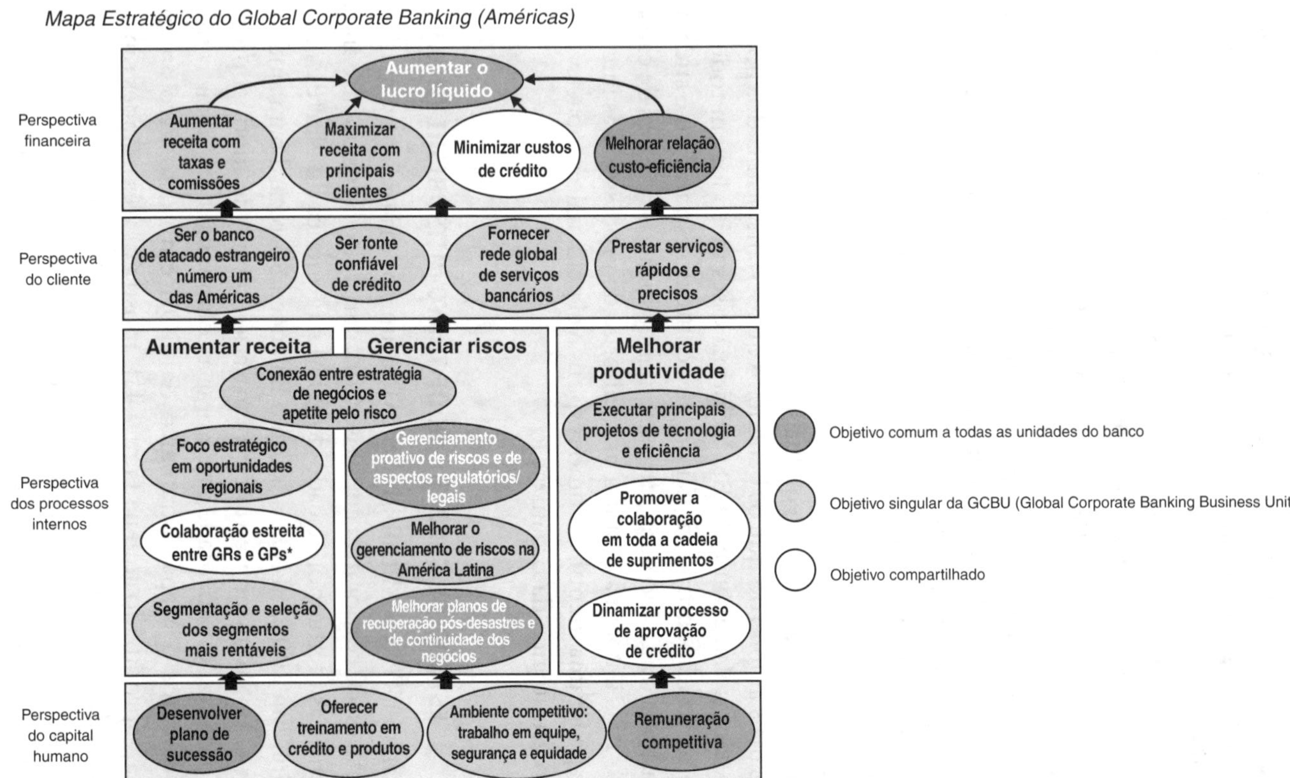

*GR = gerente de relacionamento; GP = gerente de produtos.

Fonte: *Mapas Estratégicos: convertendo ativos intangíveis em resultados tangíveis* (Rio de Janeiro: Campus/Elsevier, 2004).

empréstimos e 4 representações. Acima dessas organizações básicas, encontravam-se quatro unidades de negócio independentes (Global Corporate Banking, Banco de Investimentos, Tesouraria e Centro Corporativo), cada uma reportando-se diretamente à sua contraparte em Tóquio. Essa organização complexa gerava muitas dificuldades para a comunicação eficaz e, em especial, para o gerenciamento de riscos. Por exemplo, predominava um clima de tensão constante entre promoção de negócios e aprovação de crédito. Direção centralizada *versus* autonomia local e profissionais expatriados *versus* nacionais trouxeram outros desafios para a clareza das atribuições e da prestação de contas.

O modelo do Mapa Estratégico passou a exigir que o BTM definisse a estratégia para todos os níveis organizacionais, de cima para baixo, o que facilitava a identificação dos riscos associados à implementação da estratégia. COSO-based risk (avaliação de risco) e Control Self-Assessment – CSA (autoavaliação dos controles internos), metodologias baseadas no referencial desenvolvido pelo Commitee of Sponsoring Organizations (COSO), da Treadway Commission, foram adotadas em todo o banco para gerenciar de maneira proativa os riscos derivados da execução da estratégia. Esse processo, representado no Mapa Estratégico como "gerenciamento proativo de riscos e de aspectos regulatórios/legais", foi implementado como objetivo comum em todo o banco. Conforme mostra a Figura 4.2, a CSA era executada no nível mais baixo da organização. A autoavaliação baseava-se na premissa de que as unidades de negócio conhecem melhor os próprios riscos do que o pessoal de fora que venha a realizar auditorias de riscos. Os resultados da CSA eram agregados de baixo para cima em dois indicadores do Balanced Scorecard corporativo:

- *Porcentagem das questões identificadas pelas linhas de negócios (meta: 50%).* Esse indicador destacava, entre todas as questões constatadas por terceiros (inclusive auditores internos e externos, além de reguladores), a proporção das questões de risco descobertas pela autoavaliação do COSO, produzindo o efeito imediato de levar as linhas de negócios a identificar, de maneira proativa, os riscos que até então haviam ignorado ou aos quais não tinham reagido.
- *Porcentagem das questões resolvidas durante o período (meta: 100%).* A análise mensal desse indicador forçava a solução mais rápida das questões de risco.

Figura 4.2 Desdobramento da estratégia e processo de gerenciamento de riscos

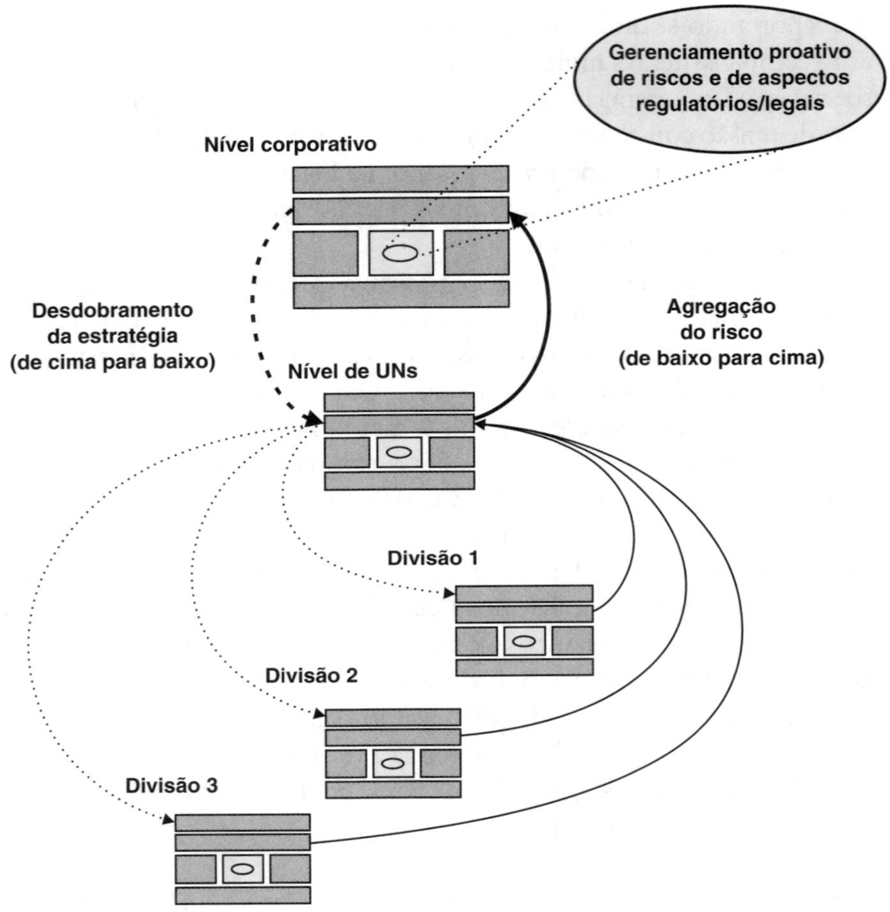

Fonte: BSCol Conference, 11-13 de dezembro de 2002, Cambridge, MA, Bank of Tokyo.

Ao desdobrar o Mapa Estratégico e o Balanced Scorecard da corporação para as unidades de negócio, a HQA definiu um dos elementos de sua proposta de valor corporativa: desenvolver uma metodologia comum para o processo de gerenciamento de riscos, relacionada com os indicadores do Balanced Scorecard, de modo a reduzir significativamente o risco do negócio e garantir valor para os acionistas.

SINERGIAS RESULTANTES DA INTEGRAÇÃO DA CADEIA DE VALOR

A maioria das organizações é parte de um ambiente competitivo (ou cooperativo) mais amplo, no qual os clientes combinam os produtos ou serviços de um negócio com os de outros fornecedores para conseguir uma oferta de valor de mais alto nível. Por exemplo, ao adquirir carros novos, os clientes geralmente também precisam de financiamento. O fabricante pode optar por apenas vender carros e deixar por conta do cliente a obtenção de empréstimos. Outra hipótese é desenvolver uma nova linha de negócios e oferecer financiamento. Os clientes também necessitarão de serviços de manutenção e de consertos. Mais uma vez o fabricante tem as alternativas de deixar a cargo dos clientes a procura por suas próprias oficinas ou constituir mais uma linha de negócios que ofereça serviços de manutenção e de consertos por mecânicos treinados na fábrica.

Esses dois negócios – financiamento e serviços – criam oportunidades para o fabricante ampliar o relacionamento com os clientes, aumentar sua participação nas despesas destes clientes relacionadas com automóveis e também para aumentar a probabilidade de que comprem seus próximos veículos no mesmo lugar. Dessa maneira, o fabricante pode oferecer uma proposta de valor atraente para seus clientes – *one-stop shopping* ou compras em um só lugar – mediante a agregação desses novos negócios.

Muitas indústrias apresentam oportunidades semelhantes para expandir seu escopo em áreas correlatas da cadeia de valor dos seus clientes. Por exemplo, a IBM, que, de início era uma empresa organizada por produtos e concentrada em hardware e software para computadores, expandiu seus negócios no início da cadeia de valor, criando a divisão de serviços de consultoria. Essa nova unidade concebe e projeta soluções para os clientes, as quais, por sua vez, incluem os produtos da empresa. Além disso, a IBM acrescentou outra linha de negócios mais próxima do final da cadeia de valor: uma área de *outsourcing* (prestação de serviços terceirizados) que assume responsabilidade pela operação e manutenção dos sistemas de computadores dos clientes.

A Brown & Root Engineering Services criou nova proposta de valor para os clientes, combinando os serviços de seis centros de lucro independentes (engenharia, compras, construção, instalação, operações de suporte e suprimentos) em um único serviço integrado, que oferecia aos clientes *one-stop shopping*, assim como um novo nível de eficiência operacional, que gerava extraordinárias reduções de custo.

A participação ativa da administração corporativa é fundamental para o sucesso dessas iniciativas de integração da cadeia de valor. Cada centro de lucro dos exemplos citados poderia preferir manter o foco em seus atuais mercados, clientes e serviços, mas as novas estratégias exigiam que esses centros de lucro independentes integrassem suas atividades. Por exemplo, o fabricante de automóveis teve de modificar seu processo de vendas para estimular as vendas cruzadas de financiamento e serviços no momento da compra. A IBM precisou criar um processo de gestão de contas para oferecer uma apresentação equilibrada de todo seu rol de serviços. Da mesma maneira, os gestores da Brown & Root tiveram de aprender a abordar o mercado como um único time, em vez de abordá-lo como negócios independentes. Em cada caso, as prioridades corporativas de cima para baixo demandavam que as UNEs (Unidades de Negócio Estratégicas) ampliassem o escopo de suas atividades para adequar-se à estratégia corporativa.

A Figura 4.3 mostra a proposta de valor genérica de uma corporação para uma estratégia de integração da cadeia de valor, juntamente com um scorecard típico. Os objetivos financeiros concentram o foco nos resultados *cross-business* da estratégia. Cada unidade de negócios deve receber a incumbência de gerar novas receitas mediante a venda cruzada dos serviços de outras unidades ou da venda de serviços integrados. Do mesmo modo, também deve promover reduções de custos decorrentes de atividades comuns. Por exemplo, o fabricante de automóveis poderia recorrer ao negócio de serviços que trabalha com os representantes de vendas da concessionária, para ajudar a realizar novas vendas.

O custo da retenção de clientes é uma fração do custo da aquisição de novos clientes. No scorecard corporativo, a perspectiva dos clientes descreve os benefícios que a nova estratégia integrada cria para os clientes, como *one-stop shopping* e reduções de custos. Tais benefícios poderiam ser medidos pelo aumento da amplitude e duração do relacionamento, participação nas despesas dos clientes, número de serviços utilizados e pela redução de custos decorrente de serviços compartilhados e integrados.

A perspectiva interna focaliza os novos processos de negócios necessários para sustentar a estratégia *cross-business*. Estratégia esta que engloba o processamento de pedidos, que permeia todas as linhas de negócios, gestão integrada de contas, vendas cruzadas, marketing e desenvolvimento de novos serviços.

A perspectiva de aprendizado e crescimento se concentra nos novos comportamentos e competências impostos pela nova estratégia. As ques-

Figura 4.3 Arquitetura estratégica: integração da cadeia de valor

Sinergias	Proposta de valor corporativa	Indicadores típicos do scorecard
Financeira	Definir as metas *cross-business* referentes ao aumento da receita e aumento da produtividade resultantes da integração da cadeia de valor	▪ Percentual da receita de serviços integrados ▪ Redução de custos no ciclo de vida
Clientes	Definir a nova proposta de valor para os clientes, viabilizada pela integração dos serviços das UNEs	▪ Duração do relacionamento ▪ Utilização de serviços da cadeia de valor (nº, %) ▪ Participação nas compras do cliente
Processos internos	Definir os novos processos necessários para integrar completamente as atividades das UNEs	▪ Gerenciamento de pedidos – produtividade ▪ Gestão de clientes – eficácia ▪ Duração do ciclo dos processos-chave
Aprendizado e crescimento	Definir os conhecimentos, sistemas e cultura indispensáveis para integrar a cadeia de valor	▪ Conhecimento *cross-business* ▪ Trabalho em equipe ▪ Incentivos compartilhados

tões típicas aqui são a necessidade de aumentar a consciência *cross-business*, conhecimento das linhas de produtos, trabalho em equipe e os incentivos compartilhados.

A proposta de valor e o scorecard corporativo constantes da Figura 4.3 definem os objetivos *cross-business* específicos exigidos pela estratégia de integração da cadeia de valor. Em seguida, esses objetivos corporativos são desdobrados para as UNEs, que então os internalizam em suas próprias estratégias.

ESTUDO DE CASO: MARRIOTT VACATION CLUB (MVCI)

O nome Marriott é sinônimo de hotéis e *resorts* de qualidade. Adicionalmente às unidades Marriot, seu carro-chefe, a corporação inclui marcas como Renaissance, Courtyard, Fairfield Inn e Ritz-Carlton. Seu programa de viajantes frequentes, Marriott Rewards, é o maior do setor.

Em 1984, a Marriott entrou no negócio de *time-share* (compartilhamento de tempo), com a aquisição da American Resorts Group. *Time-share* é a compra de um período de tempo, tipicamente uma semana, para o uso de um produto. O método atrai indivíduos e famílias que buscam os prazeres de uma segunda casa, sem os incômodos daí decorrentes. O que era um setor incipiente em 1984 ampliou-se com crescimento constante de dois dígitos nos últimos 20 anos. Hoje, a Marriott Vacation Clubs é composta de quatro marcas: MVC International (MVCI), Horizons, Grand Residence Club e The Ritz Carlton Club. Cada marca destina-se a diferentes segmentos do mercado. Em 2003, as receitas eram de aproximadamente US$1,2 bilhão e a cada ano adicionavam-se de três a cinco novos *resorts* para ajudar a sustentar o crescimento de dois dígitos da empresa.

Mas para alcançar tanto sucesso, a MVCI enfrentou grandes desafios. O modelo econômico básico consistia em quatro negócios muito diferentes, que se situavam em elos adjacentes da cadeia de valor do setor, como mostra a Figura 4.4. O grupo de incorporação, arquitetura e construção selecionava áreas adequadas, obtinha licenças e propriedades, projetava e construía *resorts*. O grupo de vendas e marketing vendia unidades dos *resorts* aos clientes finais. O grupo de banco hipotecário apoiava o processo de vendas, financiando os clientes. O grupo de gerenciamento de *resorts* operava-os e era o responsável final pelos serviços aos clientes.

Embora a interdependência desses quatro grupos fosse óbvia, suas culturas e competências não poderiam ser mais diferentes. Ao longo do tempo, o trabalho desses quatro grupos se compartimentalizou, isolando-se em

Figura 4.4 Cadeia de valor do setor na Marriott Vacation Club International (MVCI)

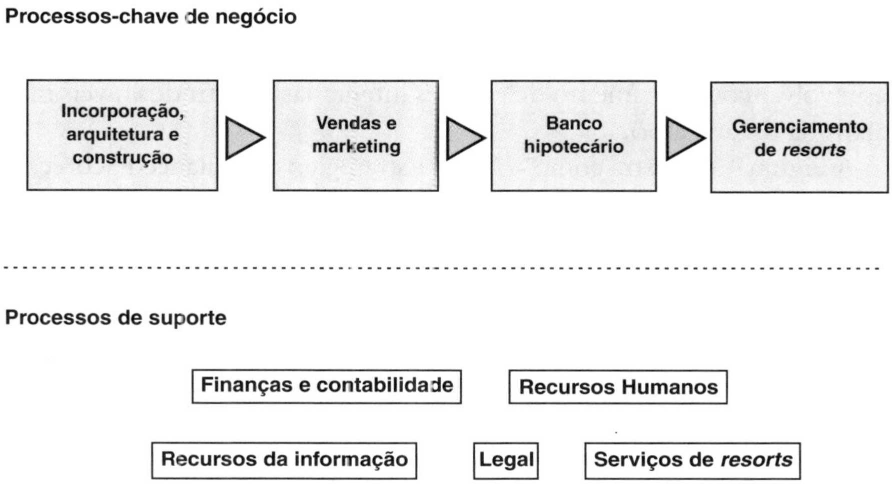

silos; cada grupo desempenhava suas próprias atividades, com pouca interação entre si. Por exemplo, se a equipe de incorporação, arquitetura e construção enfrentava problemas ou atrasos, não compartilhava suas dificuldades com os demais. Neste ínterim, a equipe de vendas e marketing, presumindo que o produto estaria disponível no prazo, iniciava suas campanhas, capturando clientes e vendendo unidades. O grupo de operações, também supondo que o imóvel logo estaria pronto, começava a contratar pessoal e a montar equipes de especialistas de todo o mundo. Como os elos da cadeia de valor eram sequenciais, os pequenos problemas se agravavam à medida que avançavam na cadeia. Sem dúvida, a MVCI estava perdendo grande oportunidade de criar sinergia e valor, integrando sua cadeia.

Roy Barnes, veterano com 20 anos de experiência no ramo hoteleiro, foi designado pela MVCI para cuidar desse problema. Seu título, vice-presidente sênior para gestão da estratégia e estratégia de clientes, assim descreveu seus planos: contribuir para transformar a cultura da MVCI de um perfil empreendedor para uma mentalidade estratégica. O objetivo específico de Barnes era reestruturar a empresa, desfazendo seus quatro departamentos isolados e criando um conjunto de processos de negócios integrados amarrados com a estratégia corporativa. Ele escolheu o modelo do Balanced Scorecard para promover essa evolução.

A Figura 4.5 mostra o Mapa Estratégico corporativo da MVCI, que descreve a estratégia de maneira integrada e holística e reflete a mudança na mentalidade: passar a ver o negócio como um todo, em vez de vê-lo como um conjunto de funções isoladas e em silos. Também define o objetivo de desenvolver comportamento de equipes integradas a partir dos níveis mais baixos da organização.

A Figura 4.6 mostra como o Mapa Estratégico e o Balanced Scorecard corporativos, depois de concluídos, foram desdobrados ao longo dos quatro níveis da organização: do nível corporativo da MVCI para as linhas de negócios; destas para os quatro departamentos da cadeia de valor (denominados "processos-chave de negócio"); destes para as regiões e, por fim, destas para cada *resort* específico. Cada nível alinhava sua própria estratégia com a estratégia do nível superior. Embora os Mapas Estratégicos e os Balanced Scorecards dessem a Barnes as ferramentas necessárias, ele ainda precisava de um processo de implementação mais abrangente para promover as mudanças comportamentais almejadas. Seu método de gestão da mudança foi composto de cinco fases:

1. *Vender o conceito do BSC.* Reunir-se com os líderes de negócio de todos os níveis organizacionais para vender pessoalmente a nova estratégia e o modelo do Balanced Scorecard como a ferramenta de gestão para implementar a nova estratégia.
2. *Interligar o BSC com todos os outros instrumentos de governança.* Integrar o BSC no ciclo anual de desenvolvimento da estratégia, planejamento, orçamento, definição de metas, avaliações do desempenho e ajuste.
3. *Divulgar a estratégia do BSC.* Identificar os públicos-alvo. Determinar as mensagens e canais de comunicação. Transmitir cada mensagem sete vezes, de sete maneiras diferentes.
4. *Vincular o BSC à remuneração.* Ligar os incentivos pessoais ao Balanced Scorecard.
5. *Concentrar o foco no BSC.* Usar o BSC para monitorar o desempenho e gerenciar os planos da corporação, garantindo, dessa maneira, a visibilidade constante e consistente da estratégia entre os executivos.

Levou mais de um ano para que a MVCI internalizasse a nova maneira de gerenciar, mas os benefícios do esforço foram substanciais. Agora, cada grupo compreende os fatores críticos de sucesso dos demais grupos, o que ajuda a monitorar o status das atividades das quais depende seu próprio desempenho. Em consequência, quando a equipe de incorporação enfrenta problemas, os demais grupos têm consciência da situação e agem de maneira compatível. Em apenas um exemplo de melhor coordenação ao longo da cadeia de valor, a MVCI registrou economias da ordem de milhões de dólares. A estratégia corporativa de integração da cadeia de valor estava criando grandes sinergias.

SINERGIAS DECORRENTES DA ALAVANCAGEM DOS ATIVOS INTANGÍVEIS

Qualquer corporação, por mais diversificada que seja, é capaz de criar valor a partir da corporação mediante a gestão proativa do desenvolvimento da liderança e do capital humano. Na economia global baseada no conhecimento, os ativos intangíveis, como capital humano, respondem por quase 80% do valor da organização. A conversão de ativos intangíveis em resultados tangíveis representa uma nova maneira de pensar para a maioria das organizações. Aquelas que dominarem esse processo, que geralmente emana da organização de RH, serão capazes de criar vantagem competitiva substancial.

Como todas as organizações têm funcionários e líderes que demandam desenvolvimento e clima que exige ajustes, a proposta de valor corporativa pode consistir em oferecer processos eficazes para o aprimoramento desses ativos de capital humano. Tais processos transcenderão as peculiaridades das diferentes UNEs; as competências específicas, por exemplo, serão diferentes, mas o processo para desenvolvê-las e alinhá-las será o mesmo. A administração corporativa dispõe de três processos para desenvolver o capital humano e o capital organizacional ao longo de seu portfólio de UNEs: (1) desenvolvimento da liderança e da organização, (2) desenvolvimento do capital humano e (3) compartilhamento do conhecimento.

Desenvolvimento da liderança e da organização

As modernas organizações de recursos humanos devem orientar o desenvolvimento de líderes e ajudar a moldar a cultura organizacional. Embora seja difícil quantificar, a boa liderança e uma cultura que apoie a mudança são habilitadores fundamentais do sucesso na execução da estratégia. O principal objetivo do desenvolvimento desses ativos é garantir o seu alinha-

Figura 4.5 Mapa Estratégico corporativo da MVCI

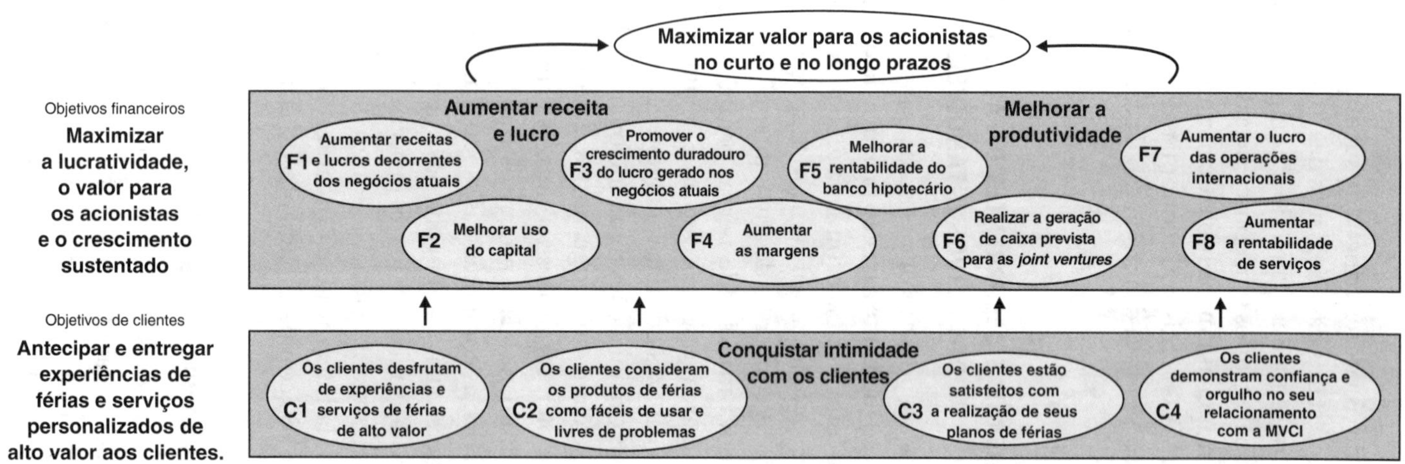

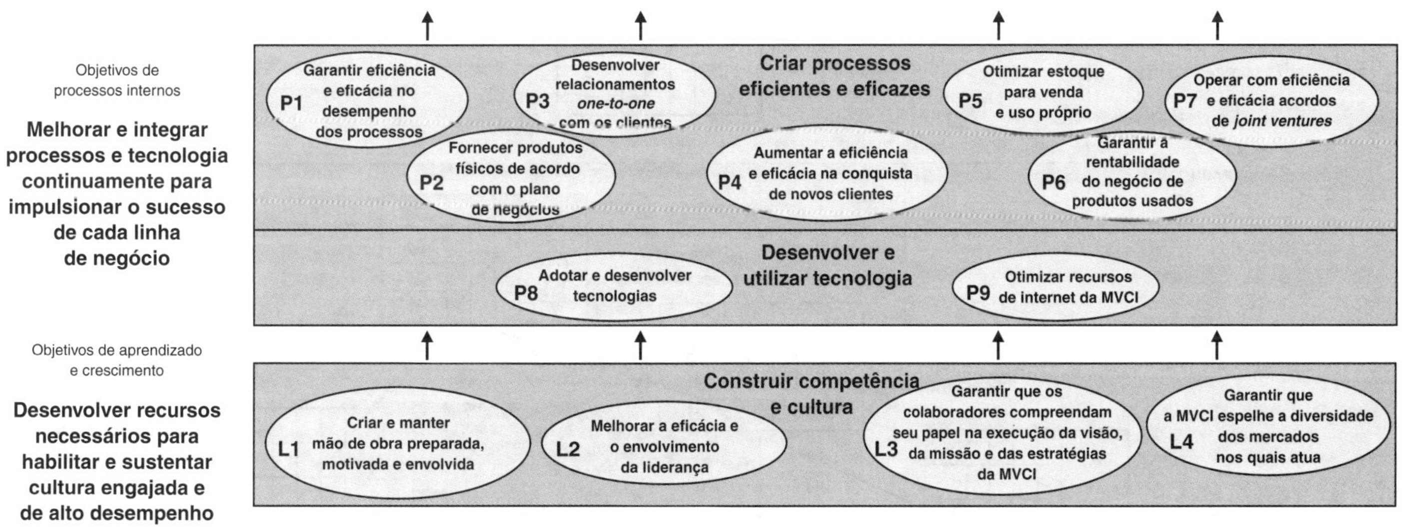

Fonte: BSCol Conference, Chicago, 11-13 de maio de 2004, Roy Barnes, MVCI..

Figura 4.6 Desdobramento do scorecard corporativo da MVCI

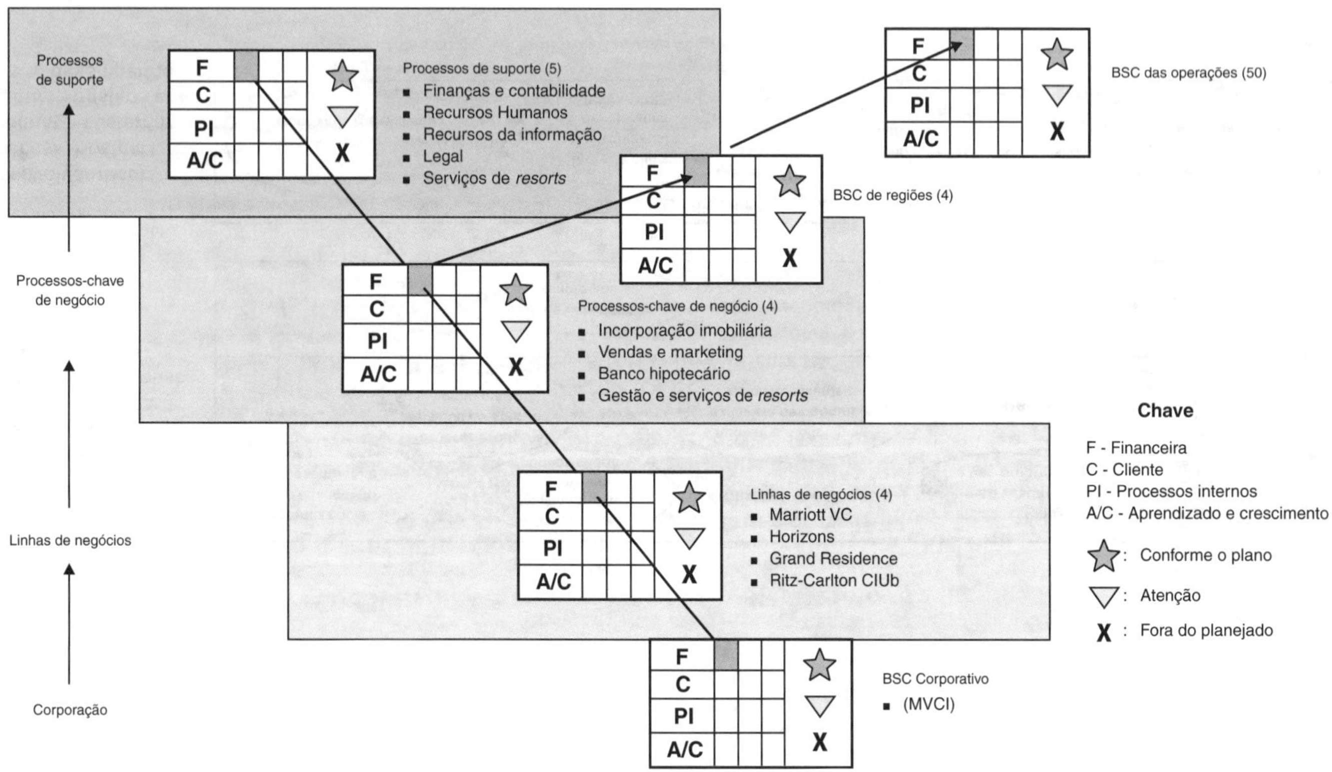

Fonte: BSCol Conference, Chicago, 11-13 de maio de 2004, Roy Barnes, MVCI..

mento com a estratégia corporativa. Os líderes precisam compreender a estratégia para a qual estão mobilizando a organização e devem promover os valores que reforçam essa estratégia. Aqui, a proposta de valor corporativa é garantir o alinhamento da liderança e da cultura com a estratégia.

Como exemplo de uma empresa que, em princípio, não conseguiu explorar a proposta de valor corporativa para o desenvolvimento da liderança e do capital humano, veja o caso da auditoria realizada pela área de recursos humanos da corporação em uma das unidades de negócio estratégicas da Global Chemical, Inc. (ver Figura 4.7). O ponto de referência para essa avaliação foi a agenda de mudança organizacional, um conjunto de sete comportamentos necessários para a implementação da nova estratégia nas UNEs.[2] O quadro central da figura mostra o conjunto de valores culturais que a UNE promovia em seus programas de desenvolvimento de pessoas. Embora a estratégia exigisse deslocamento do foco, da ênfase nos produtos para uma abordagem de prestação de consultoria e de busca de soluções aos clientes, não se encontrava nenhuma referência ao foco nos clientes nesses "valores aspirados".

Do mesmo modo, a estratégia da UNE demandava o desenvolvimento de centros de excelência regionais. Embora essa especialização gerasse benefícios significativos, também exigia alto nível de trabalho em equipe em todo o mundo. Os valores aspirados definidos pela área de RH da UNE eram omissos quanto à questão do trabalho em equipe. O indicador de alinhamento da cultura almejada pela organização com sua agenda de mudança estratégica ainda não superara o nível de 70%.

O quadro mais à direita da Figura 4.7 mostra o modelo de liderança em uso pela UNE para desenvolver sua equipe de líderes. Mais uma vez, o modelo desenvolvido pela área de RH para a UNE não mencionava as questões de foco nos clientes e trabalho em equipe. A descoberta dessas lacunas pela auditoria gerou grandes revisões no programa de desenvolvimento da liderança e na organização da unidade de negócios. Assim, a iniciativa da corporação melhorou a capacidade da UNE de aumentar os benefícios estratégicos decorrentes desses importantes ativos intangíveis.

Desenvolvimento do capital humano

As corporações podem gerar valor a partir de estratégias corporativas, melhorando as atividades de desenvolvimento de capital humano em todas as unidades de negócio. Mesmo empresas altamente diversificadas, que ope-

Figura 4.7 Alinhamento da liderança e cultura com a estratégia na Global Chemical, Inc.

Novos comportamentos requeridos pela estratégia	Agenda de mudança organizacional da GCI	Valores aspirados da GCI	Índice de alinhamento	Modelo de liderança da GCI	Índice de alinhamento
1. Foco nos clientes	Ser reconhecida como parceira conhecedora e informada sobre os negócios dos clientes	**?**	○	**?**	○
2. Inovação	Sustentar uma cultura aberta a novas ideias, a experimentar e a tomar riscos controlados	Valorizamos empowerment para acelerar a tomada de decisões	●	Nossos líderes identificam necessidades e oportunidades de mudança – superam maneiras de pensar ultrapassadas	●
3. Orientação a resultados	Desenvolver cultura organizacional consciente da importância dos resultados finais, da eficácia relativa ao custo e da eficiência	Somos orientados a resultados com foco no desempenho da empresa	●	Nossos líderes delegam aos melhores níveis de competências – proveem os recursos necessários	●
4. Compreensão da estratégia	Fortalecer a identidade corporativa mundial	Divulgamos a estratégia e os objetivos com clareza	◐	Nossos líderes traduzem a estratégia corporativa para as partes específicas da organização	◐
5. Responsabilidade	Dar maior autonomia às pessoas e torná-las responsáveis	Esperamos clareza na atribuição de metas pessoais e na prestação de contas	●	Nossos líderes definem com nitidez objetivos e prioridades de ação	●
6. Comunicação aberta	Garantir a transferência de conhecimentos entre funções e regiões	Apreciamos a abertura a diferentes opiniões	◐	Nossos líderes estão atentos a novas ideias, alternativas e preocupações	◐
7. Trabalho em equipe	Gerenciar os processos de negócio entre localidades e culturas	**?**	○	**?**	○
			70%		**70%**

Chave ● Bom alinhamento ◐ Alinhamento parcial ○ Não alinhado ram em setores muito diferentes, podem criar valor mediante a operação de um mercado de trabalho eficiente entre seus vários negócios.

Veja o exemplo de grupos de negócios, como a Tata Group, na Índia. Os sistemas educacionais nos países em desenvolvimento geralmente são ineficazes em dotar a maioria dos alunos das habilidades fundamentais indispensáveis para a obtenção de bons empregos. Nesses países, os grandes conglomerados têm condições de investir em seus próprios programas de educação e treinamento para empregados iniciantes e então colher os benefícios daí resultantes, na medida em que esses empregados se esforçam para desenvolver carreiras vitalícias nessas organizações. Já nos países com mercados de trabalho mais desenvolvidos e com maior mobilidade, as pessoas que recebem o treinamento da empresa retêm boa parte dos benefícios, na forma de salários mais altos e de perspectivas mais favoráveis para mudar de emprego, caso não recebam aumentos de salário ou não percebam potencial de crescimento pessoal. O Balanced Scorecard corporativo de uma *holding* que gerencie de maneira ativa seu mercado de trabalho interno contém objetivos relacionados com o rodízio do pessoal-chave entre diferentes empresas ou negócios e com planos de carreira mais promissores aos executivos.

Grandes empresas diversificadas, como a General Electric, também oferecem oportunidades excepcionais de desenvolvimento de carreira para os empregados de seus vários negócios. Steve Kerr, ex-diretor de aprendizado da empresa, descreveu como a diversidade de linhas de produtos e de áreas geográficas da GE permitia que a empresa oferecesse chances sem igual para jovens gerentes promissores em "quiosques de pipoca" (*popcorn stands*) em todo o mundo – pequenos negócios cujo sucesso ou fracasso não afetava os três primeiros dígitos do lucro operacional anual da empresa.[3] A GE usa as informações que coleta sobre o desempenho dos gestores nesses pequenos negócios para determinar os que serão promovidos, os que necessitam de mais investimentos e os que receberão novas atribuições em diferentes partes do mundo. Depois de prosseguir durante mais de 20 anos com tais experiências, a GE produziu um quadro de líderes experientes e testados, capazes de assumir enormes responsabilidades em suas grandes divisões de produtos ou de áreas geográficas.

Os objetivos de aprendizado e crescimento da corporação consistem em recrutar os melhores talentos para as diferentes empresas ou unidades de negócio, operar excelente universidade corporativa para educação e treinamento do próprio pessoal, oferecer aos novos líderes oportunidades de carreira diferenciadas na corporação e compartilhar conhecimentos e melhores práticas sobre processos semelhantes em todas as empresas operacionais.

No entanto, as maiores recompensas advêm do foco nas competências estratégicas. Muitas organizações estão criando a função especializada de diretor de aprendizado (*chief learning officer* – CLO) para realizar esse objetivo. Competências estratégicas são as habilidades e conhecimentos a serem cultivados pela força de trabalho para apoiar a estratégia. Os investimentos no aprendizado e no desenvolvimento dos empregados são o verdadeiro ponto de partida para qualquer mudança sustentável no longo prazo. Para as organizações baseadas no conhecimento, a capacidade de melhorar os processos internos que suportam a proposta de valor para os clientes depende da capacidade e da disposição dos empregados para mudar seu comportamento e aplicar seus conhecimentos com vistas à realização da estratégia. Portanto, as organizações que pretendem garantir o sucesso de suas estratégias precisam conhecer as competências humanas para tanto necessárias. No intuito de alcançar esse objetivo, devem avaliar o atual nível de competências estratégicas e desenvolver programas que preencham as lacunas no perfil de competências da organização.

Embora os programas de desenvolvimento de competências não sejam novidade, a integração desses programas com a estratégia – algo que se fez possível com o uso do Balanced Scorecard – é abordagem inovadora. Nos últimos anos, as organizações começaram a definir as *funções estratégicas*, ou "clusters" (aglomerados) de competências, referentes a processos estratégicos específicos. Ao identificar as funções estratégicas relevantes, as organizações podem assegurar que desenvolverão as competências certas – aquelas que acelerarão a conquista de resultados estratégicos. A importância do entendimento e gerenciamento das funções estratégicas foi enfatizada por John Bronson, vice-presidente sênior de recursos humanos da Williams-Sonoma, com sede em São Francisco, segundo o qual apenas cinco das muitas funções estratégicas da empresa determinam 80% do desempenho estratégico da organização.[4] (Em geral, na maioria das empresas de médio e grande portes, apenas 10% de todas as funções podem ser consideradas estratégicas.)

Diversos métodos podem ser utilizados para fechar lacunas nas competências estratégicas: recrutamento, treinamento, plano de carreira e terceirização. A combinação certa desses métodos será determinada pelo cronograma da estratégia, assim como pela flexibilidade resultante do pool de talentos existente.

A Kinnarps, fabricante de móveis com sede na Suécia, usou o Balanced Scorecard para alinhar o desenvolvimento de competências, abrangendo a totalidade de colaboradores, com a execução da estratégia. O grupo de treinamento interno da empresa, a Academia Kinnarps, mapeia as competências de todos os empregados e compara o perfil de competências de cada um com as competências efetivamente necessárias para a posição, conforme as especificações da estratégia. A academia, então, elabora programas personalizados de desenvolvimento de competências, para que os empregados adquiram as habilidades necessárias à realização dos objetivos estratégicos da empresa. O chefe da Academia Kinnarps diz que o BSC tem ajudado o órgão de educação e treinamento sob sua responsabilidade a ser mais proativo e eficaz em seu programa de desenvolvimento de competências.[5] Por meio de um programa de TI, a empresa mantém sob constante monitoramento os investimentos em desenvolvimento de competências; o programa rastreia as relações entre habilidades e estratégia e calcula as perdas e ganhos financeiros em função do nível de competência dos empregados. Assim, pode-se compreender, em termos de seu impacto financeiro, a importância de eliminar hiatos de competências.

Compartilhamento do conhecimento

Todos os negócios podem beneficiar-se com o compartilhamento do conhecimento em toda a organização. Mesmo unidades de negócio altamente diversificadas, com clientes diferentes e propostas de valor sob medida, executam muitos processos semelhantes ou idênticos, como folha de pagamento, relatórios financeiros mensais, recrutamento, avaliações de desempenho anuais, compras, seleção e pagamento de fornecedores, expedição, contas a receber e programação da produção.

Ao compartilhar informações sobre processos comuns, a organização tem mais oportunidades de identificar as melhores práticas que possam ser implementadas com rapidez em todas as unidades de negócio. Essa identificação e compartilhamento das melhores práticas ocorrerá com mais rapidez e a menor custo no âmbito corporativo do que quando empresas independentes precisam combinar entre si a realização de estudos de *benchmarking* periódicos. Em termos de compartilhamento do conhecimento, quanto maior e mais diversificada for a corporação, maior serão as probabilidades de inovação nos processos, em benefício de todas as unidades de negócio da corporação.

Em muitos casos, a tarefa de identificar e transferir conhecimentos tem sido atribuída a uma nova posição organizacional, o diretor de conhecimento (*chief knowledge officer* – CKO). Embora a área de gestão de melhores práticas já esteja madura, ainda não se compreendem muito bem os meios de relacionar uma determinada melhor prática com resultados estratégicos. Os métodos tradicionais de alavancagem das melhores práticas quase sempre independem da estratégia. Hoje, muitas organizações usam o sistema de informações do BSC para identificar equipes, departamentos ou unidades de alto desempenho com base em sua capacidade de produzir resultados estratégicos. Esse recurso possibilita a documentação das razões do alto desempenho e a ampla disseminação dessas informações em toda a organização, educando e treinando outras pessoas para melhorar o próprio desempenho.

O sistema de gestão do conhecimento da Crown Castle International (CCI), o CCI-Link, é um banco de dados e biblioteca abrangente das melhores práticas da empresa. Essa ferramenta de gestão do conhecimento centraliza e compartilha informações sobre o desempenho e conhecimento em todo o âmbito dessa empresa global altamente descentralizada.

A CCI usa o BSC para comparar os indicadores de desempenho estratégico de cada um de seus 40 escritórios regionais. Esse exercício de *benchmarking* ajuda os executivos a descobrir onde os processos e práticas estratégicas são mais bem executados dentro da empresa e os ajuda a treinar pessoas de outras áreas da organização com base nesse modelo, de modo que possam atingir os mais altos níveis de desempenho. O foco nas melhores práticas internas permite que a Crown Castle incorpore as lições aprendidas e ajude a integrar a estratégia, o scorecard, as melhorias de processos e as atividades de treinamento em toda a organização.

A prática de gestão do conhecimento na Crown Castle representou enorme contribuição para o alinhamento e para as eficiências operacionais, sobretudo num período de racionalização do trabalho. A arquitetura básica do CCI-Link é a mesma em várias áreas geográficas. As funções tradicionais, como finanças, gestão de ativos e capital humano, são comuns entre os países, mas o conteúdo é muito local. As análises detalhadas ajudam a diferenciar as áreas geográficas, de modo que os gestores compreendam as verdadeiras causas das diferenças de desempenho.

Em poucas palavras

Embora o desenvolvimento do capital humano e do capital organizacional da organização seja tarefa de todos, a área de RH deve assumir a liderança da função. Nossa experiência indica que, se esses processos estiverem ligados à estratégia, o valor do capital humano corporativo aumenta de maneira substancial. Já descrevemos que promover o alinhamento e mensurar a prontidão estratégica criam condições para que os executivos de RH gerenciem esses processos.[6] Os Mapas Estratégicos fornecem outra ferramenta para o alinhamento do capital humano com a estratégia.

Sem dúvida, a ciência da gestão do capital humano ainda se encontra em estado de desenvolvimento. Para sua aplicação prática, necessita-se de novos processos de gerenciamento. Embora promissores 43% das áreas de RH nomeiem representantes para ajudar as unidades de negócio a gerenciar seus relacionamentos de RH, de acordo com pesquisa realizada pela Balanced Scorecard Collaborative e pela Society for Human Resource Management, apenas 19% efetivamente integram seus planos estratégicos com os da corporação.[7] O desenvolvimento desses novos processos aumentará o valor dos ativos intangíveis da organização.

ESTUDO DE CASO: IBM LEARNING

A qualidade de seu pessoal, de sua liderança e de sua cultura têm sido, há muito tempo, diferenciais da IBM, fundamentais para seu sucesso. Ao longo das décadas de 1960, 1970 e 1980, o pessoal da IBM criou a empresa mais bem-sucedida da história empresarial. Eles combinaram liderança no desenvolvimento de novas tecnologias com poderosos processos de marketing e de vendas para gerar uma forte fidelização dos seus clientes. A IBM investiu pesadamente no desenvolvimento das competências e de aspectos de liderança de seu pessoal, os fundamentos de seu sucesso.

Essa sequência de êxitos chegou a um fim abrupto na década de 1990. Embora os laboratórios da IBM continuassem a desenvolver as tecnologias do futuro, a organização não conseguia mudar seu modelo tradicional de negócios. A forte cultura organizacional da IBM, que sempre fora um de seus principais ativos, converteu-se em obstáculo ao progresso, tornando-se uma barreira à mudança em uma indústria onde a necessidade de mudança era uma constante. A IBM perdeu mais de US$16 bilhões no início da década. Muita gente entendia que a empresa deveria ser desmembrada e vendida.

Lou Gerstner, que fora contratado como CEO vindo de fora da empresa, chegou à conclusão oposta. Ele acreditava que os clientes queriam uma empresa capaz de integrar o amplo portfólio de tecnologias da informação e que a IBM estava mais bem posicionada para realizar tal integração. A história demonstrou o brilho desta visão. No ano 2000, a empresa já retornara à posição de líder setorial. Sob a liderança de Sam Palmisano, a nova IBM continua a evoluir. O papel da liderança, da cultura e do aprendizado ainda são os pontos centrais para a estratégia da empresa.

Em maio de 2001, Ted Hoff assumiu como vice-presidente de aprendizado da IBM para ajudar a desenvolver estes ativos intangíveis. Como principal executivo de aprendizado, Hoff era responsável pelas iniciativas de aprendizado em toda a empresa, desenvolvendo as atividades de capacitação gerencial, orientação funcional para os empregados, treinamento técnico e de vendas e aprendizado tecnológico. Em tais condições, ele se tornou membro do grupo de liderança sênior e da equipe de liderança de RH global.

Ao chegar, Hoff constatou que a IBM ainda estava investindo intensamente em aprendizado, mais de US$1 bilhão por ano. No entanto, apesar desse investimento significativo, os gerentes de linha não sabiam quanto gastavam e quanto obtinham de retorno. Aprendizado era "assunto de RH". Não havia nenhum processo de planejamento estratégico para integrar o aprendizado com o negócio. O processo de aprendizado não estava posicionado para ser o direcionador do sucesso do negócio e da organização. A gestão corporativa de Hoff iria mudar essa situação.

A Figura 4.8 resume a abordagem utilizada pela IBM para alinhar seu investimento de US$1 bilhão em aprendizado com a estratégia da empresa. Como mostra o retângulo à esquerda, a IBM tem um processo bem definido de formulação da estratégia e um modelo de execução fundamentado na liderança. O retângulo à direita resume os investimentos em aprendizado que sustentam a estratégia. Historicamente, contudo, não se dispunha de uma maneira eficaz para garantir o alinhamento desses investimentos. O Mapa Estratégico da unidade de negócios, apresentado no retângulo do centro, revelou-se o elo perdido. A estratégia de negócios foi traduzida em Mapa Estratégico, criando condições para que a organização concentrasse seus investimentos nas prioridades estratégicas.

Desenvolveu-se, então, o Planejamento do Aprendizado Estratégico composto de cinco fases, que foi usado em todas as principais unidades de negócio. No entanto, antes de iniciar-se o processo, precisava-se construir um forte relacionamento de parceria junto à gerência de linha. Para tanto, Hoff designou um "líder de aprendizado", oriundo de sua própria área, para cada unidade de negócios. A função dessa pessoa era atuar como integrador, de forma a entender as estratégias de cada unidade de negócio e a desenvolver uma estratégia adequada de aprendizado.

Figura 4.8 Alinhando o aprendizado estratégico com as unidades de negócio na IBM

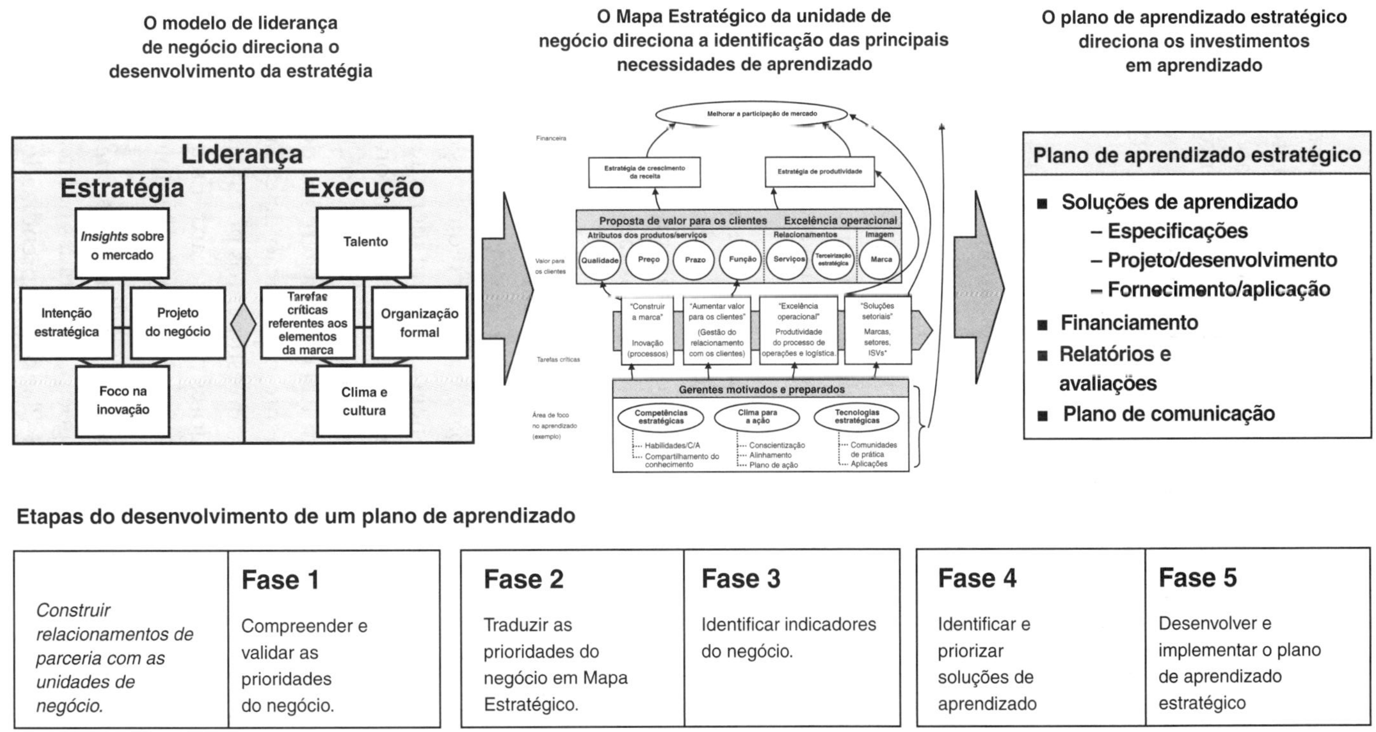

**Nota do Tradutor*: Fornecedores de software.

Fase 1 – Compreender e validar as prioridades do negócio. O líder de aprendizado era responsável por pesquisar e analisar a estratégia da unidade de negócios. Suas fontes típicas eram documentos estratégicos, informações sobre o mercado, orçamentos, planos de negócios e internet, além de interações diretas com a unidade de negócio. O líder de aprendizado também formava parcerias com outras equipes de apoio, como RH, finanças e estratégia para executar a missão organizacional.

Fase 2 – Traduzir as prioridades do negócio em Mapa Estratégico. Com base nas pesquisas e nas interações, o líder de aprendizado rascunhou o Mapa Estratégico da unidade de negócio. O rascunho identificou questões específicas, objetivos e temas estratégicos. Por meio de uma série de entrevistas executivas, o líder então validou o Mapa Estratégico. Essas entrevistas ajudaram a identificar as áreas críticas do negócio em que se deviam concentrar os programas de aprendizado. Daí resultou um Mapa Estratégico validado.

Fase 3 – Identificar indicadores do negócio. Com base no Mapa Estratégico, elaborou-se um Balanced Scorecard composto de indicadores e metas. O líder de aprendizado utilizou este processo para mostrar ao cliente interno as ligações entre ativos intangíveis e resultados tangíveis do negócio.

Fase 4 – Identificar e priorizar soluções de aprendizado. O fechamento deste processo de planejamento foi o desenvolvimento de um conjunto de soluções de aprendizado para apoiar a estratégia. A Figura 4.9 mostra o alinhamento de soluções potenciais para viabilizar requisitos críticos do negócio. Patrocinadores da unidade de negócio foram identificados para cada programa. As soluções que eventualmente se situavam fora do domínio de conhecimento como clima organizacional ou incentivos, foram identificadas para subsequente discussão com RH e com a gerência de linha. Apurava-se, então, o custo de desenvolvimento e aplicação de cada solução potencial. Priorizavam-se, em seguida, os investimentos potenciais com base no impacto previsto sobre os indicadores do scorecard. Essa lista fornecia o elemento final para a elaboração do plano de apoio das unidades de negócio.

Fase 5 – Desenvolver e implementar o plano de aprendizado estratégico. A análise e o planejamento do negócio, executadas nas fases 1 a 4, eram então consolidadas na forma de um Plano de Aprendizado Estratégico para a UNE (Unidade de Negócio Estratégica). Obtinha-se financiamento para a implementação das soluções e elaborava-se um projeto de comunicação

Figura 4.9 Alinhando as soluções de desempenho com os parceiros de negócios na IBM

Tema estratégico	Tarefa crítica	Indicadores do negócio	Meta dos indicadores de negócio	Soluções de aprendizado potencial	Custo estimado	Prioridade
"Construir a marca"	Focar em aplicações específicas e em oportunidades de crescimento dos clientes	Inscrição do novos produtos	20% de crescimento anual	▪ Combinar programas de treinamento, novos produtos (e-learning) e workshop de oportunidades com 3 dias de duração ▪ Incluir módulo de clientes na escola de vendas	▪ Módulo de e-learning de $100k; projeto e desenvolvimento de workshop de $50k; custo de entrega e utilização de $500k por pessoa. ▪ $50k, sem custo adicional de entrega	2 4
	Trabalhar com os escritórios regionais para impulsionar as vendas	Receita	Aumentar em 16%	▪ 15 road shows* nos Estados Unidos, Europa Central e Sudeste asiático	▪ $50k	1
	Fortalecer os relacionamentos com os parceiros de negócios	Indicador de avaliação da satisfação dos parceiros de negócios	85% satisfeitos/ muito satisfeitos até o fim do ano	▪ Treinar representantes de vendas regionais em operações de canais de vendas, por meio de palestras via web e novo manual ▪ Incentivar parcerias de negócios para aquisições múltiplas de clientes	▪ $80k para desenvolvimento mais $3 de custo de impressão e distribuição de cada manual ▪ Solução que não gera aprendizado	3 n/a

Nota: Metas gerenciais e estimativas de custo apenas para ilustração.
**Nota do Tradutor*: Roteiros de apresentações.

para promover a aplicação do plano de aprendizado estratégico e um processo de mensuração, de relatório e de revisão do avanço à luz do planejado.

Por meio da utilização de Mapas Estratégicos e do Balanced Scorecard, os investimentos em aprendizado na IBM agora apresentam alinhamento com as metas de negócio. A abordagem tem feito significativa diferença na integração das várias áreas organizacionais da IBM. Nas palavras de Ted Hoff, "agora, estamos sentados à mesma mesa com as unidades de negócio".[8] A organização que aprende é parte ativa do planejamento estratégico, do orçamento e das discussões sobre investimentos e retornos. Eles têm acesso aos executivos mais graduados sempre que necessário. Além disso, o pessoal agora se sente responsável por resultados. Mais importante, a IBM está convertendo seu ativo mais intangível (programas de aprendizado) em resultados tangíveis.

INTEGRAÇÃO POR MEIO DE TEMAS ESTRATÉGICOS CORPORATIVOS

As grandes organizações que atuam com vários produtos e em muitas regiões diferentes se esforçam para alcançar vantagem competitiva mediante economias de escala e de escopo entre suas unidades descentralizadas. Estas empresas têm uma difícil tarefa, pois as unidades de negócio devem reagir aos mercados e aos desafios locais, ao mesmo tempo em que ajudam a corporação a explorar os benefícios de escala e de escopo, decorrentes da integração de suas operações com as de outras unidades de negócio. Como são muitas as atribuições das unidades descentralizadas, é difícil definir uma sólida base para a avaliação de desempenho e para a prestação de contas.

Durante mais de um século, as empresas que se expandiam para novas linhas de produtos, novos segmentos de mercado e novas áreas geográficas adotaram várias alternativas de estruturas organizacionais, algumas das quais descrevemos no Capítulo 2. Entre as escolhas estão a organização por função, por produto, por clientes, por segmento de mercado ou por área geográfica. Como nenhuma delas foi plenamente eficaz, adotaram-se novos formatos como a organização matricial, por tecnologia, por canais, em rede e virtual. Apesar de todas essas inovações na estrutura e na forma das organizações, os problemas de coordenação, de alinhamento e de prestação de contas ainda permanecem.

Várias organizações complexas têm usado um Mapa Estratégico corporativo e o Balanced Scorecard para criar o alinhamento e a integração entre suas unidades dispersas e diversificadas. Tipicamente, essas duas ferramentas permitem que a empresa articule temas estratégicos de alto nível. Essas corporações mantiveram suas estruturas organizacionais vigentes, pois percebiam que intervindo – por meio do realinhamento da autoridade, das responsabilidades e do poder decisório entre as unidades operacionais – não produziriam a mágica necessária para gerar sinergias no nível corporativo. Em vez de continuar em busca de uma solução estrutural ideal mas nunca atingível, eles definiram temas estratégicos no scorecard corporativo, acreditando que daí resultaria uma solução baseada na informação que permitisse que as unidades descentralizadas buscassem ganhos locais, ao mesmo tempo em que contribuiriam para os objetivos no âmbito corporativo.

O alinhamento de organizações díspares por meio de temas estratégicos é especialmente valioso para departamentos e agências do setor público. Os problemas que o setor público tenta resolver são extremamente complexos e difíceis: tráfico de drogas, imigração ilegal, habitação, pobreza, dependência em relação a programas sociais, gravidez entre adolescentes, poluição ambiental, segurança interna, criminalidade, serviços de informações, desemprego estrutural e muitos outros. É extremamente improvável que qualquer entidade, agência ou departamento público possa dispor da autoridade, recursos e conhecimento para resolver esses problemas por si sós.

Além disso, em contraste com o setor privado, o realinhamento das entidades governamentais existentes para que sejam capazes de cuidar de determinado problema representa um esforço hercúleo, cujo progresso só é usualmente percebido no longo prazo. Cada departamento ou agência tem seus próprios constituintes e, em geral, seu próprio grupo de apoiadores, nas legislaturas estadual ou federal. A tentativa de reestruturar ou de combinar órgãos públicos para realizar uma determinada missão com mais eficácia sempre esbarra em resistência imediata, concentrada e altamente organizada.

Portanto, os governos que pretenderem criar impacto social positivo devem atuar por meio das unidades existentes, que foram constituídas ao longo de uma trajetória histórica um tanto aleatória e não coordenada. O desafio é mobilizar os diversos órgãos – com diferentes missões, diferentes histórias e culturas, e diferentes bases de apoio – para que cooperem entre si, de modo que, em conjunto, sejam capazes de alcançar resultados que seriam inviáveis se agissem de maneira independente. Entidades públicas diversas, geralmente em diferentes níveis de governo e em várias jurisdições, devem coordenar esforços – algo não espontâneo para as burocracias públicas – se quiserem exercer impacto social positivo.

Nesta situação, o Balanced Scorecard fornece o mecanismo ideal para estabelecer objetivos de alto nível entre as várias entidades, de modo que todas sejam capazes de trabalhar juntas na execução de suas missões. Logo, é provável que vejamos scorecards do setor público desenvolvidos para temas estratégicos ou iniciativas multiorganizacionais. O Balanced Scorecard fornece o contexto e o processo para engajar os representantes das várias entidades públicas em debates e cooperações de alto nível.

Através dos três estudos de casos seguintes, ilustramos o papel dos temas estratégicos corporativos na integração de operações de unidades organizacionais diversificadas e dispersas. A DuPont Engineering Polymers é um exemplo de representante do setor privado, que conta com a utilização de cinco temas estratégicos sequenciados no tempo. A Royal Canadian Mounted Police, entidade do setor público, também adotou cinco temas estratégicos para alinhar suas unidades operacionais nos âmbitos internacional, nacional, provincial e municipal. A iniciativa de recuperação do salmão no estado de Washington, exemplifica a importância de construir um Balanced Scorecard de alto nível para alinhar diferentes entidades públicas no sentido de solucionar uma proeminente questão de política pública.

ESTUDO DE CASO: DUPONT ENGINEERING POLYMERS DIVISION

A divisão Engineering Polymers (EP) da DuPont registrava vendas anuais de US$2,5 bilhões e empregava 4.500 pessoas em 30 unidades operacionais em todo o mundo. A EP, como muitas organizações multinacionais com vários produtos, enfrentava dificuldades na implementação de uma estratégia coerente que abrangesse seus oito negócios globais correlacionados e suas seis unidades de serviços compartilhados.

Também a exemplo de numerosas organizações matriciais, a EP experimentou certa confusão sobre papéis e responsabilidades. As pessoas lançavam iniciativas que não estavam coordenadas entre as unidades e outras novas iniciativas contavam com pouco financiamento e pouco pessoal, de modo que, por mais que se tentasse, tudo continuava na mesma. Nos cinco anos anteriores à adoção do Balanced Scorecard, o crescimento do lucro da EP situou-se em torno de 10% ao ano, mas esse resultado foi atingido, sobretudo por meio de reduções de custo e aumento da produtividade, pois a receita crescia apenas 2,5% ao ano. Craig Naylor, vice-presidente da organização e gerente-geral, percebeu a utilidade do Balanced Scorecard para alinhar todos os empregados, unidades de negócio e serviços compartilhados, em torno de uma estratégia comum que enfatizasse o crescimento da receita. Para isso, os indicadores do scorecard foram formatados de forma a fornecer *feedback* para a avaliação contínua da estratégia.[9]

O principal objetivo da nova estratégia era maximizar o valor para os acionistas por meio de uma combinação da melhoria da produtividade e do aproveitamento de oportunidades de crescimento. As melhorias de produtividade envolveram mudanças contínuas e incrementais nos recursos dos processos. Além disso, a empresa esperava gerar oportunidades de crescimento mediante a oferta de produtos e serviços mais integrados. A equipe de alta gerência da DuPont EP construiu, via o Balanced Scorecard, um Mapa Estratégico da divisão com base em cinco temas estratégicos sequenciais que descreviam como as unidades poderiam alinhar suas ações para alcançar os objetivos financeiros de aumento da receita e de redução de custos. Os cinco temas eram os seguintes:

Excelência operacional: Usar ferramentas e métodos de melhoria de processos, como seis sigma e redução de custos, de modo a promover aumentos substanciais na produtividade.

Fornecimento e serviços: Criar diferenciação para os clientes, por meio de excelência na logística, a fim de reduzir o ciclo pedido-caixa.

Gerenciar o portfólio de produtos e aplicações: Concentrar-se em produtos e aplicações com as maiores margens e lançar novos produtos e aplicações.

Gestão do cliente: Prover soluções completas para os clientes-alvo, oferecendo um pacote exclusivo de produtos eficazes, com baixo custo e excelência no fornecimento.

Novo formato de negócios: Conceber maneiras inteiramente novas de alcançar e servir os clientes finais.

A sequência de temas correspondia aos prazos necessários para o sucesso da implementação: a melhoria dos processos operacionais e da logística produziria resultados mais rápidos (9 a 15 meses). Mas seriam necessários dois a três anos para criar portfólios de produtos que oferecessem soluções mais completas aos clientes. Já a materialização dos benefícios de desenvolver e implementar um modelo de negócios inteiramente novo para os clientes demandaria de três a quatro anos.

A EP desenvolveu Mapas Estratégicos e nomeou um gerente responsável para cada um dos cinco temas estratégicos. Por exemplo, a Figura 4.10 mostra o Mapa Estratégico do primeiro tema, excelência operacional, que enfatiza a entrega dos atuais produtos aos clientes com melhor qualidade, mais rapidez e a preço mais baixo. Os indicadores e metas do tema correspondem a melhorias específicas em custo, qualidade, no rendimento e na disponibilidade de equipamentos. As iniciativas estratégicas do tema incluem programas de qualidade seis sigma e troca de melhores práticas entre as unidades de negócio para maximizar a taxa de aprendizado e de melhoria em toda a divisão. A Figura 4.11 mostra o Mapa Estratégico completo da EP, que se baseia nos cinco temas estratégicos sequenciados.

A EP encarava os cinco temas como o DNA de sua estratégia, o código genético que deveria impregnar todas as unidades, tanto de negócios quanto de serviços compartilhados. A EP desdobrou os cinco temas estratégicos de alto nível, fazendo com que as três principais regiões geográficas e as cinco unidades de linhas de produtos desenvolvessem seus próprios scorecards. Esses scorecards de unidades de negócio enfatizavam a maneira pela qual os cinco temas deveriam ser implementados em cada região e linha de produto, assim como os objetivos e iniciativas exclusivas de cada unidade, que passariam a compor as respectivas estratégias locais.

De maneira análoga, as unidades funcionais globais – produção, TI, finanças, RH, marketing e P&D – construíram seus próprios scorecards para garantir que a excelência funcional fosse desenvolvida e utilizada no apoio às estratégias globais, regionais e de linhas de produtos. O conteúdo efetivo de cada tema poderia diferir em cada unidade de negócios, mas todas construiriam suas estratégias específicas em torno dos cinco temas (ver Figura 4.12). Essa abordagem tornava as oportunidades de alavancagem e de sinergia muito mais visíveis do que em qualquer outro momento entre as unidades de negócio.

Observe que a expectativa era de que apenas poucas unidades de negócio deveriam contribuir para todos os cinco temas. Várias se concentravam em apenas dois temas. Ao construir seu Mapa Estratégico e o seu Balanced Scorecard, cada unidade mostrava como poderia contribuir para os temas da divisão e também como precisaria cooperar e integrar-se com as outras unidades de negócio e de apoio para alcançar sinergias interunidades. A estrutura apresentada na Figura 4.12 criou condições para que a alta administração da EP identificasse os atributos únicos de cada unidade de negócios e de serviços compartilhados e quais objetivos exigiriam soluções integradas entre várias unidades.

Figura 4.10 Tema excelência operacional da DuPont EP: Mapa Estratégico, indicadores e iniciativas

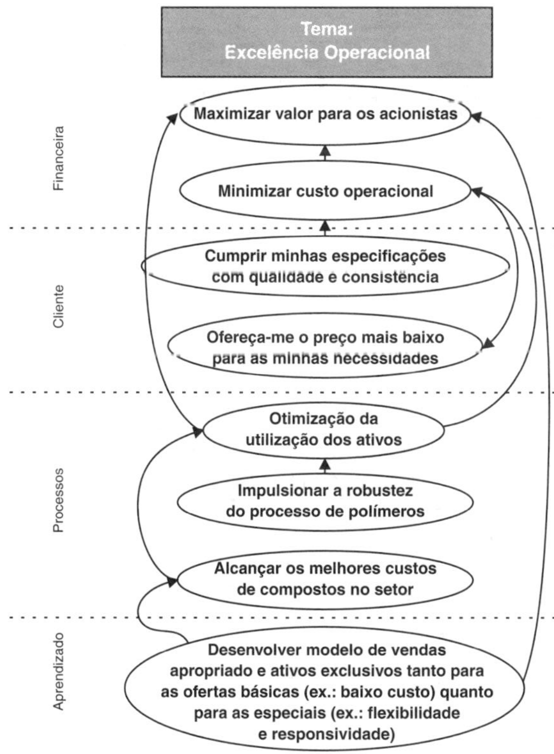

Indicadores

Contribuição do projeto Seis Sigma

Margem bruta de produtos básicos e especiais

Composição – US$MM/ano economizados e US$/lb de custos de composição

Rendimento e horas-máquina

Iniciativas globais

Adotar o Seis Sigma como ferramenta para acelerar projetos de produtividade de alto valor, trazendo clareza e foco para a organização.

Selecionar número limitado de projetos de alto impacto que serão impulsionados pelos negócios e apoiados pela área técnica.

Prover pessoal e apoiar composição em todos os negócios para alcançar a máxima taxa de melhoria para toda a EP.

Figura 4.11 Mapa Estratégico da DuPont EP com cinco temas corporativos

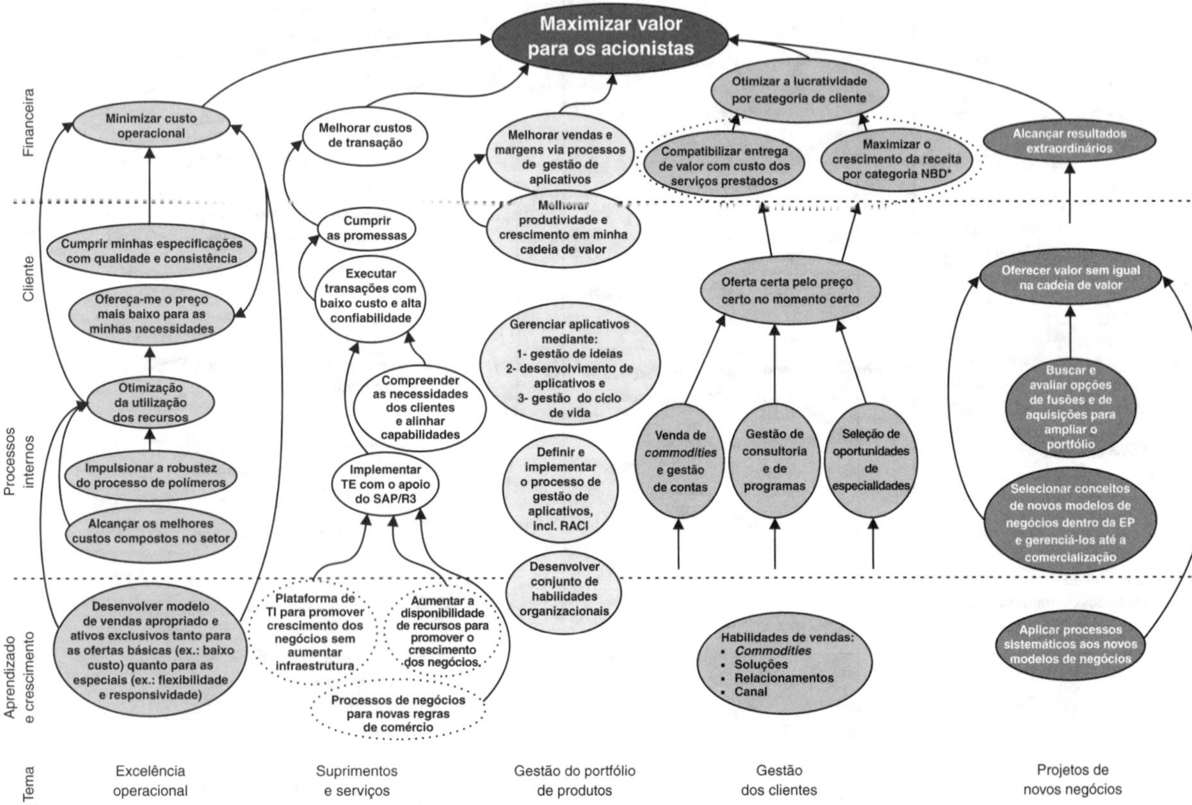

Nota do Tradutor: New Business Designs (Novos Modelos de Negócios).

Figura 4.12 DuPont EP: Alinhando negócios, regiões e funções de apoio com os cinco temas estratégicos

Engineering Polymers

Scorecard da EP (proposta de valor da organização)	Unidades de negócio								Unidades de apoio					
Temas	**A**	**B**	**C**	**D**	**E**	**F**	**G**	**H**	Operação	Tecnologia da informação	Financeiro	RH	Marketing	P & D
1- Excelência operacional	XX		XX	XX				XX	XX				XX	
2- Fornecimento e serviços/ ciclo pedido-caixa	XX		XX	XX	XX	XX	XX		XX		XX		XX	
3- Gestão do portfólio de produtos e aplicações	XX	XX	XX	XX	XX	XX	XX	XX					XX	XX
4- Gestão do cliente	XX	XX	XX	XX	XX	XX	XX	XX		XX	XX	XX	XX	XX
5- Soluções de sistemas/ novos modelos de negócios	XX		XX	XX			XX	XX		XX	XX	XX	XX	XX

O scorecard da EP define as prioridades estratégicas gerais

Cada unidade de negócios desenvolve um planejamento de longo prazo e BSC compatíveis com a agenda estratégica da EP

Funções, equipes e indivíduos desenvolvem scorecards compatíveis com as estratégias das UAs e das UNs.

A EP, como a maioria das organizações, enfrentava um conflito clássico. Os negócios locais e respectivos empregados queriam concentrar-se em "tocar" os seus negócios de forma eficiente no seu dia a dia. Era difícil atrair sua atenção para alinhar estes negócios com as iniciativas estratégicas no âmbito de divisão. A fim de sensibilizar as pessoas para as iniciativas referentes aos cinco novos temas estratégicos da EP, em meio a todos os outros programas e iniciativas em andamento, os gestores eliminaram muitos projetos locais que não estavam contribuindo para um ou mais dos cinco temas. Dessa maneira, criaram espaço para novas iniciativas e projetos que aperfeiçoariam os temas estratégicos da divisão, de modo que permeassem as rotinas dos empregados.

Uma falha quase sempre fatal das organizações matriciais é os debates infindáveis entre as unidades de negócio, os departamentos funcionais e as áreas geográficas sobre alocação de recursos. A EP relatou que a clareza dos cinco temas estratégicos permeando as unidades de negócio, as áreas geográficas e as funções de serviços compartilhados destacava as prioridades e tornava mais transparente o processo de distribuição de recursos. Isto possibilitou diálogos e debates mais produtivos, baseados no entendimento compartilhado dos direcionadores críticos do desempenho do negócio como um todo. Pessoas usavam a arquitetura e os indicadores do scorecard como meio de obter apoio para agendas e projetos. Entusiasmo e debates construtivos permeavam a organização impulsionados pela compreensão compartilhada da estratégia.

Na DuPont Engineering Polymers, os temas estratégicos descreviam uma estratégia constante, mesmo em seu ambiente altamente dinâmico e competitivo. Ainda que as táticas e iniciativas pudessem mudar a cada dois meses, os temas estratégicos enfatizavam objetivos fundamentais para a organização: melhorar a cadeia de suprimentos, trabalhar melhor e mais estreitamente com os distribuidores e construir novos relacionamentos de negócios com os clientes finais. Esses temas não eram efêmeros. Eles sustentaram a direção e o foco organizacionais durante anos – e não semanas, meses ou trimestres.

ESTUDO DE CASO: ROYAL CANADIAN MOUNTED POLICE

A Royal Canadian Mounted Police (RCMP), com 23 mil empregados e orçamento anual de C$3 bilhões, é o serviço de policiamento nacional do Canadá, que também presta serviços de segurança, mediante contrato, às províncias, territórios e municipalidades canadenses. A RCMP atua em quatro níveis – internacional, nacional, provincial/territorial (oito províncias e três territórios) e local (mais de 200 municípios e 190 comunidades). Na virada do século XXI, a RCMP enfrentou vários desafios, entre os quais se destacava a dificuldade de obtenção de financiamentos e recursos necessários para uma organização policial que ingressava no novo milênio. Um novo comissário, Giuliano Zaccardelli, comprometeu-se com a melhoria contínua da gestão na RCMP. Ele tinha a visão de que a RCMP podia converter-se em uma organização de excelência estrategicamente focada. No entanto, mesmo com sua forte liderança e visão, o comissário Zaccardelli se defrontou com o desafio de como alinhar todas as unidades da RCMP, espalhadas pelo imenso território nacional, com as prioridades corporativas.

Uma equipe de projetos de alta senioridade da RCMP desenvolveu um processo para traduzir a visão e a missão ("Lares seguros, comunidades seguras") em termos operacionais e compreensíveis em todo o país. A equipe do projeto desenvolveu um Mapa Estratégico do Comitê Executivo Sênior (ver Figura 4.13).

A perspectiva de nível mais alto (clientes, parceiros e partes interessadas) reflete a proposta de valor da RCMP para os principais grupos aos quais presta serviços: agências de financiamento, outros níveis de governo (nacionais e internacionais) e cidadãos que sejam clientes diretos dos serviços policiais. Por exemplo, a proposta de valor para as agências de financiamento era "Ser o órgão governamental mais bem gerenciado", enquanto a proposta de valor para os parceiros locais era "Vivenciar os valores essenciais que nos transformam em parceiro confiável". Cada um desses objetivos está interligado com os demais por um propósito básico: "Superar-se em métodos de policiamento de vanguarda". Em essência, a proposta de valor da RCMP é a de prestar serviços de policiamento de vanguarda e de classe mundial, a custos razoáveis, aos parceiros, às partes interessadas e aos cidadãos.

A perspectiva de processos internos baseia-se em torno de três temas, cada um contendo objetivos que sustentam os três pilares da proposta de valor da RCMP. O tema construção de relacionamentos articula os processos de comunicação, de parcerias e de alianças que sustentam o objetivo de tornar-se parceiro de confiança. O tema operações, o qual trataremos em breve, salienta o uso do Modelo de Operações – metodologia da RCMP para atuar com base em informações em todas as atividades e investigações policiais. A parte central desse tema é a oferta de excelência em serviços aos

Figura 4.13 Estudo de caso: Royal Canadian Mounted Police

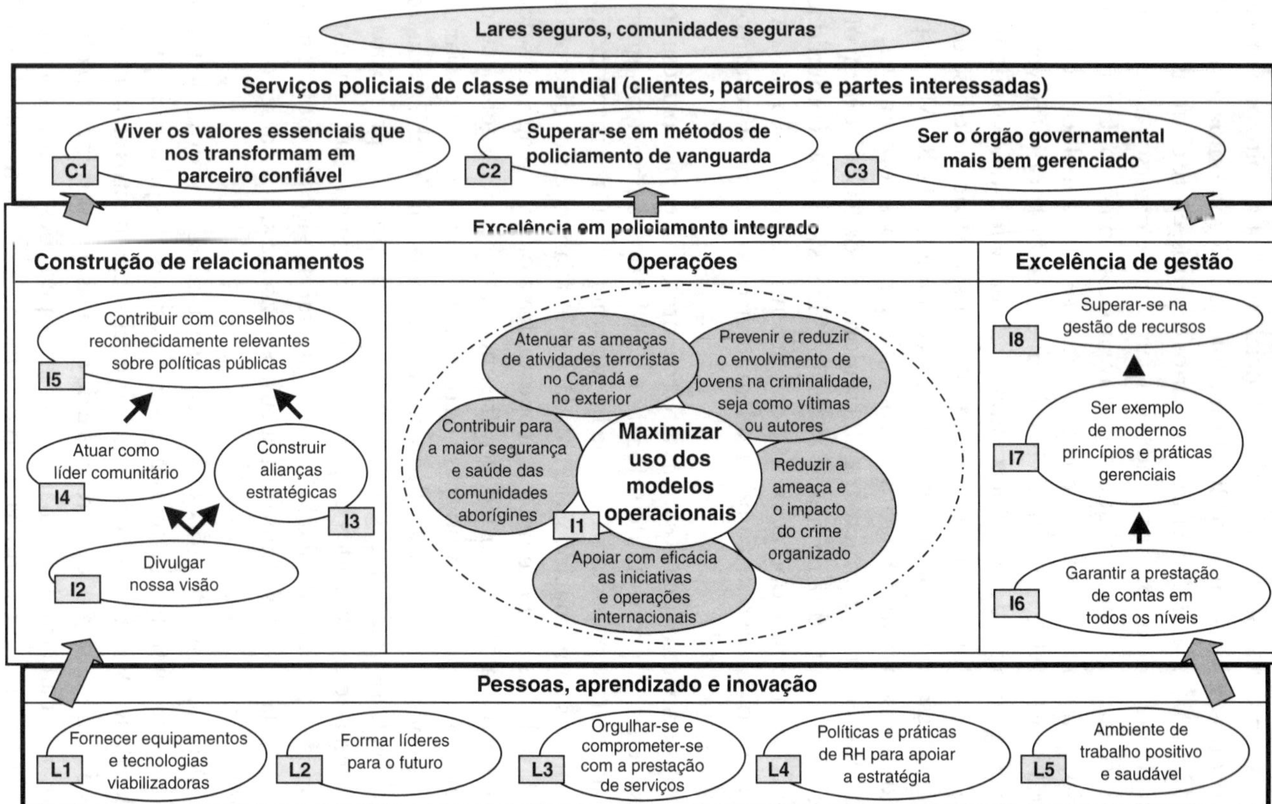

clientes, pois a superação em serviços aumentará a qualidade de todas as operações policiais. Finalmente, o tema excelência na gestão atende as exigências das agências de financiamento e de supervisão.

A perspectiva de pessoas, aprendizado e inovação captura a importância que a RCMP atribui em prover um ambiente de trabalho seguro e estimulante para seus empregados, com o apoio de tecnologia avançada e do aprimoramento da liderança.

O cerne da nova estratégia de policiamento situa-se no tema operações internas, que descreve cinco prioridades corporativas predominantes, que vão além das atividades policiais do dia a dia:

- Reduzir a ameaça e o impacto do crime organizado.
- Atenuar a ameaça de atividades terroristas no Canadá e no exterior.
- Prevenir e reduzir o envolvimento de jovens na criminalidade, seja como vítimas ou autores.
- Apoiar com eficácia as iniciativas e operações internacionais.
- Contribuir para a maior segurança e saúde das comunidades aborígines.

Compreendendo que cada uma dessas cinco prioridades estratégicas exigia coordenação estratégica em nível nacional, a RCMP desenvolveu cinco Mapas Estratégicos "virtuais" para cada prioridade (a Figura 4.14 apresenta o Mapa Estratégico de uma das cinco prioridades estratégicas: contribuir para a maior segurança e saúde das comunidades aborígines). Cada um dos cinco mapas prioritários tinha seus próprios indicadores, metas e iniciativas necessárias para a execução das prioridades estratégicas. Um alto executivo da RCMP foi designado como principal responsável para cada uma das prioridades estratégicas. O responsável, chamado de *champion*, promovia um painel de gestores da organização, que se reunia periodicamente para avaliar o progresso em função das metas prioritárias, exemplo de como Mapas Estratégicos e Balanced Scorecards podem ser usados para gerenciar "organizações virtuais", no caso, uma prioridade estratégica para a qual nenhuma unidade organizacional prestava contas ou era responsável.

Com a implantação dos Mapas Estratégicos e dos scorecards referentes à estratégia corporativa e às cinco prioridades estratégicas selecionadas, o processo de desdobramento para as unidades locais podia começar. Para garantir o alinhamento e a execução consistente destas prioridades estratégicas, atribuiu-se cada objetivo dos Mapas Estratégicos "virtuais" a uma linha de negócios – ou linha de serviços corporativos – sendo posicionados

Figura 4.14 Mapa Estratégico para "comunidades aborígines mais seguras e saudáveis"

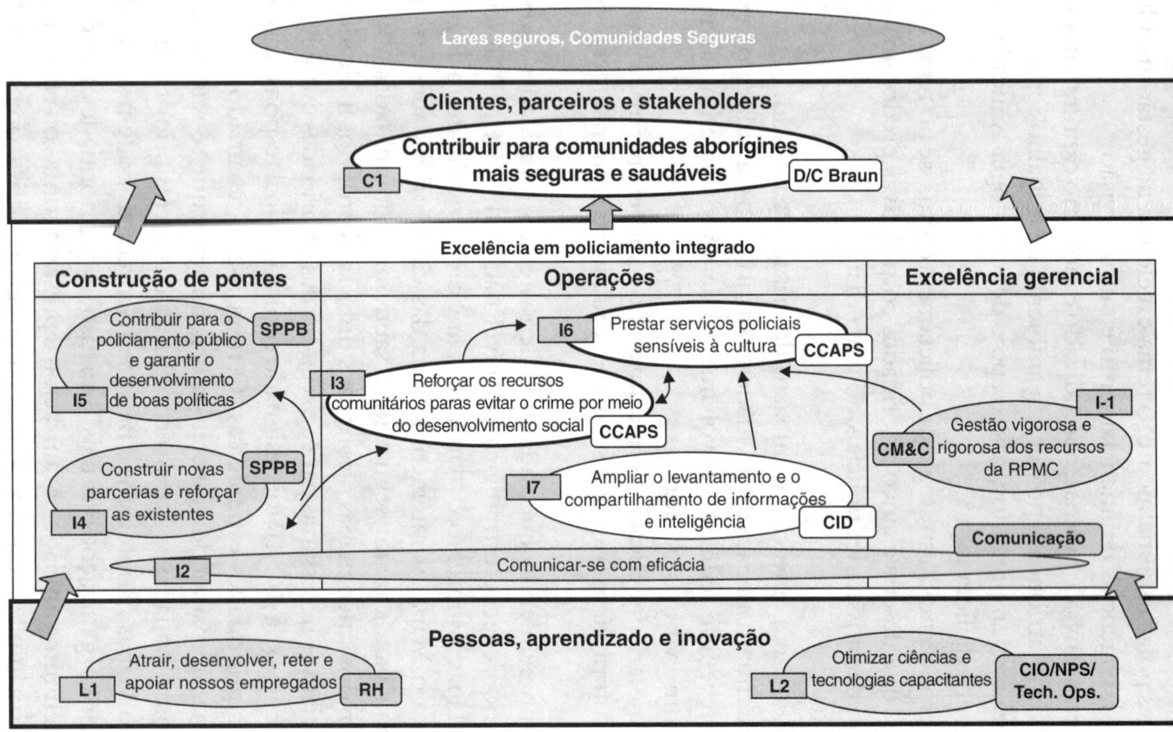

no Mapa Estratégico pertinente. Em seguida, as unidades locais de divisão analisavam a relevância das prioridades nacionais para suas divisões e customizavam essas prioridades estratégicas de alto nível para refletir as realidades específicas de suas operações. Além disso, os Mapas Estratégicos locais incorporavam as responsabilidades normais de policiamento da divisão (ver Figura 4.15, para um exemplo de Mapa Estratégico de divisão). Dessa maneira, uma unidade da RCMP situada no território noroeste canadense, onde praticamente não existem atividades terroristas, crime organizado ou internacional, não incorporaria necessariamente objetivos para aquelas prioridades. Mas, sem dúvida, incluiria objetivos relacionados ao envolvimento de jovens no crime e à contribuição para se ter comunidades aborígines mais seguras e saudáveis. Em contraste, uma unidade da RCMP situada em Toronto talvez não conseguisse fazer tamanha contribuição para as comunidades aborígines quanto a unidade noroeste, mas incluiria objetivos relacionados à redução de ameaças oriundas do crime organizado, de crimes internacionais e de atividades terroristas. Assim, todas as unidades atuavam no sentido de cumprir as prioridades estratégicas da RCMP, além de seu trabalho ininterrupto de policiamento local.

Com o BSC no centro do sistema de gestão da RCMP, o Comitê Executivo Sênior agora tinha condições de focar as prioridades estratégicas, sabendo que as unidades locais estavam responsáveis por suas operações rotineiras e a elas prestavam contas. Os dados sobre os objetivos estratégicos eram atualizados a cada 60 dias, de modo que os executivos seniores sempre estivessem a par de como suas prioridades estratégias estavam sendo implementadas nas unidades de campo.

ESTUDO DE CASO: RECUPERAÇÃO DO SALMÃO NO ESTADO DE WASHINGTON

A RCMP é um excelente exemplo de como conseguir o alinhamento no âmbito de um grande órgão público. Mas algumas questões vão além do escopo de qualquer entidade ou autoridade governamental. Veja o problema da recuperação do salmão no estado de Washington. O governo dos Estados Unidos, por meio do decreto das espécies ameaçadas, havia determinado que o estado promovesse um aumento substancial na quantidade de salmões nas águas marítimas e fluviais em torno do estado. Se o governo dos Estados Unidos não ficasse satisfeito com o plano de recuperação estadual e com sua execução, a União poderia intervir por intermédio da demolição

Figura 4.15 Mapa Estratégico da Divisão "G"

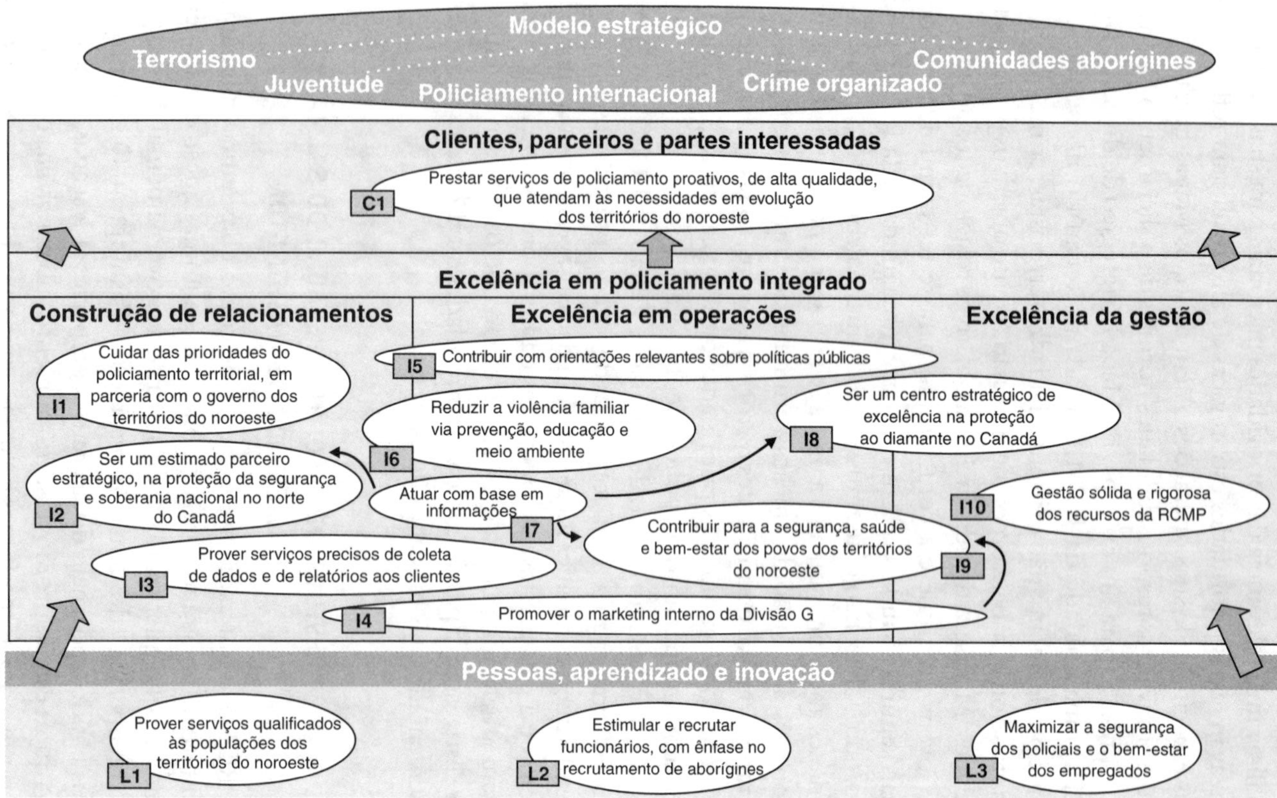

de represas hidroelétricas, além de interromper ou reduzir drasticamente todas as atividades que envolvessem recursos florestais, agricultura, produção de energia hidroelétrica, melhorias de transportes, mudanças no uso da terra e atividades de entretenimento como pesca e canoagem, até que a unidade federada implementasse um plano confiável para restaurar a população de salmões.

O governador Gary Locke havia pedido a cada órgão para desenvolver indicadores de desempenho relacionados com a recuperação do salmão, mas ele receava que a soma desses esforços individuais e difusos não fosse suficiente para produzir um plano coerente, confiável e aceitável visando o aumento da população de salmões. Nenhum órgão exercia controle total sobre todos os aspectos ambientais que afetavam a disponibilidade dessa espécie de peixe. A estrutura de governança era altamente fragmentada e abrangia 6 estados vizinhos, outro país (Canadá), 8 agências governamentais americanas, 12 órgãos estaduais, 39 condados, 277 cidades, 300 distritos de água e esgoto, 170 fornecedores locais de água e 27 tribos indígenas autônomas cujos membros adoravam caçar e pescar. Deixados por conta própria, os órgãos estaduais conseguiram estabelecer objetivos mensuráveis para a obtenção de resultados sob seu controle, capazes de influenciar a proliferação de salmões. No entanto, os esforços descentralizados tenderiam a fracassar, pois as estratégias destes órgãos individuais e sem integração não representavam uma estratégia consolidada coerente e abrangente.

O estado de Washington já dispunha de um processo estratégico integrado entre os órgãos, em andamento, visando definir uma agenda para a recuperação do salmão. Com base nessa iniciativa, o passo lógico era desenvolver um Balanced Scorecard para o tema estratégico de preservar e aumentar as populações de salmão, embora não houvesse um responsável maior pelos salmões e nenhum órgão público, em nenhum nível, possuía a responsabilidade ou autoridade primária pela recuperação do salmão. A congregação de gestores seniores imbuídos de conhecimento e interesse para trabalhar em uma atividade comum propiciou que a força-tarefa de recuperação do salmão levantasse o melhor conhecimento coletivo dos membros para criar um Balanced Scorecard que expressasse uma estratégia abrangente e integrada, com vistas à consecução deste propósito (ver Figura 4.16). Além disso, o processo aberto e transparente promoveu a confiança e o comprometimento entre os participantes sobre como eles poderiam trabalhar tanto dentro dos seus respectivos órgãos quanto entre estes de forma coletiva, visando a alcançar as ambiciosas metas de recuperação do salmão.

Figura 4.16 Objetivos do scorecard da recuperação do salmão

Meta: **Recuperar as populações de salmão e de truta para níveis saudáveis e passíveis de pesca e melhorar os respectivos habitats.**

Cliente: **Proteger elemento importante da qualidade de vida de Washington...**

- Nossas populações de salmão selvagem serão produtivas e numerosas.
- Cumpriremos as exigências dos decretos sobre espécies ameaçadas e sobre águas limpas.

Processos: **Nossas atividades referentes à preservação dos habitats, pesca, desova e hidroelétricas beneficiarão as populações de salmão selvagem.**

- Os habitats de água doce e em estuários serão saudáveis e acessíveis.
- Os rios e cursos d'água terão canais de água propícios à proliferação do salmão.
- As águas serão suficientemente limpas e frescas para a proteção dos salmões.
- A gestão da pesca protegerá os salmões selvagens.
- Aperfeiçoaremos o atendimento às leis sobre preservação dos recursos.

Colaboração: **Estamos comprometidos com os cidadãos e com nossos parceiros na iniciativa de recuperação do salmão.**

- Interagiremos com os cidadãos.
- Responsabilidades para a recuperação do salmão serão definidas e as parcerias serão fortalecidas.

Finanças e Infraestrutura: **Nossos elementos básicos para o sucesso abrangem...**

- Alcançar recuperação com custos competitivos e um uso eficiente de recursos do governo.
- Utilizar os melhores conhecimentos científicos disponíveis e integrar monitoramento e pesquisa com planejamento e implementação.
- Os cidadãos, os parceiros na recuperação do salmão e os servidores estaduais terão acesso oportuno às informações, à assistência técnica e aos financiamentos necessários para alcançarem o sucesso.

Os representantes dos diferentes órgãos, então, voltaram para os seus locais de trabalho e identificaram indicadores de desempenho, metas, programas e iniciativas capazes de contribuir para o tema estratégico de alto nível. Os scorecards de cada órgão incluíam não só as ações sob seu controle direto, mas também, e talvez ainda mais importante, as conexões que teriam de estabelecer com outros órgãos públicos, com os cidadãos e com outras entidades para que todo o empreendimento fosse bem-sucedido.

Para cada indicador do Balanced Scorecard, a equipe de recuperação do salmão nomeou um patrocinador executivo e um grupo de apoio interdepartamental para garantir a qualidade dos processos de coleta de dados e de relatórios para o indicador em questão. O patrocinador executivo também tinha autoridade para convocar reuniões, para discutir as iniciativas a serem financiadas no intuito de melhorar o resultado do indicador e analisar os avanços e problemas de desempenho.

Assim utilizado, o Balanced Scorecard fornecia o mecanismo pelo qual as pessoas em órgãos diferentes e dispersos poderiam alcançar o consenso sobre um plano de ação comum e então implementar as ações gerenciais necessárias: coleta e divulgação de dados, alocação de recursos, realização de reuniões para a avaliação do avanço e solução de problemas e adaptação da estratégia à luz da experiência acumulada e de novos conhecimentos.

Embora o processo de formulação da estratégia tenha ocorrido antes, o Balanced Scorecard forneceu meios para iniciar as discussões com o público sobre os indicadores de progresso. Mais importante, o scorecard gerou a disciplina para convocar indivíduos de diferentes unidades organizacionais, no intuito de descrever importantes temas estratégicos (com efeito, uma organização virtual). O scorecard abrangia tanto os resultados almejados (como medir o sucesso do tema estratégico) quanto os direcionadores de desempenho, sobretudo nas perspectivas de processos internos e de aprendizado e crescimento, indispensáveis para que o grupo alcançasse os resultados desejados do tema estratégico. Em seguida, cada unidade organizacional desenvolveu suas próprias estratégias e scorecards, incluindo as respectivas contribuições para os objetivos do scorecard do tema estratégico. Finalmente, o scorecard baseado no tema forneceu o mecanismo para convocar reuniões em que os representantes de diversos órgãos e entidades podiam resolver os problemas em conjunto, em vez de fazer isto sob a perspectiva isolada de seus respectivos órgãos.

RESUMO

Uma organização pode conseguir economias significativas de escala mediante a centralização de certos processos críticos – como produção, distribuição, compras, recursos humanos e gerenciamento de riscos – para servir às suas diversas unidades de negócio. A decisão de centralizar um processo compartilhado compete à sede corporativa e se torna um componente da proposta de valor da organização. Esta também cria valor quando estimula as unidades de negócio a integrarem suas ofertas, até então separadas, de forma a oferecer soluções completas para clientes-alvo.

A organização pode aprimorar seu capital humano e o desenvolvimento das carreiras dos empregados ao oferecer oportunidades de experiência aos membros de sua força de trabalho em diferentes unidades de negócio e regiões geográficas. Ela também pode promover o compartilhamento de conhecimento e das melhores práticas em todas as suas unidades de negócio e unidades de apoio, de modo que as novas ideias sejam transmitidas e assimiladas com rapidez no âmbito da organização de forma mais rápida do que seria se cada unidade fosse desenvolver ou apreender tais ideias por si sós.

Finalmente, a organização cria sinergias ao articular temas estratégicos que aperfeiçoem as inter-relações e a coordenação entre várias unidades de negócio. Esses temas estratégicos, que são contemplados pelo Mapa Estratégico corporativo e pelo Balanced Scorecard da corporação, são uma alternativa a uma organização matricial, pois os gerentes das unidades de negócio passam a possuir objetivos em seus respectivos Mapas Estratégicos e Balanced Scorecards, que se relacionam tanto com os seus próprios objetivos locais quanto com as prioridades da organização. Com efeito, os gerentes das unidades de negócio atuam como se fossem detentores de dupla cidadania, atendendo simultaneamente às suas unidades locais e à entidade corporativa.

No setor público, pode-se desenvolver Mapas Estratégicos e Balanced Scorecards para objetivos de alto nível, como a recuperação do salmão, inteligência nacional, segurança interna e tráfico de drogas, que exigem a coordenação e a integração dos esforços de muitas entidades, visando a geração de benefícios públicos.

NOTAS

1. R. S. Kaplan e D. P. Norton, *Mapas estratégicos: convertendo ativos intangíveis em resultados tangíveis* (Rio de Janeiro: Campus/Elsevier, 2004), 18-28.

2. Para mais informações sobre a agenda de mudança da organização, ver ibid., Capítulo 10; e "Measuring the Strategic Readiness of Intangible Assets", *Harvard Business Review* (fevereiro de 2004).
3. Palestra proferida no North American Summit, Balanced Scorecard Collaborative, outubro de 2003.
4. John Bronson, palestra na Conferência da BSCol sobre Alinhamento de Recursos Humanos, Nápoles, Flórida, fevereiro de 2002.
5. "Motivar para transformar a estratégia em tarefa de todos", *Balanced Scorecard Report* (novembro-dezembro de 2004).
6. R. S. Kaplan e D. P. Norton, "Measuring the Strategic Readiness of Intangible Assets", *Harvard Business Review* (fevereiro de 2004).
7. Resultado de pesquisa da SHRM – Society for Human Resource Management (2002).
8. Correspondência com a Balanced Scorecard Collaborative.
9. "How to Mobilize Large, Complex Organizations Using the Balanced Scorecard: An Interview with Craig Naylor of DuPont Engineering Polymers", *Balanced Scorecard Report* (setembro-outubro de 2000): 11-13.

CAPÍTULO 5

ALINHANDO AS FUNÇÕES DE APOIO

Os Capítulos 3 e 4 mostram como as corporações criam valor para os acionistas, alinhando suas unidades de negócio com a estratégia corporativa. Mas as organizações também são fontes de valor ao alinharem suas unidades de apoio com as estratégias das unidades de negócio. Veja a abordagem defendida por Larry Brady, presidente da FMC Corporation:

> *Duvido que muitas empresas sejam capazes de responder com objetividade à pergunta: "De que maneira o pessoal de apoio gera vantagem competitiva?"... Estamos começando a pedir a nossos departamentos de apoio para explicar-nos se estão oferecendo serviços de baixo custo ou serviços diferenciados. Se não estiverem ofertando nenhuma das duas estratégias, é provável que terceirizemos a função.*[1]

As unidades de apoio ou de serviços compartilhados, como recursos humanos, finanças, compras e jurídico, surgiram com a organização funcional do século XIX, descrita no Capítulo 2. Essas unidades são compostas de pessoas com expertise, a ser explorada de maneira produtiva em toda a organização, para tarefas como desenvolvimento de sistemas de remuneração e promoção e de sistemas de informações operacionais, execução de operações de tesouraria no âmbito internacional e gestão de assuntos regulatórios e litigiosos. Para alcançar resultados satisfatórios, os grupos de apoio quase sempre são centralizados e, no conjunto, geram despesas operacionais entre 10% e 30% das vendas.

Durante décadas, os executivos seniores lutaram com a questão de como monitorar e avaliar os grupos de apoio, para garantir que produzam benefícios superiores a seus custos. Organizações como The Hackett Group geram *benchmarking* que compara o seu custo do serviço de apoio com o de empresas similares. Mas esse *benchmarking* não é realmente útil, a não ser que o objetivo da organização seja gastar o menos possível com suas unidades de apoio, em vez de explorar os seus serviços como fonte de vantagem competitiva.

Os produtos dos grupos de apoio – como orientação especializada, pessoal treinado e motivado, relatórios, desenvolvimento e operação de processos críticos ou relacionamento de parceria com as unidades de negócio – são geralmente intangíveis. É difícil quantificar esses produtos quando as organizações tentam avaliar a eficácia e a eficiência dessas unidades. A literatura tradicional sobre controle gerencial se refere às unidades de apoio como "centros de despesas discricionárias", em oposição aos centros de custo-padrão, nos quais as despesas orçadas podem ser interligadas, por meio de mecanismos causais coesos, à geração de produtos e serviços padronizados.[2]

Em geral, o pessoal dos grupos de apoio são especialistas cuja cultura é muito diferente das dos gerentes das unidades operacionais. Em consequência, os grupos de apoio não raro se veem isolados das áreas operacionais; os executivos das unidades de negócio os acusam de viver nos silos funcionais da matriz e de serem incapazes de atender às necessidades operacionais locais. Em duas pesquisas que realizamos, os respondentes afirmaram que dois terços das áreas de recursos humanos e de tecnologia da informação não estavam alinhadas com as áreas de negócio e com as estratégias da empresa. A correção desse desalinhamento e o deslocamento do foco das unidades de apoio – orientado para a satisfação das necessidades dos clientes internos – fornecem oportunidades para o aumento substancial do valor para os acionistas.

PROCESSOS DAS UNIDADES DE APOIO

As unidades de apoio podem adotar um conjunto sistemático de processos a fim de criar valor por meio do alinhamento (ver Figura 5.1). Primeiro, elas alinham suas estratégias com as das unidades de negócio e da corporação, defi-

Figura 5.1 Alinhamento das unidades de apoio com a estratégia corporativa

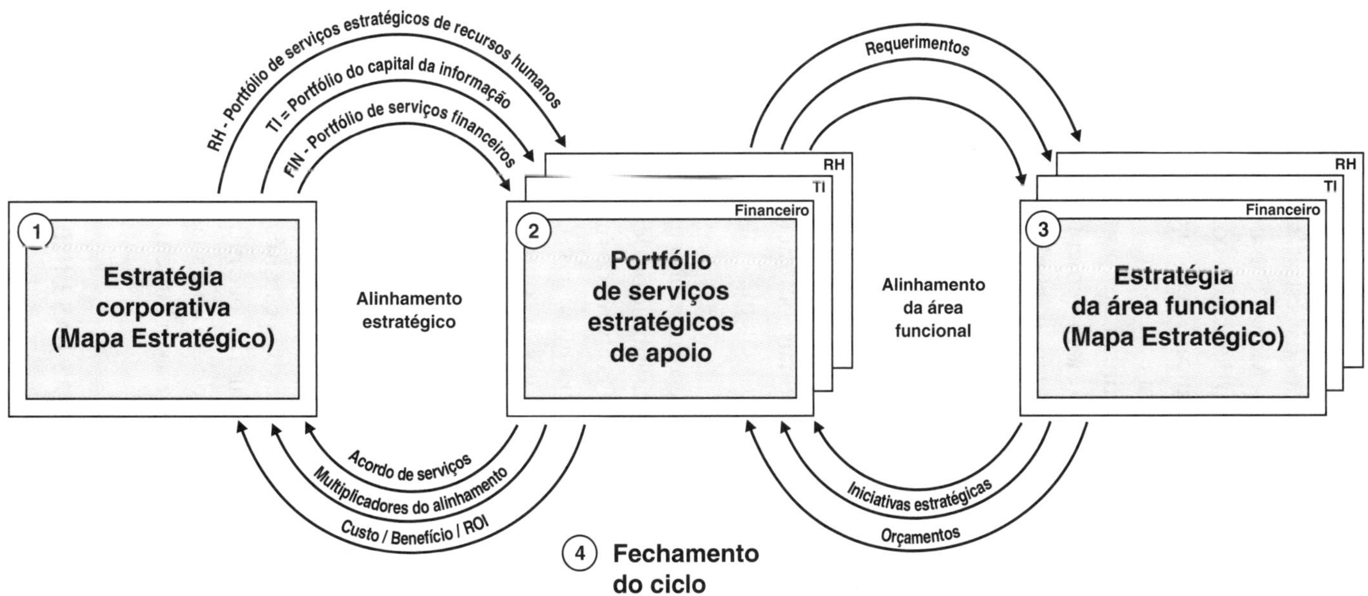

nindo o conjunto de serviços estratégicos a serem oferecidos. O processo começa com a compreensão clara das estratégias corporativas e das unidades de negócios, descritas pelos seus Mapas Estratégicos e Balanced Scorecards. Em seguida, cada função de apoio determina como pode ajudar as unidades de negócio e a corporação a alcançar seus objetivos estratégicos. Por exemplo, conforme ilustrado na Figura 5.1, as áreas de recursos humanos, tecnologia da informação e finanças definem um portfólio de serviços estratégicos que exercerão maior impacto sobre a implementação bem-sucedida da estratégia.

Segundo, as unidades de apoio alinham suas organizações internas, de modo que sejam capazes de executar a estratégia. Para tanto, desenvolvem planos estratégicos que descrevem como adquirirão, desenvolverão e prestarão seus serviços estratégicos às unidades operacionais, os quais passam a ser a base dos Mapas Estratégicos, dos Balanced Scorecards, das iniciativas estratégicas e dos orçamentos das unidades de apoio.

Finalmente, as unidades de apoio fecham o ciclo, avaliando o desempenho de suas iniciativas funcionais, por meio de técnicas como acordo de níveis de serviços, feedback dos clientes internos, avaliações pelos clientes e auditorias internas.

Como exemplo específico desse processo, a Canon dos Estados Unidos – importante fabricante e distribuidor de câmeras, copiadoras e produtos óticos profissionais – realiza convenções anuais onde as unidades de negócio e as unidades de apoio discutem as estratégias a serem adotadas no ano seguinte. As unidades de negócio começam apresentando suas estratégias às unidades de apoio e explicando como estas podem contribuir para o seu sucesso. Os executivos das unidades de apoio analisam seu desempenho no passado e propõem seus objetivos, metas e iniciativas para o futuro. Os gestores das unidades de negócio e de apoio, então, se envolvem num diálogo ativo que culmina com a aprovação dos planos funcionais das unidades de apoio, abrangendo Mapas Estratégicos e Balanced Scorecard, com indicadores e metas, além das iniciativas estratégicas. Esses eventos são realizados durante o processo orçamentário, permitindo que as alocações de recursos aprovadas para as unidades de apoio e suas iniciativas estratégicas sejam incorporadas às decisões sobre o orçamento.

ESTRATÉGIAS DAS UNIDADES DE APOIO

Considerando a citação de Larry Brady, no começo deste capítulo, que tipos de estratégias fazem mais sentido para as unidades de apoio? Em princípio, as unidades de apoio podem criar vantagem competitiva se forem excelentes em qualquer um dos arquétipos estratégicos adotados pelas unidades de negócio: baixo custo, liderança de produto ou soluções completas para os clientes. Sem dúvida, algumas das atividades das unidades de apoio devem ser executadas ao menor custo possível. Essas seriam as tarefas operacionais de rotina, como processamento da folha de pagamento, administração de benefícios e manutenção de redes de computadores. Tais atividades do dia a dia são indispensáveis para o funcionamento da empresa, mas sua execução em padrões de classe mundial, em vez de baixo custo, não gera diferenciação como fonte de vantagem competitiva.

Além disso, as unidades de apoio que tentam adotar uma estratégia com base exclusivamente na prestação de todos os seus serviços a baixo custo correm o sério risco de serem terceirizadas. Os grupos internos dificilmente conseguem sustentar vantagem de custo em seus processos rotineiros, em comparação com as empresas externas especializadas. Estas últimas quase sempre desfrutam de economias de escala, além da possibilidade de desenvolver e prestar serviços por meio de bases operacionais situadas em regiões de baixo custo do mundo.

A liderança do produto também é uma estratégia de difícil sustentação em uma área de serviço, inclusive porque as novas capacidades podem ser imitadas com rapidez. Embora ainda se trate de possível opção estratégica, nenhuma organização com as quais trabalhamos pediram às suas funções de serviço para serem excelentes em inovações. Na prática, as unidades de apoio quase sempre optam pelas estratégias de soluções para os clientes ou de intimidade com os clientes. Elas se empenham em alcançar excelência operacional na prestação de serviços básicos a baixo custo e com alta confiabilidade, mas também identificam alguns poucos serviços críticos em que podem superar os padrões e contribuir para a diferenciação e para a estratégia das unidades de negócio a que prestam serviços.

As estratégias de intimidade ou de soluções para os clientes exigem que as unidades de apoio construam parcerias com os clientes internos. Isso, por sua vez, requer que os empregados desenvolvam certas competências em gestão de relacionamento, além de uma cultura de colaboração e de foco nos clientes, algo muito novo para as unidades de apoio que até então atuavam em silos funcionais centralizados. Essa transição, de especialistas funcionais para assessores de confiança e parceiros do negócio, passa a ser a habilidade mais importante na nova estratégia das unidades de apoio.

PORTFÓLIO DE SERVIÇOS ESTRATÉGICOS

As unidades de apoio reforçam a estratégia corporativa e as estratégias das unidades de negócio por meio do portfólio de serviços que oferecem aos clientes internos (ver Figura 5.2). Cada organização de apoio desenvolve um conjunto personalizado de programas estratégicos potenciais. Um portfólio típico de serviços estratégicos contém de 10 a 20 iniciativas. Ilustramos o processo de desenvolvimento do portfólio de serviços estratégicos com três importantes unidades de apoio: recursos humanos, tecnologia da informação e finanças.

Portfólio de serviços estratégicos de recursos humanos

Nossa experiência em trabalhar com numerosos grupos de recursos humanos mostra que o portfólio de serviços estratégicos de RH geralmente tem três componentes:

1. *Programas de desenvolvimento de competências estratégicas*: Estes programas identificam e desenvolvem competências pessoais que são importantes para o sucesso da organização. Nestes, incluem-se a identificação de funções estratégicas, o desenvolvimento de perfis de competências para essas funções, a análise das lacunas entre as especificações das funções e as competências existentes e a elaboração de programas de treinamento para o fechamento desses hiatos.
2. *Desenvolvimento da organização e da liderança*: Esses programas desenvolvem líderes, promovem o trabalho em equipe, fomentam sinergias organizacionais e reforçam o clima e os valores da organização. As iniciativas que podem ser incluídas nesse tema abrangem elaboração do modelo de competências da liderança, execução de programas de desenvolvimento da liderança, planejamento da sucessão, rodízio e desenvolvimento de pessoal-chave, desenvolvimento da cultura e valores, compartilhamento das melhores práticas e divulgação interna da estratégia a todos os empregados.
3. *Processo de gestão de desempenho*: Esses programas definem, motivam, avaliam e recompensam o desempenho de indivíduos e de equipes. Em especial, esses programas se destinam a ajudar na definição de metas de desempenho, na realização de avaliações, no alinhamento do sistema de incentivos e recompensas com os objetivos estratégicos e na facilitação da gestão da mudança.

Figura 5.2 O portfólio de serviços estratégicos de apoio forma a ponte entre a estratégia corporativa e as estratégias funcionais

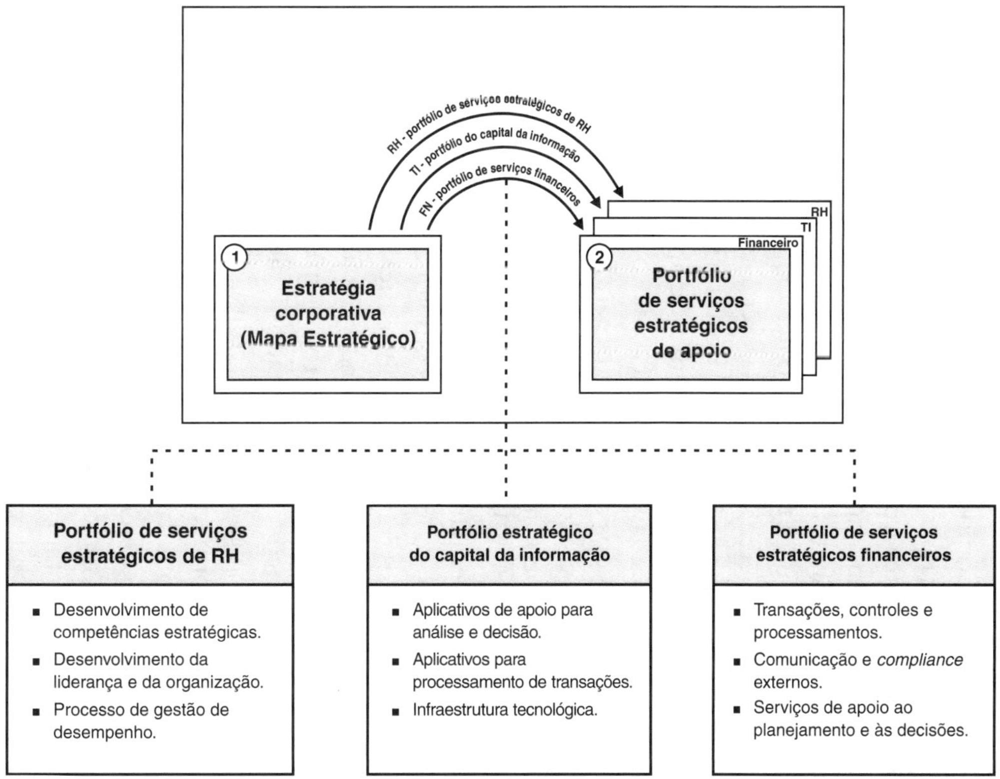

Mostramos como as empresas podem desenvolver seu portfólio de serviços estratégicos de RH por meio do estudo de caso da Handleman Company.

ESTUDO DE CASO: THE HANDLEMAN CORPORATION

The Handleman Corporation, com vendas de US$1,3 bilhão e mais de 2.300 empregados, opera como gestor e distribuidor de músicas para vários varejistas importantes, como Wal-Mart e Best Buy. A indústria de músicas apresenta ampla gama de desafios, como mudanças tecnológicas, pirataria, concentração de clientes e mercados em declínio. Sob a liderança do presidente do conselho e CEO Steve Strome, a Handleman adotou o Balanced Scorecard como referencial para esclarecer e executar a sua estratégia.

A parte superior da Figura 5.3 mostra o mapa estratégico corporativo da Handleman (sem a perspectiva de aprendizado e crescimento). Um dos processos-chave é a aplicação de conhecimentos especializados sobre as demandas dos consumidores para se converter em elo indispensável entre artistas e selos (que fornecem a música) e varejistas (que vendem a música aos consumidores). A excelência nos processos internos críticos de gestão do relacionamento e de gestão da cadeia de suprimentos criava condições para que a Haldleman prestasse serviços de melhor qualidade do que os comerciantes conseguiam realizar por si mesmos. E usava transações estratégicas para diversificar seus negócios com oportunidades de crescimento que alavancavam suas capacidades e expertises essenciais. A Handleman desdobrou o mapa estratégico corporativo para três divisões geográficas – Estados Unidos, Canadá e Reino Unido – e para três unidades de serviços compartilhados: recursos humanos, tecnologia da informação e finanças.

A metade inferior da Figura 5.3 mostra como a área de recursos humanos da Handleman desenvolveu iniciativas estratégicas para apoiar a estratégia corporativa. Começando com a iniciativa A na Figura 5.3, os executivos de RH trabalharam com seus colegas da operação para identificar uma ou duas funções estratégicas que exercessem maior impacto sobre cada um dos quatro temas estratégicos. Daí resultaram as nove funções estratégicas apresentadas no painel inferior da Figura 5.4. No agregado, o número total de pessoas nessas nove funções estratégicas representava menos de 10% da força de trabalho de 2.300 pessoas, permitindo que a área de RH concentrasse seus esforços de desenvolvimento no pessoal estratégico de importância crítica.

Para cada função estratégica apresentada na Figura 5.4, um executivo de RH entrevistava os principais empregados e gerentes a fim de identificar as competências essenciais necessárias para que as pessoas fossem bem-sucedidas em suas posições (iniciativa B no painel inferior da Figura 5.3). As colunas inferiores da Figura 5.4 resumem os perfis de competência para cada função. Por exemplo, um executivo de conta deve ter bons conhecimentos do setor e precisa ser excelente em gestão de relacionamento, comunicação e negociações. Já um gerente de produto deve dominar competências técnicas, como precificação, compras de produtos e gestão de estoques, além de competências interpessoais, como negociações e relacionamento com comerciantes. Os perfis de competências, juntamente com a avaliação dos empregados em cada função, fornecia um referencial para a identificação das lacunas nos âmbitos individual e organizacional.

Quanto à iniciativa C, na Figura 5.3, a área de treinamento trabalhou com os perfis de competências para gerar uma lista consolidada dos cursos de treinamento destinados a eliminar lacunas de habilidades nas funções estratégicas. Dessa maneira, ela identificou seis competências essenciais de abrangência global (ver títulos das colunas na Figura 5.5) comuns em todos os cargos: bom senso em negócios, planejamento e organização, capacidade de comunicação, trabalho em equipe, valores da empresa e habilidades de liderança. Também identificou 13 competências específicas de cada cargo: melhores práticas; conhecimentos setoriais, dos consumidores e dos clientes; análise financeira; inovação; atitudes comerciais; habilidades em negociação; fluxo de processos; gestão de projetos; orientação para a qualidade; gestão de relacionamento; foco em resultados; mentalidade estratégica e conhecimentos de tecnologia.

A área de treinamento, então, lançou uma série de nove programas de desenvolvimento gerencial para ajudar os empregados a desenvolver e fortalecer as competências específicas necessárias nas respectivas posições (ver os títulos das fileiras na Figura 5.5). Dessa maneira, os programas de treinamento estavam vinculados diretamente às necessidades estratégicas da organização, de modo que suas verbas e seus recursos se concentrassem nas áreas com maior retorno sobre o investimento.

A área de recursos humanos, juntamente com o Centro para Gestão do Desempenho (o grupo do Balanced Scorecard) também orientou o desenvolvimento das demais iniciativas apresentadas no painel inferior da Figura 5.3:

Figura 5.3 Portfólio de serviços estratégicos de RH na Handleman

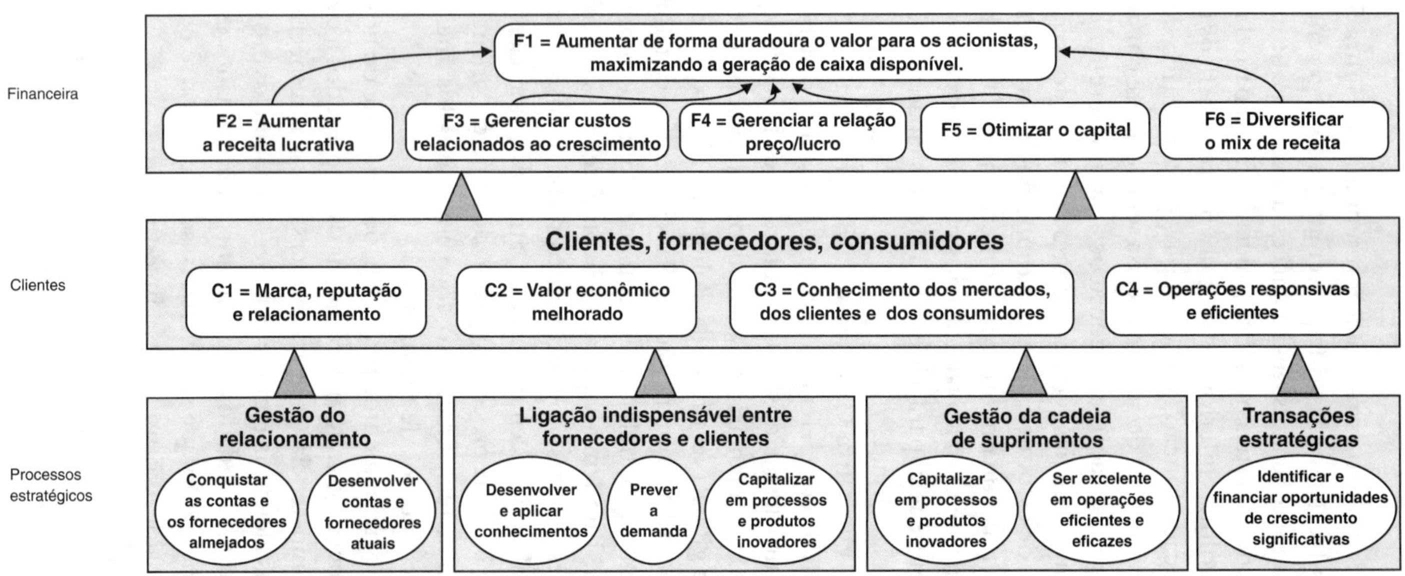

	Portfólio de serviços estratégicos de RH
Desenvolvimento de competências estratégicas	Ⓐ Identificação de funções estratégicas Ⓑ Elaboração de perfis de competências Ⓒ Treinamento e desenvolvimento de competências
Desenvolvimento da liderança da organização	Ⓓ Planejamento da sucessão e do desenvolvimento Ⓔ Alinhamento da organização
Processo de gestão do desempenho	Ⓕ Processo de desempenho e desenvolvimento Ⓖ Remuneração e recompensas Ⓗ Comunicações estratégicas

Figura 5.4 Funções estratégicas e perfis de competências na Handleman

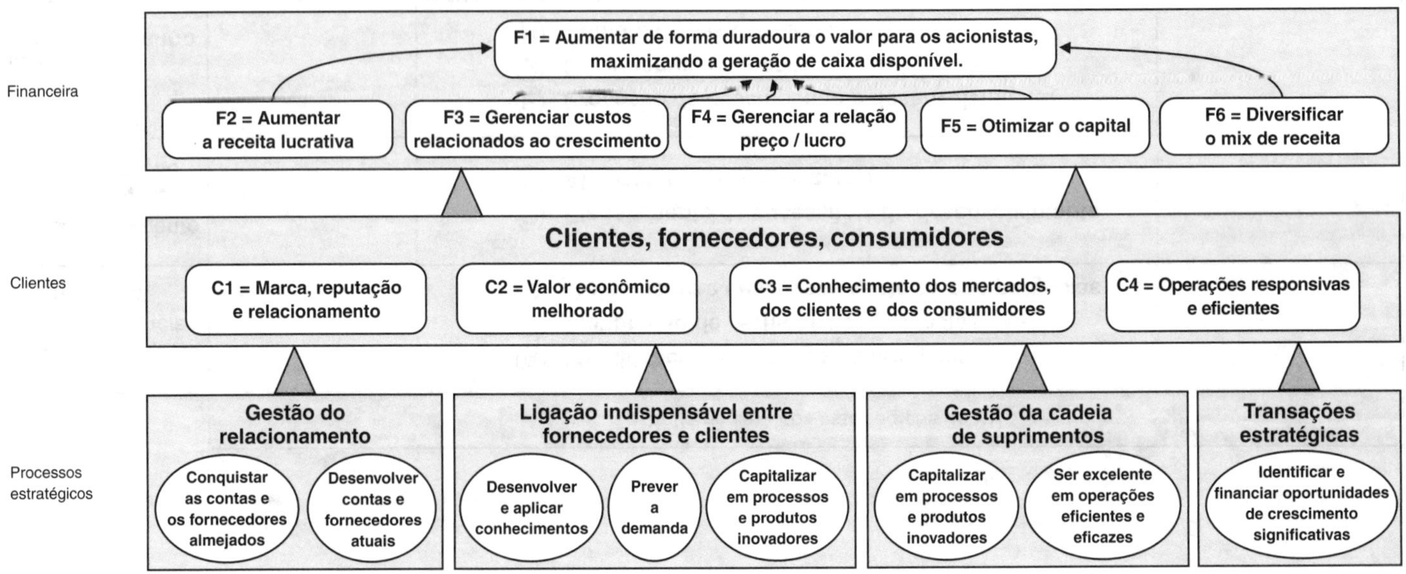

Ⓐ Funções estratégicas	Executivo de conta	Vendedor de campo	Gerente de produtos	Consultor interno	Analista	Gerente	Gerente da cadeia de suprimentos	Planejador estratégico	Gerente de projetos
Ⓑ Perfis de competências	Capaz de desenvolver e sustentar relacionamentos internos e externos Ao resolver os problemas dos clientes, adota uma atitude positiva Utiliza habilidades profissionais de comunicação Demonstra conhecimentos sobre os concorrentes e sobre o setor Tem grande capacidade de negociação	Demonstra conhecimentos profundos sobre as tendências dos consumidores no mercado Exibe pensamento criativo para impulsionar as vendas Explora habilidades profissionais de comunicação É capaz de estimar números sobre vendas Pessoa proativa e com autoiniciativa, que adota atitude positiva	Demonstra conhecimentos do setor e dos gêneros, de maneira apaixonada e entusiástica Equilibra negociações sobre preços e limites de estoques para alcançar os melhores resultados É capaz de analisar modelos de precificação e desenvolver cenários sobre compras de produtos Tem grande capacidade de negociação É capaz de desenvolver e sustentar relacionamento com comerciantes	Pessoa proativa e com autoiniciativa, que adota atitude positiva Capaz de ver o "panorama geral" e recomendar soluções abrangentes Demonstra conhecimento das melhores práticas internas e externas É capaz de desenvolver e sustentar relacionamentos internos e externos Tem grande capacidade de facilitação e influência para gerar soluções e resolver questões	É capaz de identificar e desenvolver modificações nas tecnologias necessárias Compreende os modelos de precificação dos comerciantes Voltado para detalhes, com foco na qualidade Demonstra conhecimento do setor e dos clientes Demonstra conhecimento das tendências dos consumidores nos vários mercados	Concentra-se nos resultados e resolve com rapidez os problemas É capaz de adaptar-se rapidamente às mudanças É capaz de analisar o impacto das mudanças no fluxo de produção Oferece orientação clara sobre os resultados esperados Motiva e inspira pessoas de culturas diferentes, para a obtenção de bons resultados	Compreende todas as etapas do fluxo de produtos, do artista aos consumidores Identifica oportunidades para melhorias contínuas na cadeia de suprimentos Demonstra raciocínio analítico para identificar soluções inovadoras Demonstra capacidade para solução de problemas, inclusive a identificação proativa de dificuldades e soluções Evidencia conhecimento das melhores práticas internas e externas	Capaz de ver o panorama geral e identificar oportunidades Aplica conhecimentos de análise financeira para avaliar a viabilidade de oportunidades Demonstra disposição para assumir riscos inovadores Capaz de promover a adesão da gerência a novas ideias Tem grande capacidade de negociação É capaz de desenvolver e sustentar relacionamentos internos e externos	É capaz de ver o panorama geral e concentrar-se nos melhores interesses da organização Reúne e compartilha informações de maneira clara e inequívoca É capaz de desenvolver e sustentar projetos viáveis Demonstra capacidade para solução de problemas, inclusive a identificação proativa de dificuldades e soluções É capaz de manter os membros da equipe responsáveis pela produção pontual de resultados de qualidade

Figura 5.5 Alinhamento dos programas de treinamento com as competências essenciais exigidas pela estratégia da Handleman

Cursos	Competências globais							Competências específicas dos cargos												
	Acuidade em negócios	Planejamento e organização	Habilidades comerciais	Trabalho em equipe	Valores da empresa	Liderança		Melhores práticas	Conhecimento C/C/I	Análise financeira	Inovação	Atitude de comerciante	Capacidade de negociação	Fluxo de processos	Gestão de projetos	Qualidade	Gestão de relacionamento	Foco em resultados	Raciocínio estratégico	Tecnologia
Programas de desenvolvimento gerencial																				
Persuasão e influência para o sucesso			X									X	X							
Finanças para executivos não financeiros	X	X								X							X		X	
Introdução à gestão eficaz de projetos		X		X				X							X					X
Habilidades de orientação e mentoring			X			X		X									X			
Ética da liderança					X	X		X												
Domínio de redação empresarial			X													X				
Liderança da diversidade e valorização das diferenças					X	X			X								X			
Instituição de mudanças para os líderes				X		X											X		X	
Gestão de conflitos			X	X									X					X		

Iniciativa D, planejamento da sucessão e do desenvolvimento: Identificar e cultivar indivíduos com alto potencial de crescimento e preparar planos de sucessão para cada função-chave.

Iniciativa E, alinhamento da organização: Facilitar a construção e desdobramento dos scorecards em todos os níveis da organização.

Iniciativa F, processo de desempenho e desenvolvimento: Ajudar os supervisores e empregados a desenvolver objetivos pessoais, scorecards, planos de desenvolvimento e avaliações do desempenho, de maneira integrada com a estratégia.

Iniciativa G, remuneração e recompensas: Desenvolver novos programas para recompensar os indivíduos de alto desempenho e motivar os empregados a realizar os objetivos estratégicos financeiros e não financeiros.

Iniciativa H, comunicação estratégica: Divulgar a estratégia na organização e preparar o pessoal para a sua execução, por meio de ampla variedade de canais, como seminários fora do local de trabalho, newsletters, reuniões gerenciais e programas de treinamento.

Depois de três anos de uso do Balanced Scorecard, a Handleman foi incluída nas listas da revista *Crain's* dos "Melhores lugares para trabalhar no Sudeste de Michigan, em 2003" e das "101 melhores e mais brilhantes empresas para trabalhar na Área Metropolitana de Detroit", durante quatro anos consecutivos. Também foi nomeada Atacadista do Ano, pela Associação Nacional de Comerciantes Varejistas, durante três anos consecutivos. Esse prêmio reconhece as notáveis realizações da Handleman e o seu importante papel contínuo como parte integrante da cadeia de suprimentos da indústria de músicas.

Portfólio de serviços compartilhados de tecnologia da informação

O desenvolvimento e a evolução contínua da tecnologia da informação oferecem a todas as organizações a oportunidade de alcançar desempenho extraordinário e conquistar vantagem competitiva mediante o alinhamento eficaz dos recursos informacionais com as estratégias corporativas e das unidades de negócios.[3] As organizações que não assumem posição de liderança em TI correm o risco de serem ultrapassadas pelos concorrentes. No mínimo, a organização deve estar preparada para ser seguidora ágil quanto ao desenvolvimento e emprego de novos recursos de TI.

Todas as organizações devem identificar e fornecer o portfólio de iniciativas de tecnologia da informação necessário para a execução da estratégia. O portfólio de tecnologia da informação, como no caso de RH, apresenta em geral três componentes:

1. *Análise de negócios e apoio a decisões:* Aplicativos que promovem a análise, a interpretação e o compartilhamento de informações ou conhecimentos.
2. *Processamento de transações:* Sistemas que automatizam processos repetitivos básicos da organização.
3. *Infraestrutura:* Tecnologia compartilhada e expertise gerencial necessária para a entrega e a utilização eficazes do capital da informação.

A Figura 5.6 ilustra o método do portfólio estratégico na Sport-Man, Inc. (SMI). A metade superior da figura mostra uma visão ampla do Mapa Estratégico da SMI, ao passo que a metade inferior apresenta o portfólio de aplicativos estratégicos da empresa. Como o setor de varejo envolve muitas transações, é possível conseguir economias operacionais significativas por meio da automação eficaz dos sistemas de transação.

A ascensão do Wal-Mart para a posição de maior varejista do mundo resultou, em parte, da redefinição e reestruturação da cadeia de suprimentos que interligava as compras dos clientes nos pontos de venda ao reabastecimento pelos fornecedores. A SMI considerou estratégicos três aplicativos de processamento de transações: o aplicativo B1 é um sistema de gestão de lojas que automatiza as informações no ponto de venda; o aplicativo B2 é um sistema de controle de estoques, com o objetivo de garantir que a SMI sempre tenha em estoque suas mercadorias mais importantes; e o aplicativo B3 é um sistema de distribuição que assegura o rápido reabastecimento dos estoques das lojas por seus centros de distribuição regionais.

Em razão do volume dos dados gerados por essas transações, as organizações de varejo usam com eficácia aplicativos de análise de negócios e de apoio a decisões para compreender os comportamentos dos consumidores e a eles se adaptar com rapidez. A SMI identificou oito desses aplicativos para apoiar cada tema de sua estratégia geral. Por exemplo, dois aplicativos

Figura 5.6 Capital da informação estratégico na Sport-Man, Inc.

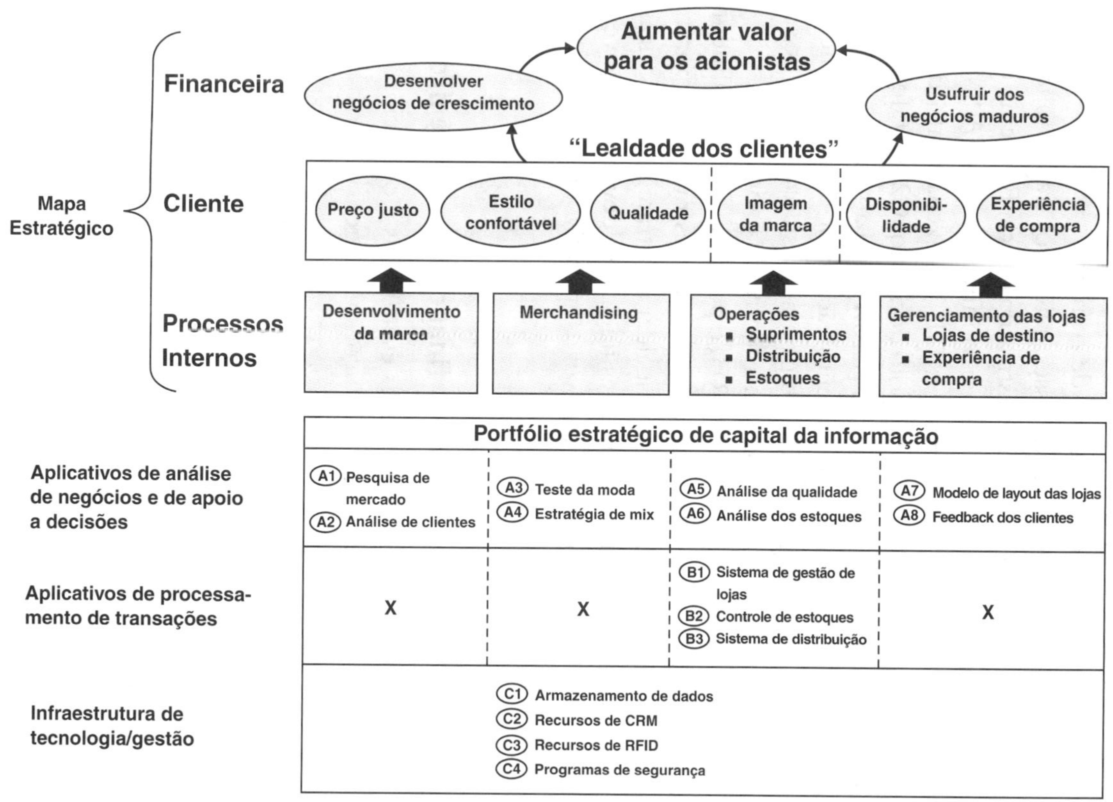

que modelam e monitoram o comportamento dos clientes apoiam o tema "desenvolvimento da marca". O aplicativo pesquisa de mercado (A1) analisa várias alternativas de segmentação de mercado e proposta de valor, e o aplicativo análise dos clientes (A2) trata da rentabilidade dos clientes, das compras cruzadas e do ciclo anual de compras.

A capacidade de desenvolver esses aplicativos transacionais e analíticos se baseia na existência de boa infraestrutura básica. Em geral, mais da metade das verbas de TI são investidas nessa infraestrutura.[4] A SMI identificou quatro aplicativos de infraestrutura: C1, armazenamento de dados para apoiar programas analíticos e de apoio decisório; C2, plataforma de gestão do relacionamento com os clientes (CRM) para apoiar a gerência no nível das lojas; C3, investimento em identificação por radiofrequência (RFID) com base em tecnologia de microchip para a gestão da cadeia de suprimentos; e C4, melhoria da segurança no centro de dados.

Como no caso do portfólio de RH, o portfólio de TI geralmente abrange 10 a 20 aplicativos específicos, para apoiar a estratégia corporativa, além de outras iniciativas destinadas a respaldar as estratégias específicas de cada unidade de negócio. Em seguida, as iniciativas devem ser convertidas em planos que definam como desenvolver os aplicativos e como gerenciar o desenvolvimento.

Portfólio de serviços financeiros estratégicos

A função financeira tem atribuições estatutárias e operacionais específicas em relação à corporação. Tais atribuições abrangem gestão de transações financeiras, como contas a receber, contas a pagar e folha de pagamento; divulgação de informações regulatórias, como relatórios para investidores, gestão de relacionamento com auditores internos e externos, e relatórios para o conselho de administração; e sistemas de informações gerenciais, como demonstrações financeiras mensais e desempenho real *versus* previsões orçamentárias.

Todas as organizações precisam executar essas tarefas. Mas, se o departamento financeiro não definir uma estratégia de criação de valor, as atribuições estatutárias e operacionais dominarão a agenda. O departamento financeiro, ao mesmo tempo em que cumpre suas obrigações rotineiras e estatutárias, pode agregar valor mediante o desenvolvimento de parcerias estratégicas com os gerentes da operação. Exemplos de serviços de apoio estratégicos são ajudar um gestor da operação sênior a compreender os relatórios sobre rentabilidade de clientes e produtos e trabalhar com um gerente da operação para desenvolver planos de ação que tornem lucrativos os produtos e clientes que atualmente não são lucrativos. Um serviço estratégico corporativo seria incluir iniciativas e programas envolvendo diferentes negócios no processo periódico de planejamento e orçamentação.

Na Figura 5.2 identificamos três componentes de um portfólio típico de serviços estratégicos financeiros:

1. *Processamento e controle de transações*: Melhorias na estrutura e na eficácia dos sistemas de transação, como gestão do capital de giro e análise de riscos, que aumentam a produtividade dos ativos e facilitam as estratégias de gestão de riscos da unidade de negócios.
2. *Comunicação e compliance externos*: Garantir o cumprimento da legislação, inclusive quanto às publicações exigidas por lei, certificando-se de que os relatórios externos reflitam de maneira adequada a estratégia da empresa.
3. *Apoio ao planejamento e decisões*: Análises, consultas e sistemas que melhoram a gestão da estratégia em toda a organização.

A Figura 5.7 apresenta um exemplo do desenvolvimento do portfólio de serviços financeiros na Retail, Inc., organização cujas características reais foram disfarçadas, estruturalmente semelhante ao nosso caso anterior da Handleman. A metade superior da figura mostra um Mapa Estratégico parcial que define com clareza os objetivos financeiros, os objetivos dos clientes e quatro temas de processos internos. A área financeira, num seminário com executivos da operação, definiu como seus serviços poderiam agregar valor à estratégia. Tais objetivos estão sombreados no Mapa Estratégico.

O portfólio de serviços estratégicos financeiros consta do painel inferior da figura. A seção de apoio ao planejamento e às decisões do portfólio contém três iniciativas: A, modelo estatístico que processa dados históricos para melhorar a exatidão das previsões; B, ferramenta analítica que usa o custeio baseado em atividade para calcular a lucratividade dos fornecedores e das linhas de produtos; e C, sofisticado software de planejamento financeiro que apoia o processo de fusões e aquisições. As outras iniciativas são mais de infraestrutura e não estão ligadas a processos específicos do Mapa Estratégico.

Quatro iniciativas estratégicas apoiam as transações, os controles e o processamento: D, melhoria dos controles; E, eficiência do processamento

Figura 5.7 Portfólio de serviços financeiros estratégicos na Retail, Inc.

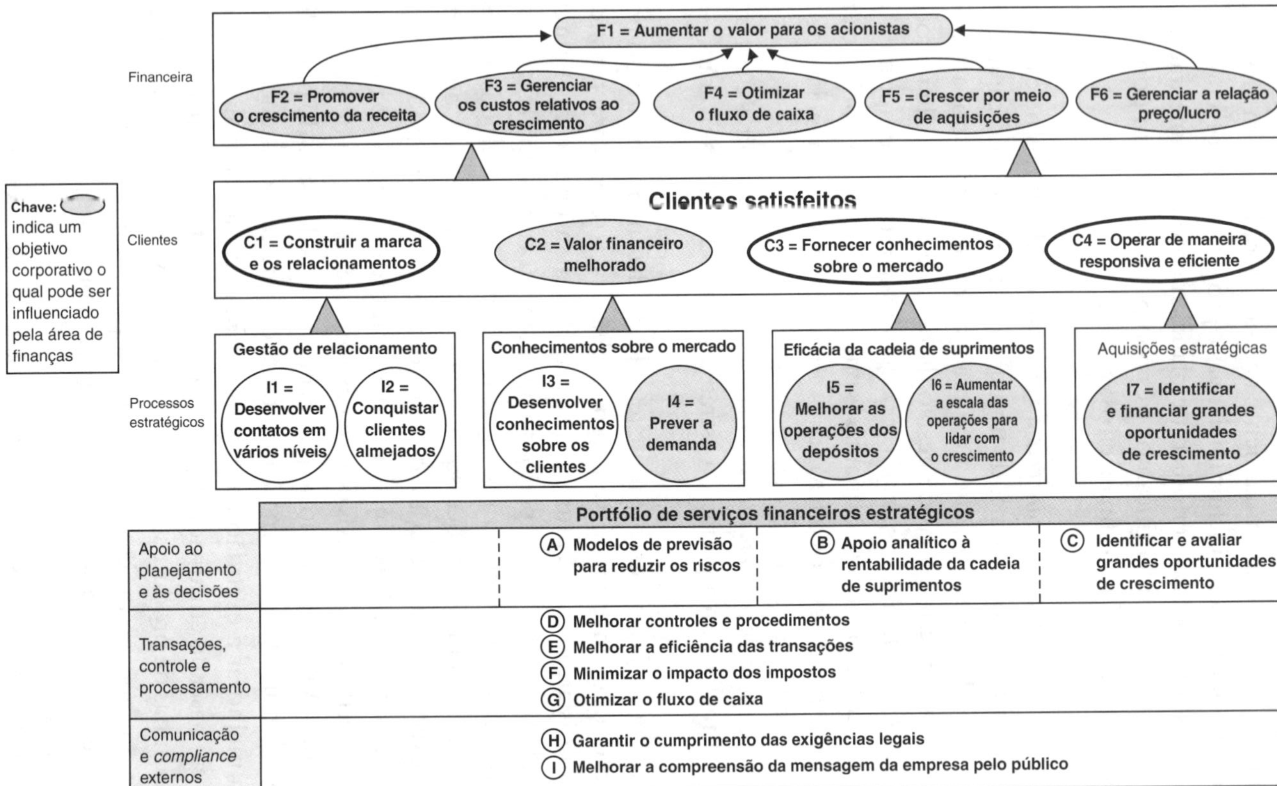

de transações; F, gestão tributária e G, otimização do fluxo de caixa. A seção de comunicação e compliance externo abrange a iniciativa H, referente ao cumprimento das exigências da Sarbanes-Oxley, e a iniciativa I, destinada a transmitir melhor a mensagem da empresa aos investidores, com o objetivo de impactar o objetivo financeiro F6, "gerenciar a relação preço/ lucro". Essas nove iniciativas constituem o portfólio de serviços estratégicos que serão prestados e gerenciados pela área financeira.

ALINHAMENTO DA ORGANIZAÇÃO DE APOIO

Depois de definir seus serviços estratégicos, a unidade de apoio precisa desenvolver sua estratégia de prestação dos serviços prometidos, a qual, por sua vez, deve ser traduzida em Mapa Estratégico e em Balanced Scorecard, que a transmitam a todo o seu pessoal e ajudem a monitorar o desempenho sob o critério de cumprimento dos objetivos estratégicos.

As unidades de apoio, como as unidades de negócio, têm missão, clientes, serviços e empregados. Algumas unidades de apoio, como os departamentos de tecnologia da informação das organizações de serviços financeiros, dispõem de verbas que as incluiriam na lista das maiores empresas da *Fortune* 1000. Mas os departamentos de apoio diferem das unidades de negócios sob dois aspectos. A razão de ser das unidades de apoio não é gerar lucro. Seu propósito é ajudar às unidades de negócio a gerar receitas e alcançar lucro. Além disso, os clientes das unidades de apoio são quase sempre internos, não externos; ou seja, as unidades de negócios e seus empregados, que usam os serviços fornecidos pela unidade de apoio e deles extraem benefícios.

Ao desenvolver o Mapa Estratégico e o Balanced Scorecard da unidade de apoio, é útil vê-la como "um negócio dentro de um negócio". No nível mais alto, a unidade de apoio deve ter o mesmo objetivo abrangente da corporação – algum indicador do valor para os acionistas (ou seu equivalente em organizações sem fins lucrativos). É essencial que todos os empregados da organização, em unidades da operação ou em unidades de apoio, mantenham o foco no indicador de sucesso mais elevado, para que atuem como parte da equipe corporativa.

A perspectiva financeira do Mapa Estratégico das unidades de apoio apresenta dois componentes: eficiência e eficácia. A *eficiência da unidade de apoio* envolve questões tradicionais, como o custo dos serviços prestados e a observância do orçamento. A *eficácia das unidades de apoio* é medida pelo impacto destas sobre a estratégia corporativa. Às vezes denominados "scorecards de conexão", os objetivos relacionados à eficácia deveriam indicar os objetivos e indicadores específicos do scorecard corporativo os quais são impactados diretamente pelas unidades de apoio.

Por exemplo, as áreas de RH, por meio de programas de desenvolvimento da liderança, podem melhorar a capacidade de crescimento corporativo por meio de aquisições. "Crescimento bem-sucedido por meio de aquisições" constaria do scorecard de conexão de RH. Mesmo que RH não exerça controle direto sobre esse objetivo – e, além disso, ainda que o êxito dependa dos esforços de outros departamentos – a área de RH é avaliada e, em parte, recompensada com base nos objetivos desse scorecard de conexão. Dessa maneira, garante-se que a unidade de apoio sempre se lembre de sua derradeira razão de ser – melhorar as estratégias corporativas e das unidades de negócios.

Observamos que algumas unidades de apoio constroem seus Mapas Estratégicos como se fossem organizações sem fins lucrativos, com a perspectiva dos clientes no alto e a perspectiva financeira – com foco na eficiência, na produtividade e na gestão de recursos – como perspectiva subsidiária. Apesar de nossa simpatia por essa representação, a maioria das unidades de apoio que já vimos busca o reconhecimento de suas contribuições para a criação de valor dentro das respectivas corporações e, portanto, incluem deliberadamente alguns objetivos financeiros corporativos no topo de seus Mapas Estratégicos e Balanced Scorecards. Seu anseio é impulsionar a criação de valor pela corporação em vez de apenas servir a mercados internos cativos.

As unidades de apoio geralmente têm dois tipos de clientes: (1) os gerentes das unidades de negócio a quem prestam serviços diretamente e (2) os empregados ou clientes externos, que são beneficiários e destinatários dos serviços. Suas estratégias típicas de intimidade ou de soluções totais para os clientes exigem o desenvolvimento de parcerias com os mesmos. Todas as unidades de apoio devem compreender as estratégias dos clientes e usar sua expertise funcional para criar e propor soluções que contribuam para o sucesso deles.

A perspectiva dos processos internos do scorecard das unidades de apoio tem três temas. O primeiro se concentra na excelência operacional que impulsionará o objetivo de eficiência da perspectiva financeira. Os indicadores-chave deste tema incluem custo por transação, qualidade e prazo de resposta.

O segundo trata da maneira como a função gerencia o relacionamento com os clientes internos. Empresas de serviços, como IBM, Accenture e EDS, dedicam muito tempo à definição dos processos e habilidades indispensáveis à eficácia na gestão dos relacionamentos. Esse é o âmago de suas estratégias de desenvolvimento de contas. O pessoal de apoio interno precisa atuar do mesmo modo; cada indivíduo deve ver-se como uma empresa de serviços. Também é importante que invistam na definição dos processos de gestão dos clientes. Técnicas como designação de gerentes de relacionamento, planejamento integrado, acordos de serviços e avaliações pelos clientes são de eficácia comprovada.

O terceiro tema aborda o apoio estratégico à empresa, impulsionando o componente de eficácia da estratégia, ao fornecer aos clientes novas capacidades que reforçam suas estratégias. A estrutura desse tema varia entre as funções. Sua arquitetura espelha as categorias e as exigências específicas do portfólio de serviços estratégicos funcionais, já analisados neste capítulo.

A perspectiva de aprendizado e crescimento reflete as necessidades específicas do pessoal funcional, em termos de treinamento, tecnologia e clima de trabalho solidário.

Em resumo, a estratégia das unidades de apoio deve estar alinhada com as estratégias corporativas e das unidades de negócio. O portfólio de serviços estratégicos (lembre-se da Figura 5.1) define como as funções de apoio alinham seus objetivos com os das áreas da operação. Essas ligações devem ser claramente refletidas nos scorecards das unidades de apoio, na perspectiva do cliente. Além disso, é preciso medir o progresso na execução das iniciativas do portfólio de serviços estratégicos, por meio de avaliações periódicas. A perspectiva dos processos internos do scorecard mostra como se fornecerá apoio estratégico às unidades de negócio.

A seguir, demonstraremos como aplicar essa arquitetura geral ao desenvolvimento de Mapas Estratégicos e de Balanced Scorecards para as funções de recursos humanos, tecnologia da informação e finanças.

Alinhamento da área de RH

As Figuras 5.8 e 5.9 apresentam modelos de Mapa Estratégico e de Balanced Scorecard, respectivamente, para as unidades de recursos humanos.[5] Os dois padrões revelaram-se pontos de partida eficazes a serem ajustados sob medida às necessidades específicas de cada situação.

Figura 5.8 Modelo de Mapa Estratégico da área de RH

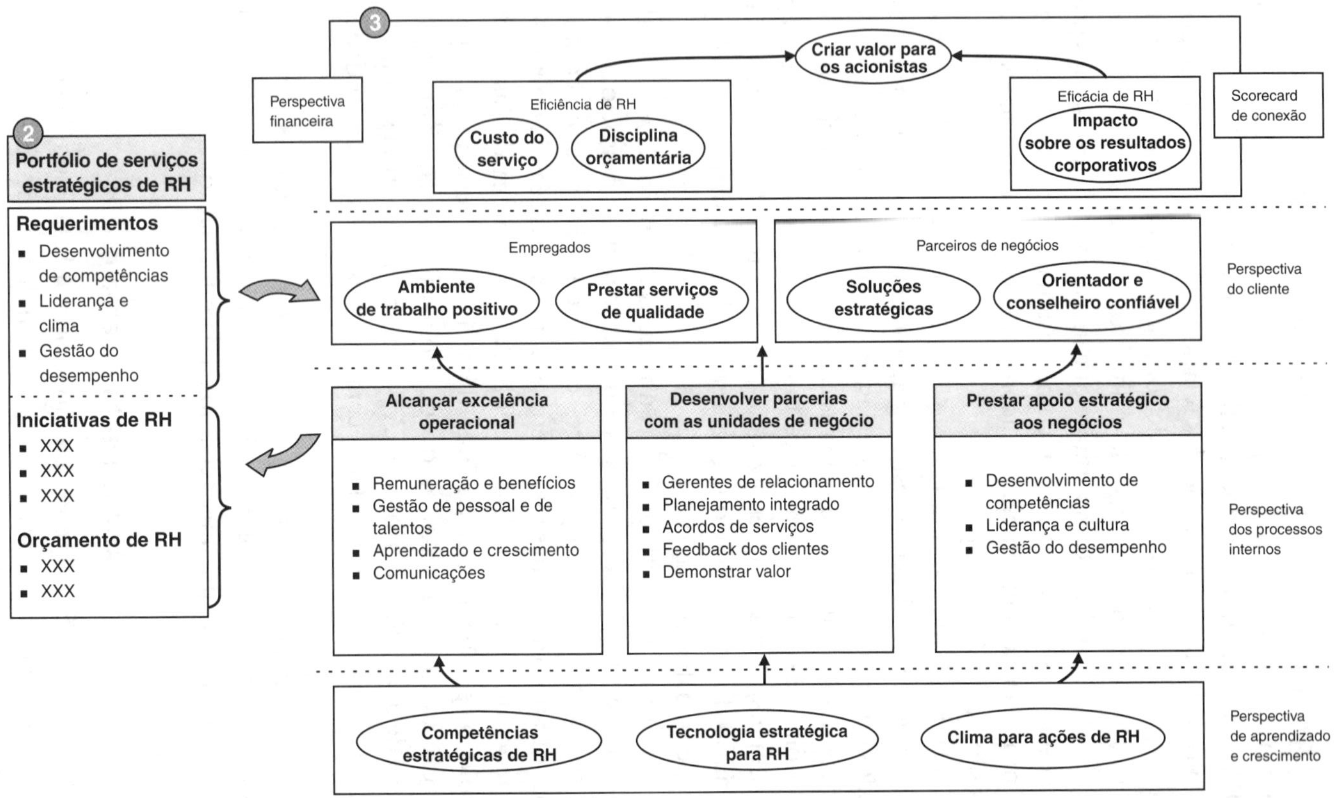

Figura 5.9 Modelo do Balanced Scorecard da área de RH

	Objetivos Estratégicos	Indicadores estratégicos	Metas	Iniciativas estratégicas	Orçamento
Ligações com o negócio	M1. Criar valor para os acionistas M2. M3. M4. } Objetivos do scorecard corporativo influenciados por RH	■ Índice preço/lucro da ação ■ ■ ■ Indicadores do scorecard corporativo impactados por RH	■ Padrões competitivos		
Financeira	F1. Melhorar a eficiência de RH	■ Custos orçados *versus* reais ■ Custo de RH por empregado	■ 100% ■ 90% do padrão		
Cliente	C1. Criar ambiente de trabalho positivo C2. Desenvolver parcerias estratégicas C3. Garantir a prontidão do capital humano	■ Pesquisa de satisfação dos empregados ■ Feedback sobre os acordos de serviço ■ Prontidão do capital humano	■ Avaliação de 80% ■ Redução de 5% ■ 75%	■ Pesquisa de empregados ■ Programa de avaliação de clientes ■ Relatório de prontidão do capital humano	$CCC $BBB $AAA
Processos internos	I1. Alcançar excelência profissional em RH	■ Custo por transação ■ Prazos ■ Índice de erros/reclamações	■ Redução de 5% ■ 21 dias ■ Redução de 50%	■ Custeio baseado em atividades ■ Reengenharia de processos ■ TQM para processos de RH	$NNN $OOO $PPP
	I2. Construir parcerias com as unidades de negócio	■ Acordos de serviço implementados ■ Planos estratégicos de RH implementados ■ Dedicação de tempo aos clientes	■ 00% ■ 90% ■ 10 horas por semana	■ Programa de acordos de serviços ■ Processo de planejamento estratégico de RH ■ Programa de gestão de relacionamento	$KKK $LLL $MMM
	I3. Fornecer apoio estratégico ao negócio **(a) Desenvolver as competências estratégicas do pessoal**	■ **Prontidão do capital humano**	■ **100%**	■ **Identificação de funções estratégicas** ■ **Perfis de competências** ■ **Treinamento e desenvolvimento**	**$DDD** **$EEE** **$FFF**
	(b) Desenvolver liderança e cultura de apoio	■ **Alinhamento da liderança** ■ **Alinhamento da cultura**	■ **100%** ■ **100%**	■ **Desenvolvimento da liderança** ■ **Missão, visão e valores**	**$GGG** **$HHH**
	(c) Criar organização de alto desempenho	■ **Alinhamento do pessoal**	■ **100%**	■ **Comunicação estratégica** ■ **Programa de gestão do desempenho**	**$III** **$JJJ**
Aprendizado e crescimento	L1. Fornecer informações estratégicas de RH L2. Desenvolver competências estratégicas de RH L3. Preencher o processo de formação de liderança de RH L4. Aumentar o compartilhamento das melhores práticas L5. Garantir o alinhamento estratégico L6. Promover visão e cultura compartilhadas	■ Prontidão dos sistemas aplicativos de RH ■ Prontidão das competências de RH ■ Gráfico de profundidade das posições-chave ■ Transferência de melhores práticas (número) ■ Objetivos pessoais ligados ao BSC (%) ■ Consciência estratégica (%)	■ 100% ■ 100% ■ 80% ■ 50% ■ 80% ■ 80%	■ Plano de sistemas de RH ■ Plano de competências de RH ■ Programa de desenvolvimento de lideranças de RH ■ Programa de gestão do conhecimento ■ Desdobramento do BSC ■ Educação e comunicação estratégica	**$OOO** **$RRR** **$SSS** **$TTT** **$UUU** **$VVV**
				Total	**$XYZ**

A perspectiva financeira do scorecard de RH tem dois componentes: eficiência de RH e eficácia de RH. Em geral, eficiência diz respeito a questões operacionais relacionadas com o custo relativo dos serviços. Aqui se adotam paradigmas ou *benchmarks* baseados em padrões externos. Por exemplo, para manter o foco na produtividade, o "custo da gestão de benefícios por empregado" pode ser comparado com propostas de provedores externos.

A eficácia de RH é mensurável com base em scorecards de conexão – um pequeno conjunto de indicadores extraídos diretamente do scorecard corporativo, que podem ser influenciados, mas não controlados diretamente, pela área de RH. Por exemplo, se a estratégia corporativa for de crescimento por meio de aquisições, o scorecard de conexão de RH mediria "retenção do pessoal-chave", "negócios resultantes de vendas cruzadas" ou "benefícios resultantes das fusões".

As áreas de recursos humanos têm dois tipos de clientes: unidades de negócio, com as quais RH forma parcerias para prestar serviços, e os próprios empregados, que são os beneficiários diretos do conjunto completo de serviços de RH. As unidades de negócios recorrem a RH em busca de parceria profissional para a obtenção de apoio em conhecimentos específicos.

A área de RH, por sua vez, fornece e responsabiliza-se pelas soluções negociadas em seu portfólio de serviços estratégicos. Os indicadores do scorecard para as parcerias com as unidades de negócio abrangem feedback relativo às entregas previstas no plano desenvolvido de comum acordo (as entregas geralmente são descritas nos acordos de nível de serviço entre as unidades de apoio e as unidades de negócio que constituem sua clientela), assim como as avaliações dos gerentes das unidades de negócio, quanto às capacidades e à orientação a serviços dos empregados de RH com quem trabalham diretamente. O relacionamento do RH com seu outro conjunto de clientes – os empregados – pode ser medido por uma pesquisa de satisfação do pessoal com os programas e os serviços fornecidos por RH.

A perspectiva dos processos internos geralmente se desenvolve em torno de três temas. O Tema 1, "Alcançar excelência operacional" se concentra na eficiência dos muitos programas que o RH desenvolve em nível corporativo. Ele influencia o objetivo financeiro do RH de manter-se dentro do orçamento, ao prestar o conjunto de serviços esperado, com a qualidade almejada. Isso geralmente significa medir o custo por transação, além da qualidade e da entrega no prazo dos serviços, como programas de remuneração e benefícios, recrutamento, treinamento e avaliações do desempenho.

O Tema 2, "Desenvolver parcerias com as unidades de negócio", não raro é negligenciado na prática. Envolve construir processos formais para a gestão do relacionamento com as unidades de negócios. O RH deve adotar as mesmas espécies de processos formais de gestão de clientes (planejamento, gestão de contas e feedback e avaliação) usados pelas unidades de negócio em relação a seus clientes externos. Os indicadores do scorecard para esse tema podem incluir algum indicador da situação do nível do relacionamento profissional, como porcentagem das unidades de negócio com planos estratégicos de apoio do RH, assim como outro indicador do grau de desenvolvimento de conta, como tempo dedicado a entendimentos com os clientes.

O Tema 3, "Apoio estratégico às unidades de negócio", liga a área de RH a seu portfólio de serviços estratégicos. Geralmente, se dispõe de objetivos nas três grandes áreas apresentadas na Figura 5.8: construir competências estratégicas do pessoal; desenvolver líderes e melhorar a cultura organizacional; desenvolver o compromisso com a gestão do desempenho. Respondendo às necessidades específicas no fornecimento de seu portfólio de serviços estratégicos, a área de RH define programas e iniciativas sob medida para atender às necessidades estratégicas do negócio (inclusive verbas para as iniciativas) e contratos de serviços que definem os aspectos específicos das programações, entregas e pessoal.

A perspectiva de aprendizado e crescimento do Mapa Estratégico corrige um problema típico de muitas áreas de RH: a síndrome "em casa de ferreiro, espeto é de pau". Os profissionais de recursos humanos, como todos os outros empregados, têm necessidades específicas de treinamento, sistemas de informação, alinhamento e gestão do desempenho. Sobretudo à medida que a área de RH muda sua proposta de valor para oferecer relacionamentos de consultoria personalizados com as unidades de negócio, os empregados de RH precisam desenvolver conjuntos de habilidades inteiramente novos. Os programas internos para o pessoal de RH devem estar sujeitos aos mesmos padrões de excelência que se aplicam a seus clientes das unidades de negócio. Os empregados de RH devem ser vistos como clientes da área de RH, na qualidade de usuários desses serviços, envolvendo planos estratégicos, gerentes de relacionamento e processos de feedback.

A quarta coluna do Balanced Scorecard de RH (Figura 5.9) mostra as iniciativas estratégicas que apoiam os objetivos estratégicos, os indicadores e as metas da unidade de RH. Essas iniciativas são as ações e as intervenções que levam ao sucesso na execução da estratégia. As iniciativas devem ser orçadas para que seus *trade-offs* econômicos informados sejam realizados.

Embora a maioria das iniciativas apresentadas na Figura 5.9 apoie a gestão interna da área de RH, aquelas referentes aos processos internos (I3) consistem no apoio estratégico às unidades de negócio. Esse processo e as respectivas iniciativas geram as entregas destinadas aos clientes do RH. As unidades de negócio devem aprovar as verbas para essas iniciativas como parte do plano anual da unidade de RH.

ESTUDO DE CASO: RECURSOS HUMANOS NA INGERSOLL-RAND

Apresentamos a estratégia e o Mapa Estratégico corporativo da Ingersoll-Rand (IR) no Capítulo 3 (lembre-se da Figura 3.4). A estratégia da Ingersoll-Rand no nível corporativo consistia em deixar de ser uma empresa altamente diversificada, composta de numerosas divisões de produtos isoladas, para se transformar em uma empresa mais integrada, fornecedora de soluções, que se apresentaria ao mercado como equipe, combinando os produtos de várias unidades de negócio, para atender às necessidades exclusivas dos clientes. As implicações dessas mudanças organizacionais e culturais foram profundas. Seu tema estratégico, "Aumentar o poder de nossa empresa por meio da dupla cidadania", tratava da necessidade de novas competências e valores, do compartilhamento do conhecimento e da expansão da visão dos empregados além das fronteiras de suas empresas para abranger a IR como um todo.

O CEO da Ingersoll pediu à área de recursos humanos para ajudá-lo a implementar o tema da dupla cidadania. Don Rice, vice-presidente sênior de recursos humanos e serviços globais, liderou o esforço, começando com o desenvolvimento do Mapa Estratégico para essa agenda (ver Figura 5.10). Os primeiros três temas de excelência nos processos – "desenvolver líderes", "impulsionar o desempenho da organização" e "construir as competências dos empregados" – tratavam especificamente da agenda da estratégia corporativa. O quarto tema, "Alcançar excelência nos processos de RH", concentra-se na qualidade e eficiência dos serviços operacionais de RH, como remuneração e benefícios.

Em conjunto, os quatro temas de excelência em processos cumprem a proposta de valor de recursos humanos a seus dois grupos de clientes: "aumentar a eficácia da liderança" dos parceiros das unidades de negócio e "ser o empregador preferido" para os funcionários da Ingersoll. O impacto da estratégia de recursos humanos sobre os resultados financeiros permitiria alcançar os objetivos situados na perspectiva financeira:

Figura 5.10 Mapa Estratégico da área de RH na Ingersoll-Rand

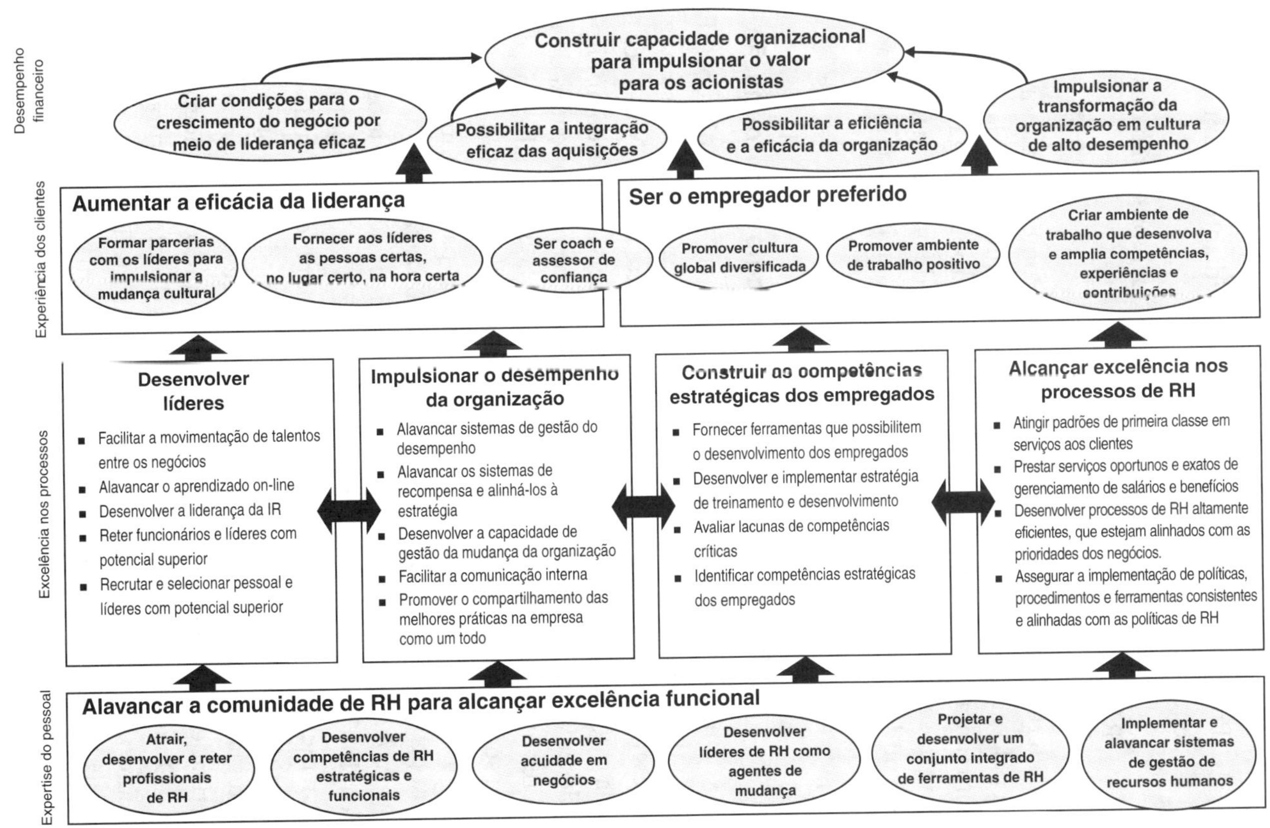

- Criar condições para o crescimento do negócio, por meio de melhor liderança.
- Possibilitar eficácia das aquisições mediante cultura de trabalho em equipe.
- Aumentar a eficiência com base em melhor gestão dos processos de RH.

Herb Henkel, CEO da Ingersoll-Rand, comentou a abordagem adotada pelo grupo de recursos humanos da IR: "Nunca vi nada que expressasse com tanta clareza o valor que uma função de apoio agrega ao negócio. Essa deveria ser uma ferramenta de recrutamento de profissionais de RH. Quem não puder assinar embaixo de tudo isso não estará apto a trabalhar em nossa empresa."[6]

Alinhamento da área de tecnologia da informação

Com base em nossa experiência em dezenas de organizações de tecnologia da informação, preparamos um modelo genérico da estratégia de TI apresentado na Figura 5.11.[7] Esse mapa ilustra o equilíbrio a ser mantido pela organização de TI: ser competente nos serviços básicos indispensáveis e desenvolver as capacidades para colaborar com as unidades de negócio, oferecendo-lhes serviços, soluções e tecnologias personalizadas, que reforcem suas estratégias. Esse posicionamento estratégico desloca o debate, de quanto gastar com tecnologia da informação para quanto investir em TI para promover a agenda estratégica da organização.

A perspectiva financeira reflete os objetivos de reduzir os custos unitários do fornecimento de serviços básicos de TI e, ao mesmo tempo, também melhorar os resultados da corporação, por meio da utilização eficaz de produtos e serviços de TI. A estratégia da unidade de TI se alinha com a estratégia da corporação, através do portfólio de serviços estratégicos de TI, derivado desta última e negociado com as unidades de negócio.

O sucesso no fornecimento dos serviços de infraestrutura e aplicativos é medido, na perspectiva dos clientes, em dois níveis: (1) O nível de competência básica: prestação de serviços de TI confiáveis e de alta qualidade, a custos competitivos e (2) o nível de contribuição com valor agregado, no qual a área de TI ajuda as unidades de negócio a se tornarem mais produtivas e lucrativas, o que a transforma em componente vital do sucesso das estratégias de diferenciação das unidades de negócio.

Figura 5.11 Modelo de Mapa Estratégico da área de tecnologia da informação

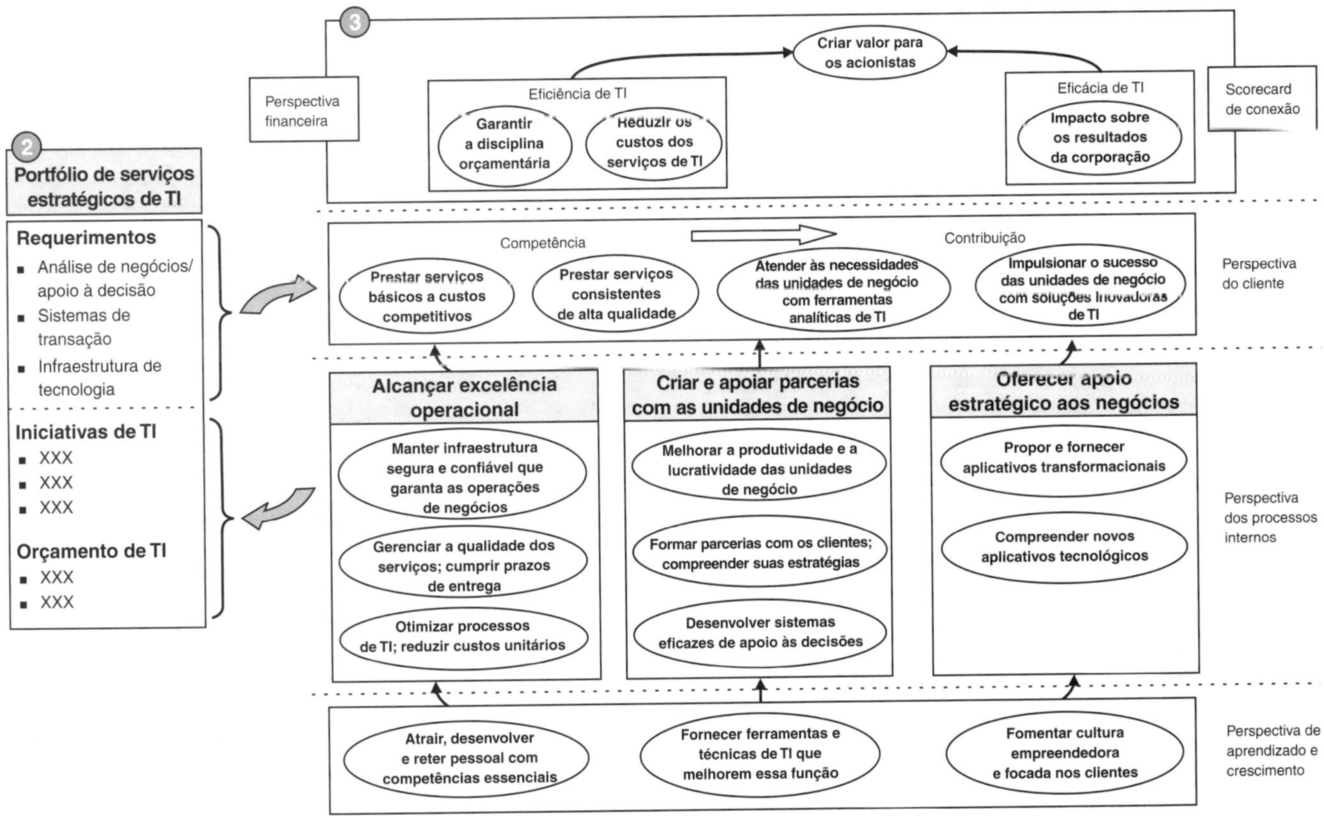

Os processos internos abrangem três temas estratégicos:

1. *Alcançar excelência operacional* por meio do acesso a informações oportunas e exatas e a recursos computacionais confiáveis, a preços razoáveis. A unidade de TI fornece um portfólio eficaz e econômico de infraestrutura tecnológica básica, além da expertise gerencial necessária para a prestação de serviços de computação aos empregados, e diversos programas aplicativos, inclusive sistemas integrados de gestão empresarial (ERP) e outros de processamento de transações, que automatizam as principais operações repetitivas da empresa.
2. *Criar e apoiar parcerias com as unidades de negócio*. A unidade de TI torna-se assessor de confiança dos gerentes operacionais sobre como explorar a tecnologia da informação para melhorar a rentabilidade das unidades de negócio e a aumentar satisfação dos clientes externos. A tecnologia abrange aplicativos analíticos: os sistemas e redes – como gestão do relacionamento com os clientes e custeio baseado em atividades (ABC) – que promovem a análise, a interpretação e o compartilhamento de informações e conhecimentos.
3. *Oferecer apoio estratégico aos negócios*. A unidade de TI fornece soluções tecnológicas inovadoras e criativas, que ajudam as unidades de negócio a se posicionarem para a vantagem competitiva. Também sugere aplicativos transformacionais, os sistemas e redes que mudam o atual modelo de negócios da corporação.

O primeiro tema ajuda a demonstrar a capacidade do grupo de fornecer recursos básicos de TI às unidades de negócio, a custos competitivos, além de entrega confiável e qualidade consistente. O segundo tema cria condições para que o grupo desenvolva soluções customizadas para atender às necessidades de cada unidade de negócio. Dessa maneira, o departamento de TI se transforma em parceiro estratégico das unidades de negócio e participa com elas da criação e execução das respectivas estratégias. Com o terceiro tema – liderança de soluções – o grupo de TI oferece liderança em produtos de computação, como apoio às estratégias de diferenciação das unidades de negócios, por meio da proposta de soluções informacionais inovadoras aos clientes e fornecedores.

As unidades de apoio de tecnologia da informação podem escolher iniciativas que se concentrem apenas no primeiro tema: infraestrutura e aplicativos elementares de TI, a baixo custo, garantindo confiabilidade e disponibilidade. A matriz, contudo, talvez decida que esses produtos e serviços básicos de TI podem ser obtidos com mais eficiência mediante a terceirização da função a fornecedores externos que desfrutem de grandes economias de escala globais na aquisição de seus recursos operacionais. Portanto, os grupos internos de TI devem diferenciar-se dos provedores externos, oferecendo às unidades de negócio os temas de parceria estratégica e liderança em soluções. Essa posição exige gastos mais elevados com recursos de TI; porém, proporciona retornos mais do que proporcionais, por meio de produtos, serviços e soluções com alto valor agregado.

Nosso colega Robert S. Gold argumenta que a organização típica de TI adota uma estratégia sequencial de satisfazer, sucessivamente, a hierarquia das necessidades das unidades de negócio.[8] A área de tecnologia da informação começa demonstrando sua competência, mediante o fornecimento consistente, confiável e econômico de recursos e serviços básicos, como os listados no tema 1. O sucesso nesse tipo de atendimento é condição necessária, mas não suficiente, para satisfazer a todas as necessidades das unidades de negócio. Dessa maneira, elimina-se a insatisfação, mas não se cria valor para a unidade de negócio.

Depois de comprovar sua competência, a organização de TI conquista o direito de avançar para as capacidades que compõem o segundo e o terceiro temas. Primeiro, ela desenvolve alianças com as unidades de negócio, contribuindo para as suas estratégias de produtividade e rentabilidade, por meio da oferta de iniciativas e aplicativos personalizados. O apoio de TI atinge o nível mais elevado quando a área adapta sob medida recursos tecnológicos emergentes de modo a oferecer às unidades de negócio vantagem competitiva diferenciadora.[9]

O objetivo dos empregados na perspectiva de aprendizado e crescimento identifica as habilidades críticas necessárias para que o pessoal de TI contribua para a execução da tríplice estratégia de excelência operacional, parcerias com os negócios e soluções características de liderança setorial. Evidentemente, a unidade de TI também precisa de apoio tecnológico para gerenciar e fornecer seus produtos e serviços. Em geral, ela precisa romper a cultura de viver em um mundo próprio onde somente os especialistas de tecnologia se compreendem. Em seu lugar, deve desenvolver uma nova cultura de foco nos clientes, fomentando um ambiente em que os profissionais de TI compreendam as estratégias e operações das unidades de negócio e ofereçam uma combinação adequada de produtos, serviços e soluções que promovam o sucesso de seus clientes, ou seja, as unidades de negócio internas.

Ilustramos o desenvolvimento do Mapa Estratégico e do Balanced Scorecard de uma unidade de TI da Lockheed Martin Corporation.

ESTUDO DE CASO: SISTEMA DE INFORMAÇÕES EMPRESARIAIS DA LOCKHEED MARTIN

A corporação Lockheed Martin (LMC) tornou-se o maior fornecedor do país na área de defesa depois da fusão da Lockheed e da Martin Marietta, em 1995. Em 2004, a receita de vendas atingiu US$35,5 bilhões, quando a carteira de pedidos da empresa era de US$76,9 bilhões. Seu maior cliente (62%) é o Departamento de Defesa dos Estados Unidos; outros clientes do setor público americano, inclusive segurança interna, respondem por 16% das receitas; as vendas internacionais representam 18%, com o restante sendo absorvido por outros mercados internos.

A área de sistemas de informações empresariais (EIS) da Lockheed Martin tem mais de 4 mil empregados, trabalhando na sede corporativa, em Orlando, Flórida, e em várias dezenas de unidades descentralizadas em todo o território americano, em áreas como Washington, D.C.; Fort Worth; Sunnyvale, Califórnia e Denver. "Estamos tentando transformar a estratégia em tarefa de todos", afirma Ed Meehan, vice-presidente de operações de Enterprise Information Systems.

Os líderes das unidades de negócio, sobretudo depois da fusão em 1995, manifestaram sua preocupação com a tendência das unidades de TI da empresa operarem em silos. O fato de os recursos de TI serem fator crítico para a estratégia da empresa, que era a de assumir a liderança em recursos de Internet ("Net-centered"), tornava o problema ainda mais agudo. A Lockheed Martin espera que sua tecnologia seja relevante na maneira como as forças armadas americanas se organizarão e combaterão na era da informação, integrando vários sistemas e sensores, para aumentar exponencialmente a eficácia de armamentos que, do contrário, atuariam de maneira independente.

Para enfrentar seus novos desafios como fornecedora de TI que agrega valor à corporação, a EIS adotou uma estratégia de solução completa para os clientes, para tornar-se o fornecedor preferido de serviços internos de TI para a corporação. Ela também pretendia prestar serviços a clientes externos, ajudando os negócios da Lockheed Martin a vencer grandes concorrências do governo americano, como as promovidas pelo Departamento de Defesa e pelo Departamento de Segurança Interna, envolvendo contratos intensivos em tecnologia da informação.

A EIS lançou um programa de Balanced Scorecard para alinhar seus vários departamentos operacionais com sua estratégia global e também com as estratégias da corporação. O BSC ajudará a EIS a transformar-se em inovadora e fornecedora confiável de recursos tecnológicos avançados, centrados na internet. A Figura 5.12 mostra o Mapa Estratégico da EIS. A leitura, de baixo para cima, do lado esquerdo do mapa ("Nosso pessoal, diversificado e capacitado...") forneceu o que um líder da EIS chamou de versão *Seleções do Reader's Digest* do Mapa Estratégico: uma maneira de rapidamente apresentar a estrutura e definir o conteúdo, em apresentações para públicos pouco familiarizados com os conceitos do Balanced Scorecard.

A liderança da EIS identificou os líderes de negócios e de tecnologia da Lockheed Martin como seus principais clientes e neles se baseou para descrever cinco objetivos de clientes. Lendo da esquerda para a direita, esses objetivos se deslocam das atividades básicas ("Garantir soluções seguras, confiáveis e de alta qualidade", "Mostrar-me o valor" e "Cumprir as promessas ...") para outras que realizam de maneira mais completa o valor potencial da Lockheed Martin ("Compreender as singularidades do meu negócio e clientes" e "Inovar comigo para conquistar negócios e maximizar as vendas"). A liderança da EIS compreendeu que a credibilidade da área decorrente de seu sucesso na realização dos objetivos básicos era pré-requisito para que fosse vista pelos clientes internos como parceiro colaborador na conquista de negócios, em vez de apenas como mero provedor de serviços.

Com base nos objetivos referentes a "pessoas talentosas, vigorosas e orientadas para a estratégia", a estrutura de quatro temas da perspectiva de processos internos refletia esse movimento da esquerda para a direita, de competência para contribuição. O tema "desempenho disciplinado" envolvia objetivos e exigia esforços intensos em todo o âmbito da EIS para possibilitar a melhoria contínua nos resultados gerais da organização; iniciativas para impulsionar a padronização e a consolidação, para gerenciar fornecedores externos, para desenvolver as atividades de gestão de programas e engenharia de sistemas e para otimizar os portfólios que servem como fundamento para os objetivos nos temas "dar suporte ao negócio", "desenvolver parcerias de confiança" e "promover os negócios da LMC".

Para dar suporte ao negócio, a EIS reconhecia que seus clientes se preocupavam antes de tudo com a qualidade e com o custo. Compreendendo e gerenciando os custos unitários, a EIS procurava isolar os custos da demanda e se esforçava para melhor gerenciar seu impacto sobre os custos totais de TI. O desenvolvimento e o aprimoramento da infraestrutura da próxima

Figura 5.12 Estratégia de sistemas de informação empresariais na Lockheed Martin

geração, a melhoria dos processos e o refinamento das soluções, o nível de desempenho e a capacidade de resposta eram enfatizados como objetivos-chave. Mas cumprir esses objetivos era apenas o começo.

Ao perseverar na busca de mais conhecimento sobre as estratégias de negócios, a liderança da EIS procurava reforçar os relacionamentos com os parceiros e antecipar-se no cumprimento das expectativas. Com a melhoria do relacionamento, a EIS tentava criar condições para a integração horizontal dentro da Lockheed Martin e explorar melhor os recursos de internet da corporação. "Procuramos ampliar o poder da Lockheed Martin por meio da tecnologia da informação", diz Meehan. "Estamos tornando mais integral a capacidade das pessoas de obter informações."

Ao incluir a perspectiva de valor na parte superior do Mapa Estratégico, os líderes da EIS enfatizaram a contribuição financeira de sua organização para a Lockheed Martin: melhorar as margens mediante a gestão de custos, alavancar os investimentos em recursos de TI e promover o crescimento da receita.

Em meados de 2005, a EIS havia desdobrado seu Mapa Estratégico para suas 10 áreas funcionais e já estava percebendo o aumento da conscientização e do envolvimento do pessoal em relação à estratégia.

Alinhamento da organização de finanças

Finanças, a terceira unidade de serviços de apoio que incluímos em nossa análise, talvez seja a mais poderosa.[10] Compete-lhe medir e controlar os resultados financeiros da organização, além de interpretar e executar numerosas normas contábeis e exigências legais, impostas por autoridades reguladoras externas. Ela também promove a comunicação com os diversos públicos da corporação, como acionistas, analistas, conselho de administração, órgãos tributários, agências reguladoras e credores.

A função financeira passou por grandes mudanças na última década. Nos Estados Unidos, os escândalos referentes à divulgação de informações pelas empresas resultaram na lei Sarbanes-Oxley, que impôs maior atenção às demonstrações financeiras e demais publicações obrigatórias, sobre os processos internos e sobre os sistemas de controle das organizações. As tecnologias eletrônicas, como a internet, revolucionaram os processos de pagamento, faturamento, estoques e cadeia de suprimentos. A nova economia baseada no conhecimento, na qual 80% ou mais do valor das empresas resulta de ativos intangíveis, exigia sistemas de mensuração e gestão que fossem além dos orçamentos e relatórios financeiros tradicionais. Ademais, desenvolveram-se novos métodos de avaliação dos resultados, como valor econômico agregado, previsões rotativas e contínuas (*rolling forecasts*), custeio baseado em atividades e Balanced Scorecards. Hoje, a função financeira deve enfrentar as novas restrições e necessidades impostas pelo ambiente externo, ao mesmo tempo em que aplica novas tecnologias de mensuração e gestão que ajudem a impulsionar a implementação da estratégia da organização rumo ao futuro.

Em resposta a esses desafios, as áreas de finanças das organizações estão ampliando sua função histórica de manutenção de registros, para construir novas parcerias com as unidades de negócio e com os executivos da corporação. Estudo recente denominou a nova função do diretor financeiro, ou principal executivo de finanças (Chief Financial Officer), de "principal orientador do desempenho" (Chief Performance Adviser).[11] Trabalho da Booz Allen Hamilton concluiu que o "os CFOs são vistos pelo CEO como seu principal colaborador no trabalho de impulsionar o esforço de transformação de toda a empresa".[12] Clayton Daley, CFO da Procter & Gamble, descreveu a dupla função dos atuais diretores financeiros: "Conscientemente, vejo-me usando dois chapéus. Sou responsável pelas funções contábeis tradicionais: fluxo de caixa, capital e estrutura de custos. Mas meu papel se liga cada vez mais à estratégia e às operações."[13]

Podemos deixar claras essas várias responsabilidades por meio de um Mapa Estratégico genérico da função financeira, como mostra a Figura 5.13. Os objetivos financeiros são operar a função financeira com eficiência e manter-se dentro da verba aprovada para seu conjunto de atividades de regulamentação, de cumprimento das leis, de controle e de apoio às decisões. O tema eficiência também abrange ajudar a corporação a alcançar seus objetivos de redução de custos e de produtividade, por meio de um processo orçamentário eficaz e adaptativo, da alocação disciplinada de recursos e do fornecimento de feedback que apoie a melhoria contínua do pessoal e outros programas de produtividade. Seu objetivo de eficácia, decorrente, por sua vez, dos objetivos mais amplos do Balanced Scorecard corporativo, influenciados pela função financeira, compartilhará indicadores de sucesso de maior amplitude, como crescimento da receita, retorno sobre o patrimônio líquido e lucro econômico.

O Mapa Estratégico da área de finanças reconhece dois tipos de clientes: externos e internos. Os externos – como acionistas, conselho de administração, analistas e reguladores – esperam que a função financeira divul-

Figura 5.13 Modelo de Mapa Estratégico da área de finanças

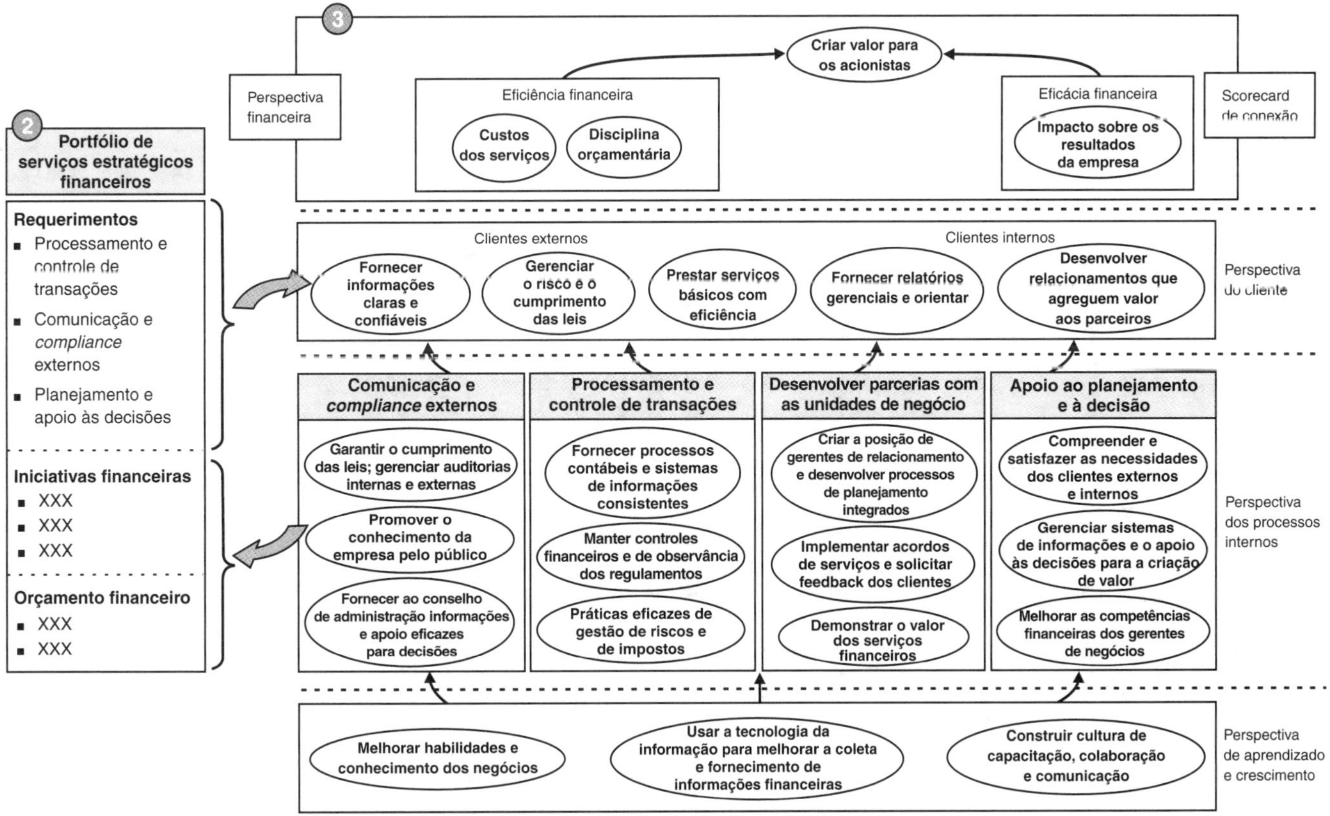

gue informações e lhes forneça relatórios financeiros trimestrais e anuais, além da gestão de riscos e do cumprimento de obrigações legais, garantindo o bom funcionamento da empresa, dentro das fronteiras legais e éticas. Os clientes internos almejam a execução consistente e a baixo custo dos processos contábeis e financeiros básicos – folha de pagamento, contas a receber e a pagar, fechamentos mensais e consolidação dos resultados – assim como sistemas de informações gerenciais, orientação financeira e apoio às suas estratégias.

Os processos internos que geram esses benefícios para os clientes internos e externos se desenvolvem em torno de quatro temas:

Comunicação e compliance *externos:* Atender às necessidades dos clientes externos, por meio da observância da regulamentação, da eficácia na divulgação de informações sobre o desempenho e a estratégia da empresa, fornecer ao conselho de administração informações e apoio eficazes para decisões e supervisão dos processos de auditoria interna e externa.

Processamento e controle de transações: Alcançar excelência operacional na prestação de serviços confiáveis de processamento de transações, manutenção de registros, sistemas de informações, gestão de riscos e impostos, controles financeiros e cumprimento das leis. Tratam-se de processos indispensáveis a serem executados pela função financeira de qualquer organização.

Desenvolvimento de parcerias com as unidades de negócio: Compreender as necessidades de gestão financeira das unidades de negócio e implementar processos profissionais para a prestação desses serviços.

Planejamento e apoio a decisões: Desenvolver o plano de apoio estratégico em conjunto com as unidades de negócio; tornar-se o guia financeiro de confiança dos gerentes das unidades de negócio, mediante o fornecimento e interpretação de informações financeiras e não financeiras e a oferta de um portfólio de ferramentas analíticas que apóie as decisões, o controle gerencial e a implementação da estratégia.

Os objetivos de aprendizado e crescimento da função financeira descrevem suas necessidades de transformação. A área financeira deve preservar suas competências históricas em contabilidade, relatórios, cumprimento das leis e controles. Mas também deve basear-se nessas competências para desenvolver outras entre seus funcionários, que os capacite a compreender as operações e a estratégia e a trabalhar de maneira eficaz com as unidades de negócio e com os gerentes de operação. Muitas empresas hoje exigem que todos os gestores financeiros passem algum tempo trabalhando nas unidades operacionais, geralmente em posições operacionais. A Johnson & Johnson submete os novos empregados da área financeira a um programa de treinamento de dois anos, para que os novos gestores concentrem o foco nos clientes, compreendam o mercado, promovam o trabalho em equipe e sejam capazes de atuar como agentes de mudança.[14]

Hoje, quase todas as rotinas de processamento de transações e geração de relatórios já estão automatizadas, exigindo que os profissionais de finanças tenham conhecimentos sofisticados de tecnologia da informação. Compete-lhes garantir a validade e a integridade dos sistemas financeiros e aprimorar constantemente os sistemas de processamento de transações, como os ERPs (sistemas integrados de gestão empresarial), por meio de aplicativos analíticos de mais alto nível, que transformem dados e transações brutos em informações e conhecimentos para os gestores.

Para ir além das expectativas no tema de processos internos de planejamento e apoio a decisões, a função financeira não pode limitar-se a simplesmente a controlar os resultados de forma independente e ao lado da organização. Hoje, ela precisa de uma cultura e um clima novos, que transformem seus profissionais em assessores financeiros que agregam valor, prestando serviços a gerentes e executivos. Mas à medida que se transformam nesse "principal orientador do desempenho", os gestores financeiros precisam estar preparados para, como certo dia um ex-presidente do Banco Central americano descreveu seu trabalho, retirar da sala a bandeja de bebidas, quando a festa já estiver animada demais. Além disso, devem orientar-se por forte sistema de valores, que os ajude a alcançar o equilíbrio entre atuar como membros de equipes, colaboradores e leais, de um lado, e representar as necessidades e expectativas dos clientes externos em termos de integridade, controle, gestão de riscos e criação de valor no longo prazo para os acionistas.

ESTUDO DE CASO: DEPARTAMENTO FINANCEIRO DA HANDLEMAN

Mostramos o Mapa Estratégico (Figura 5.14) e o Balanced Scorecard (Figura 5.15) da função financeira ainda com base no exemplo da Handleman, já apresentado neste capítulo. O Mapa Estratégico de sua unidade fi-

Figura 5.14 Mapa Estratégico da divisão financeira da Handleman

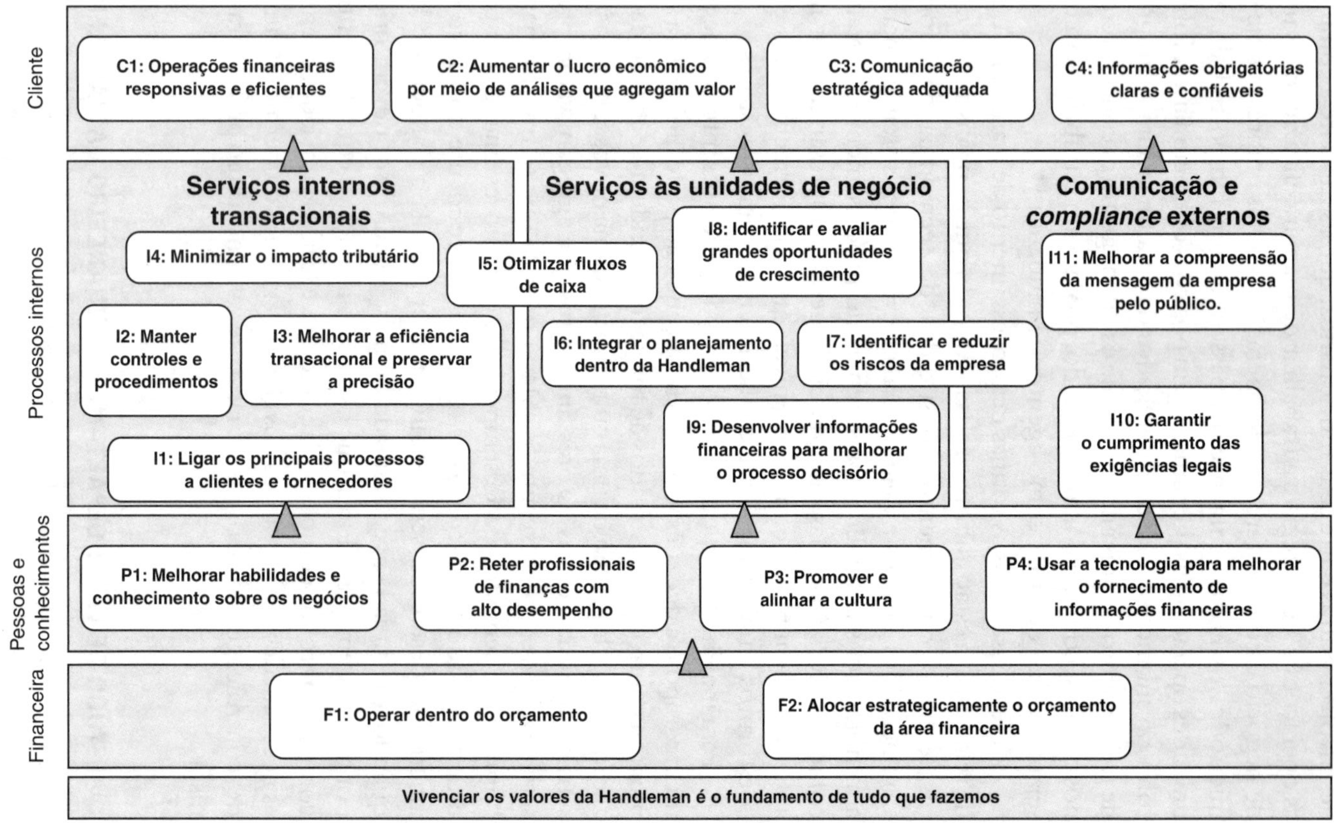

Figura 5.15 Balanced Scorecard da divisão financeira da Handleman

	Objetivos estratégicos	Indicadores estratégicos
Cliente	C1: Operações financeiras responsivas e eficientes C2: Aumentar o lucro econômico por meio de análises que agreguem valor C3: Comunicação estratégica adequada C4: Divulgação de informações claras e confiáveis	C1A: Pesquisa de satisfação da unidade de negócios C1B: Despesas gerais com a área financeira sobre a receita total C2A: Rentabilidade da divisão em relação ao plano C3A: % de execução do plano de comunicação C4A: Indicador de avaliação composto
Serviços internos transacionais	I1: Ligar os principais processos a clientes e fornecedores I2: Manter controles e procedimentos I3: Melhorar a eficiência transacional e preservar a precisão I4: Minimizar o impacto tributário I5: Otimizar fluxos de caixa	I1: % de conclusão do plano de iniciativas I2: % de processos, controles e procedimentos documentados I3A: Pontualidade e exatidão dos fechamentos I3B: Número de transações por empregado I4: Carga tributária I5: Geração de caixa: real *versus* orçada.
Serviços às unidades de negócio	I6: Integrar o planejamento dentro da Handleman I7: Identificar e reduzir os riscos da empresa I8: Identificar e avaliar grandes oportunidades de crescimento I9: Desenvolver informações financeiras para melhorar a tomada de decisões	I6A: Progresso na realização das recomendações sobre governança I6B: Número total de dias úteis para completar plano anual I7: % de execução do plano de mitigação de riscos do negócio I8: Número de oportunidades qualificadas em processamento I9: Número de novos modelos desenvolvidos
Comunicação e *compliance* externos	I10: Garantir o cumprimento das exigências legais I11: Melhorar a compreensão da mensagem da empresa pelo público	I10: % de entrega no prazo de todos os documentos I11: Grau de realização do plano de comunicação
Pessoas e conhecimentos	P1: Melhorar habilidades e conhecimento sobre os negócios P2: Reter profissionais de finanças com alto desempenho P3: Promover e alinhar a cultura P4: Usar a tecnologia para melhorar o fornecimento de informações financeiras	P1A: % de conclusão do plano de preenchimento de lacunas em habilidades P1B: Número de pessoas em finanças para pequenos rodízios de cargos P2A: Índice de retenção de profissionais com alto desempenho P3A: % de atribuições pessoais alinhadas na área financeira P4A: Melhoria da pontualidade no fornecimento de informações relevantes P4B: % de requerimentos estratégicos implementados
Financeira	F1: Operar dentro do orçamento F2: Alocar estrategicamente o orçamento da área financeira	F1: Valor da variação em comparação com o orçamento F2: % das despesas gerais da área financeira destinada a atividades analíticas

nanceira proporciona uma visão ampla de um departamento financeiro corporativo, que abrange em um scorecard orientação e assessoria, relações com investidores, impostos, controladoria, tesouraria e serviços financeiros internos.[15]

A área financeira da Handleman definiu quatro principais objetivos referentes aos clientes:

C1: Operações financeiras responsivas e eficientes. A área financeira deve ter capacidade de resposta e trabalhar com eficiência. Ela precisa concentrar-se em reduzir o tempo gasto com tarefas transacionais rotineiras e aumentar o tempo dedicado a funções analíticas para melhorar o processo decisório, ao mesmo tempo em que mantém padrões muito elevados de exatidão e controle.

C2: Aumento do lucro econômico por meio de análises que agreguem valor. A área financeira deve apoiar seus clientes internos, as unidades de negócio, no esforço de preservar e aumentar a rentabilidade da empresa, por meio de investigações completas e análises úteis de informações relacionadas com o negócio, para facilitar as iniciativas proativas. Também é importante que concentre seus recursos limitados em atividades que proporcionem mais valor para os clientes

C3: Comunicação estratégica adequada. O plano de comunicação da área financeira aumentará o índice preço/lucro das ações da empresa, mediante a adoção de práticas disciplinadas para o esclarecimento da estratégia do negócio.

C4: Divulgação de informações claras e confiáveis. Compete à área financeira divulgar informações confiáveis para a tomada de decisões pelos investidores e credores, com base em padrões normativos que garantam a exatidão e a pontualidade.

O segundo objetivo da perspectiva dos clientes, C2, liga a área financeira ao sucesso das unidades de negócio. Com esse objetivo, essa unidade de apoio se compromete a trabalhar em estreita cooperação com as unidades de negócio, na qualidade de parceiro, para ajudá-las a aumentar o lucro econômico.

Os quatro objetivos referentes a clientes são impulsionados por 11 objetivos de processos internos, organizados sob três temas: serviços internos transacionais, serviços às unidades de negócio e comunicação e *compliance* externos. Os principais processos internos, sob o tema serviços às unidades de negócio, para que o departamento financeiro se transforme em parceiro de negócios, são os seguintes:

I8: Identificar e avaliar grandes oportunidades de lucro. A área financeira deve desempenhar o importante papel de ajudar a Handleman a crescer por meio de aquisições ou associações com outras empresas, capazes de oferecer acesso mais rápido e mais eficaz a novos clientes, a novos mercados e a novos conteúdos e fornecedores. Além disso, também cabe à função financeira identificar transações estratégicas que expandam o campo de atuação da empresa paras novos negócios, por meio da reformulação das ofertas existentes, da ampliação dos produtos e serviços on-line ou da entrada em linhas de produtos dentro ou fora da área de entretenimento.

I9: Desenvolver informações financeiras para melhorar a tomada de decisões. A fim de aprimorar o processo decisório dos gestores, a função financeira deve evoluir de organização baseada em transações para organização analítica, passando a fornecer informações financeiras oportunas, úteis e baseadas em fatos.

Os dois primeiros objetivos de "pessoas e conhecimentos" no Mapa Estratégico da área financeira são desenvolver as competências necessárias à nova estratégia a ser implementada e reter profissionais experientes, treinados e de alto desempenho. O terceiro objetivo, "cultivar e alinhar a cultura", vincula-se ao tema parcerias de negócios, ao enfatizar a necessidade de que os profissionais de finanças trabalhem juntos para ajudar os negócios a atingir seus objetivos de crescimento e rentabilidade:

P3: Promover e alinhar a cultura. A fim de contribuir ao máximo para a realização dos objetivos das estratégias financeira e corporativa, a área de finanças deve convergir para a mesma direção. Para tanto, os silos resultantes de divisões internas devem ser eliminados. Somos uma equipe, com cada indivíduo desempenhando o seu papel para a execução de nossa estratégia. Precisamos compreender como colaboramos para o Mapa Estratégico da função financeira e devemos assumir responsabilidade por nossa parte do plano. Para promover esse alinhamento, modificaremos nossos processos sempre que necessário, inclusive nossos sistemas de remuneração, nossos processos de comunicação interna e a estrutura organizacional.

O Mapa Estratégico e o Balanced Scorecard da Handleman são excelentes exemplos dos desafios com que se defronta a função financeira das organizações no século XXI. Ela deve continuar excelente em suas atribuições tradicionais de processamento de transações, controles internos, comunicação externa e cumprimento das leis e regulamentos, ao mesmo tempo em que desenvolve as habilidades e a nova cultura indispensáveis para construir parcerias estratégicas com as unidades de negócio, ajudando-as a criar e a sustentar mais valor para os acionistas.

FECHANDO O LOOP

Mostramos como desenvolver Mapas Estratégicos e Balanced Scorecards que alinham as unidades de apoio com as unidades de negócio e com a corporação. O alinhamento, contudo, deve ser objeto de gestão ativa como processo contínuo, em vez de apenas descrito em mapas e scorecards. Conforme demonstra a Figura 5.16, o processo de alinhamento eficaz das unidades de apoio abrange os seguintes componentes:

- Um *gerente de relacionamento* da unidade de apoio, responsável pelo alinhamento.
- Um processo de planejamento integrado, do qual participe a unidade de apoio, que defina a contribuição desta para os objetivos das unidades de negócio.
- *Acordos de serviços* que definam os produtos, os níveis de serviços e os custos da unidade de apoio, inclusive os *responsáveis pelas iniciativas*, para garantir que cada iniciativa no portfólio de serviços estratégicos seja realizada com eficácia para os clientes, as unidades de negócio.
- Sessões de *feedback dos clientes internos*, baseadas nos acordos de serviços.
- *Avaliação dos custos e benefícios* para validar a contribuição da unidade de apoio.

Gerentes de relacionamento

O primeiro passo para desenvolver parcerias com as unidades de negócio é nomear alguém para liderar e gerenciar os relacionamentos. É impossível imaginar trabalhos de consultoria de recursos humanos, da Hewitt, ou de tecnologia da informação, da Accenture, sem a participação ativa de gerentes de relacionamento, incumbidos do dia a dia dos entendimentos com os clientes. No entanto, de acordo com nossas pesquisas, apenas 33% das áreas internas de TI e 43% das áreas internas de RH adotam essa prática.[16]

Figura 5.16 Fechando o loop: processo para promover o alinhamento das unidades de apoio

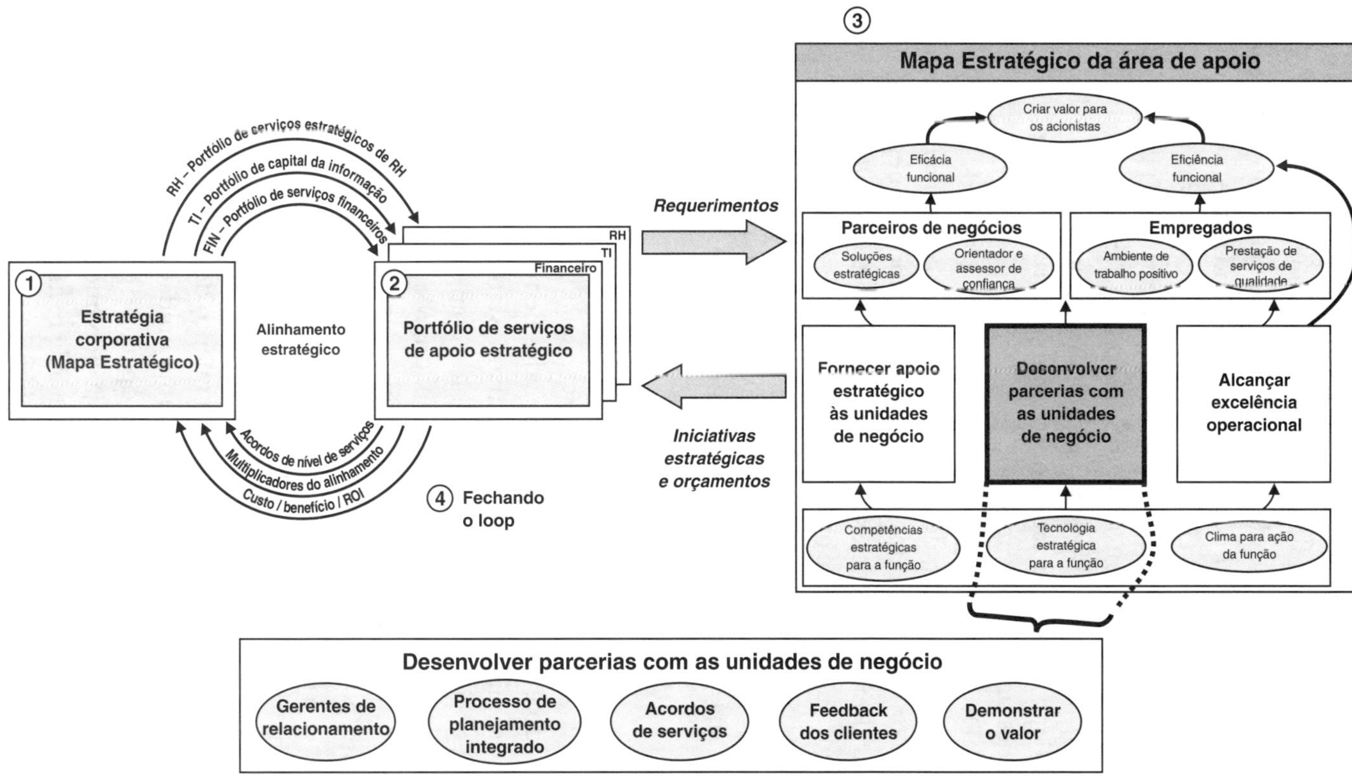

A IBM Learning (descrita no Capítulo 4) iniciou seu processo de alinhamento com as unidades de negócio nomeando *líderes de aprendizado* para trabalhar com cada uma das organizações de linha mais importantes. O *líder de aprendizado* precisava compreender a estratégia da unidade de negócios, traduzi-la em Mapa Estratégico e mostrar aos clientes como o treinamento facilitaria a execução da estratégia. Essa pessoa orientava o processo de planejamento, identificando soluções de aprendizado e coordenando seu desenvolvimento e implementação. Por meio dessas atividades, os líderes de aprendizado construíam parcerias estratégicas com seus colegas das unidades de negócio.

J.D. Irving, conglomerado familiar diversificado, com sede em New Brunswick, Canadá, designou *multiplicadores do alinhamento* para trabalhar com cada um dos oito principais grupos de negócios. Esses líderes eram donos do processo de desenvolvimento, divulgação e avaliação dos planos, indicadores e incentivos das unidades de negócio. Como agentes de mudança, ajudaram os gerentes das unidades de negócio a desenvolver seu comportamento de liderança, a compartilhar as melhores práticas e a alinhar suas unidades de negócio com os objetivos da corporação.

Processo de planejamento integrado

As fases 1, 2 e 3 da Figura 5.17 descrevem um processo de planejamento integrado eficaz para apoiar as unidades de negócio. O processo pressupõe que as unidades de negócio já tenham Mapas Estratégicos. Se as unidades de negócio ainda não tiverem definido com clareza suas estratégias – de maneira que possam ser traduzidas em um Mapa Estratégico – o alinhamento com as funções de apoio será muito mais difícil. Os gerentes de relacionamento podem atuar como consultores das unidades de negócio, ajudando-as a construir Mapas Estratégicos quando ainda não contarem com essa ferramenta. A criação de Mapas Estratégicos é um processo analítico e estruturado, a ser aprendido pelos gerentes de relacionamento.

Depois que alguém do departamento de recursos humanos de uma organização ajudou o gerente de uma unidade de negócios a construir seu Mapa Estratégico, o executivo da operação observou: "Essa é a melhor descrição de minha estratégia que eu já vi. Nunca imaginei que aprenderia algo desse tipo com nosso departamento de recursos humanos." O exercício de planejamento foi um passo muito importante para estabelecer uma parceria profissional com base no respeito mútuo.

Figura 5.17 Acordos sobre nível de serviços e processo de feedback dos clientes

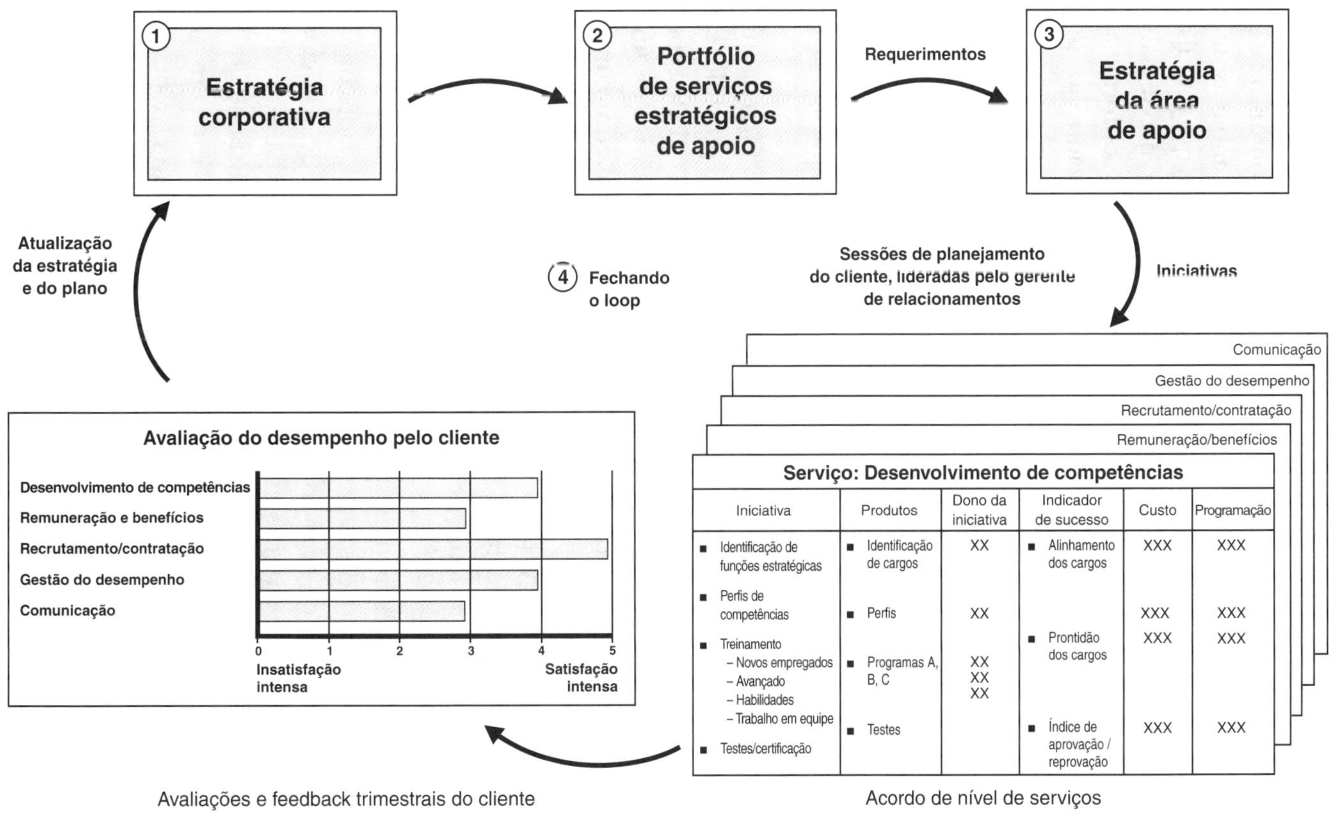

Acordos de serviço e feedback dos clientes

O processo de planejamento estratégico produz um conjunto de iniciativas a serem desenvolvidas e fornecidas pelas unidades de apoio às unidades de negócio. Esses produtos são os direcionadores básicos que impulsionam os resultados das unidades de negócio. Por exemplo, caso não se elaborem em tempo oportuno programas de treinamento eficazes, conforme as necessidades de cada área, não se desenvolverão nos empregados novas habilidades específicas, e os resultados de novos programas, como qualidade ou vendas, não se produzirão nos prazos previstos.

Os compromissos de fornecer os serviços e programas relacionados com as iniciativas frequentemente se traduzem em *acordos de serviços*, que definem com exatidão os produtos das unidades de apoio. Esses documentos são a base para a gestão de relacionamentos entre as unidades de negócio e as unidades de apoio e proporcionam critérios explícitos de responsabilidade pelos resultados.

Nomeia-se um *dono da iniciativa* para manter o foco da unidade de serviços no desenvolvimento de cada iniciativa de seu portfólio e no cumprimento do acordo de serviços. O dono da iniciativa trabalha com um patrocinador (ou cliente) da operação. A equipe executiva da unidade de apoio gerencia seu portfólio de iniciativas estratégicas como um conjunto integrado, da mesma maneira como os gestores de capital de risco gerenciam ativamente seu portfólio de investimentos estratégicos. A equipe executiva revê mensalmente a situação de seu portfólio de serviços estratégicos e efetua avaliações detalhadas de iniciativas específicas pelo menos trimestralmente.

Essas reuniões mensais promovem um diálogo profissional sobre o desempenho da unidade de apoio e sobre sua responsabilidade compartilhada com as unidades de negócio. Um gerente de unidade de negócios afirmou o seguinte: "As avaliações trimestrais criam condições para que detectemos os problemas muito mais cedo do que no passado. Estamos trabalhando muito melhor como equipe, com mais colaboração e menos acusações. Agora, estamos entendendo que o bom desempenho é responsabilidade comum."

Custos e benefícios

Em última instância, os gerentes de relacionamento devem garantir que suas unidades de apoio cumpram os objetivos definidos pelas unidades de negócio com que formam parcerias. Esse compromisso vai além da simples demonstração de que as iniciativas combinadas por ambas as partes foram executadas no prazo e conforme o orçamento. A unidade de apoio, liderada pelo gerente de relacionamento, deve aceitar a responsabilidade compartilhada pelos resultados das operações. Se os serviços não produzirem resultados, a unidade de apoio assume parte da responsabilidade.

Sempre recomendamos que, ao desenvolverem seus sistemas de remuneração por incentivos, as organizações baseiem metade dos bônus destinados ao pessoal das unidades de apoio aos resultados obtidos pelas unidades de negócio a que prestam serviços. Essa abordagem concentra o foco de todos nos critérios de sucesso definidos pela empresa.

EXTENSÕES

Descrevemos o portfólio de serviços estratégicos e os mapas estratégicos de três unidades de apoio básicas, existentes em praticamente todas as organizações. No entanto, em vez de um único capítulo, poderíamos dedicar todo um livro a essa questão, tratando do alinhamento de muitas outras unidades de apoio, como compras, pesquisa e desenvolvimento, jurídico, tesouraria, imóveis, meio ambiente, segurança, qualidade e marketing – com a estratégia da unidade de negócios e de empresa. Mesmo as três grandes áreas que incluímos neste capítulo – recursos humanos, tecnologia da informação e finanças – quase sempre abrangem vários departamentos que atuam em funções especializadas.

Por exemplo, o grupo de TI da empresa talvez se componha de departamentos com atribuições específicas por operações, tecnologia, sistemas, aplicativos e segurança. Portanto, as grandes unidades de apoio devem basear-se em sua estratégia consolidada para desdobrar a própria estratégia e os scorecards para os departamentos operacionais, da mesma maneira como a estratégia corporativa é desdobrada para as estratégias das unidades de negócio.

RESUMO

As unidades de apoio contribuem para as sinergias organizacionais quando alinham suas atividades com as prioridades das unidades de negócio e da corporação. Ainda que essa observação pareça óbvia, a maioria das organizações não trabalha bem na tentativa de promover tal alinhamento. As unidades de apoio internas precisam desenvolver novos estilos de gestão que promovam parcerias e alinhamento com seus clientes internos. Tais alinhamentos constituem a principal justificativa econômica para a preservação de unidades internas de serviços compartilhados, em vez da terceirização de tais atividades para provedores de baixo custo.

Neste capítulo, expusemos os princípios básicos do alinhamento das unidades de apoio com as estratégias corporativas e das unidades de negócio. O ponto de partida deve ser a compreensão e a identificação das partes específicas da estratégia, influenciáveis pelas unidades de apoio, de cujo scorecard devem constar como objetivos de alto nível (scorecard de conexão), constituindo-se no ponto em comum entre as unidades de negócio e as unidades de apoio.

Os objetivos referentes a clientes consistem em desenvolver parcerias com as unidades de negócio (a estratégia de soluções para os clientes geralmente adotada pelas unidades de apoio), cujos objetivos, por sua vez, aparecem no Mapa Estratégico das unidades de apoio como resultados finais. Os objetivos de processos internos quase sempre podem ser englobados em três temas estratégicos: um representa o fornecimento de serviços básicos não diferenciados, de baixo custo, confiáveis e de alta qualidade. Outro trata da construção de parcerias com as unidades de negócio e o terceiro enfatiza a criação e a prestação de serviços inovadores, que ajudem as unidades de negócio a serem bem-sucedidas com suas estratégias.

Os objetivos de aprendizado e crescimento abrangem a seleção de pessoal de apoio com as novas habilidades, conhecimentos e experiência de que precisam para que se tornem assessores de confiança dos gerentes das unidades de negócio. Nesse papel, exploram novos serviços e aplicativos de TI para prestar serviços com mais eficiência e eficácia; para transformar a cultura, que deixa de concentrar-se na eficiência funcional para convergir o foco sobre os clientes; e para oferecer soluções que agreguem valor aos clientes, como parceiros de negócios. Com essas orientações em mente, as organizações devem ser capazes de alinhar suas unidades de apoio internas para participar de atividades que gerem valor e sinergia para a empresa.

NOTAS

1. "Implementing the Balanced Scorecard at FMC Corporation: An Interview with Larry D. Brady", *Harvard Business Review* (setembro-outubro de 1993): 146.
2. Ver "Responsability Centers: Revenue and Expense Centers", Capítulo 3 em R. Anthony e V. Govindarajan, *Management Control Systems,* 8ª edição (Chicago: Irwin, 1995), 107-123.

3. Pelo menos um crítico, contudo, questionaria essa afirmação; ver N. Carr, "IT Doesn't Matter", *Harvard Business Review* (maio de 2003). Nós, além de outros, discordamos respeitosamente e acreditamos que o alinhamento eficaz dos recursos de TI com a estratégia pode ser fonte diferenciada de criação de valor.
4. P. Weill e M. Broadbent, *Leveraging the New Infrastructure: How Market Leaders Capitalize on Information Technology* (Boston: Harvard Business School Press, 1998), 37-39.
5. Cassandra Frangos, colega na Balanced Scorecard Collaborative, muito tem contribuído para nossos conhecimentos sobre o desenvolvimento de Mapas Estratégicos e Balanced Scorecards de recursos humanos.
6. "Motivating Cross-Boundary Thinking at Ingersoll-Rand", *Balanced Scorecard Report* (março de 2005).
7. Robert S. Gold, colega na Balanced Scorecard Collaborative, muito tem contribuído para nossos conhecimentos sobre o desenvolvimento de Mapas Estratégicos e Balanced Scorecards de tecnologia da informação.
8. A motivação para esse trabalho proveio da adaptação do modelo de hierarquia das necessidades de A. Maslow por F. Herzberg, em *Motivation and Personality,* terceira edição (Nova York: HarperCollins, 1987). O conceito de primeiro satisfazer os fatores higiênicos (ou seja, competência) para depois tratar da motivação (ou seja, contribuições) foi expresso por F. Herzberg, B. Mausner e B. Snyderman, em *The Motivation to Work*, segunda edição (Nova York: Wiley, 1959).
9. R. S. Gold, "Enabling the Strategy-Focused IT Organization", *Balanced Scorecard Report* (setembro-outubro de 2001).
10. Arun Dhingra e Michael Nagel, colegas na Balanced Scorecard Collaborative, muito têm contribuído para nossos conhecimentos sobre o desenvolvimento de Mapas Estratégicos e Balanced Scorecards da área financeira.
11. "The CFO as Chief Performance Adviser", relatório elaborado por CFO Research Services, em colaboração com a PriceWaterhouseCoopers LLP, CFO Publishing Corporation, Boston, março de 2005.
12. V. Couto, I. Heinz e M. Moran, "Not Your Fater's CFO", *Strategy + Business* (primavera de 2005): 4.
13. Ibid., 4.
14. Ibid., 10.
15. Observe que a unidade financeira da Handleman optou por colocar sua perspectiva financeira na base e não no topo de seu Mapa Estratégico. Esse fato ilustra nossa análise anterior sobre a abordagem de tratar as unidades financeiras como organizações sem fins lucrativos, salientando os serviços aos clientes e os objetivos referentes a clientes como objetivos finais.
16. SHRM/Balanced Scorecard Collaborative, "Aligning HR with Organization Strategy", estudo de pesquisa 62-17052 (Alexandria, VA: Society for Human Resources Management, 2002); "The Alignment GAP", *CIO Insight*, 1º de julho de 2002.

CAPÍTULO 6

DESDOBRAMENTO

O processo

Os capítulos anteriores expuseram a teoria e discutiram exemplos de como alinhar as unidades de negócios e de apoio com a estratégia corporativa. Diferentes corporações seguem caminhos diversos para promover o alinhamento total da empresa. Algumas começam no topo, no nível corporativo, e então desdobram a estratégia hierarquia abaixo. Outras começam no meio, no nível das unidades de negócios, antes de construir o scorecard e o mapa corporativo. Algumas lançam a iniciativa já abrangendo todas as áreas da corporação desde o início, e outras realizam um teste piloto em uma ou duas unidades de negócios antes de ampliar o escopo para outras áreas.

Nossa experiência indica que não existe uma única resposta certa. Temos visto a adoção de várias abordagens e cada uma delas culminou com uma implementação bem-sucedida. Neste capítulo, descrevemos os princípios que apreendemos sobre o processo de desdobramento e os ilustramos com exemplos de empresas que os adotaram com sucesso.

Começamos com dois exemplos simples porém em extremos opostos: as operações de franquia, nas quais as unidades descentralizadas oferecem aos clientes uma proposta de valor comum; e as empresas do tipo *holding*, ou de participação, em que as diferentes empresas operacionais atuam com autonomia, cada uma com sua própria estratégia e proposta de valor aos clientes. Em seguida, analisamos a situação mais complexa, em que unidades operacionais descentralizadas desenvolvem estratégias que refletem ao mesmo tempo prioridades da corporação e situações locais.

Fechamos o capítulo com o caso do Bank of Tokyo-Mitsubishi. Essa implementação aparentemente transgrediu algumas regras, mas mesmo assim alcançou grande sucesso. Esse estudo de caso mostra que o processo de desdobramento, embora baseado nos princípios gerais, pode e deve ser ajustado à cultura e à situação de cada organização.

OPERAÇÕES DE FRANQUIA: PROPOSTAS DE VALOR COMUNS DE CIMA PARA BAIXO (*TOP-DOWN*)

Considere, inicialmente, o desenvolvimento de scorecards na empresas que se compõem de unidades homogêneas, varejistas ou dispersas geograficamente, como restaurantes de *fast-food*, hotéis, agências bancárias e centros de distribuição regionais (conforme analisado no Capítulo 3). Nestes empreendimentos, a equipe corporativa de projetos desenvolve o scorecard que será usado por cada unidade descentralizada. O scorecard comum reflete os indicadores financeiros para cada estabelecimento, como a combinação de crescimento da receita e a melhoria de custos; os indicadores de satisfação do cliente, de retenção e de crescimento das vendas por cliente; a proposta de valor aos clientes; os indicadores de processos internos críticos e dos níveis de satisfação, rotatividade e capacidades do pessoal; a utilização de sistemas de informação; e a cultura organizacional. Uma vez definido, o scorecard comum é comunicado a todas as unidades e incorporado em seus sistemas de informações e incentivos.

Os benefícios de adotar uma proposta de valor e um Balanced Scorecard comuns entre unidades homogêneas são evidentes. Primeiro, o processo é simples. Depois que a equipe corporativa de projetos define o Mapa Estratégico e o respectivo Balanced Scorecard, com indicadores e metas, é possível desdobrá-los rapidamente para toda a organização. Não são necessárias maiores análises ou atividades adicionais nas unidades locais descentralizadas.

Ademais, a empresa pode divulgar com facilidade a mensagem comum por meio de palestras, newsletters, jornais internos, internet e outros meios. Todos os funcionários em todas as localidades recebem a mesma mensagem.

Terceiro, os indicadores comuns fomentam o espírito de competição interna, além de facilitar o *benchmarking* e o compartilhamento de melhores práticas. Com todas as unidades seguindo a mesma estratégia e adotando os mesmos critérios de avaliação para medir o sucesso da estratégia, a empresa pode identificar os líderes e os retardatários em qualquer indicador e então difundir as informações sobre os melhores para aprimorar o desempenho dos demais.

Mas existem alguns inconvenientes em adotar a mesma proposta de valor em toda a organização. Inevitavelmente, o processo parecerá imposto de cima para baixo, contaminado de autoritarismo, pois as unidades locais terão pouca margem para suas próprias escolhas. A reação inicial de muitas unidades, talvez sujeitas a sucessivos programas de melhoria em nível corporativo, todos pouco duradouros, será de negação: "Também este é um modismo passageiro; vamos esperar que passe." As unidades não acreditarão no efetivo comprometimento da corporação com a nova iniciativa de Balanced Scorecard.

Supondo, contudo, que os executivos da administração central vão sustentar a iniciativa, muitas unidades evoluirão do estágio da negação para o estágio do "remédio", em que, forçados a tomar um medicamento de gosto ruim que os pais ou médicos insistem que nos fará bem, concluem que é melhor engoli-lo com rapidez, para acabar com o tormento. Nessa fase, as unidades estão apenas seguindo as regras ditadas pela corporação. Elaboram os relatórios como algo mecânico no final de cada período, para atender aos desejos da corporação de mais indicadores de desempenho. As unidades encaram a iniciativa como fadada ao fracasso. Se o desempenho delas for considerado aceitável, ficarão em paz durante algum tempo, mas ainda terão incorrido nos custos de produzir dados para os novos indicadores de desempenho. No entanto, se seus resultados forem considerados abaixo dos padrões, eles serão descobertos e obrigados a prestar esclarecimentos e a adotar ações corretivas.

Tanto no estágio da negação quanto no estágio do remédio, as unidades descentralizadas não estão usando o Mapa Estratégico e o Balanced Scorecard para gerar benefícios nas organizações locais. Não estão mobilizando os empregados para alcançar as metas da corporação, nem alinhando seus departamentos e funções em torno de uma estratégia comum, nem treinando e motivando os empregados para apoiar a estratégia nem incorporando o foco estratégico nos processos gerenciais rotineiros de planejamento, orçamento, alocação de recursos, elaboração de relatórios, avaliação e correção.

Os executivos da corporação enfrentam o desafio de conseguir que os gerentes de todas as unidades descentralizadas avaliem como serão capazes de usar o Mapa Estratégico e o Balanced Scorecard para alinhar seus processos, departamentos e pessoas, de modo a entregar uma proposta de valor comum aos clientes. Os líderes corporativos precisam convencer os gestores locais sobre os benefícios de cada unidade reforçar a criação do valor para todas as outras unidades na corporação.

Na Ann Taylor, uma rede de lojas de moda feminina, os empregados de cada unidade tiveram de desenvolver e encenar breves peças de teatro relacionadas com os objetivos e com os indicadores estratégicos do scorecard comum. Alguns escreveram poemas, outros apresentaram pequenas peças que retratavam o cliente-alvo em uma experiência de compra e ainda outros compuseram e apresentaram músicas em grupos. Dessa maneira, todos estudaram a estratégia, internalizaram-na a sua maneira e se divertiram uns com os outros, desempenhando e observando os talentos criativos dos colegas e supervisores. Embora a proposta de valor comum tivesse sido definida no nível corporativo, as encenações e os jogos locais mobilizaram funcionários e gestores e desencadearam a energia para que todos contribuíssem para os objetivos comuns.

EMPRESAS DO TIPO *HOLDING*: DE BAIXO PARA CIMA

Em contraste com o processo de desdobramento de cima para baixo adotado pelas empresas com lojas de varejo homogêneas, os projetos de scorecard em corporações diversificadas geralmente começam no nível das empresas operacionais, pelo menos um escalão abaixo da sede corporativa. Por exemplo, na diversificada FMC Corporation, os executivos seniores da corporação iniciaram o projeto com a identificação de seis empresas operacionais que se apresentaram como "voluntárias" para a realização de projetos-pilotos. A corporação forneceu recursos para o pagamento de consultores, mas cada empresa desenvolveu seu próprio scorecard independente.

Vários meses depois, em uma reunião corporativa, em que estiveram presentes executivos de todas as empresas da FMC, os presidentes das empresas que participavam dos pilotos relataram o que haviam aprendido com seus projetos, motivando todas as outras empresas do grupo a implementar o novo modelo gerencial. No fim do ano, cada operação tinha seu próprio scorecard, que havia sido aprovado pela administração central da corporação.

Uma vez desenvolvidos, os scorecards das empresas operacionais da FMC converteram-se em contratos de desempenho entre a sede corporativa e as empresas operacionais. Os BSCs fornecem a agenda e o conteúdo das reuniões trimestrais dos executivos da corporação com a gerência de cada operação.

Antes da implementação do Balanced Scorecard, as discussões entre os executivos da sede corporativa e das empresas operacionais eram exclusivamente sobre indicadores financeiros, como retorno sobre o capital investido e seus componentes. Se os executivos das empresas operacionais estivessem cumprindo as metas, o encontro era agradável e relativamente breve. No entanto, se ficassem aquém das metas, as discussões eram mais longas e difíceis. Com o scorecard, por outro lado, os executivos ainda analisam o desempenho financeiro, mas também conversam sobre indicadores não financeiros, que sinalizam as perspectivas de rentabilidade e de crescimento futuro.

Os scorecards de cada empresa do grupo eram diferentes. Os vários scorecards não podiam ser reunidos para formar um único corporativo, exceto quanto aos indicadores financeiros, que tendiam a ser comuns a todas as empresas operacionais. Apesar da diversidade de scorecards, os executivos da corporação consideravam fácil preparar-se para as reuniões com cada empresa. Reviam a estratégia e o scorecard da unidade e então avaliavam seu desempenho efetivo em comparação com as metas aprovadas.

Além disso, esses gestores agora se consideravam "donos" da estratégia em cada empresa operacional. Se o CEO de alguma das operações deixasse a empresa, voluntariamente ou não, o substituto não teria liberdade para adotar uma estratégia inteiramente nova na unidade. Esperava-se que o novo executivo continuasse a implementar a estratégia da unidade, que já havia sido proposta e aprovada. Os novos CEOs que quisessem modificar a estratégia ou adotar outra inteiramente nova deviam primeiro desenvolver um novo Mapa Estratégico e um BSC para depois submetê-los à aprovação da administração central. O processo fornecia uma maneira mais sistemática, em todo o âmbito da organização, para que as unidades autônomas tomassem a iniciativa e assumissem a responsabilidade pelo desenvolvimento de suas estratégias, ao mesmo tempo em que proporcionavam à matriz corporativa uma ferramenta para controlar e avaliar o desempenho das empresas operacionais na formulação e implementação das respectivas estratégias.

A FMC operou durante vários anos dessa maneira, antes de finalmente produzir um scorecard corporativo que, não surpreendentemente, continha indicadores oriundos, em sua maioria, das perspectivas financeira e de pessoas (aprendizado e crescimento). O scorecard também abrangia vários indicadores de processos internos, relacionados sobretudo com segurança, a serem incluídos por cada unidade operacional nos seus respectivos scorecards.

Em resumo, os scorecards de corporações altamente diversificadas raramente começam pelo nível da administração central, pois raramente se dispõe de uma estratégia tipicamente corporativa. Cada empresa operacional desenvolve sua própria estratégia e respectivo scorecard, que os executivos da corporação aprovam e depois utilizam para avaliar a desempenho das suas controladas. Em algum momento, a administração central desenvolve um scorecard corporativo, para consolidar os indicadores financeiros e de pessoas das suas unidades, assim como para definir os temas corporativos – "superar-se em segurança", "qualidade e meio ambiente" etc. – que, então, são incorporados aos demais indicadores em cada empresa operacional.

PROCESSOS DE DESDOBRAMENTO HÍBRIDOS

A maioria das organizações, que opera entre os dois casos extremos de unidades descentralizadas semelhantes e corporações altamente diversificadas, podem escolher entre duas estratégias de implementação. Uma é o processo clássico de cima para baixo, em que o Mapa Estratégico e o Balanced Scorecard iniciais são desenvolvidos na corporação, depois os scorecards de cada unidade de negócios ou de apoio, que implementam a estratégia corporativa e os respectivos indicadores.

A segunda abordagem é mais de cima para baixo, com projetos-pilotos executados nas unidades de negócios para o desenvolvimento de Mapas Estratégicos e BSCs. Estes projetos geram conhecimento e confiança sobre a ferramenta gerencial, e somente depois o projeto é estendido até o nível corporativo, quando, então, se define de maneira explícita a proposta de valor da corporação.

ESTUDO DE CASO DE CIMA PARA BAIXO: EXÉRCITO DOS ESTADOS UNIDOS

O principal exemplo de um processo de desdobramento eficaz, de cima para baixo, foi conduzido, como seria de se esperar, em uma grande organização hierárquica, altamente integrada: o Exército dos Estados Unidos. O Balanced Scorecard do Exército americano, denominado Sistema de Prontidão Estratégica, foi lançado em princípios de 2002, depois de ser aprovado no nível organizacional mais alto: o chefe do Estado-Maior do Exército (*chief of staff of the army* – CSA) e o secretário do Exército (*secretary of the army* – SA).

O primeiro scorecard, chamado de nível 0, refletia a estratégia global do Exército (ver Figura 6.1) e definia a missão do exército americano em termos de duas competências essenciais: "Treinar e equipar soldados e desenvolver líderes" e "Fornecer relevantes e prontos recursos de forças terrestres aos comandantes de combate (campo) e à equipe conjunta". Em vez de clientes, o Exército americano tem partes interessadas (*stakeholders*) – cidadãos, Congresso e Poder Executivo – em relação aos quais identifica seis capacidades básicas: construir um ambiente de segurança, reagir de imediato, mobilizar o Exército, efetuar invasões, sustentar o domínio de territórios e apoiar as autoridades civis.

A perspectiva dos processos internos foi dividida em quatro temas estratégicos:

- Ajustar a presença global
- Desenvolver uma estrutura de logística conjunta e interdependente
- Construir a força do futuro
- Otimizar contribuições dos componentes de reserva

A perspectiva de aprendizado e crescimento enfatizava os objetivos referentes ao pessoal que sustentaria um Exército capaz, composto apenas de voluntários. E, ao invés da perspectiva financeira, o Exército adotou a perspectiva de recursos, para refletir sua capacidade de captar pessoas, fundos, infraestrutura, instalações e instituições, em um prazo razoável, com o intuito de executar sua missão.

A equipe de projetos do Exército concluiu o scorecard de nível zero em três meses e o CSA e SA aprovaram-no em abril de 2002. Na fase seguinte (ver Figura 6.2), o scorecard de nível 0 foi desdobrado para as unidades de nível 1, que respondem diretamente ao CSA, as quais abrangem 35 grandes comandos e diretorias de apoio do Exército, como médica, pessoal e logística. O scorecard de nível 0 forneceu o referencial e as diretrizes estratégicas para todas essas unidades. Cada comando e diretoria definiu suas prioridades estratégicas, tanto para apoiar o Exército, quanto para cumprir sua missão local.

Figura 6.1 Mapa Estratégico do Exército dos Estados Unidos

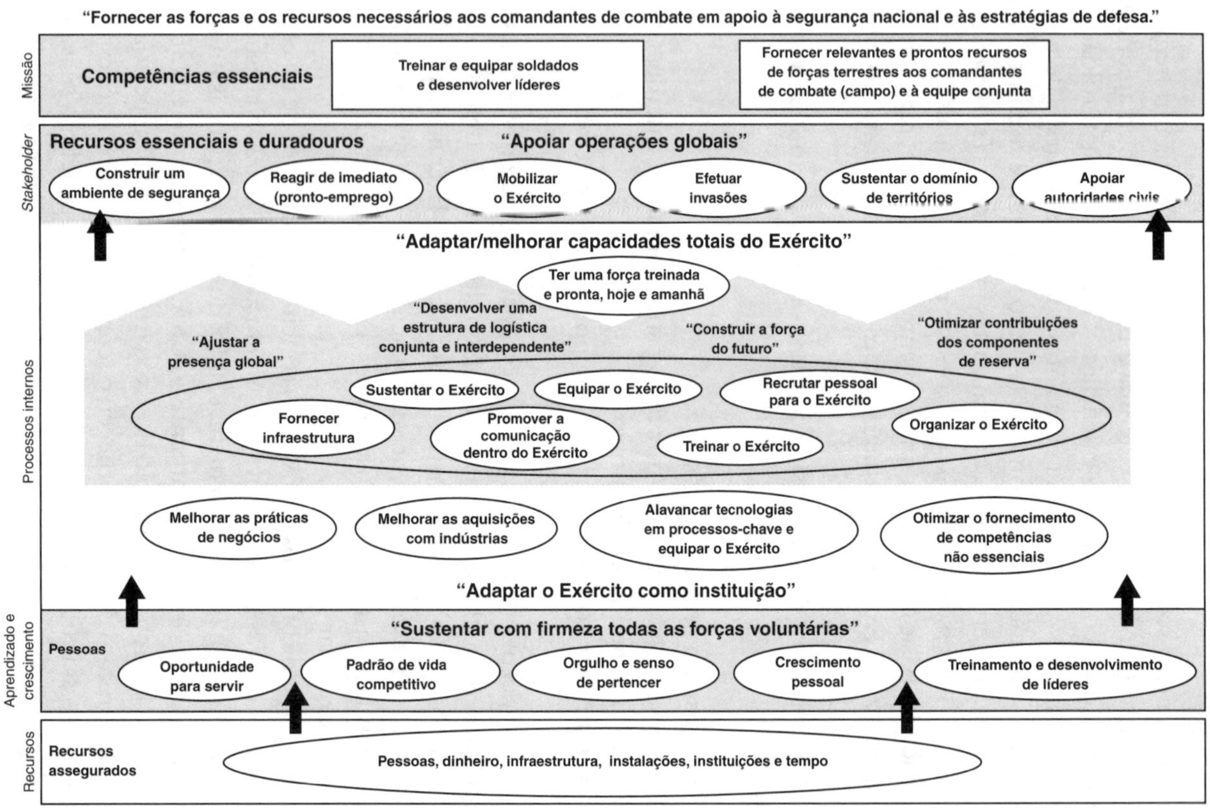

Figura 6.2 Desdobramento do Balanced Scorecard para todo o Exército dos Estados Unidos

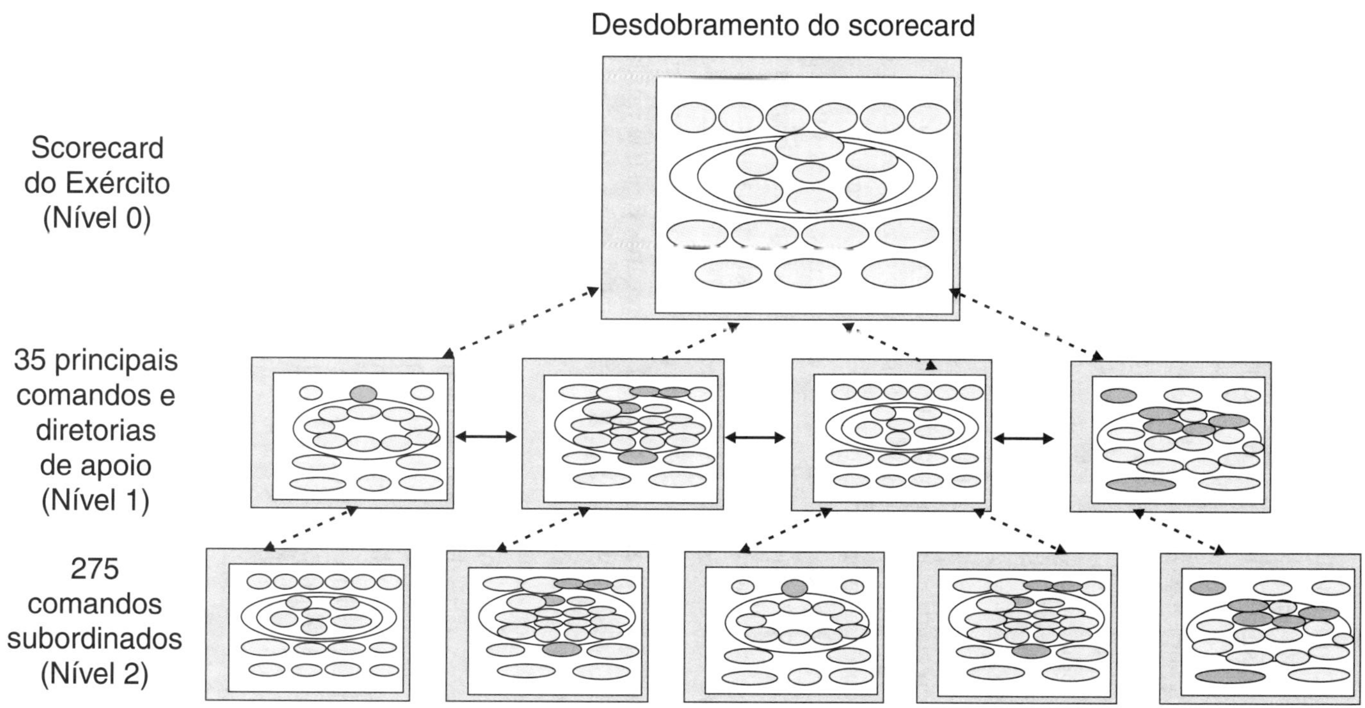

Uma nova unidade da administração central, o Centro de Operações SRS (SRSOC), liderou o processo de desdobramento e atuou como unidade de consultoria do projeto. Formado por uma equipe de especialistas em Balanced Scorecard, o SRSOC fornecia orientação, expertise, treinamento, apoio tecnológico e controle de qualidade para o desdobramento do BSC em todo o Exército. O SRSOC também ministrava um treinamento de dois dias que, no total, treinou 400 líderes de projetos, sobre os aspectos básicos do método e do scorecard Nível 0 do Exército.

A equipe do BSC de cada grande comando trabalhou com os líderes das unidades para captar as prioridades estratégicas e desenvolver o Balanced Scorecard, usando uma ferramenta on-line, o SRS Design Center Express, que oferecia treinamentos multimídia, *templates* e alinhamento com os objetivos e indicadores do Exército. Os relatórios de progresso gerados pelo Design Center proporcionaram que o SRSOC conseguisse que as equipes do nível 1 se mantivessem dentro dos cronogramas. O SRSOC realizou conferências telefônicas semanais, com sessões de perguntas e respostas, e definiu dois pontos de verificação em que cada unidade devia apresentar os respectivos Mapas Estratégicos e Balanced Scorecards para avaliação pelos pares.

Os oficiais superiores de cada comando operacional e de cada diretoria de apoio aprovavam os Balanced Scorecards de suas unidades e então os submetiam ao CSA para revisão. O CSA aproveitava essa oportunidade para analisar a visão de futuro com os comandantes que promoviam mudanças organizacionais.

O próximo nível de desdobramento, para as 275 organizações de nível 2, foi executado da mesma maneira como ocorreu com as organizações do nível 1. A principal diferença foi que as organizações do nível 2 receberam apoio de centros de operações constituídos em cada organização de nível 1, responsáveis pelo controle de qualidade, perguntas e respostas, apoio ao Design Center, monitoramento de prazos e supervisão geral do programa. O quartel-general do SRSOC (nível 0) fornecia apoio quando um centro de operações de nível 1 solicitava ajuda. Ao criar centros de operações autônomos no nível 1, a equipe de projetos acelerou a transferência de conhecimentos e promoveu a adesão das unidades de campo. As atividades de treinamento e o SRS Design Center Express criaram condições para que todas as 275 organizações de nível 2 desenvolvessem seus Balanced Scorecards em paralelo. Mas ainda restava um nível de desdobramento. Por fim, cada uma das divisões e brigadas, compostas por aproximadamente 10 mil soldados, teria seus próprios scorecards.

Os oficiais do Exército agora usam o Balanced Scorecard para realizar com regularidade reuniões estratégicas de alocação de recursos com seus oficiais generais, líderes civis de alto nível e outros membros da equipe. O BSC do SRS permitiu que cada equipe avaliasse o desempenho recente das respectivas unidades, de maneira que perpassava os silos organizacionais (por exemplo, logística, operações, médica, treinamento e outras áreas de apoio). Pessoas de diferentes organizações dentro do Exército tinham acesso fácil aos dados do scorecard e se alinhavam rapidamente em torno de assuntos que interligavam as várias organizações. Em termos simples, o scorecard possibilitou que o Exército dos Estados Unidos "reunisse as pessoas certas na sala", quando surgiam questões inesperadas.

O Balanced Scorecard do Exército fornece aos líderes informações exatas, objetivas, preditivas e úteis sobre o estado de prontidão, melhorando de forma drástica a gestão de recursos estratégicos. Pela primeira vez em sua história, o Exército dispõe de um sistema de gestão que integra informações sobre o estado de prontidão de forças ativas e de reserva, abrangendo pessoal de campo e de apoio, criando condições para que o Exército melhore o suporte aos comandantes de campo, invista nos soldados e respectivas famílias, identifique e adote boas práticas de negócios e, enfim, se transforme. Ao reunir informações oportunas com exatidão e ampliar o escopo dos dados, esse sistema de relatórios aprimorou de maneira marcante os meios pelos quais o exército americano avalia seu estado de prontidão. O Exército está desenvolvendo cada vez mais o sistema básico, para alavancar os indicadores de tendência e prever essas tendências, tratando as questões que afetam o estado de prontidão antes que se transformem em problemas.

Além dos benefícios alcançados no nível mais alto da liderança, cada comando extraiu enorme valor do BSC. As unidades individuais têm sido cada vez mais capazes de cumprir com maior eficácia as listas de tarefas essenciais de sua missão e, ao mesmo tempo concentrar-se no estado de prontidão e em amplas transformações, em busca do objetivo de converter-se na força do futuro.

ESTUDO DE CASOS DO TOPO PARA O MEIO E DO MEIO PARA O TOPO

Um processo um pouco diferente foi adotado pela MDS Corporation, uma empresa diversificada. De início, a MDS também adotou um processo de cima para baixo, mas, como suas unidades operacionais eram autônomas, a estratégia em nível corporativo não se desenvolveu integralmente na primeira formulação do Balanced Scorecard corporativo. Depois que as unidades operacionais desenvolveram seus mapas e scorecards, a equipe da administração central atualizou seu scorecard e selecionou indicadores que passaram a ser utilizados por todas as unidades.

A MDS Corporation, com sede em Toronto, é uma empresa internacional de assistência médica e ciências da vida, que fornece produtos e presta serviços para a prevenção, diagnóstico e tratamento de doenças. Com instalações em 23 países, a MDS emprega mais de dez mil pessoas e teve, em 2004, uma receita de US$1,8 bilhão. A MDS é uma empresa diversificada, operando em quatro grandes setores de negócios. A MDS Isotopes fornece agentes de imagem para medicina nuclear, material para sistemas de esterilização e sistemas de terapia para o planejamento e aplicação de tratamentos de câncer. A MDS Diagnostics oferece informações e serviços de laboratório para prevenir, diagnosticar e tratar doenças. A MDS Sciex produz instrumentos analíticos avançados, como espectrômetros de massa; e a MDS Pharma Services presta serviços de pesquisa e desenvolvimento de medicamentos à indústria farmacêutica e desenvolve trabalhos pioneiros de proteômica funcional para a descoberta de maneiras completamente novas de criar medicamentos.

De 1973 a 2002, a receita e o lucro cresceram a taxas anuais compostas de 20% e 16%, respectivamente. Sem dúvida, a MDS não era uma empresa em crise e, de modo algum, se encontrava numa plataforma em chamas. Mesmo assim, lançou o projeto Balanced Scorecard para transformar-se "de boa em ótima", concentrando-se nas atividades mais importantes de criação de valor e promovendo um melhor alinhamento entre suas diversas unidades de negócios. A equipe corporativa da MDS começou identificando o que não mudaria. Ela reforçaria seus valores essenciais – "integridade, compromisso com a excelência, confiança mútua e interesse genuíno e respeito pela vida" – e enfatizaria a importância de incutir esses princípios em todos os aspectos de suas atividades, como fundamentos do Mapa Estratégico.

A empresa incluiu sua visão – "construir uma companhia duradoura para a promoção da saúde global e das ciências da vida" – no topo de seu Mapa Estratégico corporativo. Para tornar-se global, a MDS devia expandir-se bem além de sua base histórica na América do Norte. Além disso, ela também explicitou seus valores – "paixão pelo tipo de empresa que estamos construindo juntos" – na perspectiva financeira (ver Figura 6.3). Essas declarações de visão, de valores e de propósito perdurariam até com a nova estratégia de estímulo ao crescimento e à mudança organizacional.

Figura 6.3 Mapa Estratégico original da MDS Corporate

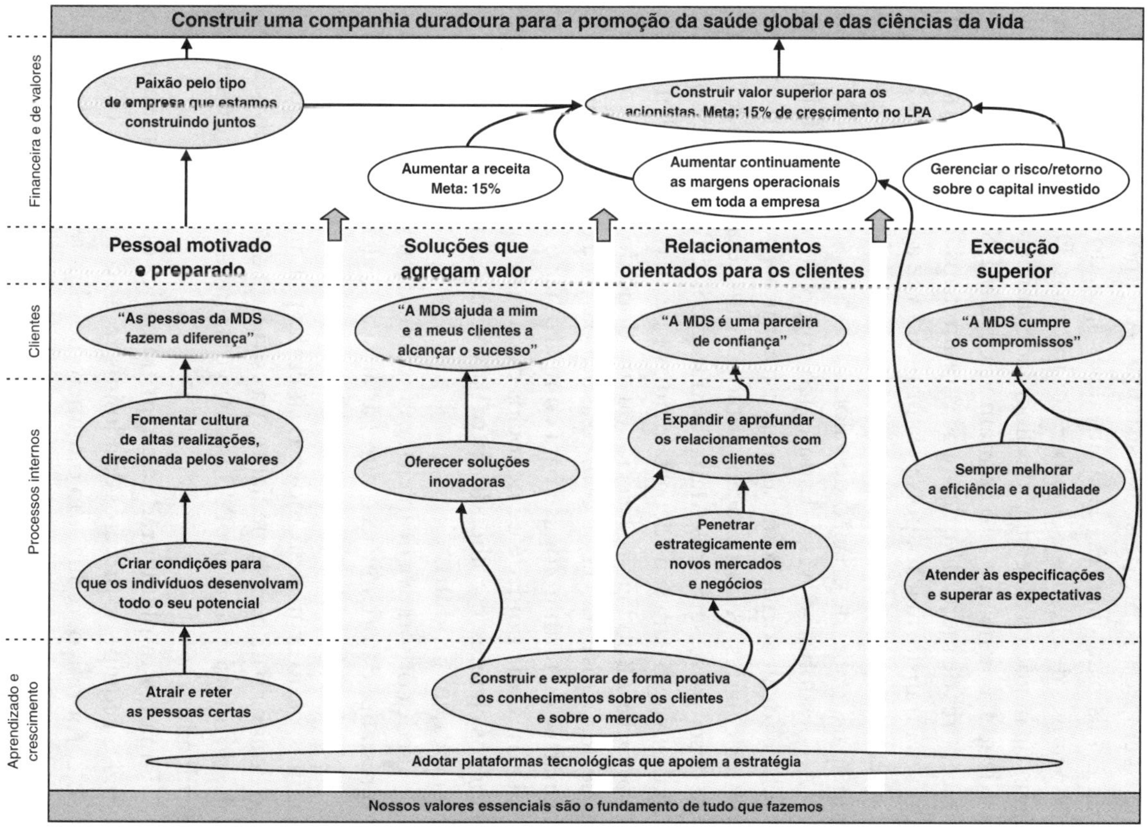

O Mapa Estratégico corporativo incorporou indicadores e metas financeiras que preservavam a lucratividade e o alto crescimento da empresa. Os objetivos de aprendizado e crescimento também refletiam prioridades de toda a empresa sobre pessoas e sistemas. A corporação escolheu quatro temas gerais para clientes, cada um deles apoiado por vários objetivos nas perspectivas de clientes e de processos internos. De modo a garantir às unidades de negócios diversificadas liberdade suficiente para definir com independência a maneira como criariam valor, a MDS postergou a escolha dos indicadores de mercado e dos processos internos. Isso, por si só já representou uma transformação, pois pela primeira vez a administração central reconhecia que as unidades de negócios, e não a sede corporativa, eram as principais fontes de criação de valor.

Ao desdobrar o Mapa Estratégico corporativo, a MDS identificou 11 unidades de negócios como as mais estratégicas, pois tinham contato direto com os clientes. A corporação, então, pediu a essas unidades de negócios que desenvolvessem seus Mapas Estratégicos e Balanced Scorecards, e os desdobrassem para seus departamentos e pessoas. O coordenador do BSC corporativo, Bob Harris, selecionou um dono do processo em cada unidade de negócios e trabalhou com essas pessoas para manter a uniformidade de formato e de terminologia e para compartilhar o aprendizado em todos os projetos. Cada unidade de negócios desenvolveu sua própria proposta de valor aos clientes, escolhendo entre baixo custo, intimidade com o cliente e liderança em produto.

A sede corporativa de início se empenhou para definir como ela própria e o restante da organização agregariam valor além daquele criado diretamente pelas 11 unidades de negócios estratégicas. Concluiu, por fim, que a administração central promoveria sinergias por meio da liderança e da direção de cima para baixo, mediante sua estrutura de quatro divisões operacionais; do apoio direto em P&D básico e da infraestrutura de serviços compartilhados.

Uma vez implementada a estrutura básica de alinhamento (ver Figura 6.4), a equipe de projetos da administração central reviu o Mapa Estratégico corporativo, reduzindo o número de objetivos de 18 para 12 (ver Figura 6.5).

O primeiro mapa corporativo era específico demais e várias das unidades de negócios haviam adotado os quatro objetivos corporativos referentes a clientes, sem definir especificamente uma proposta de valor aos clientes que as diferenciasse. O novo mapa corporativo refletiu a

Figura 6.4 Alinhamento completo da MDS

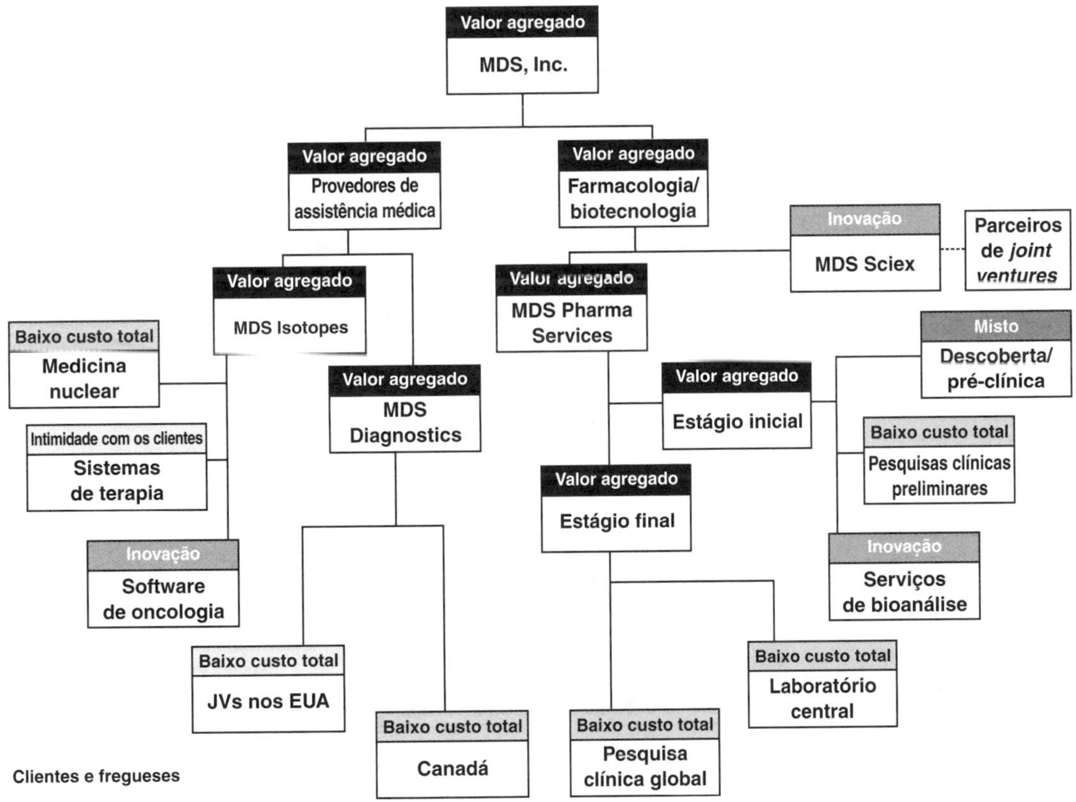

Figura 6.5 Mapa Estratégico revisado da MDS Corporate

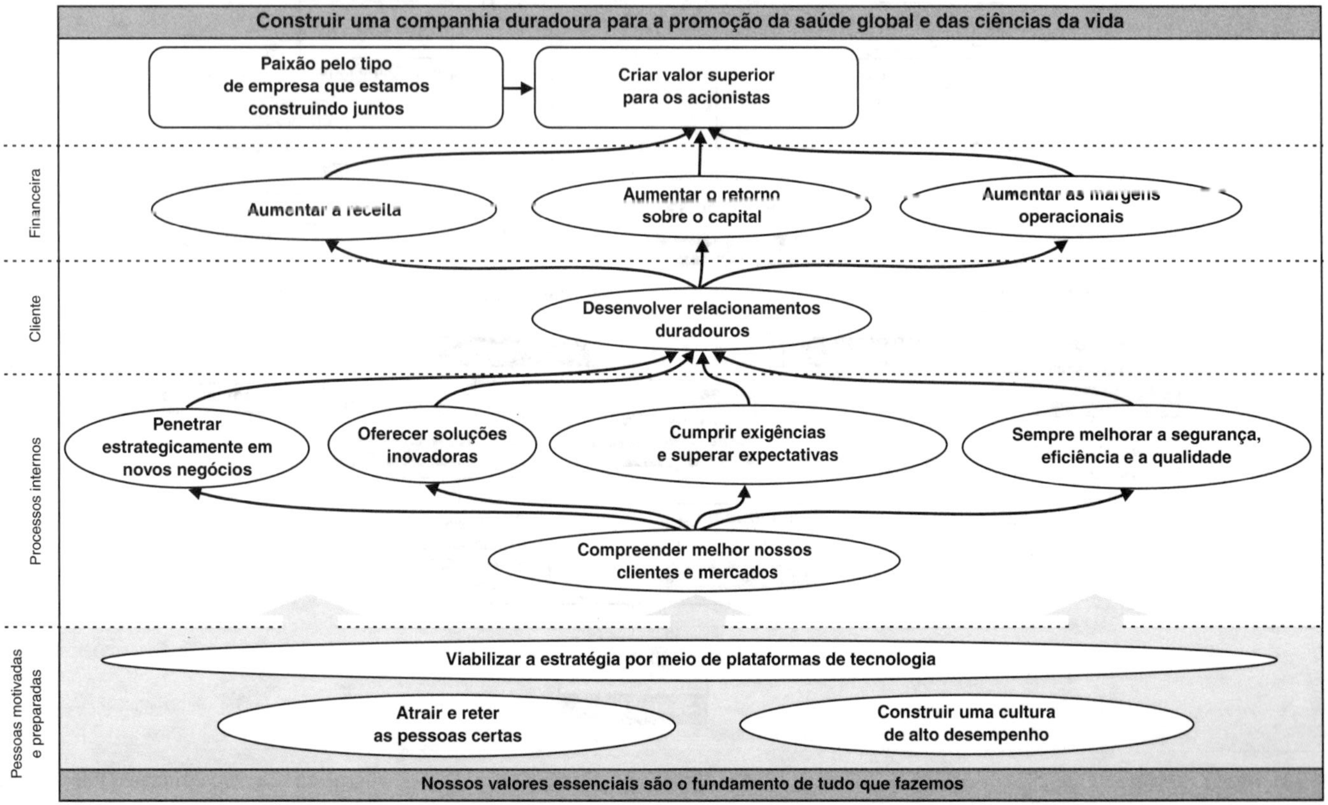

compreensão de que apenas as unidades de negócios tinham clientes, não a sede corporativa. Assim, nele incluiu-se apenas um objetivo genérico referente a clientes – "construir relacionamentos duradouros" –, deixando claro que cada unidade de negócios deveria definir uma proposta de valor específica que lhe permitiria desenvolver relacionamentos duradouros com os clientes.

Os líderes da corporação também selecionaram indicadores para cada objetivo corporativo e designaram um executivo da administração central como responsável pelo alcance das metas dos indicadores. Por sua vez, os indicadores e as metas da corporação proporcionaram orientação clara quanto aos indicadores comuns e respectivas metas de cada unidade de negócios. A função da sede corporativa não era tratar as unidades de negócios como "clientes": e como proprietária das unidades de negócios, competia-lhe definir prioridades e metas para cada uma delas e oferecer apoio para ajudá-las a alcançar o desempenho almejado. Vez por outra, a corporação intervinha, ao constatar que alguma prioridade – inovação, por exemplo – exigia recursos para pesquisas básicas ou multinegócios, além do que as unidades de negócios em si poderiam justificar somente com o seu desempenho específico. A área de desenvolvimento de negócios da corporação identificava e financiava aquisições que considerasse benéficas para várias unidades de negócios. Tais intervenções baseavam-se em objetivos do Balanced Scorecard corporativo ou das unidades de serviços compartilhados, como a de desenvolvimento de negócios.

Esses dois estudos de casos mostram duas abordagens muito diferentes, embora cada uma delas tenha produzido bons resultados para a cultura e para o desempenho das respectivas organizações. O Exército dos Estados Unidos adotou uma abordagem clássica de cima para baixo. A estratégia dita corporativa foi definida no topo e depois desdobrada para as unidades operacionais de nível mais baixo, cujos mapas e scorecards descentralizados refletiam não só os temas e prioridades mais abrangentes, mas também as missões e desafios locais. Já a MDS usou um método mais iterativo. A sede corporativa primeiro estruturou o Mapa Estratégico preliminar da corporação e então as unidades operacionais e de apoio desenvolveram seus próprios mapas e scorecards. Depois dessa primeira rodada de desenvolvimento do scorecard, a sede corporativa reviu seus próprios Mapa Estratégico e BSC e, em seguida, desdobrou os indicadores comuns para as unidades locais de operações e de apoio.

SERÁ QUE AS UNIDADES DE NEGÓCIO PODEM SAIR NA FRENTE?

Muitas implementações de BSCs e de Mapas Estratégicos não começam no nível corporativo. O primeiro scorecard pode ser construído no nível da divisão ou da unidade de negócio, por duas razões. Primeiro, pois talvez se queira testar o conceito em uma unidade local para ganhar conhecimento, experiência, credibilidade e entusiasmo, antes de lançar um grande projeto para desenvolver e desdobrar os scorecards em toda a corporação.

Segundo, a situação mais típica, a administração central ainda não está realmente interessada em desenvolver e explorar o Balanced Scorecard como sistema de gestão da estratégia. O entusiasmo pelo conceito pode ter se originado em alguma unidade de negócio, unidade de apoio ou área geográfica isolada. Seguindo as ideias apresentadas neste livro até agora, o missionário local talvez sinta que deve primeiro convencer a equipe executiva sênior da corporação quanto aos benefícios do método do Balanced Scorecard, para que a mudança seja lançada e patrocinada pelo topo. Tal conversão para um novo conceito de medição e gestão, contudo, pode levar anos, se não décadas. Poucos de nós têm a paciência para esperar que um *insight* surja espontaneamente do grupo executivo.

Nossa orientação é construir o scorecard inicial onde se situam os líderes mais entusiasmados com a ideia, o que geralmente ocorre em unidades locais. No entanto, essa abordagem talvez resulte em estratégias locais deficientes. A estratégia da unidade pode refletir o melhor saber sobre como criar valor por meio da exploração de oportunidades competitivas nos mercados locais, mas é bem possível que não seja a estratégia que agrega mais valor à corporação, pois ignora os relacionamentos e oportunidades de integração com outras unidades da organização.

A solução para esse aparente dilema, contudo, é simples. No início dos estágios de desenvolvimento do projeto local, representantes da equipe devem dirigir-se à sede corporativa e se reunir, por exemplo, com o diretor de operações e financeiro. O grupo descreve o novo projeto e pede orientação dos diretores com relação a alguma versão do seguinte roteiro:

Onde é que nos enquadramos na estratégia corporativa? À medida que desenvolvemos nossa estratégia, nosso mapa e nosso scorecard, que prioridades corporativas devemos considerar? Que temas estratégicos corporativos precisamos nos assegurar de incorporar? Será que existem elos ou pontos de integração com outras unidades de negócio de que precisamos estar conscientes enquanto desenvolvemos nossa estratégia e nossos indicadores de desempenho?

As respostas para essas perguntas não dependem da existência de Mapa Estratégico e de BSC em nível corporativo, exigindo apenas que a equipe executiva sênior conte com uma estratégia corporativa clara, que forneça um referencial para descrever como as unidades de negócio devem operar, a fim de criar sinergias na organização.

Portanto, a expectativa de respostas para estas perguntas deve descrever a natureza da proposta de valor para os clientes a ser oferecida pela unidade local, além da abordagem de outros aspectos relevantes, como grandes clientes globais, necessidade de vendas cruzadas para clientes em comum com outras unidades de negócio, importância do aproveitamento de recursos e capacidades centrais, desenvolvimento de pessoas e criação de bancos de dados e conhecimentos a serem compartilhados com outras unidades. Também é possível que a resposta inclua temas corporativos, referentes à excelência em qualidade, segurança, impacto ambiental e comércio eletrônico. À luz destas respostas em nível corporativo, os membros da equipe de projetos podem voltar à unidade local e incluir tais prioridades, relacionamentos e oportunidades de integração em seu Mapa Estratégico e Balanced Scorecard.

Evidentemente, uma resposta alternativa dos executivos seniores seria recusar as perguntas, como se fossem irrelevantes:

Não nos aborreça com todo esse jargão sobre estratégia em nível corporativo e proposta de valor comum para os clientes. Nós aqui na sede estamos muito ocupados para ficar escutando esse papo de MBAs e de ex-consultores. Voltem para casa e tratem de ganhar dinheiro. Isso é o que a corporação quer.

E, assim, os membros da equipe concluem: "Tudo bem, nada de estratégia corporativa. Temos liberdade para adotarmos qualquer estratégia, desde que ela produza resultados financeiros." Nesse caso, a unidade local desenvolve seu Mapa Estratégico e seu Balanced Scorecard sem a orientação explícita da corporação (e é melhor que a estratégia funcione). Mas, pelo menos, eles tentaram identificar oportunidades de sinergia, embora tenham sido rejeitados.

Esperamos que em ambos os casos a unidade local desenvolva um ótimo scorecard, capaz de contribuir para a implementação rápida e eficaz de sua estratégia, e que em breve desfrute de grande sucesso financeiro. À medida que aumentam o conhecimento e a confiança sobre como o scorecard facilita a execução eficaz da estratégia, o conceito pode migrar horizontalmente para outras unidades de negócios e verticalmente para a divisão e, por fim, para a corporação. O mais importante princípio norteador, quando se está desenvolvendo o primeiro scorecard no nível local, é explorar o melhor possível as oportunidades de criação de valor, através de interligações com outras unidades de negócio e unidades de serviços compartilhados, de maneira a aumentar a criação de valor pela unidade local, por meio da execução eficaz de sua estratégia.

Vimos exemplos em que o primeiro scorecard foi desenvolvido em unidades de serviços compartilhados, como recursos humanos ou tecnologia da informação. Sem dúvida, essa pode ser uma abordagem bem-sucedida, mas só quando a unidade de serviços compartilhados compreende bastante bem as estratégias das unidades operacionais e da corporação, a ponto de ser capaz de definir uma estratégia para si mesma que ajude diretamente a corporação e as unidades de negócio a alcançar seus objetivos estratégicos.

Em uma empresa automobilística internacional, o primeiro scorecard foi desenvolvido pelo grupo de TI das operações europeias, que, por desempenhar importante papel nas atividades das oito unidades de linhas de produtos independentes da região, se sentiu confiante no seu conhecimento das estratégias delas. Quando essas oito unidades souberam do programa de scorecard do grupo de TI e o observaram na prática, concluíram que também queriam adotar o novo conceito. Assim, a equipe de projetos do BSC de TI logo também assumiu a liderança das iniciativas de Balanced Scorecard nas oito unidades operacionais.

Finalmente, a notícia da iniciativa chegou à sede corporativa e a pessoa de TI que ajudara a lançar o projeto em seu departamento local recebeu a incumbência de ser o representante da administração central na implementação do sistema de gestão do Balanced Scorecard em todo o mundo. Embora essa nem sempre seja a melhor sequência para o desdobramento do scorecard em uma organização, ela sem dúvida é viável e permite que o entusiasmo e o comprometimento cresçam e se disseminem a partir de níveis locais, em vez de serem impostos pelo alto.

DO MEIO, PARA O ALTO E PARA BAIXO: MATRIZ AMERICANA DO BANK OF TOKYO-MITSUBISHI

À primeira vista, nosso último exemplo rompe as regras, mas ele acaba funcionando bem. A matriz americana do Bank of Tokyo-Mitsubishi (BTMHQA), com sede em Nova York, se concentra em atividades bancárias por atacado, na América do Norte e na América do Sul. Com escritórios em 23 cidades, espalhadas por nove países, a organização abrange quatro grandes unidades de negócio – tesouraria, banco empresarial global, banco de investimentos e centro corporativo – cada uma com múltiplas divisões e grupos. Cada uma dessas unidades de negócio se reporta de forma dupla: diretamente à sede da unidade de serviços, em Tóquio, e também à sede regional (Américas), na cidade de Nova York.

O BTMHQA adotou o Balanced Scorecard para dispor de um arcabouço estratégico comum que superaria as diferenças entre as culturas japonesa e americana (ver Figura 6.6). O BSC também promoveria o alinhamento horizontal, entre os quatro grandes grupos de negócio, e o alinhamento vertical, para cima, até a sede regional, e para baixo, até as agências espalhadas por toda a área.

No começo do projeto, no terceiro trimestre de 2001, os executivos seniores da sede corporativa da BTMHQA relutaram em definir uma estratégia para a corporação e em desenvolver o Mapa Estratégico e o Balanced Scorecard corporativos. Embora as várias divisões e grupos compartilhassem clientes e processos, os executivos explicaram que nas empresas japonesas a estratégia se desenvolve de baixo para cima, não de cima para baixo. Os executivos seniores da BTMHQA disseram à equipe de projetos: "Se vocês quiserem conhecer a estratégia, falem diretamente com as pessoas."

A equipe de projetos prosseguiu em seu trabalho, orientando e ajudando o pessoal em cada um dos mais de trinta grupos e departamentos do BTMHQA a construir os próprios mapas estratégicos. Em geral, o exercício demorava cerca de 30 dias em cada unidade e, em muitos casos, apenas uma ou duas pessoas, trabalhando de maneira independente, executava a tarefa.

Quando se concluíram os mais de 30 Mapas Estratégicos, a equipe de projetos da sede observou que, a não ser a existência de quatro perspectivas em cada scorecard, não havia qualquer outra estrutura unificadora. Na maioria dos mapas, os objetivos de processos internos nem sempre identificavam os processos necessários para o cumprimento bem-sucedido da proposta de valor para os clientes. Além disso, em face do modo como foram construídos, reconheciam-se poucas interdependências entre os diferentes

Figura 6.6 A matriz americana do Bank of Tokyo-Mitsubishi precisou interligar duas culturas distintas

Empresas japonesas		Empresas americanas
Vagas	Missão e visão	Definidas
Incremental	Processo de formulação da estratégia	Projeto grandioso
Eficiência operacional	Trunfo competitivo	Diferenciação, singularidade
De baixo para cima (ou do meio, para cima, para baixo)	Tomada de decisões	De cima para baixo
Implícito, não verbal, fechado	Estilo de comunicação	Explícito, verbal, aberto
Orientação para processos	Avaliação do desempenho	Orientação para resultados
Cultura única, cooperativa	Cultura do trabalho	Cultura diversificada, competitiva

Fonte: Adaptado de I. Nonaka, “Essence of Failure”, Tóquio: Diamond-Sha, 1984.

Mapas Estratégicos. Por fim, uma importante prioridade da corporação – a gestão de riscos – aparecia apenas em poucos scorecards.

Durante o quarto trimestre de 2001, a equipe de projetos da sede corporativa sintetizou as ideias comuns nos vários Mapas Estratégicos. Em conjunto, eles continham uma estratégia implícita, mas era necessário extrair deles importantes aspectos comuns e apresentá-los em um formato padronizado. Para tanto, a equipe desenvolveu um referencial de alto nível, em uma matriz 4 × 3, de modo a gerar uma linguagem comum que pudesse ser usada como meio para organizar os objetivos nas quatro perspectivas (ver Figura 6.7). Para compensar a pouca atenção dispensada à gestão de riscos nos mapas iniciais, a equipe incluiu, no novo referencial, uma categoria explícita na perspectiva financeira, relacionada com os efeitos dos riscos, como redução de créditos e prejuízos em litígios. Além disso, na perspectiva dos processos internos, incluiu um tema operacional que se concentrava nos processos de gestão de riscos.

A equipe introduziu mais um atributo para garantir que cada grupo reconhecesse interdependências com outras unidades, a serem incorporadas nos scorecards revisados. Cada unidade codificava os diferentes objetivos nos Mapas Estratégicos revisados, em uma das seguintes três categorias:

Tipo	*Definição*	*Exemplo*
Comum	Objetivos de todo o banco a serem incluídos em todos os scorecards da organização	"Aumentar a eficiência em custos" (objetivo da perspectiva financeira)
Compartilhado	Objetivos interdivisionais, compartilhados por duas ou mais unidades, que devem cooperar entre si para alcançar os resultados almejados.	"Dinamizar o processo de aprovação de crédito" (objetivo de eficiência operacional na perspectiva dos processos internos)
Exclusivo	Objetivos intradivisionais, que descrevem atividades a serem executadas de maneira independente pelo grupo	"Manter conhecimento dos perfis de seus clientes" (objetivo para a tesouraria, no tema interno de gestão de riscos)

Figura 6.7 Fundamentos do Mapa Estratégico corporativo da matriz americana do Bank of Tokyo-Mitsubishi

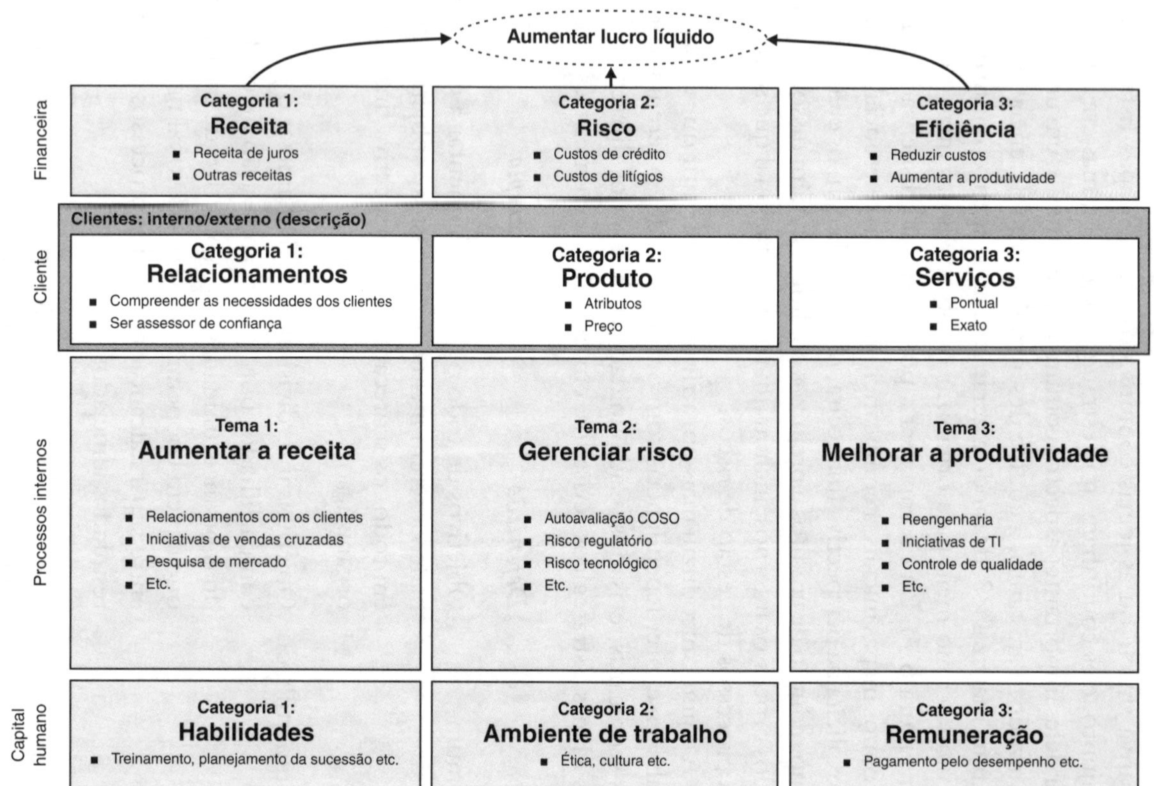

Por exemplo, o objetivo compartilhado "Dinamizar o processo de aprovação de crédito" exigia que o grupo de análise de crédito trabalhasse em estreita colaboração com o grupo de desenvolvimento de negócios. Evidentemente, o grupo de análise de crédito considerava que seu objetivo era minimizar os prejuízos com dívidas incobráveis, rejeitando, com frequência, os novos clientes apresentados pelo grupo de desenvolvimento de negócios. O novo objetivo, compartilhado pelos dois grupos, esclarecia que o objetivo era gerenciar riscos, não eliminar riscos. Para aumentar a eficácia na gestão de riscos, tanto o desenvolvimento de negócios quanto a aprovação de crédito deviam chegar a um acordo quanto aos critérios de definição de riscos aceitáveis, de modo que a aceitação de novos negócios fosse previsível e rápida.

Assim, cada grupo adotou os fundamentos estratégicos da Figura 6.7 como ponto de partida para criar uma versão específica de sua situação, reconstruindo o Mapa Estratégico, de modo que seus objetivos passassem a corresponder aos temas estratégicos no referencial da corporação, e codificando cada objetivo como comum em toda a corporação, compartilhado com uma ou mais unidades ou exclusivo de suas operações.

A Figura 6.8 mostra um exemplo de Mapa Estratégico revisado da unidade banco empresarial global. O referencial da corporação facilitou a aplicação de um processo centralizado de gestão de riscos, abrangendo todas as unidades, conforme analisado no Capítulo 4. Os grupos completaram esse processo durante o terceiro trimestre de 2002 e no quarto trimestre o sistema de gestão do Balanced Scorecard estava implementado e já em funcionamento.

Ao executar o projeto na sequência inusitada de grupos de negócio → corporação → grupos de negócio, a organização dilatou o prazo de implementação para 15 meses, mas esse método se revelou mais compatível com a cultura organizacional – mais receptiva às estratégias desenvolvidas pelos grupos de negócio do que às impostas pela corporação – de modo que, ao entrar em funcionamento, o novo sistema de gestão foi bem aceito em toda a empresa.

As informações sobre o sucesso do projeto de Balanced Scorecard na matriz americana logo chegaram a Tóquio e, em 2004, a sede mundial do Bank of Tokyo-Mitsubishi lançou seu próprio projeto de Balanced Scorecard.

Figura 6.8 Mapa Estratégico reformulado do BTMHQA (exemplo da unidade de serviços bancários)

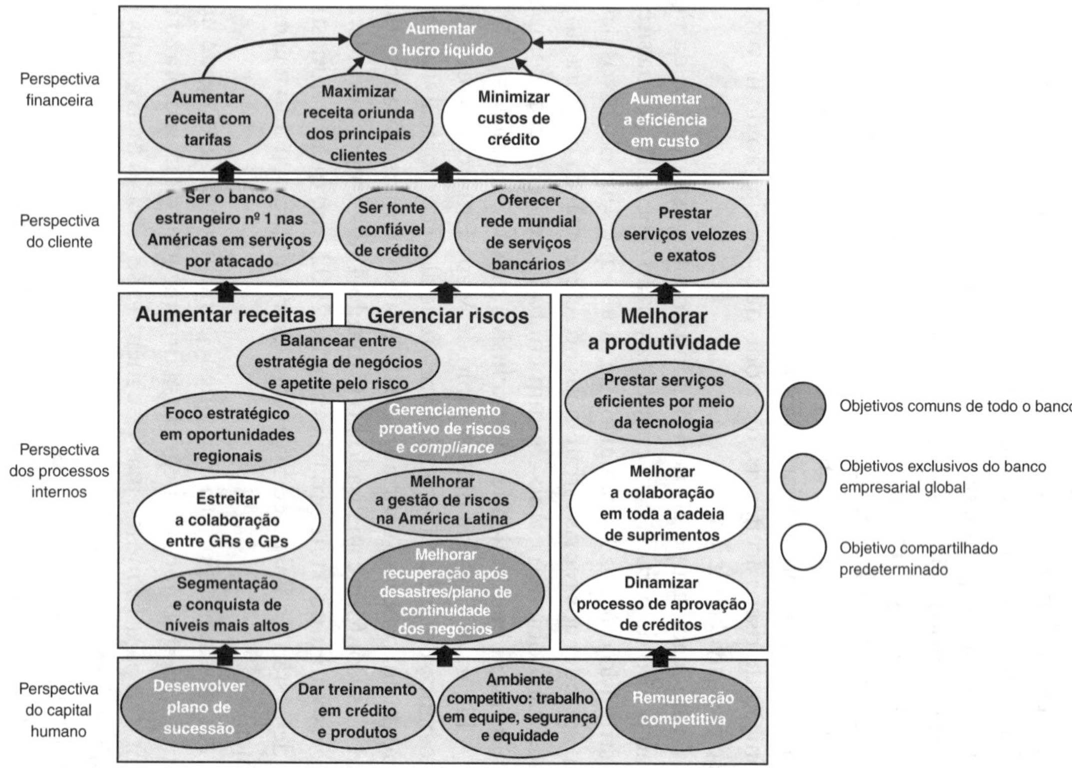

RESUMO

As organizações podem desdobrar o modelo de gestão do Balanced Scorecard e Mapas Estratégicos de cima para baixo ou de baixo para cima, mas, no final das contas, os relatórios, as análises e as decisões devem fluir em ambas as direções. Partir do Mapa Estratégico e do BSC corporativos é o método tradicional para alinhar as unidades organizacionais de níveis médio e inferior com a estratégia em nível corporativo. Mas muitas organizações optam por iniciar o scorecard no nível das unidades de negócio, para testar e validar o conceito e para conquistar apoio dos gestores operacionais e funcionais, antes de estendê-lo para o âmbito de toda a empresa.

A maioria das organizações acaba usando um processo iterativo, começando com diretrizes corporativas para a construção dos Mapas Estratégicos e scorecards das unidades de negócio, mas também aproveitando as ideias propostas por estas para revisar o Mapa Estratégico e o scorecard da corporação. Empurrar o scorecard organização abaixo, com muita energia e cedo demais, pode gerar ressentimentos e retrocessos. Quase todas as organizações constataram que a flexibilidade é o principal ingrediente dos primeiros estágios do desdobramento. Depois que a organização passa a usar a ferramenta – seguindo um processo contínuo de relatórios e reflexões sobre a estratégia – a imposição das prioridades corporativas de cima para baixo torna-se mais aceitável.

RESUMO

CAPÍTULO 7

ALINHAMENTO DOS CONSELHOS DE ADMINISTRAÇÃO E DOS INVESTIDORES

Nos capítulos anteriores, analisamos como os Balanced Scorecards ajudam a alinhar e a criar sinergias entre as unidades de negócio e as unidades de apoio internas (ver a seta à esquerda na Figura 7.1). Agora, com a crescente ênfase na governança corporativa, os executivos estão usando o Balanced Scorecard para aprimorar os processos de governança e melhorar a comunicação com os acionistas (ver a seta à direita da Figura 7.1), garantindo a criação adicional de valor corporativo. "Quero que os investidores saibam que podem confiar na nossa capacidade de gerenciar a empresa com eficácia", disse Jeff Immelt, CEO da General Electric. "Então, podem julgar a GE pela qualidade de nossos negócios, de nossa estratégia e de nossa execução."[1]

A eficácia na governança, na divulgação de informações e nos processos de comunicação reduz o risco enfrentado pelos investidores ao confiarem seu capital aos gestores de uma empresa. Neste capítulo, mostramos como as empresas podem usar o Balanced Scorecard para melhorar seus processos de governança corporativa e de divulgação de informações. Antes de ilustrar essa nova aplicação do Balanced Scorecard, introduzimos os conceitos fundamentais de governança corporativa.

Figura 7.1 O Balanced Scorecard ajuda as organizações a gerenciarem o processo de criação de valor em cada nível

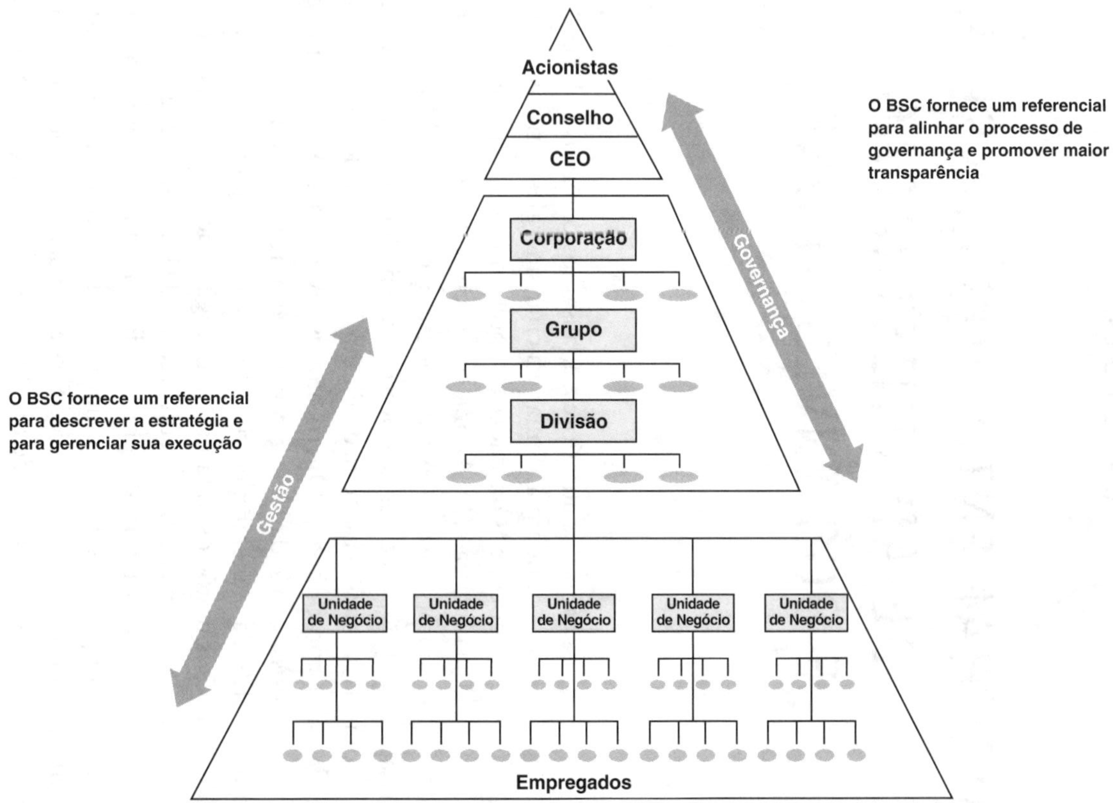

INTRODUÇÃO À GOVERNANÇA

Todos os mercados exigem intermediários para ajudar a direcionar o capital para os negócios com maiores oportunidades, assim como para monitorar o desempenho dos executivos responsáveis pela gestão dos mesmos.[2] Nem todas as propostas dos executivos e empreendedores são "boas" ideias que merecem ser financiadas. Na ausência de informações válidas sobre as oportunidades de negócio, os investidores não são capazes de discernir as boas e más ideias propostas pelos executivos.

Esse problema de diferença na qualidade das informações gerenciais – em que os "vendedores" (os gestores das empresas) dispõem de informações melhores e mais detalhadas sobre as oportunidades de investimentos do que os "compradores" (investidores potenciais) – também surge em outros mercados, como, por exemplo, no de carros usados. Os compradores potenciais geralmente não conseguem obter boas informações do vendedor sobre as condições do carro e não têm acesso a informações imparciais sobre sua qualidade. Nessa situação, os vendedores dispõem de informações melhores sobre a qualidade do produto ou serviço em oferta. (Situação denominada pelos economistas problema de *seleção adversa*.)

Consequentemente, o comprador de carro usado presume, racionalmente, que o automóvel está em más condições e oferece um preço baseado na premissa de ter de pagar um valor adicional para colocar o veículo em ordem. Os vendedores potenciais de carros usados que foram conservados em excelentes condições não serão capazes de conseguir um valor justo e, portanto, não vendem seus carros nesses mercados. O resultado é um mercado de funcionamento precário, no qual se oferecem apenas produtos e serviços de má qualidade.

Estendendo esse exemplo para o contexto do mercado de capitais, se os executivos não forem capazes de transmitir de maneira confiável o valor intrínseco de seus projetos nas propostas apresentadas, os investidores não estarão dispostos a oferecer recursos a preços considerados satisfatórios pelos proponentes.[3] Assim, muitas oportunidades de investimento de alto retorno não obterão financiamento.

Os mercados de capitais também monitoram a maneira como estes executivos usam o dinheiro fornecido pelos investidores. Os interesses de ambos não são idênticos. Os executivos podem fazer investimentos que aumentam o tamanho das empresas, mas não são lucrativos. Ou, em vez de pagar dividendos quando não dispõem de bons investimentos, acumulam caixa no intuito de evitar a necessidade de justificar futuras solicitações de capital para investimentos em novos projetos.

Os executivos também podem consumir parte do "capital de terceiros", instalando-se em escritórios luxuosos, operando frotas de jatos e desfrutando de remunerações excessivas. E ainda dispõem de meios para distorcer as demonstrações financeiras e a divulgação de informações aos investidores, pintando um quadro mais saudável da empresa do que o justificado pela realidade econômica. Tais distorções geram bônus mais altos para os mesmos e os ajudam a evitar a perda do emprego, caso se revelasse a verdadeira imagem do mau desempenho. Todas essas situações são exemplos de ações ocultas ou *risco moral* (*moral hazard*) – quando os gestores agem de acordo com os seus próprios interesses, e não de acordo com os interesses dos proprietários da empresa.

Quando distantes da operação, os investidores têm dificuldade em monitorar e avaliar as informações e decisões dos executivos, sobretudo se ignorarem algumas das iniciativas destes. Se não for possível mitigar as consequências das ações ocultas, os investidores relutarão em arriscar seu capital investindo nas empresas.

As economias de mercado mais desenvolvidas passaram a dispor de várias instituições que atenuam esses problemas de seleção adversa e de risco moral. Por serem mais capazes de abrandar tais situações, tais economias crescem com mais rapidez e produzem um padrão de vida mais elevado para seus cidadãos do que aquelas incapazes de atrair e alocar capitais privados para oportunidades de investimento atraentes.

Entre essas instituições, estão intermediários como os analistas de investimentos e os gestores de recursos de terceiros (ver fileira do alto da Figura 7.2). Os analistas de investimentos interpretam as demonstrações financeiras e as divulgações de informação das empresas, analisam as oportunidades de negócio e apresentam recomendações sobre aquelas que representam oportunidades de investimento atraentes e não atraentes. Os gestores de recursos de terceiros, como fundos de investimento, investidores de capital de risco e investidores em companhias fechadas promissoras (*private equity*), reúnem recursos de vários clientes de varejo e institucionais e, com base nas próprias análises financeiras e de negócios, assim como na de analistas externos, aplicam o capital nas oportunidades de investimento mais atraentes.

As análises, as interpretações e as decisões de investimento em si feitas pelos investidores de varejo e por seus gestores profissionais, baseiam-se nas demonstrações financeiras e na divulgação de informações preparadas pelos executivos das empresas. Para garantir que essas informações representem com fidedignidade as operações das empresas, auditores externos exami-

Figura 7.2 Cadeia de intermediação do mercado de capitais

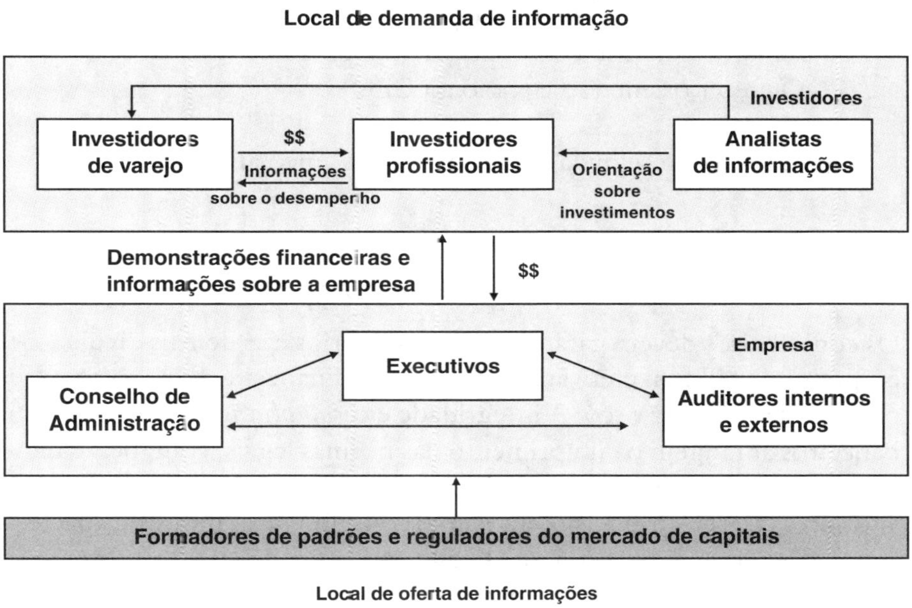

nam e testam a validade dos relatórios, atenuando, assim, o problema do risco moral que surge quando os gestores prestam contas de seu próprio desempenho.

Talvez o elemento mais importante de todo esse sistema de intermediação e governança seja o conselho de administração da empresa. Conselhos de administração ativos e engajados são parte essencial do desenvolvimento e execução de uma estratégia bem-sucedida. Esses órgãos contribuem para o desempenho da organização quando exercem na plenitude as seguintes funções:

1. Garantir o desenvolvimento, implementação e funcionamento de processos que preservam a integridade da empresa, incluindo:
   - Integridade nas demonstrações financeiras;
   - Integridade no *compliance* das leis e dos princípios éticos;
   - Integridade nos relacionamentos com clientes e fornecedores;
   - Integridade nos relacionamentos com outros *stakeholders*.

2. Aprovar e acompanhar a estratégia da corporação.
3. Homologar as grandes decisões financeiras.
4. Selecionar o executivo principal, avaliar o CEO e a equipe executiva sênior, e garantir a existência de um plano de sucessão.
5. Oferecer orientação e apoio ao CEO.

Analisamos, em seguida, cada uma dessas cinco atribuições.

Garantir integridade e *compliance*

Os conselheiros devem garantir que os relatórios e as demais divulgações corporativas reflitam efetivamente a situação financeira do negócio e seus principais fatores de risco. A integridade e o *compliance* nos relatórios financeiros abrangem o cumprimento das normas legais, contábeis e regulamentarias, como a lei Sarbanes-Oxley, de 2002, nos Estados Unidos. Os auditores internos e externos ajudam o conselho de administração a ter a certeza de que as demonstrações financeiras, a divulgação de informações e os processos de gerenciamento de riscos cumprem a regulamentação pertinente.

Também compete aos membros do conselho de administração monitorar os riscos assumidos pela empresa e certificar-se de que os gestores implementaram processos adequados de gerenciamento de riscos para mitigar as consequências adversas de eventos imprevistos. Também é atribuição do conselho de administração garantir que a empresa disponha de sistemas adequados de controles internos que evitem perda de ativos, de informações e de reputação. E ainda deve certificar-se de que os gestores da empresa estejam operando de maneira ética, em conformidade com os códigos de conduta nos relacionamentos com fornecedores, clientes e comunidades, assim como com os funcionários. Outra atribuição importante é ter a certeza de que os empregados não estão transgredindo leis e regulamentos, pondo em risco os recursos da empresa e até mesmo sua licença de operação.

Aprovar e acompanhar a estratégia da empresa

Em geral, os membros do conselho de administração não participam do processo de formulação da estratégia, que é atribuição do CEO e da equipe de liderança executiva. Mas compete-lhes certificar-se de que os membros da empresa estão executando uma estratégia adequada para a criação de valor para os acionistas no longo prazo. Desta forma, os conselheiros aprovam ou rejeitam as principais decisões da liderança executiva referentes à implementação da estratégia.

Para cumprir essas atribuições, os membros do conselho de administração precisam conhecer em profundidade e aprovar de maneira consciente a estratégia da empresa. Aprovada a estratégia, os conselheiros monitoram continuamente sua execução e seus resultados. Para tanto, é indispensável que conheçam os principais direcionadores que influenciam na criação de valor e no risco do negócio.

Homologar as grandes decisões financeiras

O conselho de administração também garante o uso eficaz e eficiente dos recursos financeiros para alcançar os objetivos estratégicos. Compete-lhe aprovar os orçamentos anuais de operação e de investimento e autorizar as principais ações que requerem consumo intensivo de capital, novos financiamentos e amortizações, bem como as principais aquisições, fusões e alienações.

Selecionar e avaliar executivos

Os conselheiros contratam o executivo principal e definem a respectiva remuneração. Não raro, também compete ao conselho de administração aprovar a contratação de outros membros da equipe executiva sênior. Anualmente, avaliam o desempenho do CEO e da equipe executiva e aprovam os planos de remuneração e incentivos.

Para proteger a empresa de situações inesperadas envolvendo morte, doença, acidentes ou demissão voluntária de executivos-chave, os conselheiros precisam ter certeza da existência de planos de sucessão para todos os membros da equipe executiva.

Aconselhamento e apoio ao CEO

O conselho de administração assessora e orienta o CEO. Cada conselheiro explora seus conhecimentos específicos do setor e sua expertise funcional e gerencial para aconselhar o CEO, com base na história e no posicionamento competitivo da empresa. Os conselheiros compartilham seus conhecimentos, experiência e sabedoria quando a equipe executiva apresenta oportunidades estratégicas e grandes decisões iminentes.

LIMITAÇÕES DE TEMPO E DE CONHECIMENTO

Para executar suas várias atribuições, os membros do conselho de administração precisam de amplos conhecimentos sobre a operação. Eles devem estar familiarizados com as demonstrações financeiras, com a posição competitiva da empresa, com os clientes, com novos produtos, com tecnologias e com as capacidades dos empregados. Também é importante que estejam conscientes do desempenho e das capacidades dos principais gestores, assim como devem conhecer, de forma mais abrangente, os talentos existentes.

Os conselhos de administração devem, ainda, certificar-se de que a empresa está cumprindo as normas legais, regulatórias e éticas.[4]

Edward Lawler é um estudioso nas áreas de capital humano, eficácia organizacional e, mais recentemente, conselhos de administração.[5] Eis o que recomenda: "O conselho de administração deve concentrar-se nos indicadores de tendência. O desafio é identificar os indicadores de tendência mais importantes – os que são exclusivos daquela organização e de seu modelo de negócio... O conselho de administração precisa analisar informações sobre a cultura organizacional. Também necessita de indicadores sobre como os clientes e empregados sentem que estão sendo tratados."[6]

Em geral, os conselhos de administração não executam todas as suas atribuições por carecer de tempo e por não dispor de informações adequadas. Em empresas que fracassaram, como Enron, WorldCom e Adelphia, os órgãos deliberativos não contavam com informações suficientes que permitissem uma completa compreensão da real situação.[7] Dos conselheiros, 90% não são membros das equipes executivas, dedicando-se às organizações somente em tempo parcial, mais como observadores externos. Hoje, muitas empresas adotam o critério no qual os conselheiros externos não podem ser considerados independentes se as organizações em que exercem sua atividade principal representarem mais de 1% dos financiamentos, suprimentos ou vendas da empresa em que são conselheiros.

Como consequência, os conselheiros "independentes" têm muito menos conhecimento específico da empresa e do setor. Embora essa pretensa "imparcialidade" possa oferecer alguma proteção aos investidores, ela limita a profundidade dos conhecimentos que os conselheiros "independentes" podem adquirir e manter sobre o setor de atividade e sobre a posição competitiva da empresa, sobretudo se boa parte das informações a que tiverem acesso consistir apenas em informações financeiras trimestrais e anuais.

Além disso, os conselheiros externos e independentes geralmente exercem importantes funções de liderança em suas próprias organizações e têm dificuldade em dedicar muito mais tempo às suas atividades como conselheiros de outras empresas. Assim, estas devem descobrir maneiras de usar com mais eficácia o tempo disponível dos conselheiros. Esta maior eficácia na gestão do tempo dos conselheiros exige racionalização do fluxo de informações para o conselho de administração antes e durante as reuniões. Inclui, ainda, a necessidade de concentrar as agendas desses eventos em questões que sejam da mais alta importância estratégica para a empresa. Jay Lorsch, importante estudioso de conselhos de administração, sugere: "Se os conselheiros receberem regularmente um Balanced Scorecard, é muito mais provável que sempre disponham das informações mais relevantes sobre a empresa. A ênfase do scorecard na estratégia (integrando todas as atividades, no dia a dia e no longo prazo) pode ajudar os conselheiros a manter o foco."[8]

Os sistemas de governança baseados no Balanced Scorecard ajudam os conselhos de administração a enfrentar seus dois maiores desafios críticos de falta de tempo e de falta de informações.

USO DO BALANCED SCORECARD NA GOVERNANÇA PELO CONSELHO DE ADMINISTRAÇÃO

O uso do Balanced Scorecard pelos conselhos de administração ainda é novidade, embora tenhamos a impressão de que essa tendência crescerá com o passar do tempo. Cada vez mais empresas estão incluindo Balanced Scorecards nas agendas dos conselhos de administração e destinando algum tempo para sua análise durante as reuniões.

O First Commonwealth Financial Corporation, *holding* bancária regional com sede na Pensylvania, tem liderado a adoção do Balanced Scorecard como principal ferramenta para as análises e deliberações do conselho de administração. Nas seções seguintes, exploramos a experiência do First Commonwealth.[9]

O scorecard da empresa

O programa do Balanced Scorecard do conselho de administração começa com a aprovação do Mapa Estratégico da organização, em que se apresentam os objetivos estratégicos inter-relacionados, e das respectivas componentes do Balanced Scorecard, como os indicadores de desempenho, metas e iniciativas. Evidentemente, essa ferramenta deve ter sido desenvolvida, primordialmente, para a sua função tradicional de ajudar o CEO a divulgar e a implementar a estratégia corporativa em toda a organização.

Como exemplo, considere o Mapa Estratégico da Figura 7.3 do First Commonwealth Financial Corporation, que adotou o Balanced Scorecard para implementar uma nova estratégia, concentrada no estabelecimento de relacionamentos duradouros com os clientes. O Mapa Estratégico retrata com clareza os objetivos financeiros de alto nível, de melhoria na receita e de melhoria da produtividade; os objetivos em clientes, de relacionamentos duradouros e excelente prestação de serviços; os processos internos críticos de alavancar as informações sobre clientes e de vender pacotes de produtos e serviços financeiros ajustados sob medida às necessidades dos clientes; e os objetivos de aprendizado e crescimento, que consistem em motivar e capacitar a organização sobre a estratégia e a nova maneira de vender. O Mapa Estratégico é complementado por um Balanced Scorecard de indicadores, metas e iniciativas.

Os CEOs podem usar o scorecard para promover discussões construtivas com seus conselhos sobre a direção estratégica da empresa e o desempenho na execução desta estratégia. Usado dessa maneira, o Balanced Scorecard desempenha papel central na governança, ao fornecer aos membros do conselho de administração informações financeiras e não financeiras essenciais para o exercício de suas atribuições referentes ao acompanhamento do desempenho.

Por exemplo, a Wendy's International, uma das maiores empresas de operação e franquia de restaurantes do mundo, com mais de 9.500 unidades de varejo, usa o BSC para comunicar-se com seu conselho de administração, que efetua avaliações minuciosas de tópicos como resultados financeiros, benefícios de reformulações nos processos, inauguração de novas lojas, participação de mercado, satisfação dos clientes, comparações em relação ao custo-benefício e ao sabor frente à concorrência, satisfação dos empregados e rotatividade de pessoal. O conselho de administração recebe atualizações de indicadores de tendência específicos, principalmente *feedback* sobre os atributos dos clientes e mudanças na participação de mercado.[10]

De início, a equipe executiva submete o Mapa Estratégico da empresa e seus componentes ao conselho de administração para análise e aprovação. Idealmente, tais revisões devem ser anteriores à elaboração do produto final, de modo que os membros do conselho possam contribuir para as discussões sobre a trajetória e sobre o posicionamento estratégico. O Mapa

Figura 7.3 Mapa Estratégico do First Commonwealth Financial Corporation

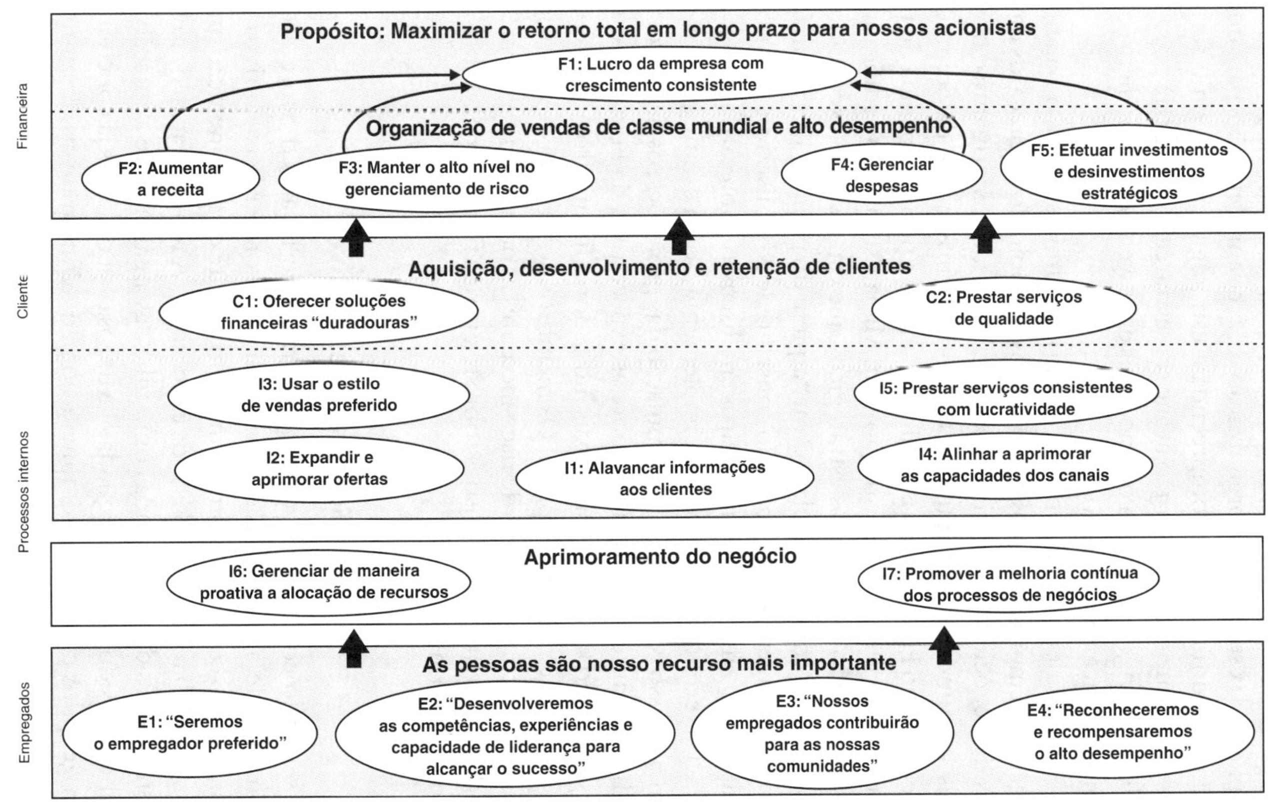

Estratégico e o Balanced Scorecard são a representação mais sucinta e mais explícita da estratégia da organização. Eles criam condições para que o conselho de administração compreenda a estratégia, assim como fornecem a base para que o mesmo órgão avalie se a estratégia é capaz de proporcionar valor em longo prazo para os acionistas em níveis aceitáveis de risco empresarial, financeiro e tecnológico.

Depois de aprovados pelo conselho de administração, o Balanced Scorecard da empresa, com os documentos de apoio dos scorecards das unidades de negócios e de serviços compartilhados, transformam-se nos principais documentos distribuídos aos conselheiros antes das reuniões. Por exemplo, no First Commonwealth Financial, a primeira página do relatório para o conselho de administração é um Mapa Estratégico codificado em cores, indicando os objetivos estratégicos que estão sendo executados "além do plano", "conforme o plano" ou "aquém do plano". Tais resultados passam a ser a agenda da reunião do conselho de administração, na medida em que o CEO envolve os conselheiros em discussões interativas sobre as experiências recentes da empresa na implementação da estratégia. Por meio de um processo contínuo de reformulação das projeções, os membros do conselho se mantêm informados sobre as expectativas da liderança quanto ao desempenho futuro dos principais indicadores financeiros e direcionadores de criação de valor da empresa. Os membros do Comitê de Auditoria se familiarizam com os fatores de risco inerentes às operações e à estratégia, ajudando a orientar suas decisões sobre relatórios financeiros e sobre divulgação de informações.

Scorecards executivos

O segundo componente de um programa de Balanced Scorecard para o conselho de administração compõe-se de scorecards executivos a serem usados pelo conselho, assim como pelo comitê de remuneração, para selecionar, avaliar e recompensar os executivos. A remuneração destes profissionais tem sido identificada como uma das áreas em que a atuação do conselho tem sido mais inadequada.[11] Muitos observadores já concluíram que, em geral, os comitês de remuneração não definem níveis de remuneração compatíveis com as atribuições e com o desempenho dos executivos e argumentam que tais grupos foram dominados pelo CEOs e pelos consultores em remuneração contratados pelos executivos principais para "ajudar" o conselho a desenvolver suas políticas de remuneração.

Sem dúvida, para que executem suas funções de supervisão e avaliação dos executivos, os conselhos de administração necessitam de ferramentas de mensuração válidas e objetivas. Para tanto, precisam desenvolver e aprovar um sistema de remuneração e incentivos que recompense aqueles capazes de criar valor de curto e longo prazos. O plano de remuneração deve estipular níveis abaixo da média quando o desempenho ficar aquém dos padrões do setor.

Os scorecards executivos descrevem as contribuições estratégicas dos gestores mais importantes, ajudando o CEO e o conselho de administração a explicitar as expectativas de desempenho que a empresa tem em relação a cada um dos seus executivos-chave. O processo de desenvolver um scorecard para o executivo começa com o scorecard da empresa. O CEO e a equipe executiva chegam a um acordo sobre os objetivos corporativos que são atribuição básica de cada membro da equipe de líderes.

Por exemplo, o diretor de informática provavelmente será responsável pelos objetivos relacionados aos recursos de tecnologia da informação na perspectiva de aprendizado e crescimento e também pelos objetivos referentes a clientes e a processos internos cujo sucesso é impulsionado por excelentes bancos de dados e sistemas de informação. O diretor de recursos humanos será incumbido de garantir que as pessoas tenham as habilidades e a experiência indispensáveis para a execução da estratégia, que processos de comunicação eficazes tenham conscientizado todos os empregados quanto às estratégias corporativas e das respectivas unidades de negócio e ainda que cada empregado tenha objetivos pessoais, plano de desenvolvimento individual e plano de incentivos, baseados em suas contribuições para a realização dos objetivos estratégicos das unidades de negócios e corporativos, sendo responsável pelos resultados obtidos nessas áreas.

No caso do First Commonwealth, a Figura 7.4 mostra, em destaque, os objetivos do Mapa Estratégico para o CEO do banco e a Figura 7.5 apresenta o respectivo scorecard com indicadores e metas representativas para o mesmo executivo principal. Observe que as atribuições básicas desse gestor são as novas estratégias de marketing e de vendas, mas que outros executivos – o diretor de operações e o diretor de informática – são responsáveis basicamente pelos custos, pela qualidade e pela capacidade de resposta das operações diárias. O CEO do banco também deve liderar a visibilidade e as contribuições do banco em todas as comunidades em que a instituição financeira está presente.

Figura 7.4 O scorecard executivo identifica a contribuição estratégica do CEO do banco

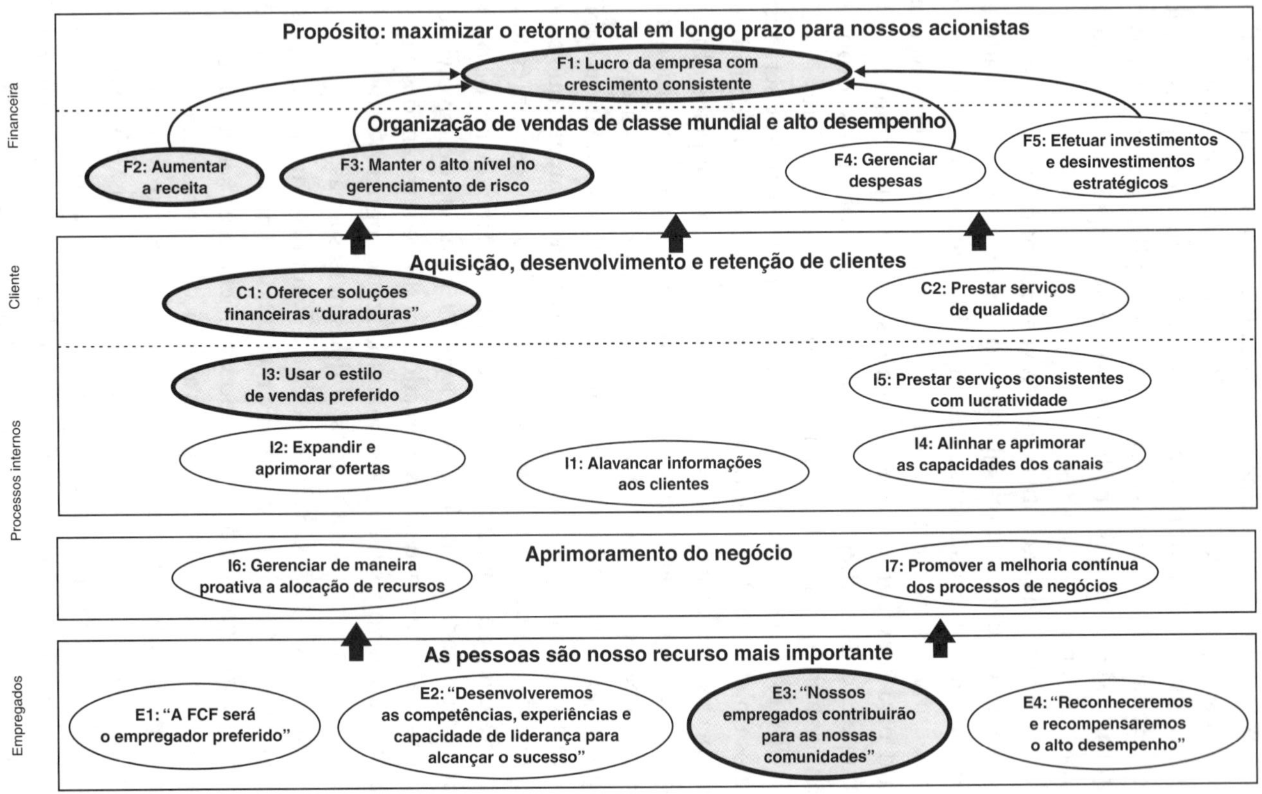

Figura 7.5 Papel estratégico: o CEO do banco promoverá o aumento da receita, a transição da organização para uma cultura orientada às vendas e garantirá que a Unidade de Crescimento tenha a equipe gerencial certa para executar a estratégia da FCF

Papel estratégico: o CEO do banco promoverá o aumento da receita, a transição da organização para uma cultura orientada às vendas e garantirá que a Unidade de Crescimento tenha a equipe gerencial certa para executar a estratégia da FCF

Modelo de scorecard executivo: CEO do banco

Objetivos estratégicos (extraído do Mapa Estratégico corporativo)	Objetivos individuais	Indicadores (conforme BSC corporativo)	Metas	Avaliação
Financeira **F2: Aumentar receita**	Viabilizar *principais* fontes de crescimento da receita: (1) ofertas de investimento para os segmentos afluentes e (2) ofertas de empréstimos para o mercado comercial	▪ Aumento da receita	▪ 2003 10%	
Partes interessadas **C1: Oferecer soluções financeiras "duradouras"**	Supervisionar a execução da iniciativa "um nome" e a campanha da nova imagem da marca	▪ Aquisição, desenvolvimento e retenção por segmento	▪ A definir	
Processos internos **I2: Expandir e aprimorar ofertas** **I3: Usar o estilo de vendas preferido**	Identificar relacionamentos almejados nos segmentos afluentes e comerciais. Garantir o desenvolvimento de perfis de clientes	▪ Índice de vendas nos clientes selecionados	▪ 2003 40%	
Aprendizado e crescimento **E3: Nossos empregados contribuirão para nossas comunidades**	Assumir funções de liderança ativa em organizações cívicas de alta visibilidade	▪ Envolvimento pessoal em atividades cívicas	▪ A definir	

Ao desenvolver scorecards executivos para cada membro da equipe de liderança sênior, o CEO alinha a equipe executiva com a estratégia e passa a dispor de um mecanismo explícito para mantê-los responsáveis por seu desempenho e contribuição. Dessa maneira, o CEO pode remunerá-los com base em indicadores de desempenho objetivos. Os scorecards executivos fornecem ao comitê de remuneração do conselho de administração as informações indispensáveis para verificar até que ponto o CEO está avaliando e recompensando o desempenho individual dos executivos.

O scorecard do CEO pode ser obtido da mesma maneira, destacando os aspectos do scorecard corporativo cuja responsabilidade fundamental da implementação é do CEO. Talvez esse e outros scorecards de executivos possam ser complementados por indicadores-chave de desempenho que enfatizem importantes atribuições desses gestores, que vão além da implementação bem-sucedida da estratégia e do aumento do valor para os acionistas. Por exemplo, o CEO talvez tenha responsabilidades específicas pela implementação de processos de governança eficazes que garantam bom desempenho nas áreas ambiental e comunitária, além da manutenção de bons relacionamentos com importantes grupos externos, como investidores, clientes e fornecedores estratégicos, agências reguladoras e líderes políticos. A Figura 7.6 mostra um conjunto mais amplo de indicadores em que pode basear-se o conselho de administração ao desenvolver os scorecards do CEO e de outros executivos.

O comitê de remuneração do conselho de administração deve usar o scorecard executivo do CEO ao elaborar seu contrato de desempenho, desenvolvendo, dessa maneira, critérios objetivos e defensáveis para o pacote de remuneração do CEO. As metas de desempenho para os indicadores do scorecard do CEO podem ser definidas com base em padrões explícitos de crescimento e de desempenho de forma comparativa ao desempenho do setor.

O comitê de governança também pode usar os scorecards executivos como descrições de cargos estratégicos que fornecem as bases para os planos de sucessão de executivos e para a identificação de candidatos à sucessão. Cohn e Khurana manifestam preocupação com os processos típicos adotados pelos conselhos de administração para selecionar CEOs: "Em geral, os CEOs são selecionados, remunerados e admirados mais pelo carisma e confiança que transmitem, ostentando suas roupas de grife, do que por suas efetivas habilidades e competências... Não raro os conselhos de administração se sentem perdidos na hora de definir as verdadeiras habilidades,

Figura 7.6 Estrutura e indicadores para outro tipo de scorecard do CEO

Scorecard do CEO		
	Objetivos estratégicos	**Indicadores típicos**
Financeira	▪ Sustentar o crescimento do valor para os acionistas	▪ Aumentos no EVA (valor econômico agregado) ou no valor para os acionistas ▪ Relação preço/lucro (*versus* concorrentes) ▪ Retorno sobre o patrimônio líquido (*versus* concorrentes) ▪ ROI do portfólio de investimentos
Financeira	▪ Investir de maneira estratégica	▪ Taxa de crescimento do lucro ▪ Receitas oriundas de novas fontes
Financeira	▪ Gerenciar a produtividade	▪ Receita por empregado ▪ Geração de caixa
Partes interessadas	▪ Desenvolver relacionamentos eficazes entre o conselho e o CEO	▪ Avaliação do relacionamento pelo conselho
Partes interessadas	▪ Manter relacionamentos com os acionistas	▪ Quantidade de reuniões com os acionistas ▪ Pesquisa de satisfação dos acionistas
Partes interessadas	▪ Cumprir as normas das agências reguladoras	▪ Número de transgressões ▪ Pesquisa de satisfação das partes interessadas externas
Partes interessadas	▪ Aumentar o valor para os clientes	▪ Participação de mercado (principais mercados) ▪ Satisfação dos clientes (principais mercados)
Processos de governança	▪ Desenvolver e comunicar a estratégia	▪ % do pessoal que compreende a estratégia (pesquisa de empregados)
Processos de governança	▪ Supervisionar o desempenho financeiro	▪ Qualidade da avaliação do lucro (Earnings Rating) ▪ % dos projetos de investimento que alcançam as metas
Processos de governança	▪ Implementar processos de gestão do desempenho	▪ % do pessoal com objetivos vinculados à estratégia (BSC) ▪ % do pessoal com remuneração variável ligada à estratégia (BSC)
Processos de governança	▪ Implementar processos de gerenciamento de riscos	▪ Qualidade dos processos (auditoria externa) ▪ Riscos mitigados (%)
Processos de governança	▪ Gerenciar a execução da estratégia	▪ Iniciativas estratégicas (*vs.* planejado)
Aprendizado e crescimento	▪ Garantir a tecnologia	▪ Investimentos em P&D/vendas (*vs.* concorrentes) ▪ Número de patentes, número de citações de patentes ▪ Ciclo de desenvolvimento de novos produtos
Aprendizado e crescimento	▪ Garantir a prontidão do capital humano	▪ Prontidão do capital estratégico (funções estratégicas) ▪ Cargos-chave com planos de sucessão (%) ▪ Rotatividade do pessoal-chave
Aprendizado e crescimento	▪ Desenvolver a cultura organizacional	▪ Pesquisa de satisfação dos empregados ▪ Código de conduta – conscientização

experiências e competências de que alguém precisa para liderar/conduzir determinada empresa, num determinado ambiente."[12]

Quando surgem vagas na equipe executiva, o Balanced Scorecard corporativo e o scorecard executivo podem ajudar o conselho de administração a localizar estrelas ascendentes dentro da organização, com a experiência e as capacidades necessárias para a implementação da estratégia de alto nível. Os scorecards também orientam o conselho de administração nas recomendações de promoções e treinamento específico para indivíduos com alta capacidade de realização, de modo que sejam mais bem preparados para assumir posições de liderança sênior no futuro.

Quando não é possível preencher as vagas de alto escalão por meio de promoções internas, o comitê de recrutamento do conselho de administração pode usar o Mapa Estratégico e o Balanced Scorecard para desenvolver um perfil da posição que oriente as buscas externas, quase sempre com a ajuda de uma empresa de recrutamento. Cohn e Khurana aconselham os conselhos de administração a usar os objetivos quantificados dos Mapas Estratégicos para orientar o planejamento e a execução da sucessão: "Os comitês de recrutamento manterão o foco na identificação e recrutamento de talentos que tenham condições de enfrentar seus desafios específicos e não sucumbirão ao carisma de líderes que carecem das habilidades relevantes."[13]

Scorecard do conselho de administração

Acreditamos que a maioria dos conselhos de administração poderá concluir que o uso do Balanced Scorecard corporativo em suas reuniões periódicas, assim como para monitorar o desempenho dos altos executivos, contribuirá para o exercício de suas atribuições de supervisão estratégica. De fato, uma importante organização de contabilidade canadense defendeu que essa prática se tornasse padrão para todas as empresas.[14]

Uma nova aplicação é desenvolver o Mapa Estratégico e os respectivos componentes do Balanced Scorecard para o conselho de administração em si. Nos Estados Unidos, a lei Sarbanes-Oxley exige que os conselhos de administração façam avaliações anuais de seu desempenho. Que ferramenta seria mais adequada para tal avaliação de performance do que uma declaração explícita dos objetivos estratégicos do conselho de administração? O Balanced Scorecard oferece os seguintes benefícios:

- Define as contribuições estratégicas do conselho de administração.
- Fornece uma ferramenta para gerenciar a composição e o desempenho do conselho e de seus comitês.
- Explicita as informações estratégicas indispensáveis para este conselho.

Considere o Mapa Estratégico genérico do conselho de administração apresentado na Figura 7.7 e um segmento dos respectivos componentes do Balanced Scorecard na Figura 7.8. O Mapa Estratégico do conselho de administração tipicamente adota indicadores financeiros idênticos aos do Mapa Estratégico corporativo, porque, em última instância, o sucesso do conselho de administração para os acionistas é medido por sua capacidade de orientar a equipe gerencial em busca de desempenho financeiro superior.

No entanto, em vez de usar a tradicional perspectiva do cliente, o scorecard do conselho de administração a substitui pela perspectiva das partes interessadas, refletindo as responsabilidades do conselho de administração perante os reguladores, investidores e comunidades. Como já vimos neste capítulo, as atribuições do conselho de administração perante as partes interessadas incluem o seguinte:

- Aprovar, planejar e monitorar o desempenho da corporação.
- Reforçar e avaliar o desempenho dos executivos.
- Garantir a observância das leis, regulamentos e padrões comunitários e o uso adequado de sistemas de controle interno da corporação.

Essas são as atribuições mais importantes a serem executadas pelos conselhos de administração para mitigar os problemas de risco moral dos executivos que atuam em defesa de interesses próprios em vez de buscar os interesses dos acionistas. A validação dos relatórios financeiros e da divulgação de informações também proporciona aos investidores uma base confiável de informações sobre as oportunidades e riscos dos investimentos, reduzindo, dessa maneira, o impacto de informações ocultas.

O conselho de administração é o componente mais importante em todo o sistema de governança do mercado de capitais. Compete-lhe garantir que os gestores estão fornecendo aos acionistas e reguladores informações financeiras e não financeiras válidas e que estão aplicando o capital para promover o interesse em longo prazo dos acionistas. Essas atribuições do conselho de administração são fundamentais para o funcionamento eficaz dos mercados de capitais. Se os investidores não tiverem a certeza de que os conselhos de administração estão exercendo suas funções com objetividade e independência, eles relutarão em confiar seu capital aos executivos da corporação.

A perspectiva dos processos internos do scorecard do conselho de administração contém os objetivos referentes às atividades deste conselho para alcançar os objetivos dos acionistas e das partes interessadas. A Figura 7.7 apresenta três temas estratégicos para os processos do conselho de administração: supervisão do desempenho, aprimoramento dos executivos, *compliance* e comunicação. Esses temas fornecem a arquitetura para definir os objetivos específicos desta perspectiva para o conselho.

Os três temas estratégicos também se interligam com os três comitês mais importantes do conselho de administração. A principal atribuição do

Figura 7.7 O Mapa Estratégico do conselho de administração esclarece as contribuições desse órgão

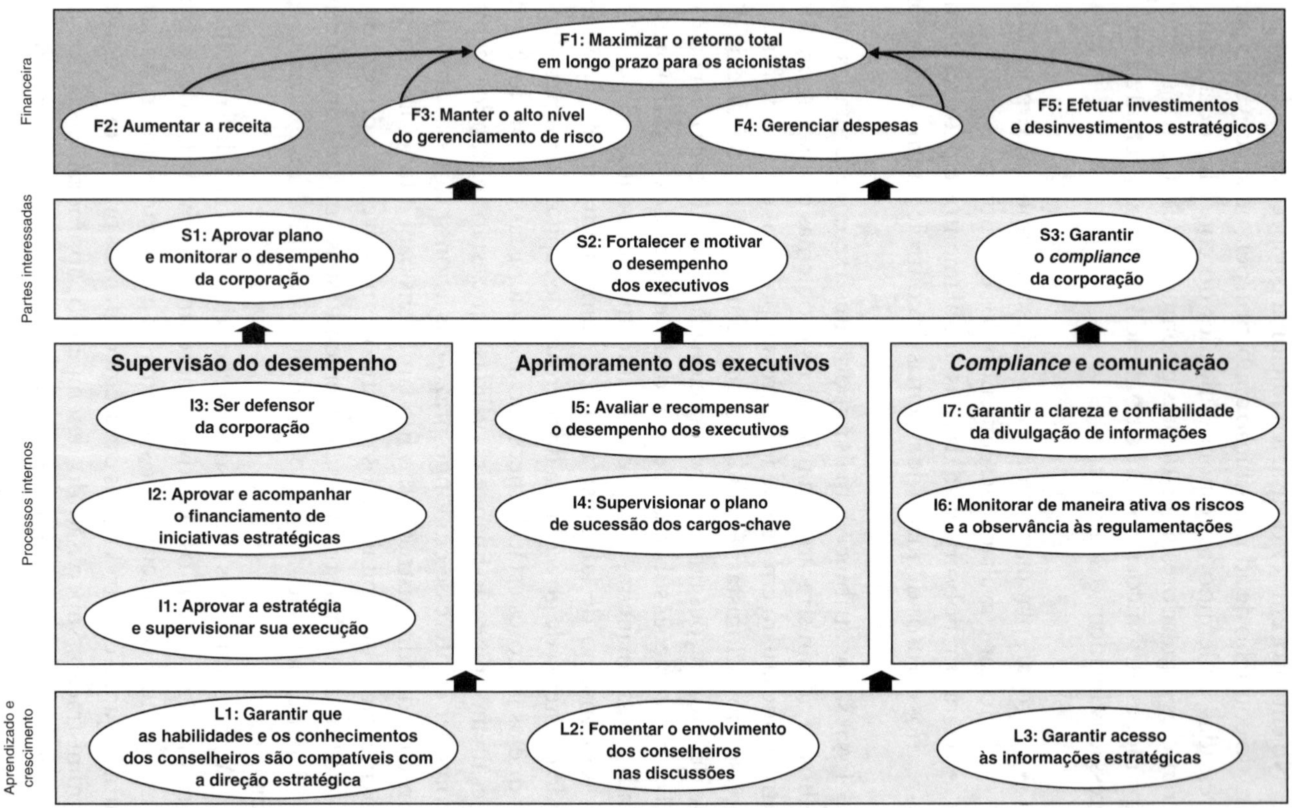

Figura 7.8 Amostra de scorecard do conselho de administração

Modelo de scorecard do conselho

Tema de aprimoramento executivo	Objetivo	Indicadores	Metas	Donos
Financeira	▪ Maximizar o retorno total a longo prazo para os acionistas	▪ ROE em comparação com o dos concorrentes	▪ 75º percentil em 2003	▪ Gestores executivos
Partes interessadas	▪ Reforçar e motivar o desempenho dos executivos	▪ Os executivos e CEOs das afiliadas estão em sintonia com os planos de desenvolvimento?	▪ Sim	▪ Comitê de remuneração
Processos internos	▪ Supervisionar o plano de sucessão dos cargos-chave	▪ Proporção de executivos com planos de sucessão implementados	▪ 75% no ano 1 ▪ 100% no ano 2	▪ Comitê de governança
Aprendizado e crescimento	▪ Garantir acesso às informações estratégicas	▪ Pesquisa entre os conselheiros sobre a relevância das informações disponíveis	▪ Acima da média no ano 1 ▪ Excelente no ano 2	▪ Conselho de administração

comitê de governança é a supervisão do desempenho. O comitê de remuneração é responsável, acima de tudo, pela avaliação e a motivação da equipe executiva sênior. Ao comitê de auditoria compete o *compliance* e a divulgação de informações da corporação.

A perspectiva de aprendizado e crescimento do scorecard do conselho de administração contém objetivos referentes às habilidades, conhecimentos e competências do conselho; ao acesso dos conselheiros a informações sobre a estratégia e resultados da corporação; e à cultura do conselho de administração, sobretudo quanto à dinâmica de reuniões produtivas, que promovam debates e interações entre os conselheiros e a equipe de liderança executiva. Os indicadores da perspectiva de aprendizado e crescimento podem basear-se em pesquisas entre os conselheiros, conduzidas depois de cada reunião, que avaliem a qualidade do encontro, de seus processos internos e das informações fornecidas antes e durante a reunião.

David Dahlmann, vice-presidente do First Commonwealth, comentou sobre a importância dos scorecards do conselho e objetivos de aprendizado e crescimento, nesse contexto: "As pesquisas entre os conselheiros nos ajudam a determinar se temos as habilidades certas para ajudar a empresa na direção estratégica, as informações estratégicas certas no momento certo e o clima propício para estimular debates e divergências."[15]

Em resumo, como mostra a Figura 7.9, um programa de Balanced Scorecard de três componentes – composto pelo scorecard da corporação, pelos scorecards dos executivos e por um scorecard do conselho de administração – fornece informações e estrutura para ajudar o conselho de administração a ser mais eficaz e responsável no exercício de suas atribuições básicas num sistema de governança do mercado de capitais. O scorecard da corporação, complementado por scorecards das unidades de negócio e das unidades de apoio, mantém o conselho de administração informado, de maneira sucinta e esclarecedora, sobre as estratégias a serem implementadas pela corporação.

À medida que monitora, aconselha, aprova e decide sobre a direção estratégica, o conselho operará com conhecimentos muito mais profundos sobre o contexto estratégico da corporação, sem que seus membros fiquem sobrecarregados com quantidades excessivas de informações detalhadas. Os scorecards executivos proporcionam uma base clara para o acompanhamento do desempenho da equipe executiva, para a remuneração dos executivos em função do desempenho na realização das metas estratégicas e para avaliar a adequação dos planos de sucessão dos executivos. O scorecard do

Figura 7.9 O programa de BSC de três componentes é o pilar do sistema de governança corporativa

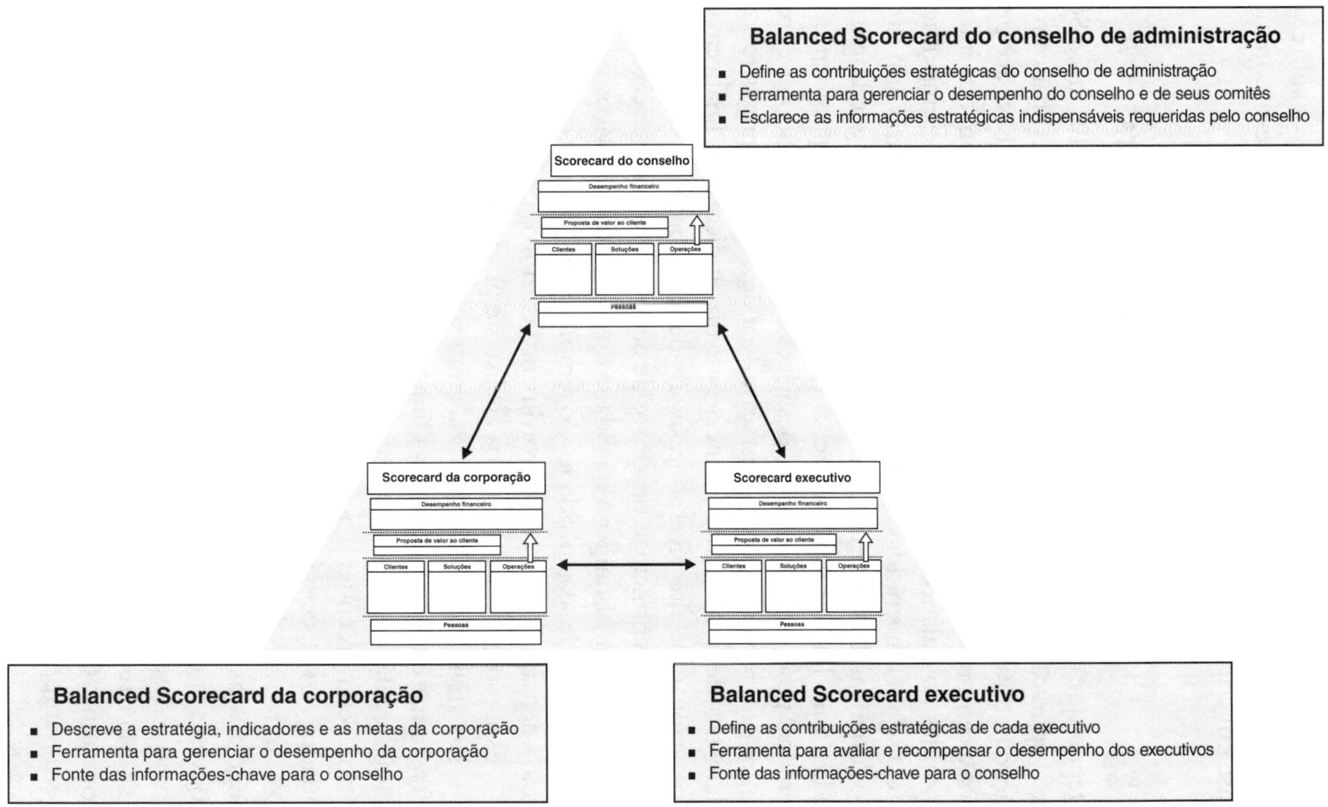

conselho de administração informa todos os conselheiros sobre suas atribuições e facilita a avaliação periódica do desempenho deste conselho, com base em critérios bem compreendidos.

ALINHANDO INVESTIDORES E ANALISTAS

Depois que o conselho de administração aprova e usa o Balanced Scorecard da corporação, composto de indicadores financeiros e não financeiros, a evolução natural é transmitir algumas dessas informações-chave aos proprietários da empresa. Vários grupos de interesse já reivindicaram que informações contidas no Balanced Scorecard sobre a estratégia e o desempenho da empresa sejam transmitidas aos investidores. Quinze anos atrás, um alto comitê do American Institute of Certified Public Accountants (geralmente conhecido como Jenkins Committee, em homenagem a seu presidente, Edward Jenkins) pesquisou as informações necessárias para investidores e credores.[16] Entre suas recomendações destacava-se a de que as empresas fornecessem, além das demonstrações financeiras e dos indicadores financeiros, dados operacionais de alto nível sobre as atividades da empresa e avaliações do desempenho dos principais processos de negócios da organização. Tais indicadores deveriam abranger a qualidade dos produtos e serviços da empresa, o custo relativo de suas atividades e o tempo necessário para executar iniciativas fundamentais, como o desenvolvimento de novos produtos.

Esse estudo indicou que os analistas e proprietários estavam interessados nas atividades e processos da empresa, assim como nos eventos que a afetavam, e em seus indicadores financeiros. O relatório daí resultante enfatizou que dados operacionais de alto nível ajudariam os analistas e proprietários a compreender o negócio – em especial, a ligação entre eventos e atividades e o respectivo impacto sobre o desempenho financeiro da empresa. O comitê reconheceu que, em resposta às transformações no ambiente de negócios, as empresas também estavam mudando seus sistemas de informações e os tipos de conhecimentos necessários para gerenciar os negócios; tal como o desempenho dos processos-chave para a gestão da qualidade total (TQM) e os indicadores de satisfação dos clientes. De tudo isso, o comitê concluiu: "Os usuários se beneficiariam com maior acesso aos indicadores de desempenho de alto nível que os gestores adotam para gerenciar o negócio."

A Ernst & Young estudou as informações usadas pelos analistas financeiros e concluiu que o lucro é considerado cada vez menos importante na previsão do preço da ação e que "35% da avaliação da empresa é atribuída a informações não financeiras".[17] Os analistas com melhores históricos de acertos em suas avaliações informaram que se baseavam principalmente em indicadores não financeiros. E, em análises mais detalhadas de quatro setores de atividades – hardware, alimentos, petróleo & gás e produtos farmacêuticos –, o estudo concluiu que o critério de avaliação não financeiro mais valorizado pelos investidores era a capacidade de execução da estratégia.

Um estudo da Harvard Business School de 1999, também concluiu que os principais analistas de corretoras que vendem ações queriam que as empresas incluíssem mais informações não financeiras em seus relatórios externos, inclusive sobre a estratégia competitiva das unidades de negócio e a estratégia corporativa.[18] Marc Epstein, em dois estudos nos quais foi coautor, apresenta exemplos de várias empresas que incluíram critérios de avaliação não financeiros em seus relatórios anuais.[19]

No entanto, apesar de todos os estudos que demonstram o desejo dos analistas em dispor de informações relacionadas à estratégia da empresa e sua execução, a divulgação de indicadores de desempenho não financeiros continua sendo sob demanda e intermitente. Mesmo com a ampla disseminação e adoção do Balanced Scorecard para a gestão da estratégia dentro das corporações, praticamente nenhuma dessas grandes empresas escolheu usar a estrutura do Balanced Scorecard em seus relatórios externos e na divulgação de informações.[20]

Em meados da década de 1990, depois do sucesso de vários pioneiros na adoção do Balanced Scorecard – Mobil US Marketing & Refining, Cigna Property & Casualty e Chemical Retail Bank – indagamos aos executivos se eles usavam os indicadores do Balanced Scorecard em seus diálogos com analistas e investidores. Vários haviam conversado com os analistas sobre o sucesso recente de suas divisões, porém nenhum realmente apresentara o Balanced Scorecard à comunidade de analistas, apesar de todos terem estruturado suas apresentações com base no referencial do BSC. Eles afirmaram que os analistas ficaram muito entusiasmados com as apresentações, porque em vez de falar apenas sobre índices de crescimento do lucro por ação e de previsões financeiras, eles efetivamente descreviam a estratégia básica que havia resultado nas recentes melhorias substanciais do desempenho financeiro.

Por exemplo, durante uma apresentação, um executivo explicou como um grande investimento em tecnologia da informação havia gerado melhorias significativas num processo que beneficiava diretamente os clientes, o que, por sua vez, aumentara a retenção e o volume de compras, fatores que muito contribuíram para o crescimento recente da receita e das margens. Os analistas puderam ver que os bons resultados do presente não eram meramente conjunturais ou fortuitos; o executivo desenvolvera uma estratégia específica para criação de valor, que sua divisão estava implementando com sucesso como algo duradouro.

A Ingersoll-Rand, empresa analisada no Capítulo 3, divulgou seu Mapa Estratégico corporativo de alto nível no relatório anual de 2002 (ver Figura 7.10). O Mapa Estratégico mostra objetivos de alto nível para todas as unidades de negócio, mas o relatório não apresenta indicadores ou dados sobre os objetivos. A divulgação foi parte da estratégia da IR de salientar o potencial da marca da corporação, e de alcançar economias de escala com seus negócios diversificados, por meio de uma estratégia corporativa integrada. No relatório anual de 2003, a carta do CEO descrevia as realizações sob os temas do Balanced Scorecard corporativo: forte crescimento da receita, mediante soluções inovadoras para os clientes, excelência operacional e dupla cidadania. Do mesmo modo, cada um dos quatro grandes setores da IR descreveu o que havia conseguido em relação aos mesmos temas corporativos. Em 2004, o CEO Herb Henkel continuou a usar o mesmo referencial do Balanced Scorecard em suas apresentações trimestrais aos analistas, fornecendo exemplos específicos de crescimento impulsionado pela inovação, de soluções dos multinegócios para os clientes, de excelência operacional e de dupla cidadania.[21]

A Wendy's, cadeia líder de restaurantes *fast-food*, também usa o referencial do scorecard em suas apresentações a analistas, embora sem mencionar explicitamente que os critérios de avaliação divulgados decorrem das quatro perspectivas de seu Balanced Scorecard.[22] Empresas como a Wendy's, que aplicam os mesmos critérios de avaliação a todas as unidades de negócio, certamente têm os mesmos indicadores, diferentemente das empresas compostas por unidades diversificadas de negócio, que talvez tenham poucos indicadores em comum. Os relatórios trimestrais da Wendy's aos analistas abrangem os seguintes indicadores financeiros:

Figura 7.10 Mapa Estratégico da Ingersoll-Rand apresentado no relatório anual de 2002

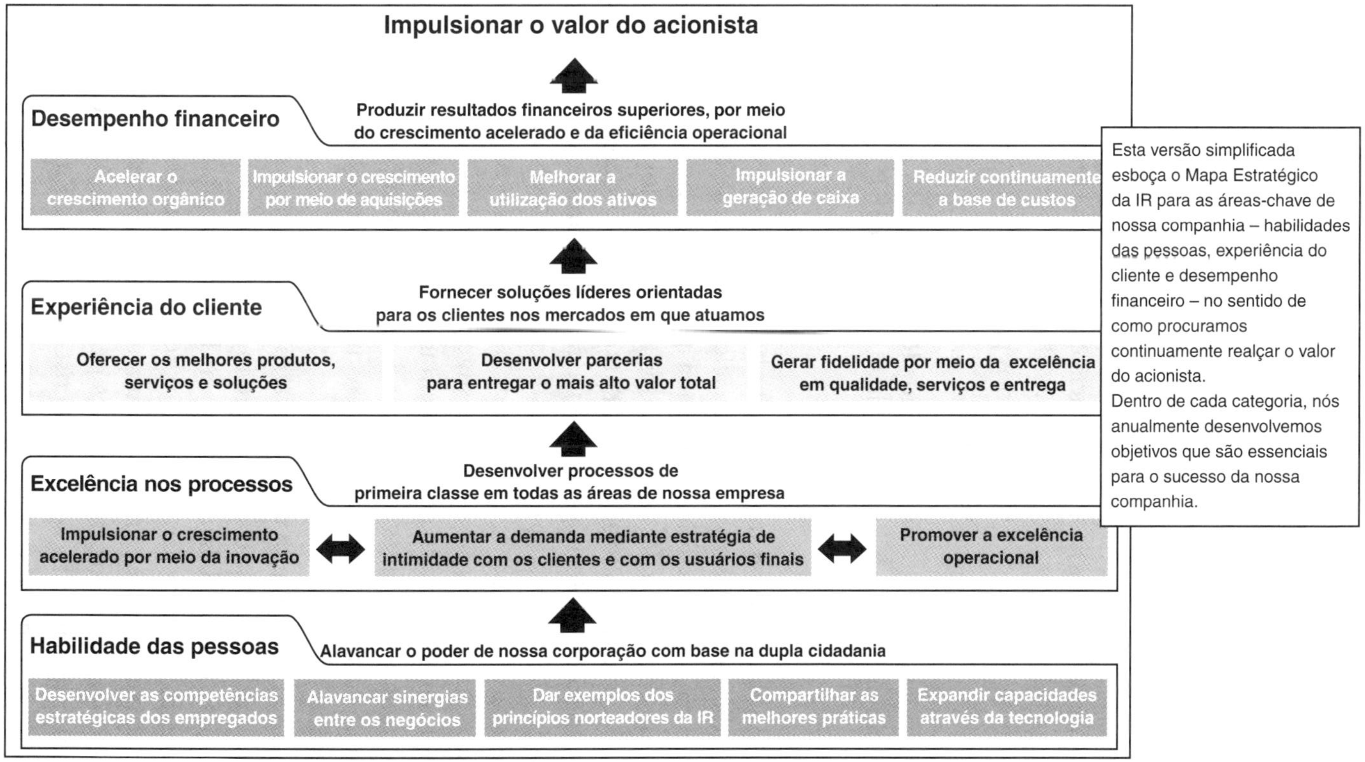

Financeira	• Aumento das vendas por loja
Clientes	• Satisfação dos clientes • Comparação com o sabor dos concorrentes • Valor para os clientes em comparação com o oferecido pelos concorrentes
Processos internos	• Excelência dos serviços (tempo médio das compras drive-through) • Acerto dos pedidos do drive-through • Limpeza
Aprendizado e crescimento	• Amabilidade e cortesia do pessoal • Rotatividade do pessoal

A Wendy's acredita que obteve benefícios com a divulgação consistente de indicadores não financeiros relacionados com a estratégia. Em janeiro de 2005, a Wendy's foi considerada pelo Institutional Investor Research Group como uma das empresas dos Estados Unidos que melhor se relacionam com os investidores. John Barker, vice-presidente de relações com os investidores e informações financeiras da empresa, afirmou: "O preço da ação da Wendy's subiu 75% desde que este processo começou [Balanced Scorecard], o que se atribui em parte à maior divulgação de informações."[23] A observação de Barker sugere que a melhoria das informações das empresas ao mercado pode aumentar sua avaliação, na medida em que proporciona aos analistas a confiança de que os bons resultados financeiros recentes decorrem da eficácia na execução da estratégia, o que pode ser sustentado no futuro.

Em resumo, a divulgação externa dos indicadores do Balanced Scorecard ainda se encontra em estágio incipiente. Várias empresas usaram a estrutura de seus Balanced Scorecards para elaborar suas apresentações a analistas, embora não tenham incluído explicitamente essas informações em seus relatórios trimestrais ou anuais. Nos Estados Unidos, a divulgação do relatório de informações pelas empresas ocorre em ambiente de ampla regulamentação e de alto risco de litígio. Em consequência, apesar do interesse notório de investidores e analistas em dispor de mais informações sobre a estratégia corporativa e sua execução, os gestores das empresas parecem relutantes em ser inovadores ou empreendedores em suas práticas de divulgação de informações. Talvez, à medida que as corporações se sintam mais à vontade com o uso do Balanced Scorecard para divulgar internamente o desempenho estratégico às unidades de negócio, empregados e conselhos de administração, elas se tornem, em algum momento, mais proativas em incluir dados desse sistema de gestão nos relatórios para investidores e analistas.

RESUMO

Embora ainda de maneira muito inicial, o Balanced Scorecard está começando a ser usado como ferramenta de governança corporativa e de divulgação de informações. As atribuições dos conselhos de administração tornam-se cada vez maiores, mas o tempo disponível para o exercício de suas funções não se expande com facilidade. Os conselheiros devem ser capazes de executar suas responsabilidades atuando com mais qualidade e astúcia, do que trabalhando mais tempo e com mais afinco.

Um sistema de governança de três componentes baseado no BSC oferece aos conselheiros informações dinâmicas e estratégicas. Dessa maneira, os membros do conselho de administração passam a dispor de informações relevantes para suas decisões sobre as futuras trajetórias da empresa e sobre suas políticas de demonstrações financeiras e de divulgação de informações. A preparação e a condução das reuniões concentram-se na estratégia da empresa, em seu financiamento e em seus vetores mais importantes de criação de valor e risco. Os scorecards executivos reforçam os processos do conselho de administração referentes à seleção, avaliação, remuneração e sucessão de executivos. E o conselho de administração em si passa a dispor de um scorecard para orientar suas decisões sobre a própria composição, processos, deliberações e autoavaliação.

Quanto à divulgação de informações sobre as empresas, vários estudos demonstraram o forte anseio do mercado em dispor de indicadores não financeiros complementares, que ajudem os analistas e investidores a compreender e a monitorar a estratégia da empresa. Várias empresas começaram a usar o referencial do Balanced Scorecard para estruturar suas comunicações externas. Mas esse movimento ainda se encontra no começo e precisa de mais experimentação antes que a maioria dos executivos se sinta à vontade para fornecer dados que divulguem e avaliem suas estratégias.

NOTAS

1. J. Immelt, "Restoring Trust", discurso, New York Economic Club, 4 de novembro de 2002.
2. Essa análise sobre os problemas da seleção adversa e do risco moral nos mercados de capitais foi extraída de K. G. Palepu, P. M. Healy e V. L. Bernard, *Business Analysis and Valuation Using Financial Statements: Text and Cases*, terceira edição (Mason, OH: Thomson Southwestern), 2003.
3. O colapso dos mercados quando os compradores não conseguem informações válidas sobre os produtos ou serviços em oferta foi descrito num trabalho vencedor do Prêmio Nobel: G. A. Akerlof, "The market for Lemons: Quality Uncertainty and the Market Mechanism", *Quarterly J. Econ.* 89 (1970): 488-500. Groucho Marx, em publicação muito anterior à de Akerlof, captou a essência do problema da seleção adversa, quando afirmou: "Não quero pertencer a nenhum clube que me aceite como membro."
4. J. Conger, E. Lawler e D. Finegold, *Corporate Boards: New Strategies for Adding Value at the top* (Nova York: Jossey-Bass/Wiley, 2001.
5. J. Lorsch, "Smelling Smoke: Why Boards of Directors Need the Balanced Scorecard", *Balanced Scorecard Report* (setembro-outubro de 2002): 9-11.
6. E. E. Lawler, "Board Governance and Accountability", *Balanced Scorecard Report* (janeiro-fevereiro de 1993): 12.
7. Ibid., 11
8. Ibid.,10
9. Detalhes podem ser encontrados em R. S. Kaplan, "First Commonwealth Financial Corporation", Case 9-104-042 (Boston: Harvard Business School Publishing, 2004).
10. J. Ross, "The Best-Practice Hamburger: How Wendy's Enhances Performance with its BSC", *Balanced Scorecard Report* (julho-agosto de 2003): 5-7.
11. L. Bebchuk e J. Fried, *Pay without Performance: The Unfulfilled Promise of Executive Compensation* (Cambridge, MA: Harvard University Press, 2004); G. Crystal, *In Search of Excess: The Overcompensation of American Executives* (Nova York: W. W. Norton, 1991).
12. J. Cohn e R. Khurana, "Strategy Maps for CEO Succession Planning", *Balanced Scorecard Report* (julho-agosto de 2003): 8-10.
13. Ibid., 9.
14. M. J. Epstein e M. Roy, *Measuring and Improving the Performance of Corporate Boards*, Management Accounting Guidelines, Society of Management Accountants of Canada (Mississauga, Ontário, 2002).
15. Kaplan, "First Commonwealth Financial Corporation".
16. "Improving Business Reporting – A Customer Focus: Meeting the Information Needs of Investors and Creditors", Report of the Special Committee on Financial Reporting, American institute of Certified Public Accountants, 1992.
17. "Measures that Matter", Ernest & Young white paper, 1999 (disponível em Cap Gemini Ernst & Young Center for Business Innovation).
18. M. Epstein e K. Lalepu, "What Financial Analysts Want", *Stategic Finance* (abril de 1999).
19. M. Epstein e B. Birchard, *Counting What Counts: Turning Corporate Accountability into Competitive Advantage* (Reading, MA: Perseus Books, 1999); M. Epstein e Wis-

ner, "Increasing Corporate Accountability: The External Disclosure of Balanced Scorecard Measures", *Balanced Scorecard Report* (julho-agosto de 2001): 10-13.

20. Uma das poucas exceções é a Skandia, empresa seguradora sueca, que publicou seu navegador de indicadores não financeiros durante muitos anos, como parte de seu relatório anual (ver "The Value-Adding Power of External Disclosures: An Interview with Jam Hoffmeister, American Skandia Investment", *Balanced Scorecard Report* (setembro-outubro de 2001): 10-11).
21. Ver apresentações em http://irco.com/investorrelations/analysts.
22. Ver Wendy's analyst presentations em http://www.wendys-invest.com/main/press/php.
23. "The Best-Practice Hamburger: How Wendy's Enhances Performance with its BSC", *Balanced Scorecard Report* (julho-agosto de 2003): 6-7.

CAPÍTULO 8

ALINHAMENTO DOS PARCEIROS EXTERNOS

O último componente do programa de alinhamento da organização é a construção de scorecards com parceiros estratégicos externos, tais como fornecedores-chave, clientes e participantes de alianças. Ao construir esse tipo de Balanced Scorecard, criam-se condições para que os gestores de ambas as organizações cheguem ao consenso sobre os objetivos do relacionamento. O processo promove compreensão e confiança além das fronteiras organizacionais, reduz os custos de transação e minimiza o não alinhamento entre as duas partes.

O scorecard também representa um contrato explícito com base no qual é possível medir o desempenho interorganizacional. Sem o Balanced Scorecard, o acordo com parceiros externos se concentra apenas em indicadores financeiros, tais como preços e custos. Suprindo essa deficiência, ele proporciona bases contratuais muito mais amplas, pelas quais se levam em consideração outros fatores do relacionamento, como serviços, pontualidade, inovação, qualidade e flexibilidade.

SCORECARDS DOS FORNECEDORES

A gestão da cadeia de suprimentos é ao mesmo tempo interfuncional e interorganizacional. É interfuncional porque a eficácia na produção e fornecimento de bens exige estreita coordenação entre marketing, operações, compras, vendas e logística. É interorganizacional porque os sistemas e processos entre todos os participantes – fornecedores de matérias-primas, fabricantes, distribuidores e varejistas – devem ser integrados e coordenados para o ótimo desempenho de toda a cadeia. O Balanced Scorecard, mecanismo de alinhamento ideal, é capaz de prover grandes benefícios para a gestão da cadeia de suprimentos.

Na década de 1980, muitas empresas adotaram práticas de gestão da qualidade total e de *just-in-time*. Uma consequência natural dessas ferramentas gerenciais japonesas foi a construção de relacionamentos mais fortes entre empresas manufatureiras e seus fornecedores, garantindo assim a entrega de componentes e produtos sem defeito e no momento correto (*just-in-time*) no processo de produção da planta. A seleção de fornecedores, até então baseada em preços, agora tinha de levar em conta a capacidade de entrega pontual de produtos conforme as especificações.

Scorecard de fornecedores da Metalcraft

A Metalcraft Corporation (pseudônimo) é um dos maiores fornecedores Nível 1 da indústria automobilística mundial.[1] A empresa, por sua vez, opera ampla rede de fornecedores próprios e avalia o desempenho deles através de um sistema de scorecard, que classifica a performance de cada um em três categorias: qualidade, pontualidade e entrega. Cada fornecedor recebe uma avaliação mensal das unidades da Metalcraft para as quais expede seus produtos. A Metalcraft calcula a pontuação geral dos fornecedores mediante a soma dessas diferentes pontuações individuais.

Qualidade

O scorecard do fornecedor adota três indicadores de qualidade: o primeiro é genérico, baseado na situação da fábrica quanto à implementação de normas ISO e de padrões de qualidade; o segundo monitora as rejeições por problemas de qualidade na fase de lançamento (*launch quality reject* – QR) e o terceiro se concentra nos defeitos em partes por milhão (PPM).

A Metalcraft também enfatiza a capacidade dos fornecedores de aumentar rapidamente a produção de novos produtos. Em outras palavras, valoriza os fornecedores que em pouco tempo atingem a fase de produção de alta qualidade no caso de lançamento de um novo produto. O escore QR mede o número de problemas identificados no início da produção de um novo componente e é monitorado desde o lançamento do primeiro protótipo até 15 depois do começo da produção a plena capacidade.

Depois que atinge o estágio de produção em grande volume, a Metalcraft mede os índices de defeito em PPM, dividindo a quantidade de peças defeituosas (devolvidas, sucateadas ou reprocessadas) que foram recebidas do fornecedor, pelo número total de peças recebidas, multiplicado por um milhão.

Pontualidade

O quesito pontualidade do scorecard monitora a capacidade do fornecedor de cumprir as datas prometidas para a certificação de novos componentes de produção. A Metalcraft usa um processo de certificação minucioso para verificar se os componentes produzidos pelo processo final atendem às suas especificações de engenharia. Assim como a medida de QR, esse outro indicador avalia a capacidade do fornecedor de incluir novos componentes na produção de grande volume de maneira rápida e confiável.

Entrega

A Metalcraft opera processos de produção *just-in-time*. Qualquer atraso na entrega por parte dos fornecedores resulta em custos de reprogramação, em horas extras de produção, e em despesas para acelerar a entrega. A Metalcraft analisa o desempenho das entregas sob várias dimensões, incluindo entregas acima ou abaixo do programado, comunicações e registros de problemas, além de solução e prevenção destes.

O scorecard de fornecedores da Metalcraft combina o desempenho das fábricas, sob o aspecto de qualidade, pontualidade e entrega numa pontuação única, que se enquadra nas categorias verde, amarelo ou vermelho. As fábricas verdes se qualificam como fornecedores sem restrições. As amarelas ainda podem continuar fornecendo, mas apenas depois da aprovação "de uma solicitação de aprovação de fornecedor não preferencial" concedida por um engenheiro sênior de desenvolvimento de fornecedores. A fábrica vermelha, considerada fornecedor "não preferencial", exige aprovação de um nível ainda mais alto para manter a condição de fornecedor. Se continuar no vermelho durante três meses seguidos, será substituída por um outro fornecedor.

Outros scorecards de fornecedores

A Dana Corporation, outro fornecedor da indústria automobilística, opera um sistema de Balanced Scorecard do Fornecedor (BSF) que monitora o desempenho em quatro dimensões:

1. Qualidade (25%)
   - PPM (0,8)
   - Número de rejeições (0,2)
2. Pontualidade na entrega (25%)
3. Suporte (25%)
   - Nível de comprometimento dos fornecedores em apoiar o alcance das metas da Dana de redução de estoque e de implementação das normas QS-9000/ISO-14000 (critérios reformulados anualmente com base nas prioridades da Dana).
4. Comercial (25%)
   - Nível de comprometimento dos fornecedores em cumprir as metas de produtividade da Dana (redução de custos).

Como a Metalcraft, a Dana oferece a cada fornecedor acesso pela internet a seus escores BSF, que são usados para motivar a melhoria contínua por parte de sua base de fornecedores.

O scorecard de fornecedores da Rolls Royce também adota critérios de avaliação tradicionais de qualidade e entrega. Em novembro de 2003, a empresa passou a usar um indicador de custos – o custo da não qualidade – para medir seus custos de prevenção, avaliação e falhas resultantes de deficiências nos produtos dos fornecedores. A Federal Mogul também utiliza, além dos critérios de avaliação de entrega e de qualidade, um indicador de sugestões dos fornecedores que resulta em economias de custo. Concede-se a avaliação total de 100 pontos para sugestões que geram economias de custo de 5% no planejamento de gastos anuais. No extremo oposto, não se concede nenhuma pontuação a sugestões que proporcionam reduções inferiores a 0,9% nas despesas anuais.

Esses exemplos indicam que os scorecards de fornecedores estão sendo usados por muitas empresas manufatureiras. Contudo, não se trata, na verdade, de Balanced Scorecards, mas, sim, de scorecards de indicadores-chave (KPI scorecards), nos quais as empresas usam indicadores não financeiros para motivar os fornecedores a entregar produtos melhores (zero defeito), com mais rapidez (prazos mais curtos e *just-in-time*) e mais baratos. Na melhor dessas hipóteses, esses scorecards de fornecedores são úteis para empresas que adotam estratégias de baixo custo total. Eles não enfatizam aspectos como capacidade de inovação dos fornecedores – ajudando a empresa a desenvolver plataformas de produtos inteiramente novas – nem avaliam a maneira como os fornecedores criam a oferta de soluções mais completas para os clientes.

Mesmo para as empresas com estratégias de baixo custo total, um Balanced Scorecard mais completo para fornecedores, incluiria objetivos referentes ao desenvolvimento do capital humano e do capital da informação, os quais contribuiriam para melhorar o relacionamento, assim como critérios de avaliação relativos à extensão em que o fornecedor inova e forma parcerias com a empresa, de modo a oferecer mais valor do que o resultante da entrega de produtos existentes ou já projetados sem defeitos e no prazo contratual.

Evidentemente, no caso de empresas como Metalcraft, Dana ou Rolls Royce, o desenvolvimento de Balanced Scorecards específicos para cada um de seus milhares de fornecedores seria fora da realidade. Tal esforço deveria concentrar-se nos *fornecedores estratégicos* – aqueles com os quais a empresa pretende manter relacionamentos de longo prazo, e que considera fonte de abastecimento contínuo de novas ideias e novos processos, visando aumento da receita e otimização de custos.

Scorecards colaborativos de planejamento, previsão de demanda e reabastecimento

Scorecards um pouco mais elaborados de cadeias de suprimentos estão sendo desenvolvidos nas indústrias de bens de consumo e nos setores de varejo. Empresas manufatureiras, como Procter & Gamble, Nestlé e Kellogg, estão trabalhando com grandes varejistas, como Wal-Mart, Sainsbury e Tesco, para otimizar a cadeia de suprimentos, desde o fabricante de matérias-primas até o consumidor final.

A iniciativa de Planejamento, Previsão de Demanda e Reabastecimento Colaborativo (CPFR – Collaborative Planning, Forecasting, and Replenishment) (ver www. cpfr.org) empenha-se para interligar as melhores práticas de vendas e marketing com o planejamento da cadeia de suprimentos. O propósito é aumentar a disponibilidade de produtos e ao mesmo tempo reduzir os custos de estoques, transporte e logística. Por exemplo, a meta de CPFR da Procter & Gamble é alcançar 100% de disponibilidade de produtos nas prateleiras do varejo e, simultaneamente, reduzir as necessidades de estoques nas lojas, nos centros de distribuição e nas fábricas da P&G, produzindo e expedindo em resposta a sinais de demanda dos consumidores em terminais de pontos de venda.

Um CPFR exige ampla coordenação de processos entre fornecedores e varejistas. A criação de um scorecard de desempenho é um dos principais aspectos da iniciativa. Por exemplo, os pioneiros na adoção dessa abordagem esperam os seguintes benefícios:

- Melhoria na acurácia das previsões
- Melhoria nas comunicações internas
- Aumento das vendas
- Melhoria nos relacionamentos com os parceiros de canais
- Melhoria nos níveis de serviços
- Redução das condições de falta nos estoques
- Diminuição dos níveis de estoque
- Melhor utilização dos ativos
- Exploração mais eficaz dos recursos da organização

Cada um desses benefícios é mensurável e pode ser incluído num scorecard CPFR amplo, relativo ao relacionamento comercial entre fabricante e varejista.

O CPFR talvez esteja mais avançado na Europa, onde o escritório do programa desenvolveu o modelo da Figura 8.1 para identificar um conjunto de indicadores-chave de desempenho que descrevem determinado relacionamento CPFR.[2]

A Procter & Gamble, em seus testes-piloto adotou critérios de mensuração para nove fatores de seus relacionamentos na cadeia de suprimentos:

1. Acurácia das previsões em comparação com os pedidos efetivos.
2. Nível de serviços e de estoques no centro de distribuição.
3. Nível de serviços e de estoques no varejo.
4. Ordens de produção realizadas *versus* ordens de produção originais.

Figura 8.1 Indicadores-chave de desempenho para CPFR

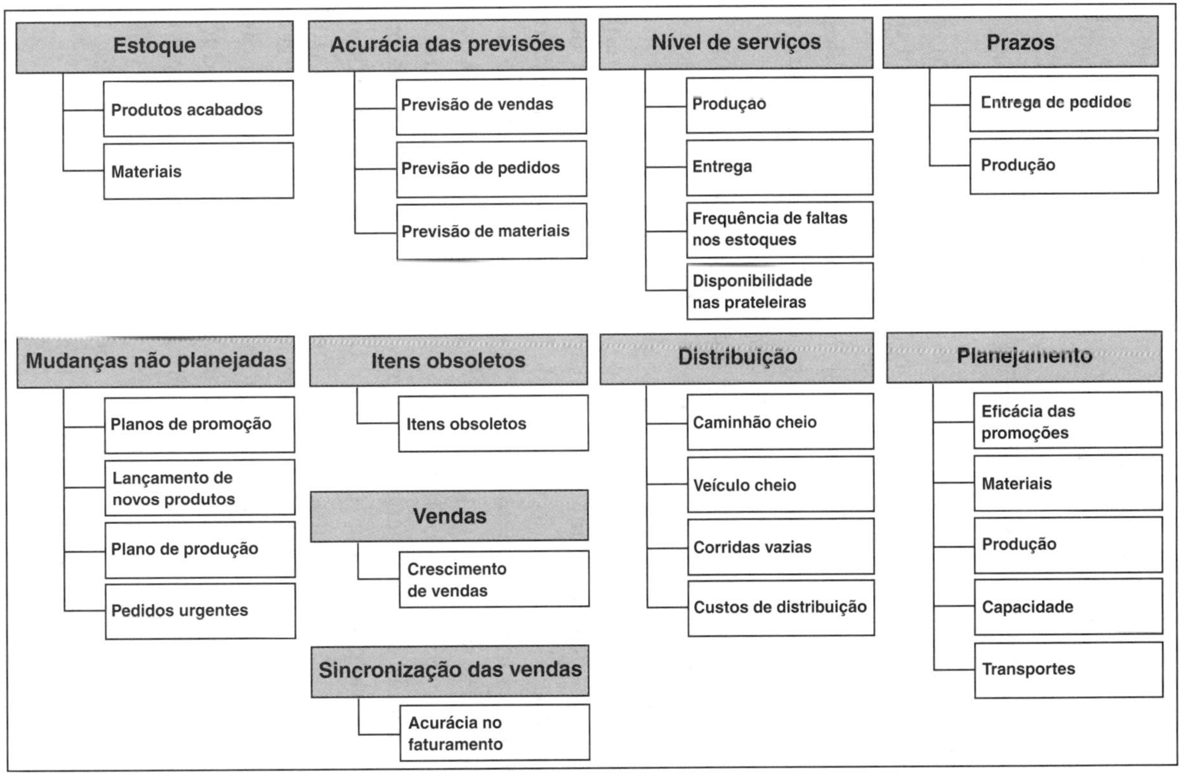

5. Ordens de produção realizadas *versus* notificações de antecipação de embarques.
6. Pontualidade das entregas.
7. Eficiência do transporte.
8. Variabilidade dos estoques por "unidade de estocagem" (SKU – *stock-keeping unit*).
9. Lucratividade ou otimização de custos.

A Sainsbury, empresa de varejo inglesa, tem sido força importante na Global Commerce Initiative para tornar operacionais os princípios do CPFR.[3] O relacionamento da Sainsbury com os fabricantes começa com um scorecard global para novos fornecedores, que mede o desempenho com base num formulário composto de 52 perguntas, divididas em três grupos: prontidão, foco no cliente e operações.

O conjunto referente à prontidão abrange perguntas sobre a capacidade do fornecedor de compartilhar ideias, tomar decisões, desenvolver trabalhos cooperativos, participar de equipes multifuncionais e fornecer e receber feedback nas interações com o varejo. O conjunto referente ao foco no cliente inclui perguntas sobre a capacidade do fornecedor de apoiar as promoções de vendas do varejista, de lançar novos produtos com base em pesquisas junto aos clientes e de ter um claro entendimento dos clientes alvo a que se destinam os produtos. As perguntas referentes a operações exploram a capacidade dos fabricantes de desenvolver uma estratégia conjunta na cadeia de suprimentos; seus processos de geração e recebimento de pedidos, de pedidos eletrônicos e de transferência de valores; e sua capacidade de reabastecimento, inclusive em casos de picos de demanda. A resposta a essas perguntas do scorecard de novos fornecedores cria condições para que ambas as partes identifiquem oportunidades de redução dos prazos de entrega, de melhoria da acurácia das previsões, de redução mútua dos níveis de estoque e de maior rapidez no lançamento de novos produtos.

Para fornecedores em estágios mais avançados, a Sainsbury usa um scorecard de nível intermediário que mede o desempenho por meio de respostas a 95 perguntas organizadas em três grandes categorias:

1. Demanda
   - Estratégia de demanda e capacidade de produção
   - Variedade de produtos
   - Promoções

    - Lançamento de novos produtos
    - Criação de valor para os clientes
2. Gestão de suprimentos
    - Estratégia e capacidade de fornecimento
    - Reabastecimento responsivo
    - Excelência operacional
    - Fornecimento integrado com base na demanda
3. Viabilizadores
    - Dados comuns e padrões de comunicação
    - Custo, lucro e medidas de valor
    - Segurança do produto e processos de qualidade

Aqui estão alguns exemplos de perguntas:

- Há alguma análise detalhada de custos de toda a cadeia de suprimentos?
- O lançamento de novos produtos é ativamente monitorado nas lojas?
- Dispõe-se de procedimentos definidos de comum acordo para corrigir questões de entrega?

As respostas dos fornecedores são escolhidas entre as seguintes alternativas:

- Não/Nunca
- Limitada
- Em desenvolvimento
- Sim/Sempre

Os scorecards de cadeias de suprimentos em desenvolvimento pelo CPFR e ECR são mais amplos do que os adotados pela indústria de equipamentos de transportes automotivos, pois monitoram a capacidade do fornecedor de lançar novos produtos com rapidez e de desenvolver atividades coordenadas e integradas com o varejista, como promoções conjuntas. Também abrangem componentes de aprendizado e crescimento, que identificam os indivíduos com atribuições e habilidades específicas para trabalhar em equipes de projetos mistas; o alinhamento de sistemas de informações para pedidos, faturamento e pagamento entre as duas empresas; e o compartilhamento de dados sobre os consumidores e usuários finais. A construção de scorecards para reforçar o relacionamento colaborativo na cadeia de suprimentos de alimentos e de bens de consumo é importante exemplo do que é possível em outras situações de abastecimento.

BALANCED SCORECARD DA CADEIA DE SUPRIMENTOS

Brewer e Speh propõem um referencial mais genérico para scorecards da cadeia de suprimentos,[4] enfatizando que nessa área não existem soluções universais. Os objetivos da cadeia de suprimentos desenvolvida para reduzir os custos de produção, de entrega e de merchandising de produtos padronizados, com demanda previsível, são muito diferentes dos objetivos das cadeias de suprimentos de empresas que atuam no mercado imprevisível de vestuário e moda. Uma enfatiza custos baixos e giro rápido dos estoques. A outra requer flexibilidade, respostas rápidas, acurácia nas previsões e inovação.

Quando se desenvolve esse tipo de scorecard, o processo começa com a definição clara da estratégia da cadeia de suprimentos. O projeto deve ser multifuncional, multiorganizacional e, como em qualquer caso de scorecard eficaz, precisa oferecer oportunidades para que as pessoas oriundas de diversas funções e organizações colaborem entre si para definir objetivos comuns e compartilhados. Depois de chegarem a um acordo quanto à estratégia, os membros da equipe estão em condições de começar a construir o respectivo scorecard.

Perspectiva financeira

Os indicadores financeiros dos scorecards de cadeias de suprimentos são tradicionais e genéricos. As cadeias de suprimentos eficazes devem resultar em aumento das margens de lucro, redução dos custos unitários, maior geração de caixa, crescimento das receitas e retorno mais alto sobre o capital investido para todos os participantes. Tais scorecards também podem abranger indicadores específicos de cadeia de suprimentos, como custos de transporte, recebimento e processamento de pedidos, armazenamento, merchandising, obsolescência e descontos.

A ênfase atribuída a indicadores financeiros específicos depende da estratégia. Para a produção e distribuição de produtos já consolidados, os principais atributos serão geração de caixa, custos unitários e retorno sobre os ativos. Para estratégias de diferenciação, os indicadores de crescimento da receita, de aumento das margens, de redução da obsolescência e dos descontos desempenharão papel mais importante.

Perspectiva do cliente

Aqui se incluem tanto os clientes internos da cadeia de suprimentos, como o consumidor final. Os benefícios para todos esses clientes devem abranger a melhoria da qualidade dos produtos e serviços, a redução dos prazos, o aumento da disponibilidade (inclusive redução de faltas nos estoques e de atrasos nas entregas), maior flexibilidade e valor agregado.

Perspectiva dos processos internos

O aprimoramento dos processos internos ao longo de toda a cadeia de suprimentos resulta nos seguintes benefícios:

- *Redução de desperdícios*: Abrange a eliminação ou redução de duplicidades nos processos, a harmonização de sistemas e processos, e a diminuição de defeitos, rejeição, devoluções e retrabalho, além de níveis de estoques mais baixos.
- *Redução dos prazos de entrega dos pedidos e de geração de caixa para todos os participantes da cadeia de suprimentos.*
- *Flexibilidade de resposta*: Isso significa capacidade de atender às necessidades exclusivas dos clientes, em termos de variedade de produtos, volume, embalagem, transporte e entrega.
- *Redução dos custos unitários relativos ao grau de customização e de flexibilidade esperada pelos clientes*: Os fornecedores tentam eliminar custos que não agregam valor, mediante a eliminação de estoques sobressalentes, do manuseio desnecessário de produtos, de transportes não integrados e da falta de coordenação entre promoções e transações.
- *Inovação*: Os participantes monitoram novos desenvolvimentos na tecnologia, na competição e nas preferências dos consumidores, de modo a projetar e a desenvolver em conjunto novas ofertas que promovam continuamente a fidelidade dos clientes-alvo.

Perspectiva de aprendizado e crescimento

Os objetivos do capital humano incluem os funcionários envolvidos nas atividades de compras, operações, marketing, vendas, logística e finanças, com as habilidades e os conhecimentos necessários para colaborar dentro das organizações e entre elas, de modo a aprimorar o desempenho da cadeia de suprimentos e gerar mais valor para os clientes e para os consumidores finais. Os objetivos do capital da informação se relacionam com a harmonização e a integração dos sistemas entre as fronteiras organizacionais, a padronização dos protocolos de dados, o compartilhamento e análise das informações sobre clientes e fornecedores, e o fornecimento de informações relevantes, exatas, oportunas e acessíveis. A cultura organizacional deve promover o compartilhamento das melhores práticas, a melhoria contínua e a abertura e transparência entre todos os parceiros da cadeia de suprimentos, além do empenho contínuo em eliminar os desperdícios e atrasos ao longo de todo o sistema e ao mesmo tempo fornecer o maior valor possível para os clientes e consumidores finais.

Como aplicação específica, considere o Balanced Scorecard de cadeia de suprimentos desenvolvido para um projeto conjunto entre um grande fabricante internacional de produtos químicos e um parceiro estratégico, a ChemTrade, um de seus principais distribuidores.[5] A parceria estratégica abrangia um contrato de longo prazo com exclusividade para ambos em várias regiões nacionais. As duas empresas participavam de um projeto comum para melhorar todos os processos, desde a aquisição de matérias-primas até a entrega ao consumidor final.

A equipe de projetos decidiu construir um Balanced Scorecard para medir o sucesso da colaboração, para esclarecer os objetivos estratégicos dos parceiros da cadeia de suprimentos, para concentrar o foco nos indicadores-chave de ambas as organizações e para identificar oportunidades de melhorias no futuro. Mostramos a seguir o Mapa Estratégico (ver Figura 8.2) e o Balanced Scorecard (ver Figura 8.3), com objetivos e indicadores. (Na época, os indicadores referentes a desenvolvimento [aprendizado e crescimento] ainda não haviam sido definidos.)

Em resumo, os scorecards de fornecedores são comuns nos setores de fabricação e varejo. A maioria dos critérios de avaliação dos atuais scorecards de fornecedores é mais compatível com estratégias de baixo custo total, que enfatizam reduções de custos, entregas pontuais e zero defeito de qualidade. Isto é muito válido se essa for a estratégia dos clientes finais. Porém, mesmo para essa estratégia, os scorecards de indicadores-chave não exploram as oportunidades de alinhar os processos dos fornecedores com o capital humano e o capital da informação, deixando de aprimorar ainda mais o desempenho da cadeia de suprimentos. A empresa passa a dispor de melhores oportunidades para construir Balanced Scorecards de fornecedo-

Figura 8.2 Mapa Estratégico da cadeia de suprimentos de produtos químicos

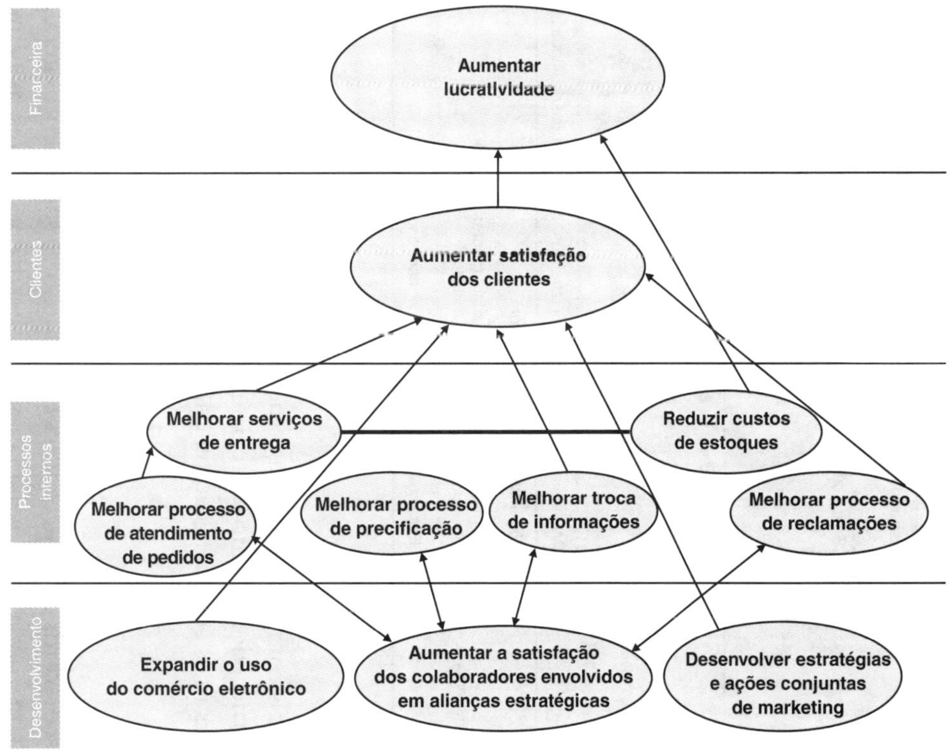

Fonte: K. Zimmerman, "Using the Balanced Scorecard for interorganizational Performance Management of Supply Chains: A Case Study", in *Cost Management in Supply Chains* (Heidelberg: Physica-Verlag, 2002).

Figura 8.3 Balanced Scorecard de cadeia de suprimentos

Perspectiva	Objetivos estratégicos	Indicadores de desempenho
Financeira	▪ Crescimento lucrativo	▪ Vendas de produtos por meio de canais
Cliente	▪ Participação de mercado	▪ Market share dos canais de compra dos clientes
	▪ Satisfação do cliente	▪ Índice de satisfação dos clientes (pesquisa anual) ▪ Número de reclamações ▪ Porcentagem de pedidos com reclamações
Processos internos	▪ Confiabilidade da entrega	▪ Porcentagem de entregas pontuais
	▪ Gestão de estoques	▪ Estoque médio mantido nas duas organizações ▪ Estoque médio dividido pelas vendas do mês
	▪ Melhoria dos processos administrativos	▪ Volume de vendas em toneladas
Desenvolvimento	▪ Expansão do comércio eletrônico	▪ ASD
	▪ Aumento da satisfação dos colaboradores envolvidos em alianças estratégicas	▪ ASD
	▪ Estratégias e ações conjuntas de marketing	▪ ASD

res mais compatíveis com a respectiva estratégia quando recorre à sua base de fornecedores como fonte de inovação e de ajuda no fornecimento de soluções mais completas aos clientes.

SCORECARDS DE CLIENTES

Os scorecards de fornecedores e de cadeias de suprimentos geralmente trabalham com a visão voltada para os seus fornecedores mais importantes. Quando a empresa amplia a sua visão, passa a trabalhar também com a visão estratégica voltada para seus clientes. A Rockwater Company, divisão de instalações submarinas da Brown & Root, nos fornece um exemplo pioneiro da construção de scorecards com clientes estratégicos.

A nova estratégia da Rockwater consistia em fomentar os relacionamentos de longo prazo que agregassem valor aos seus principais clientes, abordagem que significava um afastamento radical dos padrões da indústria de construção, na qual os negócios quase sempre são conquistados pelas empresas que apresentam as melhores propostas. A Rockwater percebera que vários de seus principais clientes queriam formar parcerias para descobrir maneiras inovadoras de reduzir o custo total da construção, instalação e operação de unidades de produção de petróleo e gás.

Para cada cliente que manifestava interesse em tais parcerias de longo prazo, a Rockwater apresentava uma lista de 16 atributos que caracterizariam o relacionamento de trabalho em um projeto:

Funcionalidade	Segurança Serviços de engenharia
Qualidade	Revisões mínimas nos procedimentos apresentados Qualidade e consciência do desempenho Fornecimento de equipamentos padronizados Fornecimento de pessoal qualificado Qualidade da produção
Preço	Horas trabalhadas Valor do dinheiro Inovação para reduzir custos
Oportunidade	Cumprimento da programação Apresentação pontual de procedimentos
Relacionamentos	Transparência nos relacionamentos contratuais Flexibilidade Responsividade Relacionamento e espírito de equipe.

Em seguida, a Rockwater pedia a cada cliente que selecionasse entre esses atributos aqueles que considerava mais importantes para o projeto e, então, que os ponderasse conforme o grau de relevância. Essas informações eram analisadas por todos os membros da equipe de projetos para que todos conhecessem os fatores mais valorizados pelo cliente naquele projeto específico.

Mensalmente, cada cliente-chave avaliava o desempenho da Rockwater sob os critérios dos atributos selecionados. Os valores daí resultantes eram a base de reuniões mensais entre o contratado e o cliente para analisar o andamento do projeto. A Rockwater também reunia as pontuações de cada projeto em um índice geral de satisfação do cliente, para compor seu próprio scorecard. Os mecanismos de desenvolvimento de índices específicos para clientes e projetos criavam condições para que a empresa adaptasse seus produtos às preferências de cada cliente, alinhasse a equipe de projetos para apresentar propostas de valor específicas às diferentes situações e recebesse feedback sobre até que ponto estava correspondendo às expectativas dos clientes.

A Tiger Textiles (pseudônimo) é um elo intermediário de produção entre cadeias de varejo de roupas americanas e europeias (como Gap e The Limited), e empresas têxteis de baixo custo. A Tiger conduz pesquisas para identificar as futuras necessidades de fabricação de seus clientes, orienta-os quanto às tendências da moda e oportunidades de novos produtos, e contrata fábricas de baixo custo de países em desenvolvimento, como SriLanka, Tailândia e Malásia, para a produção e fornecimento de roupas, conforme os volumes, mix e qualidade almejados, com pontualidade.

A Tiger, como a Rockwater, pretende ser mais do que apenas fornecedora confiável de produtos de baixo custo. Seu propósito é diferenciar-se mediante a alavancagem de seus conhecimentos e capacidades para oferecer aos clientes soluções mais completas. A estratégia da Tiger incluía um tema considerado fundamental para "o planejamento de negócios com os clientes" (ver Figuras 8.4 e 8.5): "A Tiger Textiles deve compreender com clareza as necessidades e valores de curto e longo prazo dos clientes, para o desenvolvimento conjunto de planos de negócios. O planejamento orientado aos clientes exige a inclusão deles em nossas equipes globais."

Na perspectiva do cliente, a Tiger definiu o objetivo de oferecer intimidade e serviços aos clientes e de ser reconhecida por eles como fonte de criatividade e de ideias sobre moda. Para realizar esse objetivo, a Tiger estabeleceu outro objetivo em processos internos: "Desenvolver relacionamentos com os principais clientes", avaliando o desempenho sob esse aspecto com base no seguinte:

- Número de funcionários no exterior conhecidos pelos clientes.
- Rotatividade do pessoal. (A Tiger queria funcionários capazes de desenvolver relacionamentos de longo prazo com os principais clientes.)
- Realização de objetivos dos planos de negócios desenvolvidos com os clientes.

Figura 8.4 Tiger Textiles: tema "Planejamento de negócios com o cliente" (Mapa Estratégico)

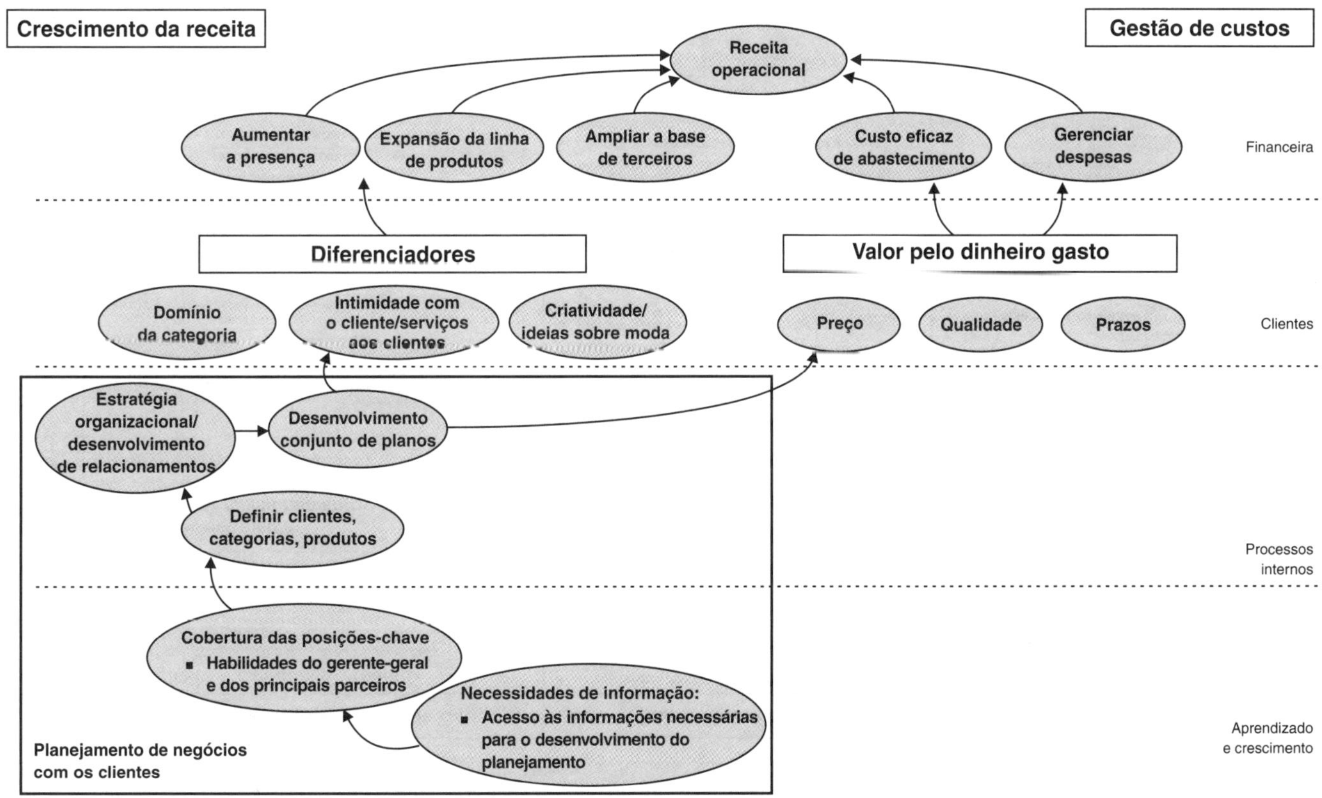

Figura 8.5 Tiger Textiles: tema "Planejamento de negócios com o cliente" (Balanced Scorecard)

	Descrição de objetivos	Fatores críticos de sucesso	Indicadores potenciais
Processos internos	**Definir clientes, categorias, produtos** Clientes-chave, categorias e produtos que servem para alcançar nossos objetivos financeiros	■ Ampla conscientização quanto às necessidades dos clientes ■ Conhecimento detalhado das capacidades competitivas ■ Conhecimento estratégico das fontes de abastecimento globais ■ Diretrizes detalhadas sobre o planejamento ■ Taxa de retorno relativa do produto	■ % do crescimento das vendas resultante de novas categorias e produtos ■ Participação por cliente e categoria ■ Acompanhamento do plano de negócio (real *vs.* planejado)

Processos internos	**Estruturar a estratégia e desenvolver relacionamentos**
	Criar equipes globais que incluam o cliente para atualizar o processo de planejamento de negócios
		■ Definir propósitos comuns para a equipe
		■ Identificar as habilidades necessárias para a execução do trabalho
		■ Identificar, recrutar e treinar os integrantes da equipe
		■ Oferecer apoio à liderança
		■ Fornecer ferramentas para a execução do trabalho
			■ **Número de funcionários no exterior com conhecimento sobre os clientes**
			■ **Rotatividade do pessoal**
			  ■ **Geral**
			  ■ **No exterior**
			■ **Realização das metas do plano de negócios**

Processos internos	**Planejamento conjunto com o cliente** Desenvolver plano estratégico conjunto entre o cliente e a Tiger, para três anos (revisto a cada seis meses), que abranja práticas de negócios de abastecimento e dos clientes	■ Esclarecer os clientes do valor do planejamento conjunto ■ Compreender o funcionamento dos processos de negócio dos clientes (atuais e futuros) ■ Preparar plano de desenvolvimento das competências requeridas ■ Conhecer as competências globais da Tiger ■ Desenvolver habilidades de liderança de equipes	■ **Número de objetivos compartilhados com os clientes** ■ **Número de planos desenvolvidos em conjunto** ■ **% de objetivos alcançados**
Aprendizado e crescimento	**Cobertura de posições-chave do GG e conhecimento dos principais parceiros (VP de vendas, gerente de produção regional, parceiros de JV)** Aprimorar a capacidade de elaborar e comunicar o plano, desenvolver regras e definir a equipe global para a execução do plano	■ Treinar e apoiar as habilidades de planejamento de negócios ■ Fóruns para apresentações e comunicações de habilidades e ferramentas ■ Oferecer treinamento sobre formação de equipes, relacionamento com os clientes e liderança	■ **Posicionamento dos clientes quanto à apresentação de planos** ■ **Compreensão pelos funcionários das regras determinadas no plano**
Aprendizado e crescimento	**Acesso às informações necessárias** Desenvolver acesso às informações necessárias para criar o plano de negócios, incluindo: ■ informações sobre os negócios dos clientes ■ Informações sobre mercado externo ■ Informações internas sobre a Tiger	■ Obter informações ■ Compartilhar e distribuir informações ■ Analisar informações	■ Disponibilidade de informações planejadas *versus* requeridas (pontualidade, adequação do formato)

Outro importante processo interno era "planejamento conjunto cliente/Tiger", cujo objetivo era "Desenvolver plano estratégico de negócios conjunto cliente/Tiger, para três anos (revisto a cada seis meses), que abrangesse práticas de negócios de abastecimento e dos clientes". Esse objetivo era avaliado pelos seguintes critérios:

- Número de objetivos compartilhados com os clientes
- Número de planos desenvolvidos em conjunto
- Porcentagem de objetivos alcançados

Para que esses dois processos internos críticos fossem implementados com eficácia, a Tiger precisava aprimorar as habilidades e as capacidades dos funcionários que se relacionavam diretamente com os clientes. Nesse intuito, definiu como objetivo de aprendizado e crescimento a cobertura de cargos estratégicos: os gerentes-gerais, os vice-presidentes de vendas, os gerentes de produção regionais e os gerentes de relacionamento das *joint ventures* precisavam desenvolver habilidades de trabalhar de maneira colaborativa com os principais clientes, inclusive desenvolvendo e divulgando o plano de negócios conjunto e construindo equipes globais para a execução do plano. A Tiger media esses objetivos com base nos seguintes critérios:

- Posicionamento dos clientes quanto à apresentação de planos de negócio conjunto
- Entendimento dos funcionários de suas responsabilidades no plano de negócio conjunto

Dessa maneira, o scorecard da Tiger Textiles enfatizou os objetivos nas perspectivas de clientes, de processos internos e de aprendizado e crescimento que lhe permitiriam promover o crescimento do negócio com altas margens, mediante a construção de relacionamentos duradouros e agregadores de valor com seus principais clientes. Esses clientes podem fornecer muitas informações sobre os indicadores do tema de relacionamento entre o cliente e a Tiger.

SCORECARDS DE ALIANÇAS OU PARCERIAS

Cada vez mais, as empresas estão recorrendo a alianças para preencher lacunas em suas capacidades e para promover o crescimento em novos mercados e regiões. A coordenação com parceiros de alianças não é fácil; muitas delas terminam com decepções e fracassos.

Dispor de um conjunto de indicadores comuns com os parceiros não é algo natural. Cada parte tem seu sistema de informação e conjunto de indicadores, além de seu ponto de vista singular sobre como pretende contribuir para a aliança (provavelmente com o mínimo possível) e o que espera ganhar com ela (o máximo possível). A superação dessas assimetrias de informação e motivação, como os economistas caracterizariam a situação, exige um processo aberto e transparente, pelo qual ambos os lados definem com clareza suas expectativas de contribuição e resultados almejados, daí resultando um documento que resume o argumento estratégico para justificar a aliança.

O desenvolvimento de um scorecard de aliança pode atenuar o conflito natural entre os parceiros. O processo de construção do Mapa Estratégico e do scorecard da aliança reúne tomadores de decisão experientes de cada parceiro para articular com clareza os objetivos da aliança e a estratégia para a sua execução.

Por exemplo, uma aliança na área de vendas e marketing talvez enfatize a redução de custos na conquista de novos clientes, a diminuição do prazo para o lançamento de novos produtos e o aumento das vendas resultante da conquista de novos clientes e do melhor aproveitamento dos relacionamentos com os atuais. Já uma aliança na área de pesquisa e desenvolvimento talvez se concentre na quantidade e no grau de inovação de novos produtos, na duração do ciclo completo que se inicia com a concepção da ideia e termina com a chegada do produto ao mercado, e na incidência e impacto da transferência de tecnologia para as matrizes. Já as realizações das alianças de fabricação podem concentrar-se na redução dos custos de produção, na melhoria da qualidade, na diminuição do prazo desde a entrada do pedido até a entrega do produto e no aumento da confiança no prazo de entrega.[6]

Os produtos finais – o Mapa Estratégico, os indicadores e metas do Balanced Scorecard e as iniciativas aprovadas – oferecem orientação clara para o CEO da aliança, assim como excelente base para a governança do empreendimento pelas duas matrizes. No entanto, um estudo da McKinsey relatou que menos de um quarto das alianças dispunha de critérios adequados para a avaliação do desempenho, com a agravante de que se trata da definição de "adequado" pela McKinsey, que pode ficar muito aquém de um Balanced Scorecard abrangente, composto de indicadores extraídos de um Mapa Estratégico de objetivos interligados.[7]

O estudo da McKinsey propôs um Balanced Scorecard de aliança com quatro perspectivas: financeira, estratégica (em vez de "cliente"), operações e relacionamentos (em vez de "aprendizado e crescimento"). A Figura 8.6 ilustra alguns objetivos-chave que podem ser incluídos no scorecard de alianças.

Figura 8.6 Protótipo de objetivos estratégicos de alianças

Perspectiva	Objetivos
Financeira	▪ Aumentar as receitas provenientes de alianças ▪ Reduzir custos redundantes entre os membros da aliança ▪ Aumentar as receitas das matrizes por meio de novos relacionamentos com clientes e da venda de produtos correlatos ▪ Desenvolver opções de crescimento para as matrizes por meio do lançamento de novos produtos e de novos relacionamentos com os clientes
Estratégicos	▪ Desenvolver novas tecnologias ▪ Aumentar os negócios com clientes-alvo ▪ Aumentar as oportunidades de aprendizado para os funcionários das matrizes que estão trabalhando na aliança
Operacional	▪ Cumprir as etapas do projeto ▪ Reduzir custos de fabricação, vendas ou distribuição ▪ Melhorar os processos de desenvolvimento e lançamento de produtos ▪ Aprimorar a coordenação entre a aliança e as matrizes
Relacionamento	▪ Promover decisões rápidas e eficazes ▪ Garantir comunicações eficazes dentro da aliança e entre os parceiros da aliança ▪ Construir e preservar a confiança ▪ Definir com clareza papéis, atribuições, objetivos e responsabilidades para os gerentes e funcionários que trabalham na aliança

INTEGRAÇÃO EM FUSÕES

Evidentemente, a integração mais estreita entre duas partes externas ocorre quando elas se fundem para se converter numa única entidade. No entanto, muitas fusões não dão certo porque a nova empresa não consegue integrar duas equipes gerenciais, duas culturas, duas estratégias, dois sistemas de informação e dois conjuntos distintos de processos gerenciais em uma única entidade operacional, capaz de colher os benefícios da sinergia esperada. No entanto, apesar dessas dificuldades, presenciamos o sucesso de várias fusões quando os gestores criaram um Balanced Scorecard para integrar as duas empresas.

O uso de scorecards para essa finalidade produz dois importantes benefícios. Primeiro, o desenvolvimento de um Mapa Estratégico e de um Balanced Scorecard para a nova empresa fornece um mecanismo pelo qual os gestores dessas entidades até então independentes têm a oportunidade de trabalhar juntos para um objetivo comum. O diálogo e os debates intensos sobre a estratégia, sobre os objetivos estratégicos e sobre as avaliações criam condições para que os gestores aprendam como pensam seus colegas, cujas opiniões valorizam, e em quem podem confiar. As oportunidades para novas amizades e para relacionamentos de trabalho colaborativos emergem organicamente da participação dos executivos no processo intensivo de construir o Mapa Estratégico e o BSC.

O segundo benefício é que o Mapa Estratégico e o Balanced Scorecard finalizados fornecem uma linguagem comum a ser usada pelos executivos para descrever como captar as sinergias almejadas com a fusão. Pesquisas amplas mostram que a maioria das fusões resulta em fracasso. As adquirentes não conseguem retorno competitivo sobre a importância investida na operação. Embora consigam algumas economias de custo com a consolidação das instalações e do pessoal administrativo, na prática tem sido difícil gerar novas oportunidades de crescimento com a combinação das organizações. Por exemplo, estudo da McKinsey revelou as seguintes estatísticas desagradáveis a respeito das fusões realizadas na década de 1990:[8]

- Apenas 11% das 193 fusões entre 1990 e 1997 resultaram em aumento dos lucros três trimestres depois da operação; em geral, ocorreram 12% de declínio nos lucros.
- Somente 12% das aquisições entre 1995 e 1996 tiveram crescimento acelerado dos lucros nos três anos seguintes; em 42% dos casos constatou-se redução nos lucros. A mediana dessas fusões apresentou taxa de crescimento dos lucros 4% abaixo de igual medida do setor.
- A principal razão para a redução dos lucros foi a insatisfação dos clientes e dos funcionários.

A principal explicação para o mau desempenho depois das fusões foi a concentração excessiva na obtenção de economias de custo e a pouca atenção dispensada ao aumento da receita. As poucas empresas bem-sucedidas depois das fusões se empenharam em reforçar os relacionamentos com os clientes existentes para aumentar a receita, sobretudo mediante a retenção dos funcionários-chave na geração de receitas.

Essas descobertas fornecem as razões para que as empresas resultantes de fusões desenvolvam Mapas Estratégicos e Balanced Scorecards como

Figura 8.7 Estratégia de integração da Alpha-Beta

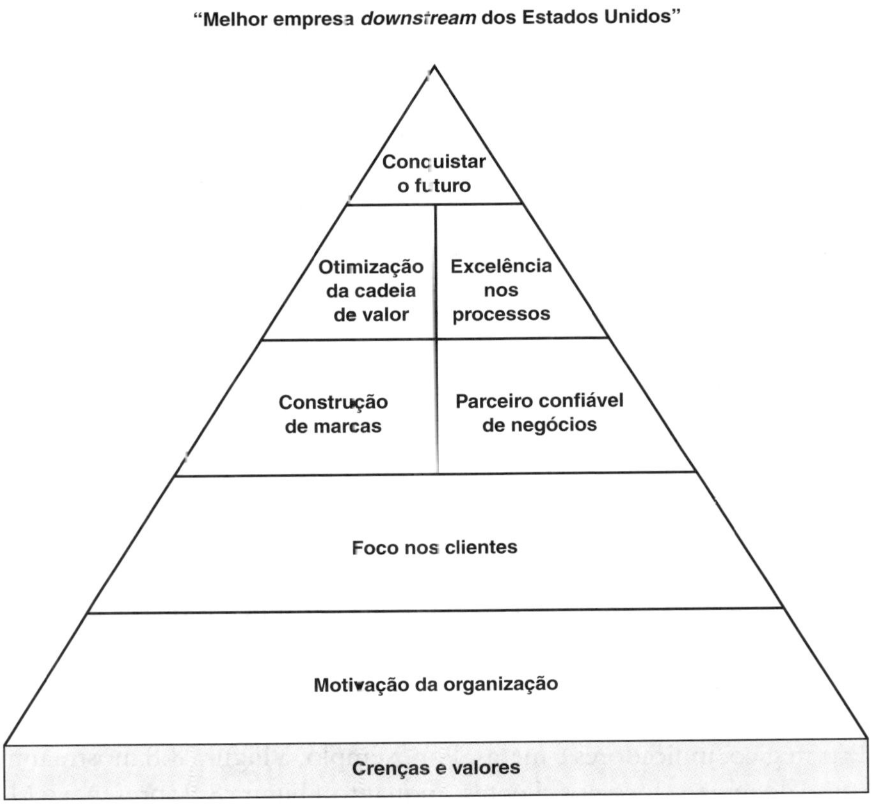

parte do processo de integração das empresas. Os gestores das duas empresas até então independentes formulam uma estratégia específica para alavancar os pontos fortes de cada organização, de modo a criar novas oportunidades de receita além do que ambas poderiam obter, operando de maneira independente. O processo também fornece um guia para implementar o crescimento da receita e para a redução dos custos; cria temas estratégicos para a concentração de investimentos nos principais processos de recursos humanos e de tecnologia da informação; e para o desenvolvimento de cultura organizacional unificada.

Bom exemplo desse processo ocorreu com a fusão de duas empresas petrolíferas: Alpha e Beta (obviamente, pseudônimos), da qual resultou uma das maiores empresas de refino dos Estados Unidos. A integração da equipe executiva começou com a construção pelos gestores de um Balanced Scorecard para a nova organização. A primeira reunião foi realizada mesmo antes da conclusão oficial da transação. Cada empresa tinha igual número de representantes na equipe executiva do BSC.

Para representar como a Alpha-Beta Petroleum se tornaria o melhor negócio *downstream* (refino e distribuição) dos Estados Unidos, a equipe executiva do BSC construiu o scorecard sob a forma de pirâmide, composta de seis temas, a exemplo do scorecard da DuPont Engineering Polymers, descrito no Capítulo 4, também temático:

- Foco nos clientes
- Construção da(s) marca(s)
- Parceiros confiáveis de negócios
- Otimização da cadeia de valor
- Excelência operacional
- Motivação da organização

A equipe do BSC selecionou um executivo da Alpha e outro da Beta como coproprietários de cada tema. Cada par supervisionava as metas, as iniciativas, a comunicação e a implementação do respectivo tema.

Para cada um dos seis temas, a equipe do BSC escolheu de quatro a oito importantes questões estratégicas e então desenvolveu objetivos, Mapa Estratégico, indicadores e metas. Por exemplo, a Figura 8.8 mostra um resumo do tema 1, foco nos clientes, enquanto a Figura 8.9 apresenta o Mapa Estratégico, os indicadores do scorecard e as iniciativas desenvolvidas para esse tema.

A Alpha-Beta Petroleum usou os temas e indicadores estratégicos como elementos-chave de sua comunicação no Dia Um, para os públicos interno e externo, quando da consumação oficial da fusão. Durante os cinco meses seguintes, o scorecard foi desdobrado para toda a organização, de modo que os scorecards locais pudessem ser usados para definir objetivos departamentais e pessoais, como parte do sistema de gestão do desempenho da nova empresa. O processo criou condições para que a Alpha-Beta operasse como uma só organização, com uma estratégia coerente e integrada, desde sua origem como nova organização oficial.

Figura 8.8 Resumo do tema "Foco nos clientes" da Alpha-Beta

O tema foco no cliente impacta todo o nosso negócio. O objetivo é aumentar o número de compras incrementais pelos segmentos-alvo, tanto em gasolina quanto nas lojas de conveniência, por meio do reforço da lealdade. Além disso, precisamos concentrar a atenção de nossos empregados e de nossos parceiros de canais nos benefícios de manter o foco nos clientes.

Principais pontos e razões

- Compreender, com base em pesquisas, as expectativas dos clientes quanto à experiência de compra
- Sempre acertar nos aspectos básicos de nossas unidades de atendimento com marca
- Execução consistente com os canais de parceiros
  - Desenvolver argumento para o foco nos clientes
  - Comunicação
  - Educação
  - Programas e ferramentas
- Reconhecer e recompensar
- Experimentar inovações para diferenciar a experiência de compra

Descrição do argumento de negócios de alto nível

- Os principais indutores de crescimento e de rentabilidade são:
  - Foco nos clientes-alvo
  - Compras incrementais
  - Canais de parceiros Alpha-Beta (margem de gasolina e varejo de conveniência)
- Potencial da gasolina
- Potencial das Lojas C
- Demonstração do foco que precisamos manter sobre o varejo de conveniência

RESUMO

Depois de alinharem seus grupos internos de negócios e de apoio, as organizações podem ampliar o alinhamento estratégico mediante o desenvolvimento de Mapas Estratégicos e de Balanced Scorecards com os principais parceiros externos, como fornecedores, clientes e alianças. Hoje, a maioria dos scorecards de fornecedores, clientes e alianças tende a ser um conjunto de indicadores-chave, destinados a impulsionar o aprimoramento dos fatores de desempenho operacionais, como custo, qualidade e pontualidade.

As empresas sempre têm a oportunidade de construir relacionamentos mais profundos e mais eficazes com seus parceiros externos, por meio de um processo colaborativo intenso, cujo foco seja a construção de Mapas Estratégicos e de Balanced Scorecards que descrevam os objetivos e a estratégia dos relacionamentos entre organizações. Tal processo constrói grande consenso e motivação para o relacionamento e o scorecard desenvolvido em conjunto serve de contrato de prestação de contas quanto ao desempenho do relacionamento.

Figura 8.9 Mapa Estratégico parcial referente ao tema "Foco nos clientes" da Alpha-Beta

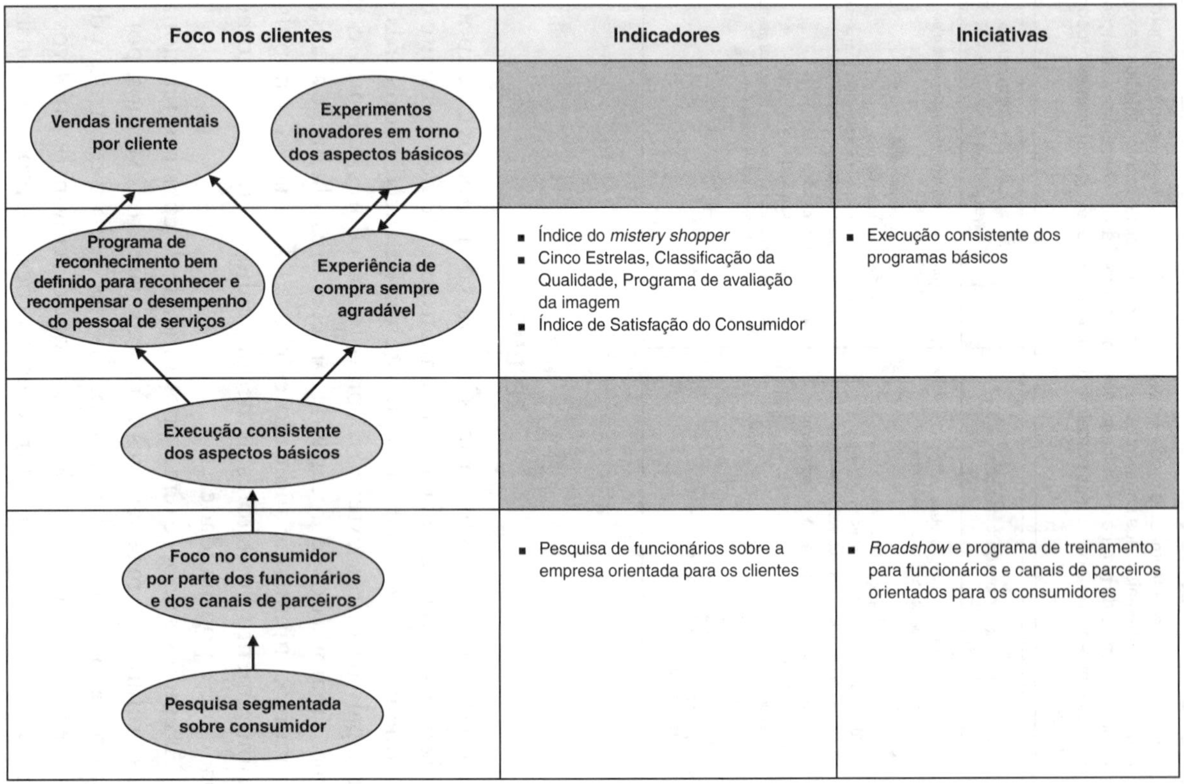

NOTAS

1. S. Kulp e V. G. Narayanan, "Metalcraft Supplier Scorecard", Case 9-102-047 (Boston: Harvard Business School Publishing, 2005).
2. As definições detalhadas de cada uma das medidas, junto com exemplo numérico do cálculo e das respectivas atribuições dos fornecedores, fabricantes e varejistas podem ser encontrados em http://www.cpfr.org/documents/pdf/CPFR_Tab_6.pdf.
3. Ver http://www.globalscorecard.neet/download/ecr_related.asp.
4. P. C. Brewer e T. W. Speh, "Using the Balanced Scorecard to Measure Supply Chain Performance", *Journal of Business Logistics* (2000): 75-93; e "Adapting the Balanced Scorecard to Supply Chain Management", *Supply Chain Management Review* (março-abril de 2001).
5. K. Zimmerman, "Using the Balanced Scorecard for Interorganizational Performance Management of Supply Chains: A Case Study", in *Cost Management in Supply Chains*, eds. S. Seuring e M. Goldbach (Heidelberg: Physica-Verlag, 2002), 399-415.
6. Ver L. Segil, *Measuring the Value of Partnering* (Nova York: AMACOM, 2004), 19.
7. J. Bamford e D. Ernst, "Managing na Alliance Portfolio", *McKinsey Quarterly* (outono de 2002): 6-10
8. "Why Mergers Fail", *McKinsey Quarterly* (2001): 64-73.

CAPÍTULO 9

GERENCIANDO O PROCESSO DE ALINHAMENTO

O alinhamento não é um evento que ocorre e se consome em uma só ocasião. A implementação de um programa de Balanced Scorecard alinha a estratégia da corporação com as estratégias das unidades de negócio e das unidades de apoio. Dessa maneira, preenchem-se as condições para alcançar as sinergias de desempenho do negócio como um todo.

As mudanças, contudo, são constantes em um setor, entre os concorrentes, no ambiente regulatório e macroeconômico, na tecnologia, nos clientes e nos empregados. Portanto, as estratégias e sua implementação devem manter-se em constante estado de evolução. As organizações que se encontram alinhadas em certo momento rapidamente se tornam desalinhadas. A segunda lei da termodinâmica nos ensina que a entropia (a desordem) aumenta continuadamente. Portanto, os sistemas sempre precisam de mais energia para continuar alinhados e coerentes. Neste capítulo, descrevemos o processo de gestão e de sustentação do alinhamento organizacional.

CRIAÇÃO DO ALINHAMENTO

Em algum momento durante o ano fiscal, a maioria das empresas realiza reuniões fora do local de trabalho, com mais de um dia de duração, organizadas, geralmente, pelo departamento de planejamento estratégico. Nessas reuniões, a equipe de liderança executiva revê e atualiza a estratégia da empresa, à luz de circunstâncias em mutação e de novos conhecimentos adquiridos desde a última formulação da estratégia. Esse exercício envolve muitas das técnicas tradicionais de planejamento estratégico, inclusive sistema de monitoramento externo (*environmental scans*), análises SWOT – *Strenghts, Weaknesses, Opportunities and Threats* (Pontos fortes, Pontos fracos, Oportunidades e Ameaças), modelos das cinco forças e planejamento de cenários.

Em seguida, as unidades de negócio e os departamentos de serviços compartilhados atualizam os próprios planos estratégicos anuais. Contudo, como as estratégias dessas unidades organizacionais geralmente são desenvolvidas de maneira isolada, sem levar em conta a estratégia corporativa, elas não enfatizam as soluções de como essas unidades autônomas devem trabalhar juntas para promover integração e sinergia. A existência em si desses processos gerenciais fragmentados e desalinhados explica por que a maioria das empresas enfrenta grandes dificuldades para implementar suas estratégias.

Os processos de alinhamento abrangentes e gerenciados ajudam a corporação a alcançar sinergias por meio da integração. Identificamos oito pontos de verificação do alinhamento (ver Figura 9.1) com base nas práticas bem-sucedidas do uso do Balanced Scorecard. Se a organização estiver alinhada em cada um dos oito pontos de verificação, todas as suas iniciativas e ações estarão direcionadas para as prioridades estratégicas comuns:

1. *Proposta de valor da corporação:* A sede corporativa define as diretrizes para moldar as estratégias dos níveis mais baixos da organização, conforme descrito nos Capítulos 3 e 4.
2. *Alinhamento entre conselho de administração e acionistas:* O conselho de administração revê, aprova e monitora a estratégia corporativa, conforme descrito no Capítulo 7.
3. *Alinhamento entre a sede corporativa e as unidades de apoio centrais:* A estratégia corporativa é traduzida em políticas corporativas – como práticas padronizadas, gestão de riscos e compartilhamento de recursos – que serão administradas por unidades de apoio corporativas, conforme discutido no Capítulo 5.

Figura 9.1 Os pontos de verificação do alinhamento como parte do processo de planejamento

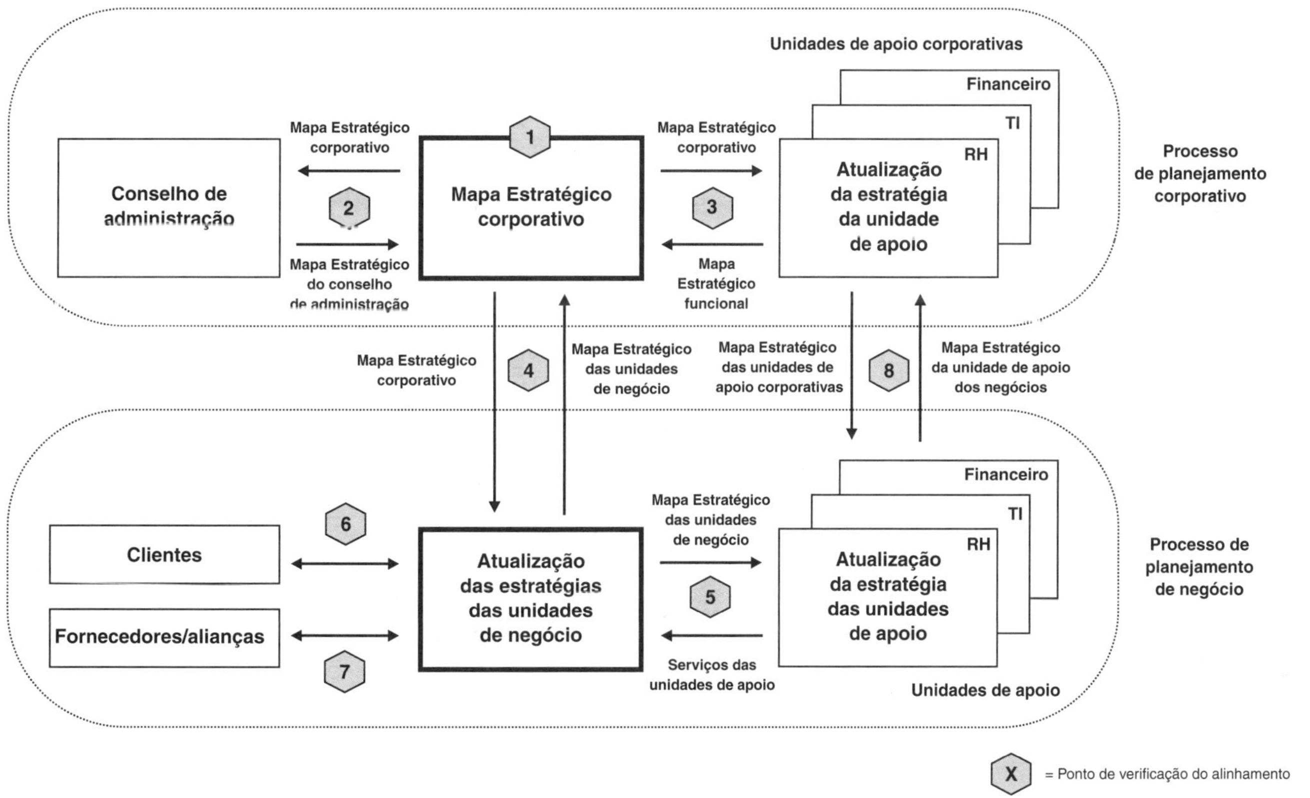

4. *Alinhamento entre a sede corporativa e as unidades de negócio:* As prioridades corporativas são desdobradas para as estratégias das unidades de negócio, conforme analisado nos Capítulos 3, 4 e 6.
5. *Alinhamento entre as unidades de negócio e as unidades de apoio:* As prioridades estratégicas das unidades de negócio são incluídas nas estratégias das unidades de apoio funcional, conforme visto no Capítulo 5.
6. *Alinhamento entre as unidades de negócio e os clientes:* As prioridades da proposta de valor para o mercado são comunicadas aos clientes-alvo e incluídas em procedimentos específicos de feedback e em indicadores de desempenho referentes aos clientes, como consta do Capítulo 8.
7. *Alinhamento entre as unidades de negócio, fornecedores e parceiros:* As prioridades comuns para fornecedores, prestadores de serviços terceirizados e outros parceiros externos se refletem nas estratégias das unidades de negócio, conforme discutido no Capítulo 8.
8. *Alinhamento entre as unidades de apoio dos negócios e as unidades de apoio corporativas:* As estratégias das unidades de apoio dos negócios absorvem as prioridades das unidades de apoio corporativas, como analisamos no Capítulo 5.

Como exemplo específico de uma corporação alinhada, vamos rever a história da Ingersoll-Rand (IR), descrita nos capítulos anteriores. Lembre-se de que a nova estratégia corporativa da Ingersoll-Rand, descrita na Figura 3.4, consistia em deixar de ser uma *holding* de unidades de negócio centradas em produtos e tornar-se um provedor de soluções integradas aos clientes, com base em uma marca, transpondo as fronteiras tradicionais das unidades de negócio. A definição da nova proposta de valor corporativa da IR representa o primeiro passo em direção do alinhamento estratégico (ponto de verificação 1). A mudança de estratégia demandava uma nova cultura de trabalho em equipe e de compartilhamento de conhecimento, novas competências e novos valores de liderança. A transformação cultural era facilitada pela área de recursos humanos da corporação, conforme descrito no Capítulo 5. A Figura 5.10 ilustra como a Ingersoll atingiu o ponto de verificação 3, traduzindo a estratégia corporativa em estratégia de recursos humanos, cujos focos eram o desenvolvimento da liderança, o trabalho em equipe entre negócios, e o realinhamento das metas individuais com a nova estratégia. Depois de promover o alinhamento em nível corporativo, o grupo de RH corporativo da Ingersoll desdobrou o seu modelo para as áreas de RH dos cinco grandes grupos de negócio (ponto de verificação 8). Dessa maneira, alinharam-se as áreas de RH locais, situadas dentro das unidades de negócios, com as prioridades de RH da corporação.

Cada um dos grupos de negócio da Ingersoll desenvolveu um Mapa Estratégico que refletia o tema da dupla cidadania, cujo propósito era alcançar excelência local e ao mesmo tempo executar os temas em nível corporativo (ver Figura 3.4), atendendo, dessa maneira, ao ponto de verificação de alinhamento 4. A Ingersoll também começou a transmitir sua nova estratégia corporativa ao conselho de administração e aos acionistas, em seu relatório anual (ver Figura 7.10), preenchendo os requisitos do ponto de verificação de alinhamento 2. Assim, a empresa passou com sucesso em todos os pontos de verificação de alinhamento do planejamento corporativo, apresentados na metade superior da Figura 9.1.

O componente mais importante do alinhamento da organização ocorre no ponto de verificação de alinhamento 4: o vínculo das estratégias das unidades de negócio com a proposta de valor corporativa. Muitas organizações adotam ações específicas para monitorar esse alinhamento. Na Canon, EUA, o grupo de planejamento corporativo cria etiquetas com cada um dos objetivos dos Mapas Estratégicos de suas seis principais unidades de negócios e de apoio. Estas etiquetas são coladas no Mapa Estratégico corporativo para verificar o quanto cada um dos objetivos estratégicos corporativos são suportados pelas unidades de negócio e de apoio. Em seguida, o grupo analisa os resultados para ver porque alguns objetivos contam com forte apoio, enquanto outros parecem desamparados. Dessa maneira, o grupo de planejamento não só monitora o alinhamento, mas também identifica vínculos entre funções e entre unidades como parte da estratégia, de modo a criar "centros" de compartilhamento de valores dentro da empresa.

Durante o processo de planejamento da St. Mary's/Duluth Clinic Health System, o vice-presidente de alinhamento estratégico revê os Mapas Estratégicos das várias divisões e departamentos para garantir o alinhamento entre eles e também com a estratégia corporativa. O Bank of Tokyo-Mitsubishi, analisado no Capítulo 4 (Figura 4.1), identifica explicitamente os objetivos de seu Mapa Estratégico corporativo que são comuns entre todas as unidades de negócio. Isso fornece um ponto de referência para o diretor de planejamento corporativo, garantindo que a estratégia das unidades de negócio se alinhe com os temas corporativos, como gestão de riscos e redução de custos.

Em cada uma dessas empresas, um grupo em nível corporativo gerenciou um processo explícito para garantir que as estratégias das unidades de negócio estivessem alinhadas *verticalmente* com as prioridades corporativas e *horizontalmente* com as estratégias das unidades de negócio correlatas.

A implementação da estratégia das unidades de negócio tem três outros pontos de verificação de alinhamento. No Capítulo 5, descrevemos como cumprir os requisitos do ponto de verificação 5, mediante o desenvolvimento de um portfólio de serviços de apoio estratégicos, que traduz as prioridades do Mapa Estratégico das unidades de negócio em programas e iniciativas específicas das unidades de apoio. As Figuras 5.3, 5.4 e 5.5 ilustram como a Handleman criou elos estreitos entre a estratégia das unidades de negócio e o apoio almejado de recursos humanos.

No Capítulo 4, explicamos como a IBM Learning (Figura 4.8) desenvolveu os Mapas Estratégicos das unidades de negócio para alinhar seus serviços de treinamento e capacitação com a sua estratégia. Nos casos tanto da Handleman quanto da IBM, as empresas adotaram processos específicos para alinhar as estratégias das principais unidades de apoio com a criação de valor nas unidades de negócio, conforme previsto no ponto de verificação 5.

As empresas também podem adotar indicadores e processos explícitos para alinhar-se com seus clientes e fornecedores (pontos de verificação 6 e 7). Por exemplo, como vimos no Capítulo 8, a Rockwater desenvolveu scorecards em conjunto com seus 10 principais clientes para definir, de forma clara e precisa, a proposta de valor desejada por cada um deles. Em seguida, as revisões trimestrais desses scorecards com os clientes ajudaram a reforçar os vínculos e a transformar a Rockwater em líder do setor. No Capítulo 1, o departamento de compras da Sport-Man, Inc. (ver Figura 1.7) usou estrutura semelhante para promover o forte alinhamento com os fornecedores da empresa, que fabricam e entregam os produtos nas lojas de varejo da empresa.

Em resumo, os processos de planejamento nas unidades corporativas e nas unidades de negócio e de apoio definem prioridades, alocam recursos e – a nova tarefa – impulsionam o alinhamento em toda a corporação. As organizações garantem o alinhamento ao incluir os oito pontos de verificação acima em seus processos de planejamento. Depois de promoverem o alinhamento dessa maneira, as organizações ainda se defrontam com uma questão remanescente: como gerenciar e preservar o alinhamento de forma contínua?

GERENCIAMENTO E PRESERVAÇÃO DO ALINHAMENTO

Não se gerencia o que não se mede. Essas são as palavras que orientam nossas vidas. Desenvolvemos o Balanced Scorecard para que as empresas tenham condições de medir e, portanto, sejam capazes de gerenciar com eficácia os processos estratégicos, como: conquista e retenção de clientes, desenvolvimento de novos produtos e aprimoramento das competências dos empregados. Se quisermos gerenciar os novos processos de alinhamento, deveremos – para ser consistentes com nossa mensagem – definir indicadores de alinhamento.

A Figura 9.2 mostra o desenvolvimento de indicadores de alinhamento para cada um dos oito pontos de verificação. As organizações podem agregar esses indicadores de alinhamento num índice composto, atribuindo pesos específicos às suas prioridades e crenças sobre os locais em que é mais provável que surjam os benefícios sinérgicos.

Os indicadores propostos são de processos, não de resultados. Os indicadores de resultados correspondentes – como a porcentagem de unidades de negócio que alcançaram níveis de qualidade seis sigma ou a porcentagem de unidades de negócio que cumpriram as metas referentes à retenção de clientes-chave – devem aparecer no scorecard corporativo. Os indicadores de processos monitoram a qualidade do processo de alinhamento em si. Nossa teoria prevê que o bom alinhamento das organizações conduz para altas realizações nos indicadores de resultados da corporação.

Os indicadores de verificação de alinhamento, juntamente com os indicadores de subprocessos (ver coluna do meio da Figura 9.2), fornecem feedback útil sobre o desempenho do processo de alinhamento. Podemos desenvolver uma imagem geral da situação do alinhamento e de questões correlatas mostrando cada um dos indicadores dos pontos de verificação em um *mapa de alinhamento*, como mostra a Figura 9.3. O Painel A, no quadrante superior esquerdo, representa o ponto de partida – um modelo que resume os oito pontos de verificação de alinhamento em três grupos: corporação, unidades de negócio e unidades de apoio. Os três outros painéis refletem situações em que as organizações apresentam deficiências nos processos de alinhamento.

O Painel B, no quadrante superior direito, ilustra um programa de alinhamento com forte liderança corporativa, mas fraca implementação nas unidades de negócio e de apoio. Definiu-se a estratégia corporativa, que foi expressa em termos da proposta de valor da corporação (ponto de verificação 1), além de analisada e aprovada pelo conselho de administração (pon-

Figura 9.2 Medindo o alinhamento organizacional

Alinhamento organizacional: Será que as várias unidades, departamentos e constituintes estão alinhados com a proposta de valor da empresa?

Pontos de verificação do alinhamento	Indicador do subprocesso	Indicador do processo
1 Proposta de valor da corporação	▪ Definição da proposta de valor da corporação ✓ ▪ Definição do scorecard da corporação ✓	100%
2 Alinhamento do conselho de administração/acionistas	▪ Responsabilidades do conselho vinculadas à estratégia por meio do scorecard corporativo ✓	100%
3 Corporação e unidades de apoio da corporação	▪ Percentual de unidades de apoio corporativo com scorecards vinculados ✓ RH ✓ TI ✓ Finanças ✓ Outras	100%
4 Corporação e unidades de negócio	▪ Porcentagem das unidades de negócio alinhadas com a corporação	100%
5 Unidades de negócio e unidades de apoio	▪ Porcentagem das unidades de negócio alinhadas com unidades de apoio ▪ Scorecards de conexão ▪ Acordos de serviços 40% RH 50% TI 80% Finanças	55%
6 Unidades de negócio e clientes	▪ Porcentagem de clientes-chave com BSC ou com acordos de serviços	40%
7 Unidades de negócios e fornecedores/alianças	▪ Porcentagem de fornecedores-chave com BSC ou acordos de serviços	30%
8 Unidades de apoio das UNs e unidades de apoio da corporação	▪ Porcentagem das unidades de apoio das UNs alinhadas com as unidades de apoio da corporação 100% RH 50% TI 80% Finanças	80%

Dados ilustrativos

Índice de alinhamento da organização

XX%

As organizações atribuem pesos aos indicadores dos oito pontos de verificação de alinhamento, dependendo de suas prioridades.

Figura 9.3 Mapas de alinhamento da organização

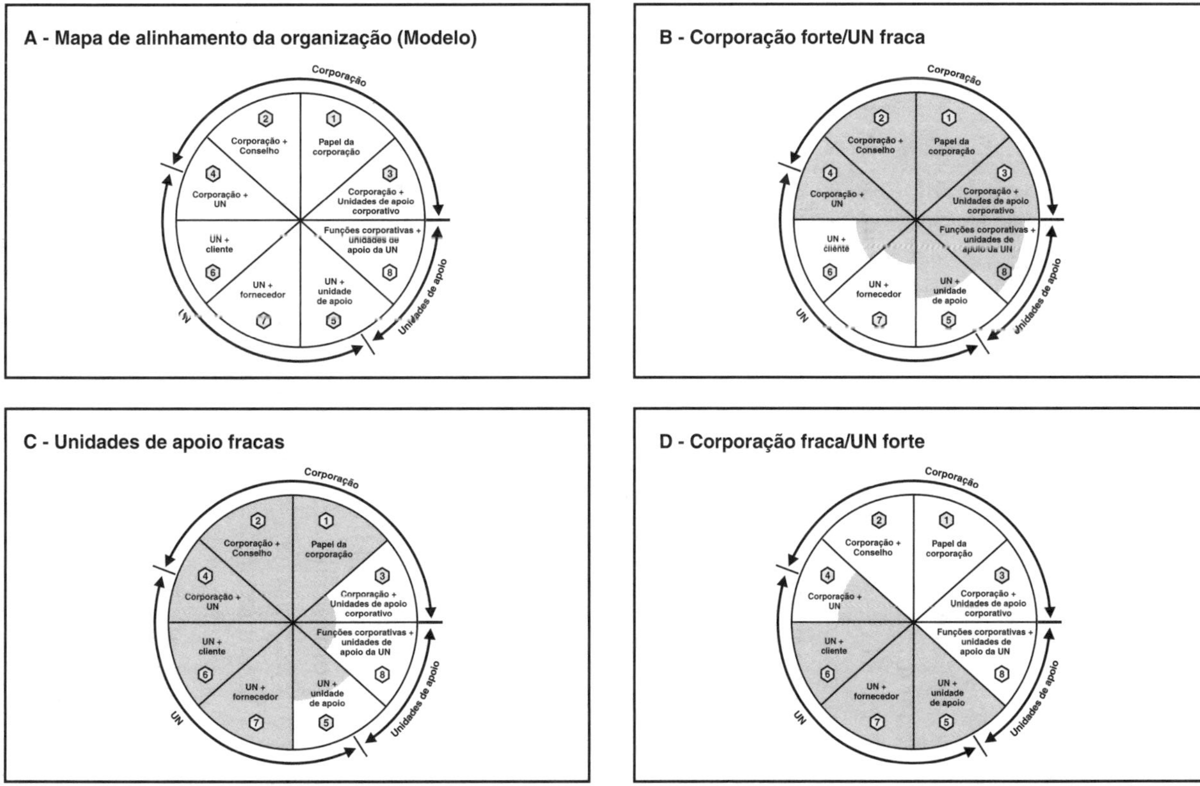

to de verificação 2). A estratégia também foi traduzida para os departamentos de apoio da corporação (ponto de verificação 3), que, por sua vez, desenvolveram diretrizes para cooperar com as áreas de apoio das unidades de negócio (ponto de verificação 8). A corporação não poupou esforços para traduzir suas prioridades estratégicas em uma proposta de valor corporativa para as unidades de negócio (ponto de verificação 4), mas as unidades de negócio não compartilharam da mesma paixão. A execução no nível das unidades de negócio (pontos de verificação 5, 6 e 7) apresenta deficiências. Muitos dos benefícios potenciais do alinhamento corporativo ainda não se converteram em realidade.

O Painel C, no quadrante inferior esquerdo, descreve um processo de alinhamento caracterizado por forte execução no nível da corporação e das unidades de negócio e fraca implementação pelas unidades de apoio. O problema começa com o fraco alinhamento das unidades de apoio no nível corporativo. A corporação não enfatizou a tradução de suas prioridades aos departamentos de apoio da administração central (ponto de verificação 3) e o pessoal de apoio no nível corporativo não foi capaz de comunicar as prioridades da administração central às unidades de apoio dos negócios (ponto de verificação 8). As unidades de apoio locais, portanto, não corresponderam às necessidades das unidades de negócio e, consequentemente, não têm condições de apoiar suas estratégias.

O quarto exemplo, representado pelo Painel D no quadrante inferior direito, descreve uma situação que se encontra com frequência quando se inicia a implementação de um BSC em uma unidade de negócio. O alinhamento dentro da unidade de negócio é excelente, desenvolvendo-se fortes vínculos com os clientes (ponto de verificação 6), com os fornecedores (ponto de verificação 7) e com as unidades de apoio locais (ponto de verificação 5). A unidade de negócio tentou integrar sua estratégia com o que considera serem a estratégia e as prioridades da corporação, mas sem liderança e orientação adequadas da sede corporativa, ela ainda precisa alinhar-se e criar sinergias com as estratégias de outras unidades de negócio (ponto de verificação 4). As áreas de apoio da unidade de negócio também sofrem as consequências da falta de orientação estratégica por parte das unidades de apoio corporativas (ponto de verificação 8).

O mapa de alinhamento fornece uma imagem simples da situação do alinhamento organizacional e resume os principais indicadores escolhidos pela empresa para monitorar o desempenho de seus processos de alinhamento.

RESPONSABILIDADE

O último elemento básico do gerenciamento do alinhamento organizacional é a responsabilidade. Da mesma maneira com que o diretor financeiro é responsável pela gestão do orçamento e o vice-presidente de recursos humanos é responsável pela gestão do desempenho dos funcionários, os executivos seniores são responsáveis e devem comprometer-se com a gestão do processo de alinhamento. Se alguém não for responsável por esse processo, o alinhamento não ocorrerá.

Várias organizações começaram a definir a estrutura de responsabilidade pelo alinhamento organizacional. A J. D. Irving, conglomerado canadense multibilionário, criou a posição intitulada *multiplicador do alinhamento* para ajudar as unidades de negócio a implementar os vários programas de mudança em suas estratégias. A St. Mary's Duluth Clinic, empresa de assistência médica no noroeste de Minnesota, instituiu o cargo de *vice-presidente de alinhamento estratégico*, cuja atribuição é facilitar a execução da estratégia da organização. Ao colocar esta posição no nível de vice-presidente, o CEO deixou clara a mensagem de que a garantia do alinhamento da organização era alta prioridade para ele. A Canadian Blood Services (antiga Canadian Red Cross) constituiu um *conselho de alinhamento* no início da implementação do Balanced Scorecard para assegurar a consistência e a integração entre as estratégias da corporação e das várias unidades de negócio.

A matriz americana do Bank of Tokyo-Mitsubishi (BTMHQA), analisado no Capítulo 6, adotou um esquema sofisticado para promover o alinhamento ao longo de seu processo de governança. Como se vê na primeira coluna da Figura 9.4, a estratégia do banco consistia em seis temas estratégicos: promover o crescimento da receita, gerenciar o risco, aumentar a produtividade, alinhar o capital humano e melhorar o desempenho financeiro e a satisfação dos clientes.

O banco já tinha oito comitês que de alguma maneira participavam da governança corporativa, como mostram os títulos das colunas na Figura 9.4, e pediu a cada um deles que, além de suas atribuições tradicionais, também monitorassem os temas estratégicos das áreas sob sua responsabilidade. Por exemplo, o comitê de risco de crédito, em suas reuniões mensais, analisava aspectos que se enquadravam nos temas de desempenho financeiro e gestão de riscos, tomando as decisões e as providências necessárias. Na reunião mensal do comitê de controle de operações, os membros monitoravam os temas referentes a clientes, à gestão de riscos e à produtividade. Trimestralmente, o comitê de estratégia de negócios revia todos os seis te-

Figura 9.4 Alinhamento e responsabilidade na matriz americana do Bank of Tokyo-Mitsubishi

Tema \ Comitê	Comitê de estratégia de negócios	Análise mensal do lucro	Comitê de controle de operações	Comitê de gestão de riscos do banco	Comitê de gestão de riscos de crédito	Comitê de *compliance*	Comitê consultivo de tecnologia da informação	Comitê de recursos humanos
	Trimestral	**Mensal**	**Mensal**	**Mensal**	**Mensal**	**Trimestral**	**Mensal**	**Trimestral**
Finanças								
Cliente								
Aumentar a receita								
Gerenciar o risco								
Melhorar a produtividade								
Capital humano								

- As reuniões dos principais comitês estão alinhadas diretamente aos temas e objetivos estratégicos da organização
- As discussões em todas as principais reuniões gerenciais periódicas se concentram em áreas relevantes do scorecard
- Todas as áreas são analisadas trimestralmente na reunião do comitê de estratégia de negócios

mas estratégicos. Com esse processo formal de atribuição de responsabilidades, o BTMHQA inseriu o alinhamento e a responsabilidade em seus principais comitês e processos de gestão.

As organizações citadas nestes exemplos trataram dos componentes do processo de alinhamento mediante a atribuição de responsabilidades a indivíduos ou a comitês específicos. Embora essa seja uma iniciativa na direção certa, acreditamos que o alinhamento e a responsabilidade devem ser inerentes a todos os principais processos gerenciais executados durante todo o ano.

Recentemente, observamos na prática o surgimento de uma nova função nas organizações, para gerenciar a execução da estratégia de maneira abrangente e integrada. Como exemplos tem-se: Chrysler Group, Crown Castle, Exército dos Estados Unidos e St. Mary's/Duluth Clinic. Denominamos essa função Unidade de Gestão da Estratégia (*OSM – Office of Strategic Management*). A nova unidade geralmente é a sucessora da equipe de projetos do Balanced Scorecard e representa a evolução natural desse sistema de gestão, que deixa de ser projeto para transformar-se em processo contínuo de alinhamento e governança.[1] Uma das principais atribuições da Unidade de Gestão da Estratégia é gerenciar o processo de alinhamento, conforme a descrição a seguir.

Alinhamento da organização

O OSM ajuda todo o empreendimento a desenvolver uma visão consistente da estratégia, inclusive com a identificação e realização das sinergias corporativas. A Unidade de Gestão da Estratégia facilita o desenvolvimento e o desdobramento do Balanced Scorecard em diferentes níveis hierárquicos da organização. Suas atribuições referentes ao processo de alinhamento abrangem:

- Definir no scorecard corporativo as sinergias a serem desenvolvidas por meio da integração entre negócios nos níveis organizacionais subsequentes.
- Alinhar as estratégias e os scorecards das unidades de negócio com a estratégia da corporação.
- Alinhar as estratégias e os scorecards das unidades de apoio aos objetivos estratégicos das unidades de negócio e da corporação.
- Alinhar os parceiros externos, como clientes, fornecedores, *joint ventures* e conselho de administração com a estratégia da organização.

- Organizar a revisão e a aprovação dos scorecards produzidos pelas unidades de negócio, unidades de apoio e parceiros externos pela liderança executiva.

O alinhamento, como qualquer outro processo de execução da estratégia, percorre todas as fronteiras organizacionais. Para ser executado com eficácia, requer a integração e a cooperação de indivíduos das várias unidades organizacionais. Essa exigência impõe um dilema, pois a maioria das organizações não dispõe de espaço natural para a integração dos processos entre os negócios. As organizações são compostas de unidades de negócio e de unidades funcionais que operam de maneira isolada umas em relação às outras. As organizações que constituíram a Unidade de Gestão da Estratégia endereçaram esse problema por meio da criação de pequenos grupos de pessoas que gerenciam a integração dos processos entre os negócios, inclusive o alinhamento, de natureza crítica para a execução bem-sucedida da estratégia.

RESUMO

Qualquer interface em que se defrontam duas organizações díspares – corporação, unidades de negócio, unidades de apoio, clientes ou fornecedores – representa uma fonte potencial de criação de valor por meio do alinhamento. A proposta de valor da corporação e o processo de desdobramento dos Mapas Estratégicos e dos Balanced Scorecards são mecanismos que liberam e exploram esse valor incremental.

Como, por sua própria natureza, o alinhamento exige cooperação ao longo das fronteiras organizacionais, esse processo deve ser gerenciado de maneira proativa, de preferência por um indivíduo ou unidade organizacional que seja responsável pelo seu sucesso. A responsabilidade e a prestação de contas pela eficácia do processo de alinhamento organizacional é tarefa natural da nova Unidade de Gestão da Estratégia, que pode coordenar os vários processos de planejamento e garantir que, pelo menos uma vez por ano, todos os pontos de verificação do alinhamento sejam atingidos.

NOTAS

1. A unidade de gestão da estratégia está descrita com mais detalhes em R. S. Kaplan e D. P. Norton, "The Office of Strategic Management", *Harvard Business Review* (outubro de 2005): 72-80.

CAPÍTULO 10

ALINHAMENTO TOTAL DA ESTRATÉGIA

O Balanced Scorecard, desde seu lançamento em 1992, transformou-se em peça central de um sofisticado modelo de gestão de implementação da estratégia. A eficácia deste modelo decorre de dois atributos simples: (1) a habilidade em traduzir com clareza a estratégia (contribuição dos Mapas Estratégicos) e (2) a habilidade em conectar a estratégia a um sistema de gestão (a contribuição dos Balanced Scorecards). O resultado final é a habilidade em alinhar todas as unidades, processos e sistemas de uma organização à sua própria estratégia.

A Figura 10.1 descreve este modelo de gestão simples para execução da estratégia. Este modelo adiciona vários atributos importantes ao clássico processo de "planejar-fazer-verificar-agir" (P-D-C-A: *Plan*, *Do*, *Check*, *Act*) de apenas um loop e que busca objetivos específicos proposto por Deming durante o movimento da qualidade:[1]

- A *estratégia* é claramente considerada como o ponto focal do modelo de gestão (em oposição à "qualidade").
- O *alinhamento* é identificado como uma parte explícita do processo de gestão. A execução da estratégia exige o mais alto nível de integração e de trabalho em equipe entre unidades organizacionais e seus processos.

Figura 10.1 Modelo Balanced Scorecard de execução da estratégia

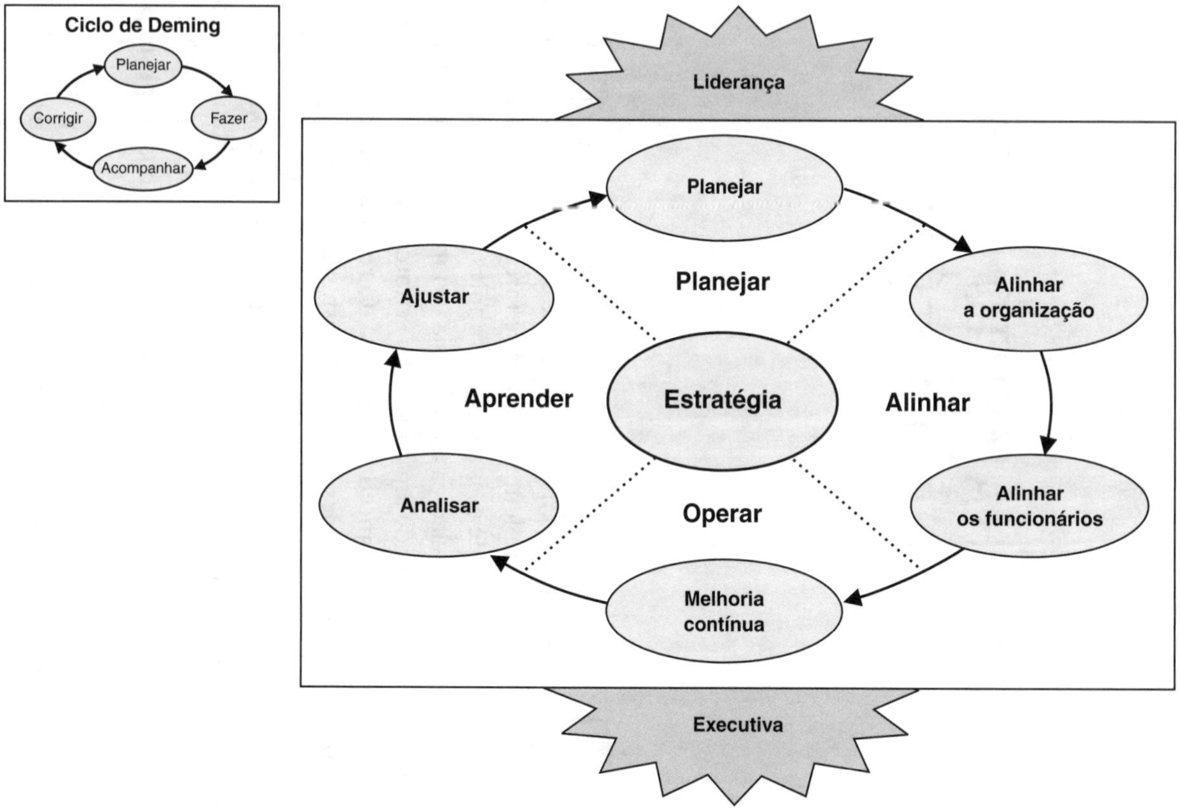

- A *liderança executiva* é uma condição necessária para o sucesso na execução da estratégia. Gestão da estratégia é sinônimo de gestão de mudança. Sem uma forte liderança executiva, não é possível uma mudança construtiva.

A ideia principal é que a estratégia é o centro do modelo de gestão. A partir da clara definição da estratégia, todos os componentes do processo de gestão podem ser desenvolvidos para promover o alinhamento. Como mostra a Figura 10.2, o alinhamento é composto de quatro aspectos: consistência estratégica, alinhamento organizacional, alinhamento do capital humano e alinhamento dos sistemas de planejamento e controle. Vejamos um de cada vez.

CONSISTÊNCIA ESTRATÉGICA

A estratégia é composta de várias atividades de alto impacto que, em última instância, devem ser fomentadas e coordenadas por meio do modelo de gestão. Ela pode ser descrita através de um conjunto detalhado de objetivos e iniciativas. A consistência estratégica (do inglês *strategic fit*), um conceito introduzido por Michael Porter, refere-se à consistência interna das atividades que implementam os diferenciados componentes da estratégia.[2] Verifica-se consistência estratégica quando o conjunto de direcionadores de desempenho interno é consistente e está alinhado aos resultados almejados junto aos clientes e ao desempenho financeiro esperado. Os Mapas Estratégicos, descritos detalhadamente em um de nossos livros anteriores, fornecem mecanismos para identificar e medir explicitamente o alinhamento interno de processos, pessoas e tecnologias com a proposta de valor para os clientes, e com os objetivos a serem alcançados junto aos clientes e aos acionistas.[3]

ALINHAMENTO ORGANIZACIONAL

O tema deste livro – alinhamento organizacional – mostra como as várias partes componentes de uma organização sincronizam suas atividades para criar integração e sinergia. Os Mapas Estratégicos e os Balanced Scorecards fornecem aos executivos os mecanismos necessários para descrever a estratégia nos diferentes níveis da organização e para comunicá-la de um nível para outro. Também medem a extensão com a qual os objetivos que requerem trabalho em equipes multifuncionais estão transpondo as fronteiras internas.

Figura 10.2 Criação do alinhamento total da estratégia

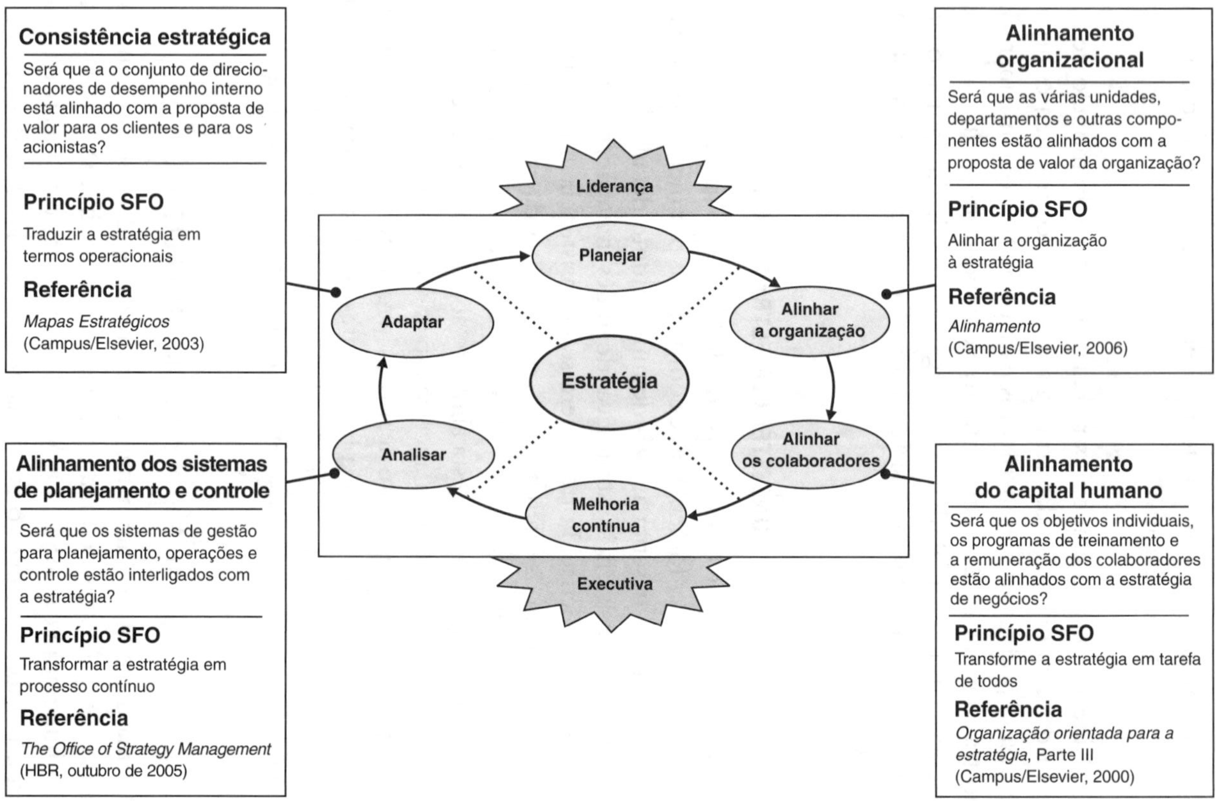

ALINHAMENTO DO CAPITAL HUMANO

A estratégia é formulada no topo da organização, mas deve ser executada pela base: por operadores de máquinas, equipes de *call centers*, motoristas de caminhões de entrega, vendedores e engenheiros. Se os funcionários não a compreenderem ou não estiverem motivados para executá-la, a estratégia estará condenada ao fracasso. O alinhamento do capital humano é alcançado quando os objetivos individuais, programas de treinamento e remuneração estiverem alinhados com a estratégia de negócios.

ALINHAMENTO DOS SISTEMAS DE PLANEJAMENTO E CONTROLE

O planejamento, as operações e os processos de controle da organização orientam a alocação de recursos, impulsionam a ação, monitoram o desempenho e adaptam a estratégia conforme as necessidades. Mesmo que a empresa desenvolva boa estratégia e alinhe seus sistemas operacionais e seu pessoal a isto, a falta de alinhamento dos sistemas de gestão pode inibir sua eficaz execução. O alinhamento dos sistemas de planejamento e controle ocorre quando os sistemas de gestão para planejamento, operações e controle estão interligados com a estratégia.

Em nosso livro anterior, *Mapas Estratégicos*, e neste livro tratamos em profundidade dos dois primeiros componentes do alinhamento: consistência estratégica e alinhamento organizacional. Para oferecer um quadro completo do alinhamento, fechamos este livro com breves descrições dos dois outros componentes: alinhamento do capital humano e alinhamento dos sistemas de gestão.[4]

ALINHANDO O CAPITAL HUMANO

Os programas de alinhamento não produzirão resultados se os funcionários não estiverem pessoalmente comprometidos com a empresa e sua unidade no sentido de alcançar seus objetivos estratégicos. O processo de alinhamento do capital humano deve envolver todo o pessoal no esforço pelo sucesso na implementação da estratégia.

Os psicólogos identificaram duas forças que impulsionam as pessoas. A *motivação intrínseca* ocorre quando alguém se empenha em executar uma atividade pelo simples propósito de realizá-la. A atividade em si é fator de satisfação e seus resultados são valorizados. A *motivação extrínseca* é gerada a partir da "cenoura" de recompensas externas, ou do "chicote" para evitar consequências negativas. As recompensas abrangem elogios, promoções e incentivos financeiros. A ameaça de efeitos negativos também é fator de motivação; as pessoas se esforçam para não sofrer críticas dos supervisores, para não cair em desprestígio pela inexecução de metas de conhecimento geral ou para não se sujeitar ao risco de rebaixamento e até de demissão.

A motivação intrínseca geralmente é a força propulsora de pessoas que se envolvem mais intensamente na solução de problemas de forma empreendedora e criativa. Em comparação com indivíduos motivados por recompensas ou punições externas, as pessoas imbuídas de motivação intrínseca consideram uma gama mais ampla de possibilidades, exploram mais alternativas, compartilham mais conhecimentos com os colegas e prestam mais atenção às complexidades, às inconsistências e às consequências no longo prazo nos respectivos contextos de atuação. Quando movidos somente pela motivação extrínseca, os funcionários agem para conquistar prêmios ou evitar punições. Funcionários extrinsecamente motivados tendem a não questionar os indicadores adotados para avaliar seu desempenho, presumindo que os gestores de nível mais alto identificaram os indicadores certos e que sua tarefa é mover estas medidas na direção almejada, e alcançar as respectivas metas definidas pelos líderes.

Embora os psicólogos geralmente defendam os benefícios da motivação intrínseca em comparação com os da motivação extrínseca, as empresas constataram que essas duas forças motrizes são complementares e não excludentes entre si. Com efeito, as empresas de melhor desempenho exploram ambos os meios para alinhar os funcionários com o sucesso organizacional.

Comunicar e treinar para criar motivação intrínseca

Iniciamos este livro com a metáfora dos remadores num mesmo barco, que tentam alinhar-se uns com os outros quando navegam pelo Charles River, que separa Boston de Cambridge. Esses indivíduos fazem grandes sacrifícios para competir, acordando cedo nas manhãs de inverno, no intuito de praticar exercícios e treinar. Com esse propósito, dedicam várias horas por dia ao seu aprimoramento como esportistas. E quanto recebem por isso? Nada. Os atletas sacrificam-se e trabalham duro porque gostam de preparar-se para os campeonatos, treinando com os colegas de equipe e competindo pela vitória. Imagine a energia que seria liberada se as empresas conseguissem motivar seus funcionários da mesma maneira – trabalhando duro, sozinhos e em grupo, para ajudar a empresa a ser a melhor na competição global.

Os líderes criam motivação intrínseca ao explorar o desejo dos funcionários em trabalhar para organizações bem-sucedidas que contribuam para um mundo melhor. Os funcionários querem orgulhar-se da organização em que passam boa parte de seu tempo. Para tanto, devem compreender como o sucesso da organização beneficia não só os acionistas, mas também os clientes, os fornecedores e as comunidades. Também precisam sentir que a organização funciona com eficiência e eficácia. Ninguém gosta de trabalhar para uma empresa fracassada, com mau desempenho. Além disso, é importante ter a certeza de que a organização não desperdiça recursos para a realização de sua missão. As organizações ineficientes, as burocracias que retardam o processo decisório e as disputas internas geradas pela mentalidade estreita e disseminada pelos silos funcionais são altamente visíveis e desestimulantes.

A *comunicação da visão, da missão e da estratégia* é o primeiro passo para o desenvolvimento da motivação intrínseca entre os funcionários. Os executivos podem usar o Mapa Estratégico e o Balanced Scorecard para divulgar a estratégia – não só *o que* a organização quer realizar, mas também *como* pretende obter seus resultados estratégicos. Os objetivos e indicadores nas perspectivas financeira e do cliente descrevem os resultados almejados pela organização em relação às entidades que fornecem fundos: acionistas e clientes (doadores e constituintes, estes últimos no caso de entidades sem fins lucrativos e de órgãos públicos). Os objetivos e indicadores das perspectivas de processos internos e de aprendizado e crescimento descrevem como os funcionários, os fornecedores e a tecnologia alinham-se em torno de processos críticos que cumprem as propostas de valor para clientes e acionistas, ao mesmo tempo em que correspondem às expectativas da comunidade. A conjugação de todos os objetivos e indicadores fornece um quadro abrangente das atividades da organização que criam valor.

Essa nova representação da estratégia transmite a todos a razão de ser da organização: como pretende criar valor no longo prazo e como cada indivíduo pode contribuir para os objetivos organizacionais. As pessoas não mais estão presas a descrições de cargos estreitas e restritivas, herança do movimento da administração científica de um século atrás. Agora, podem chegar ao trabalho todos os dias entusiasmados com a ideia de executar suas tarefas de maneira diferente e com mais eficácia, colaborando para o sucesso da organização e realizando seus objetivos pessoais.

Essa nova situação cria condições para que novas informações, ideias e ações, alinhadas com os objetivos organizacionais, emanem das linhas de frente e da retaguarda de apoio. Os funcionários se tornam realmente mais capazes, ao compreenderem o que a organização deseja realizar e como podem contribuir para tais propósitos. As unidades organizacionais – unidades de negócio, departamentos, unidades de apoio e serviços compartilhados – entendem como cada uma se encaixa na estratégia geral e como podem criar valor no exercício de suas funções e por meio do trabalho em equipe com outras unidades.

A comunicação pelos líderes é fundamental. Os funcionários perdem o rumo se os executivos não lideram. Os executivos que participam de nossos seminários afirmam que não poupam esforços nem recursos para divulgar a estratégia e que a comunicação eficaz foi fundamental para o sucesso na implementação Balanced Scorecard. Um CEO nos disse que, se fosse escrever um livro sobre como transformou com sucesso uma grande empresa de seguros, sem dúvida incluiria um capítulo sobre o Balanced Scorecard, por sua contribuição fundamental para a grande virada de sua organização. Mas dedicaria cinco capítulos à comunicação, pois passava a maior parte de seu tempo comunicando-se com os chefes de unidades de negócio, funcionários da linha de frente e da retaguarda de apoio, e principais fornecedores, como corretores e agências.

Os gestores costumam afirmar que devem comunicar a mesma coisa em sete ocasiões diversas, de sete maneiras diferentes. Em geral, usam vários canais de comunicação para transmitir a mensagem: discursos, newsletters, folhetos, quadros de avisos, reuniões coletivas interativas, intranets, reuniões mensais, programas de treinamento e cursos on-line.

Reforçar e recompensar com motivação extrínseca

A motivação extrínseca deve reforçar a mensagem estratégica. Os maiores sucessos na implementação do Balanced Scorecard ocorreram quando as organizações combinaram com habilidade fatores de motivação intrínsecos e extrínsecos. Se os funcionários contribuem para o sucesso da organização, é justo que esta compartilhe com eles parte do aumento de seu valor.

No entanto, algumas implementações de Balanced Scorecards fracassaram quando as empresas recorreram apenas à motivação extrínseca. Embora tenham alterado o sistema de remuneração, incluindo indicadores não financeiros – organizados por clientes, processos e pessoas – além dos indicadores financeiros tradicionais; os novos métodos eram apenas um *checklist* de indicadores, e não refletiam a estratégia. Os executivos nunca explicaram a razão de ser dos indicadores nem os incluíram num referencial estratégico coerente, como os Mapas Estratégicos, contendo objetivos e indicadores estratégicos interligados, ao longo das quatro perspectivas do Balanced Scorecard.

Em geral, as empresas recorrem a duas ferramentas principais para criar motivação extrínseca. Primeiro, alinham os *objetivos e metas individuais dos funcionários* com a estratégia; algumas até criam scorecards pessoais. Evidentemente, a definição de objetivos pessoais não é novidade. A administração por objetivos (*management by objectives* – MBO) está aí há décadas. Mas os objetivos individuais da MBO são muito diferentes daqueles definidos sob as diretrizes do Balanced Scorecard. Como parte do sistema tradicional de MBO, os objetivos se enquadram na estrutura específica de cada unidade organizacional, enfatizando ainda mais uma mentalidade funcional estreita. Em contraste, quando os funcionários, por meio da comunicação, da educação e do treinamento, passam a compreender as estratégias de suas unidades e da organização como um todo, torna-se possível definir objetivos pessoais interfuncionais, de longo prazo e estratégicos. Uma vez por ano, os funcionários validam seus objetivos pessoais com a ajuda de seus supervisores e de profissionais de recursos humanos. Várias organizações estimularam os funcionários a desenvolver Balanced Scorecards pessoais, pelos quais cada indivíduo da organização definia metas para melhorar números referentes a custos ou receitas, para impulsionar o desempenho em relação a clientes externos ou internos, para aprimorar um ou dois processos que gerarão valor para os clientes e, em como consequência, gerar valor financeiro, além de aumentar suas competências pessoais facilitando a melhoria dos processos.[5]

As empresas exploram a segunda fonte de motivação extrínseca quando relacionam a *remuneração por incentivos* às metas de indicadores do Balanced Scorecard. Para modificar e alinhar o comportamento, conforme demandado pela estratégia e definido no scorecard, as organizações devem promover a mudança mediante incentivos financeiros. Quando os indicadores do Balanced Scorecard estão vinculados a programas de remuneração por incentivos, os gestores percebem aumentos significativos no nível do interesse dos funcionários pelos detalhes da estratégia.

Embora variem muito entre as organizações, os planos de incentivos, em geral, dependem, em parte, do desempenho pessoal e, em parte, do desempenho da unidade de negócio e da organização. Os modelos que determinam as recompensas apenas em função dos resultados da unidade de negócio e da empresa sinalizam a importância do trabalho em equipe e do compartilhamento de conhecimentos, mas também criam espaço para problemas de negligência e parasitismo. Já aqueles que recompensam apenas o desempenho individual oferecem fortes incentivos aos funcionários para melhorar o próprio desempenho, mas inibem o trabalho em equipe, o compartilhamento de conhecimentos e a apresentação de sugestões para aprimorar o desempenho fora da área de responsabilidade do funcionário. Portanto, os planos típicos abrangem duas ou três espécies de recompensas: (1) prêmios individuais, baseados no alcance de metas definidas anualmente para os objetivos pessoais de cada funcionário, (2) prêmios baseados no desempenho da unidade de negócio do funcionário, e, em certos casos, (3) um terceiro prêmio referente ao desempenho da divisão ou organizacional.

Geralmente nos perguntam como *ponderar os indicadores* num Balanced Scorecard. Tal pergunta pode ser sinal de que a organização não compreende, de fato, o modelo de gestão do Balanced Scorecard. Nessas condições, o Balanced Scorecard está sendo usado de maneira limitada, apenas para motivação extrínseca. Por meio dele, modificou-se o plano de remuneração, mas ignoraram-se seus aspectos mais importantes, referentes ao desenvolvimento e à divulgação da estratégia, que promovem a motivação intrínseca dos funcionários. No entanto, a vinculação do scorecard à remuneração é a única aplicação que exige a atribuição de pesos, de modo que uma ferramenta multidimensional possa ser reduzida a uma única dimensão: dinheiro.

Determinam-se os pesos com base na natureza dos negócios e nas prioridades de curto prazo. Quando o tempo é curto entre a melhoria nas pessoas e nos processos, e seu respectivo impacto sobre o desempenho financeiro, podem-se atribuir maiores pesos aos indicadores financeiros. Quando a organização cria valor em períodos mais longos, por meio da inovação, do desenvolvimento do capital humano e da exploração de bancos de dados sobre os clientes, convém atribuir maiores pesos aos indicadores de processos internos e de aprendizado e crescimento. Quando se enfrentam problemas de qualidade, talvez seja o caso de ponderar mais intensamente os indicadores referentes a melhorias de processos. Quando predominam problemas de fidelização de clientes, uma das soluções seria valorizar mais a satisfação e a retenção de clientes. Se a estratégia da empresa exigir a implementação rápida de nova tecnologia da informação ou grande programa de reciclagem dos funcionários, uma hipótese seria enfatizar os respectivos indicadores durante o ano, destacando a importância de alcançar as metas de desempenho nos próximos 12 meses. E se a necessidade mais premente for redução de custos, os indicadores relacionados com melhorias de processos e aumento da produtividade serão priorizados. Por conseguinte, ainda que se mantenham inalterados os indicadores durante anos, seus pesos relativos nos planos de remuneração anual podem variar com base nas prioridades de curto prazo.

No entanto, aprendemos que o pagamento de bônus quando os resultados financeiros são ruins não costuma ser boa ideia, mesmo que o desempenho tenha sido excelente nas perspectivas de clientes, de processos internos e de aprendizado e crescimento. Às vezes, o desempenho financeiro é decepcionante no curto prazo por causa de fatores externos, como desaceleração do ritmo de atividade em toda a economia ou no setor específico; de mudanças inesperadas em variáveis macroeconômicas, como taxas de câmbio, taxas de juros e preços da energia, ou hipercompetição setorial. Quaisquer que sejam as causas, os bônus são pagos em dinheiro e essa sangria de caixa quando a empresa já enfrenta problemas de hemorragia talvez não seja desejável.

Tais considerações sugerem que se determine uma barreira financeira mínima a ser transposta antes do pagamento de bônus. O obstáculo pode ser representado por metas de rentabilidade das vendas, de retorno mínimo sobre o capital ou de rompimento do ponto de equilíbrio (*breakeven*) sob o critério de valor econômico agregado. Depois de superadas as barreiras econômicas, destina-se parte da diferença ao pagamento de bônus, cuja distribuição será baseada nos critérios do Balanced Scorecard, em função dos pesos atribuídos aos indicadores sob as três perspectivas não financeiras.

Caso de melhor prática: Unibanco

O Unibanco, o quinto maior banco do Brasil e o terceiro maior do setor privado, com mais de US$23 bilhões em ativos totais, iniciou seu projeto de Balanced Scorecard em 2000, com a construção de um scorecard para a empresa e outros quatro para suas grandes unidades de negócio: seguros e pensões, varejo, atacado e gestão de recursos.

Em 2001, os executivos lançaram uma campanha de comunicação, para divulgar a nova estratégia e seu plano de gestão entre os 27 mil funcionários. Para tanto, a instituição financeira convidou a família Schurmann, do Brasil, famosa por suas viagens pelo mundo em um veleiro, para dar palestras a 2 mil gerentes em várias unidades da empresa, sobre o tópico: "Estamos todos no mesmo barco", enfatizando que cada membro da "tripulação" deve conhecer o destino, de modo a contribuir para o objetivo de alcançá-lo com sucesso.

Anúncios e artigos sobre o Painel de Gestão e respectivos indicadores foram lançados no portal da intranet corporativa, na rede de televisão e revista mensal internas e em e-mails pessoais enviados a todos os gestores. A campanha "Velejar com sucesso" divulgou e marcou o conceito de scorecard entre todos os funcionários e os conscientizou de que suas atividades no dia a dia afetavam o sucesso da empresa.

Em 2002, o Unibanco passou a explorar a motivação extrínseca, adaptando uma ferramenta de gestão de pessoal já existente, o contrato de gestão entre cada funcionário e seu gerente. A primeira página do contrato de gestão revisado (Figura 10.3) descrevia os temas estratégicos da unidade e do banco. Em seguida, os funcionários, com seus supervisores, elaboravam seus acordos de gestão pessoais (Figura 10.4), que agora estavam alinhados com os temas estratégicos da unidade de negócio e o do banco. Os contratos de gestão continham os objetivos dos funcionários nas quatro perspectivas do Balanced Scorecard, extraindo-se cada um deles de um ou mais temas estratégicos da área específica e da organização.

Por exemplo, um funcionário do departamento de marketing, participando da criação de uma campanha para a conquista de novas contas, teria um objetivo financeiro relacionado com o valor estimado dos clientes daí resultantes. Já o funcionário que produzisse alguma coisa usada por outra unidade do banco trataria o valor assim gerado como objetivo da perspectiva do cliente. Para os objetivos de aprendizado e crescimento no contrato de gestão, a área de recursos humanos ajudava os funcionários a determinar as competências – conhecimento, habilidades e atitudes – necessárias para alcançar os objetivos das três outras perspectivas.

O Unibanco utilizou uma segunda ferramenta de motivação extrínseca quando incluiu o contrato de gestão no plano de reconhecimento e bônus de todos os funcionários. O programa de remuneração anterior do Unibanco destinava uma verba da remuneração total a cada unidade, com base no respectivo desempenho financeiro. O banco modificou esse programa (ver Figura 10.5), nele incluindo dois elementos de remuneração variável. Acrescentava (ou subtraía) uma porcentagem à verba de remuneração, com base nos indicadores de tendências do Balanced Scorecard da unidade; ou-

Figura 10.3 Contrato de gestão no Unibanco

Exemplo

Nome: **Período:**
Área:
Função:
Avaliador:

Conceito:

Total (1 + 2):

Temas estratégicos do Unibanco

- Busca agressiva de escala
- Maximização contínua da eficiência
- Ser excelente na gestão do capital humano
- Domínio eficaz do ciclo de crédito e cobrança

Temas estratégicos de sua unidade

Objetivos de seu departamento

Figura 10.4 Definição de objetivos pessoais no Unibanco

Exemplo

	Plano de trabalho				
	Seus objetivos para o ano	**%**	**Autoavaliação**	**Avaliação do gerente**	**Avaliação final**
Financeira					
Cliente					
Processos internos					
Pessoas e tecnologia					
					Total

Figura 10.5 Unibanco: sistema de remuneração dos funcionários

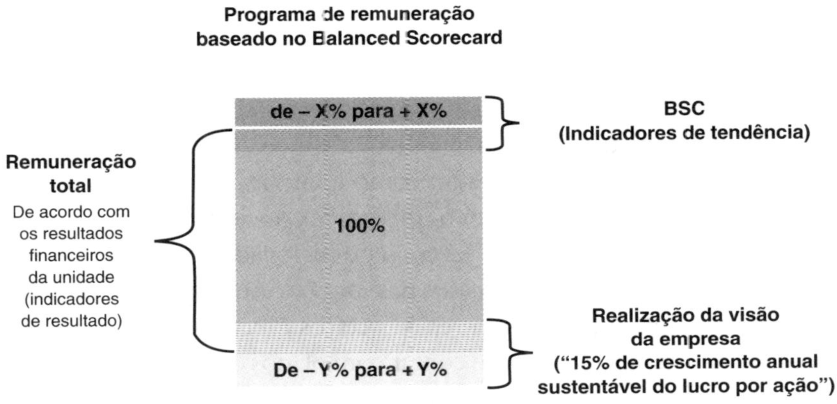

tra porcentagem era adicionada ou subtraída em função do desempenho da empresa. A adoção de um componente de bônus corporativo induzia os funcionários a levar em conta o desempenho total do banco, em vez de apenas os resultados de suas unidades descentralizadas.

Em 2004, o Unibanco reforçou a motivação intrínseca do pessoal, ao lançar a nova campanha de comunicação "2-10-20", que resumia os seguintes objetivos, a serem atingidos até 2006, ano de seu octogésimo aniversário: lucro de R$2 bilhões, patrimônio líquido de R$10 bilhões e 20% de retorno sobre o patrimônio líquido. O programa de comunicação promoveu o slogan 2-10-20 em todos os lugares, inclusive nos elevadores.

Além disso, as pessoas foram encorajadas a contar a história de como suas ações produziram bons resultados. Cada edição mensal da revista interna selecionava as melhores histórias para enaltecer os indivíduos e equipes que haviam alcançado resultados significativos, conforme demonstrado por indicadores-chave de desempenho. Uma vez por ano, o banco oferecia um prêmio do presidente por iniciativas que houvessem produzido resultados extraordinários para algum tema estratégico.

De 1999 a 2004, a "compreensão da missão e da visão da empresa" pelos funcionários aumentou de 72% para 83%. O lucro por ação subiu de 5,57, em 1999, para 9,45, em 2004, com a expectativa de aumentos substanciais contínuos nos próximos anos (para alcançar as metas 2-10-20).

Desenvolver competências dos funcionários

Resta ainda uma última fase para que as organizações alinhem as pessoas à estratégia. Os funcionários devem desenvolver as habilidades, os conhecimentos e os comportamentos – que denominamos competências – que os capacitam a melhorar substancialmente os processos que criam valor para os clientes e acionistas.

Descrevemos em outro trabalho como identificar as funções estratégicas que exercem maior impacto sobre os processos críticos para a execução da estratégia.[6] Recursos significativos devem ser direcionados para o aprimoramento das competências dos funcionários nas funções estratégicas. Além disso, os funcionários também pretendem realizar certos objetivos pessoais. Todos os indivíduos na organização devem contar com planos de desenvolvimento pessoal que os ajudarão a adquirir as habilidades, conhecimentos e comportamentos que viabilizarão a realização de seus objetivos pessoais. Com efeito, toda a cadeia de execução da estratégia começa com o desenvolvimento em todo o pessoal das competências necessárias para a realização de seus objetivos pessoais, que estão relacionados com melhorias de processos, relacionamentos de fidelidade e lucrativos com os clientes, e desempenho financeiro superior.

Caso de melhor prática: KeyCorp

A KeyCorp, com sede em Cleveland, é uma das maiores instituições financeiras dos Estados Unidos, com ativos superiores a US$90 bilhões e mais de 19 mil funcionários. A empresa atua nas áreas de gestão de investimentos, banco de varejo e comercial, financiamento ao consumidor, além de produtos e serviços de banco de investimentos para pessoas físicas e jurídicas em todo o território americano, e, para certas empresas, também no âmbito internacional.

O programa de Balanced Scorecard da KeyCorp seguiu um processo clássico de desdobramento (ver Figura 10.6). Em 2002, sob a liderança de novo CEO, Henry Meyers, a empresa desenvolveu o Mapa Estratégico e Balanced Scorecard corporativo, contendo temas estratégicos que se estendiam pelas quatro perspectivas: "Aumentar o valor para os acionistas (financeira), atuando como assessor de confiança (cliente), por meio de execução excelente, que explore todo o poder das capacidades da KeyCorp em todos os relacionamentos com os clientes (processos internos), com base em pessoas orgulhosas de trabalharem na empresa e que vivenciem os valores da organização (funcionários)."[7]

Figura 10.6 A KeyCorp desdobra os objetivos da corporação e das unidades de negócio até o nível dos funcionários

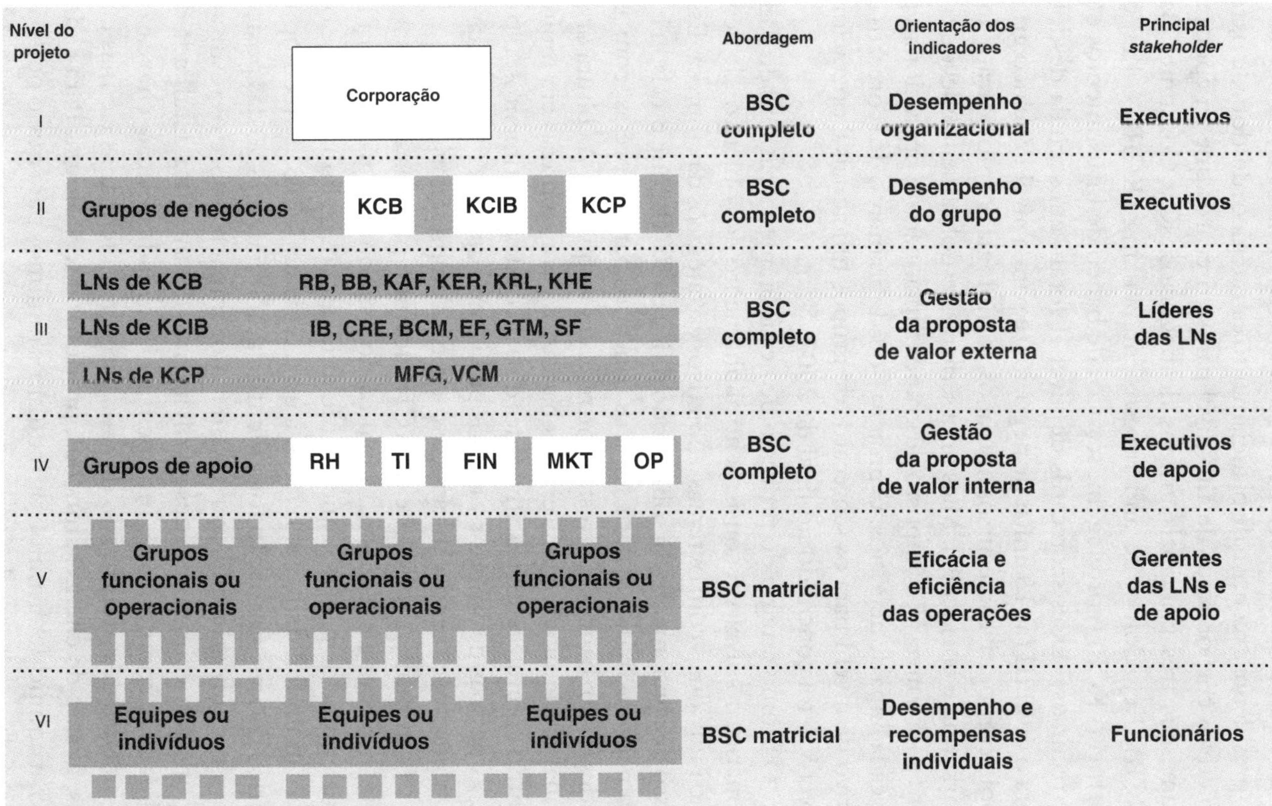

A equipe do Balanced Scorecard, liderada por Michele Seyranian, vice-presidente executiva de planejamento estratégico, desdobrou os temas e objetivos corporativos de alto nível para scorecards que na época abrangiam seus três principais grupos de negócios: Key Consumer Banking (KCB), Key Corporate and Investment Banking (KCIB) e Key Capital Partners (KCP) (corretagem, serviços de banco de investimentos e gestão de recursos). Esses scorecards de nível II foram em seguida desdobrados para o nível III (as 15 linhas de negócios) e para o nível IV (cinco grupos de apoio corporativos: recursos humanos, tecnologia da informação, finanças, marketing e operações). Mais uma série de desdobramentos levou o scorecard para o nível V, composto de grupos funcionais ou operacionais dentro de cada linha de negócios. O projeto – desdobramento do scorecard corporativo de nível I para os scorecards de grupos funcionais e operacionais de nível V – foi concluído no final de 2002.

O último estágio do processo de desdobramento, atingindo cada funcionário, no nível VI, consistiu no alinhamento dos objetivos de desempenho individuais com os temas e objetivos estratégicos da empresa. Esse processo de alinhamento foi sobremodo difícil na KCIB, que precisou integrar seu negócio tradicional, os serviços bancários para empresas, com as atividades de um banco de investimentos recém-adquirido. A cultura organizacional predominante em serviços bancários para empresas era muito diferente da prevalecente nas atividades de bancos de investimentos. No entanto, as pessoas de ambos os grupos precisavam aprender a trabalhar juntas para promover vendas integradas a clientes empresariais.

Tom Bunn, presidente da KCIB, formou parceria com Susan Brockett, diretora de recursos humanos do grupo de negócios, para liderar uma equipe de projetos que promoveria o foco, o alinhamento e o senso de responsabilidade em relação à estratégia da KCIB. Um componente crítico da transformação foi a identificação e a definição das posições na nova organização que exerceriam maior impacto sobre os resultados. A equipe começou com o desenvolvimento de uma lista detalhada das habilidades e competências indispensáveis em cada posição-chave e das necessidades de aprendizado de cada cargo para fechar as lacunas em vendas, gestão de clientes, funções, produtos e tecnologia. Para cada posição, a equipe determinou os requisitos mínimos para que o pessoal fosse capaz de colaborar diretamente com o novo modelo de negócios, que combinava funções de banco corporativo e de banco de investimentos (Figura 10.7).

Figura 10.7 Exemplo: Determinação do nível de conhecimentos na KeyCorp

Habilidade ou competência – vendas	**Líder do setor**			**Gerente sênior**			**Gerente júnior**			**Bancário**		
	Nível de conhecimentos			**Nível de conhecimentos**			**Nível de conhecimentos**			**Nível de conhecimentos**		
	E	**W**	**L**	**E**	**W**	**L**	**E**	**W**	**L**	**E**	**W**	**L**
Negociação (processos de retaguarda)		X			X		X					X
Identificação e pré-qualificação de clientes potenciais	X			X				X				
Identificação e pré-qualificação de clientes potenciais (pesquisa)								X			X	
Precificação (conhecimento do processo e do mercado) Inclui definição do preço e consumação da venda		X			X			X				X
Desenvolvimento da perspectiva institucional (externa)	X			X				X				X
Competição (conhecer os demais participantes do jogo)	X			X				X				X
Apresentações (conteúdo e forma)	X			X				X				

Chave
E Capaz de ensinar os outros
W Maduro – pode voar sozinho
L Limitado – talvez precise de ajuda

Por exemplo, um líder de setor e um gerente sênior precisavam ter expertise – capacidade de ensinar os outros – em identificação de clientes potenciais, em avaliação dos concorrentes, em apresentações orais e em desenvolvimento de perspectivas institucionais. Já um gerente júnior, em contraste, necessitava de habilidades em nível operacional também nessas áreas, mas devia ser expert em negociações, para conseguir fechar negócios identificados e vendidos por gerentes seniores e líderes do setor.

A equipe de projetos identificou os treinamentos que poderiam trazer todas as pessoas para os níveis de competência exigidos pelos respectivos cargos. Para tanto, monitorava a inscrição e desempenho dos funcionários nos vários cursos de treinamento. A Key Corp em breve viu os resultados de ligar seu programa abrangente de desenvolvimento de competências aos objetivos estratégicos críticos. Ao contrário dos programas de treinamento anteriores, agora os cursos da empresa registravam 100% de presença em todas as seções. E as avaliações dos funcionários eram do seguinte tipo: "O curso de que participei se aplica diretamente ao meu trabalho... Quando será o próximo curso sobre... ? Finalmente, o treinamento da empresa se aplica sob medida às minhas necessidades."

Lesa Evans, vice-presidente sênior de desenvolvimento de pessoas, liderou o desenho deste programa de desenvolvimento de competências. Os líderes de linha participaram ativamente de toda a fase de avaliação de necessidades, elaboração dos programas e alinhamento dos currículos com os planos de desenvolvimento individuais. Por seu desempenho nessa iniciativa, Lisa recebeu o Prêmio do Presidente por Contribuição Notável para os Resultados. Na cerimônia de premiação, foi aplaudida de pé pelos 150 mais altos executivos da empresa.

Desde a formação da KCIB em 2002, cujo foco é melhorar o conjunto de habilidades de seus gerentes para criar um único ponto de contato coordenado com seus clientes, o retorno sobre o patrimônio líquido aumentou em 28,8% (de 12,5% em 2002 para 16,1% em 2005). O novo modelo de negócios está produzindo resultados, com o aumento da receita e melhoria das margens. Em 2004, a KCIB gerou lucro de US$486 milhões, com quase 36% de aumento com comparação com os US$358 milhões, em 2003.

ALINHANDO PLANEJAMENTO, OPERAÇÕES E SISTEMAS DE CONTROLE

O último componente da equação do alinhamento trata dos sistemas de gestão que orientam o planejamento, as operações e os controles.[8] Esses sistemas de gestão ajudam os gestores a definir a trajetória, a alocar recursos, a direcionar as ações, a monitorar os resultados e ajustar o rumo, conforme as necessidades. Como mostra a Figura 10.8, as atividades de planejamento, operações e controle completam o processo fechado de busca de objetivos, que posiciona a estratégia da organização no centro do palco. Nossas pesquisas sobre as abordagens das organizações bem-sucedidas identificaram várias melhores práticas de gestão (vide figura e descrição a seguir).

Processo de planejamento

O Mapa Estratégico permite que as organizações deixem clara a lógica da estratégia, definindo os objetivos estratégicos para acionistas, clientes, pessoas e processos, organizando-os num conjunto de relacionamentos de causa e efeito. Além de definir e descrever a estratégia, os executivos devem planejar a obtenção de recursos para a execução da estratégia. Em relação ao planejamento, observamos três melhores práticas de gestão: planejamento da iniciativa, planejamento integrado de RH e TI, e integração com o orçamento.

Planejamento da iniciativa

As iniciativas – projetos especiais com duração definida – promovem a estratégia realizando mudanças específicas, criando potencialidades estratégicas, melhorando os processos ou, de alguma outra maneira, aprimorando o desempenho organizacional. As iniciativas contribuem para o fechamento de lacunas entre o desempenho real e o almejado em indicadores do Balanced Scorecard. Também geram uma cadeia de benefícios que apoiam os futuros investimentos estratégicos.

O planejamento de iniciativas compõe-se de duas fases. A primeira é a *priorização*, que consiste na revisão e avaliação do atual portfólio de iniciativas, mantendo apenas aquelas que promovem diretamente as necessidades específicas de desempenho estratégico. Este passo estabelece o que a organização gostaria de fazer. Segundo, os gestores desenvolvem periodicamente um *plano de implementação e consolidação de recursos*, para o portfólio de iniciativas, que fecha todas as lacunas de desempenho identificadas. Nessa fase, enfrentam-se as limitações práticas da anterior, respondendo à pergunta: "Das iniciativas priorizadas, quantas podemos realizar?"

Figura 10.8 Processo de gestão da estratégia

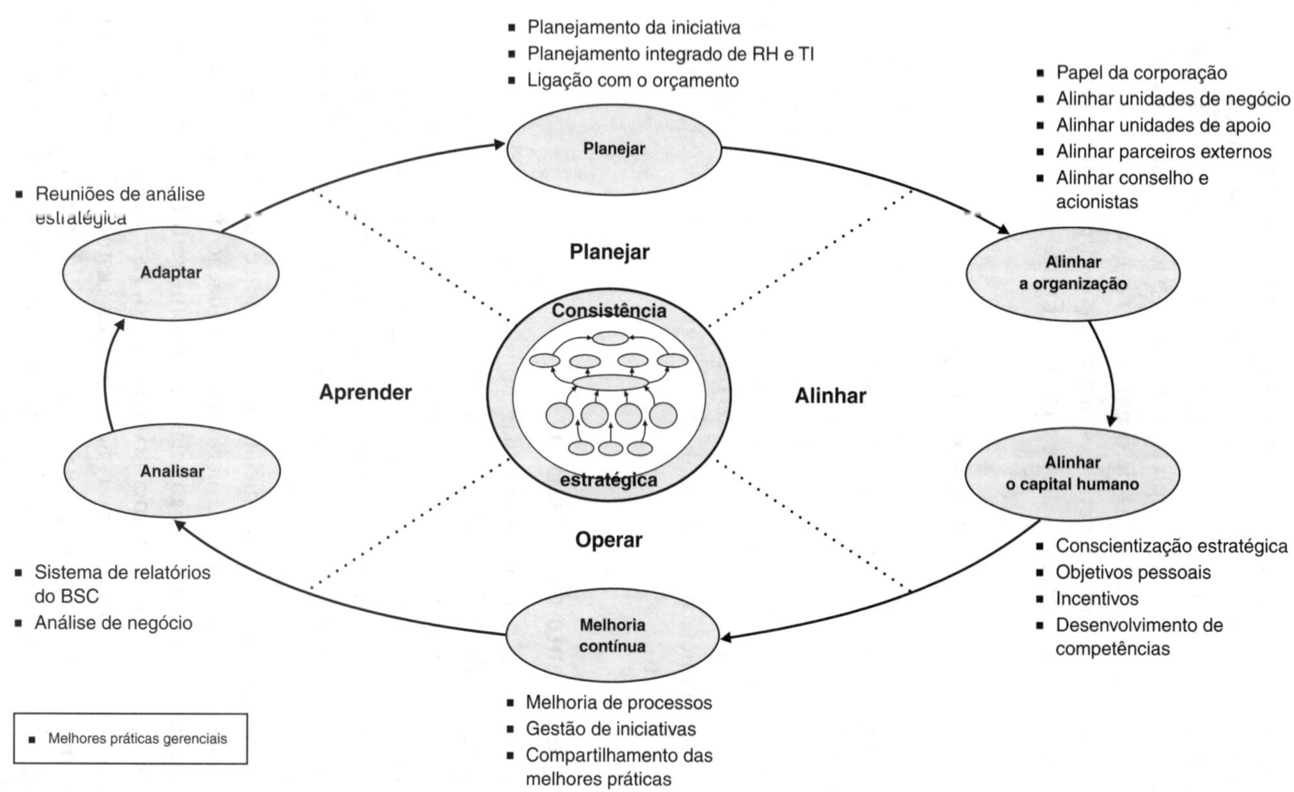

Caso de melhor prática: Cidade de Brisbane

A Cidade de Brisbane (Austrália) adota um método rigoroso para a priorização de suas iniciativas. Ao identificar os projetos que se alinham de maneira mais estreita com a estratégia, Brisbane consegue ser rigorosa na análise das iniciativas e compreender melhor as relações de cada uma com os resultados da estratégia.

Todos os anos, durante o ciclo de planejamento, equipes interfuncionais (cada uma com um amplo conjunto de potencialidades) avalia cerca de 400 iniciativas verificando como elas se encaixam na estratégia da cidade. Essa análise aplica-se apenas aos projetos cujos custos superam certo limite, além do qual as diferentes secretarias da prefeitura não teriam condições para financiá-los com recursos próprios. A equipe adota um método analítico para pontuar cada projeto, de acordo com sua relevância estratégica e, então, usa tal pontuação para definir prioridades entre as várias iniciativas propostas e em curso, das quais, evidentemente, muitas não passam pelo crivo.

Cada equipe usa critérios específicos para as diferentes iniciativas em processo de avaliação. Por exemplo, uma proposta de projeto para a instalação de filtros nos cursos d'água da região foi examinada sob três critérios, que incluíam "melhoria da qualidade da água" e "redução da flora e da fauna nocivas". Em seguida, ponderaram os critérios, em função de sua importância relativa e de sua contribuição total para a realização do objetivo "rios e baías salubres", e calcularam a pontuação total. Com base nesses números, os membros computaram o grau de compatibilidade do projeto com o alcance dos benefícios almejados.

Com base no BSC, os executivos mapeiam todas as iniciativas e atividades com financiamento, alinhando-as com a estratégia e estabelecendo importantes ligações entre a visão de alto nível e as atividades operacionais.

Planejamento integrado de RH e TI

Os ativos intangíveis, como capital humano e capital da informação, adquirem valor apenas no contexto da estratégia. Portanto, o planejamento de recursos humanos e de tecnologia da informação deve alinhar-se com o plano estratégico. O seguinte processo de três fases alinha os planos de RH e TI com a estratégia da organização:

1. Identificar os ativos intangíveis necessários para apoiar os processos internos estratégicos do Mapa Estratégico da organização.

2. Avaliar a *prontidão* estratégica desses ativos (em que medida tais ativos estão disponíveis para apoiar a estratégia da organização).
3. Definir indicadores e metas para monitorar o progresso no fechamento de qualquer lacuna entre os níveis de prontidão atuais e o grau de disponibilidade necessário para a execução eficaz da estratégia.

Caso de melhor prática: Cidade de Brisbane (Alinhamento do planejamento de TI)

A Cidade de Brisbane procurou disponibilizar as informações estratégicas para seus milhares de servidores, mediante programas e bancos de dados específicos que apresentassem todos os scorecards, respectivos níveis de desempenho e situação dos objetivos e indicadores.

Ao oferecer essas informações detalhadas, a cidade criou condições para que se promovesse um estreito alinhamento entre os investimentos em TI e os objetivos estratégicos da cidade. Os projetos de TI que não estejam estreitamente vinculados à estratégia são reavaliados. A área de TI de Brisbane mudou sua abordagem de planejamento, que deixou de ser reativa e passou a identificar de antemão as ligações diretas com a estratégia. O benefício? Limitar o número de projetos de TI, restringindo-os àqueles realmente estratégicos. Depois que os projetos passam pela triagem estratégica, a prefeitura identifica as lacunas entre recursos e necessidades, e determina como a tecnologia pode ser mais bem usada para alcançar os objetivos estratégicos.

Integração com o orçamento

Os críticos do orçamento tradicional argumentam que essa ferramenta clássica é incorrigível e deve ser abolida. Em princípio, o processo orçamentário da maioria das organizações é lento, restritivo e dispendioso, tolhendo a gestão eficaz em períodos de rápidas transformações. Mas a implementação do BSC oferece a oportunidade de transformar esse processo profundamente arraigado em um método que contribui para os resultados estratégicos e para o desempenho operacional.

Caso de melhor prática: Escolas do Condado de Fulton

O sistema escolar do Condado de Fulton, com sede em Atlanta, inicia seu orçamento anual e planejamento estratégico com o Balanced Scorecard. Depois da clara definição das prioridades no BSC, torna-se fácil distribuir os financiamentos entre os programas mais estratégicos. Os departamentos do escritório central refinam seus planos estratégicos com base nas prioridades anuais constantes do Balanced Scorecard e depois elaboram seus orçamentos.

Nas reuniões de revisão do planejamento e do orçamento, com a presença dos principais gestores das escolas, os líderes de departamentos explicam seus planos para o ano seguinte e justificam os pedidos de verbas. Os diretores das escolas, por seu turno, se reúnem uma vez por ano com os superintendentes das respectivas áreas para propor o uso de recursos discricionários, de maneira compatível com seus planos estratégicos. O público é convidado a analisar os documentos orçamentários e a comentar as decisões, durante duas audiências públicas anuais.

O Balanced Scorecard ajudou as escolas do Condado de Fulton a aumentar seu senso de responsabilidade e prestação de contas perante os contribuintes. Sua utilização para justificar novos projetos também ajudou a reforçar a credibilidade do sistema escolar, na comunidade de negócios, cujo apoio é necessário quando é preciso aumentar impostos para novas iniciativas na área de educação. Os dados do Balanced Scorecard mostram com clareza os programas que apóiam a missão estratégica abrangente e os que são irrelevantes. Dessa maneira, o Balanced Scorecard ajuda o sistema escolar a selecionar quais programas manter e quais eliminar.

Processo de gestão de operações

Depois de desenvolver planos, de alocar recursos e de esclarecer e alinhar a organização a estes planos, nossas empresas de melhores práticas geralmente recorrem aos diversos processos operacionais para executar a estratégia. Esses processos tendem a se enquadrar em três categorias: (1) programas de melhoria contínua, como gestão da qualidade total, (2) programas de gestão de iniciativas, que executam programas de mudança descontínuos e (3) programas de compartilhamento das melhores práticas. Cada um destes processos operacionais cria valor para a organização, mediante o alinhamento do conteúdo dos programas com a estratégia.

Melhoria de processos

Embora com mais de um século de existência, a gestão da qualidade passou por uma espécie de renascimento nos últimos 25 anos, graças ao sucesso de muitas empresas japonesas. Hoje, o movimento da qualidade abrange programas como gestão da qualidade total (TQM), Baldrige National Quality Program, European Foundation for Quality Management (EFQM) e, mais recentemente, Seis Sigma. A reengenharia, promovida por Michael Hammer e James Champy na década de 1990, é um método poderoso para o aprimoramento descontínuo dos processos.[9] A gestão baseada em atividades estimula a melhoria dos processos e a criatividade gerencial, com base no modelo de custos da organização. A gestão de clientes – sob a forma de gestão do valor para os clientes, gestão do relacionamento com os clientes e gestão do ciclo de vida dos clientes – concentra a atenção dos gerentes e funcionários na eficácia das operações para gerar melhor desempenho.

Esses vários métodos de promover melhorias ajudaram muitas organizações a conseguir grandes ganhos na qualidade, no custo e nos prazos de seus processos de fabricação e de prestação de serviços. Inevitavelmente, muitas das mesmas organizações que adotaram o Balanced Scorecard para implementar suas estratégias precisam integrar uma ou mais dessas disciplinas gerenciais. Porém, algumas organizações se confundem com os papéis relativos desses programas e não conseguem compatibilizá-los, sobretudo se um deles já estiver implementado.

O Balanced Scorecard pode combinar-se de maneira eficaz com um ou mais desses métodos, de modo a gerar vantagem total superior à que seria obtida pelo conjunto não coordenado, ao conferir-lhes legitimidade em toda a organização, ao proporcionar-lhes contexto estratégico e ao ancorar o programa no modelo de gestão total de maneira holística. As ligações de causa e efeito do scorecard ajudam a destacar as melhorias e iniciativas identificadas por cada programa como exercendo maior impacto sobre o sucesso estratégico da organização. Conforme observou um especialista em qualidade, num de nossos seminários, “o Seis Sigma ensina as pessoas a pescar; o Balanced Scorecard mostra-lhes onde pescar”.

Caso de melhor prática: Siemens ICM

A Siemens Information and Communications Mobile (ICM), unidade de comunicação móvel da Siemens AG, mesclou com sucesso o foco estratégico de cima para baixo do Balanced Scorecard com a abordagem de baixo para cima do Seis Sigma. A empresa combinou ambas as abordagens por duas razões: para alcançar todas as pessoas da organização e para dotá-las de meios para fechar as lacunas de desempenho.

A ICM usa o Balanced Scorecard para identificar lacunas estratégicas nos principais processos interfuncionais: da ideia até o mercado, do problema até a solução, do pedido até o recebimento. Em seguida, o Seis Sigma é usado, no nível de projetos, para eliminar defeitos, perdas de tempo e custos que não adicionam valor.

A empresa entende que, embora o Seis Sigma seja capaz de criar condições para que pequenas equipes resolvam problemas concretos, o método não é em si uma ferramenta de gestão da estratégia. Desde que integrou essas abordagens, a ICM percebeu algumas mudanças no comportamento dos gestores. Agora, as reuniões são altamente interativas e as discussões se concentram no modo em que os projetos estão contribuindo para alcançar as metas de desempenho estratégico. Os gestores passaram a dispor de um contexto específico no qual se empenham para realizar suas partes da estratégia.

Gestão de iniciativas

A gestão de iniciativas abrange o monitoramento da evolução das mesmas, avaliando suas relevâncias à luz das mudanças estratégicas e garantindo suas conclusões nos prazos previstos. A gestão de iniciativas começa com algumas claras definições. Em geral, nomeia-se um membro da equipe executiva com a responsabilidade de patrocinador da iniciativa. Isso significa que qualquer obstáculo ao progresso pode ser enfrentado com eficiência por um indivíduo dotado de recursos e de poderes para decisões e efetuar mudanças. Também se nomeia um gestor do programa, que se torna responsável pela execução da iniciativa.

Tais iniciativas podem ser projetos simples e isolados, como um programa de treinamento, ou projetos complexos e contínuos, como o Seis Sigma. A atuação como gestor de programas exige um amplo conjunto de habilidades, abrangendo gestão de projetos, prestação de consultoria, gestão de relacionamentos e gestão da mudança.

Caso de melhor prática: Handleman

Quando a Handleman Company lançou seu programa de Balanced Scorecard, os executivos logo perceberam seu potencial como ferramenta de coordenação e gestão da estratégia, abrangendo todas as diferentes entidades da organização. A Handleman criou um centro para gestão do desempenho (CGD), com o objetivo de promover a execução da estratégia como uma competência essencial. Para garantir maior eficácia, atribuiu-se a essa nova entidade organizacional um conjunto de responsabilidades sobrejacentes – e o apoio dos executivos nos níveis mais altos. A Handleman utiliza a gestão de iniciativas para gerenciar seu portfólio de iniciativas garantindo a cobertura de toda a estratégia.

O CGD desenvolveu um processo de gestão de iniciativas composto de quatro fases, que é utilizado com o apoio da equipe executiva da empresa:

1. *Triagem.* Os membros do conselho analisam as iniciativas propostas para determinar aquelas que merecem uma revisão formal.
2. *Apresentação.* Depois que as propostas são aprovadas para uma análise de implementação, o CGD as apresenta ao conselho para a decisão final.
3. *Monitoramento do progresso.* O CGD adota um procedimento disciplinado para acompanhar o progresso das iniciativas.
4. *Monitoramento dos benefícios.* O CGD segue um procedimento disciplinado para avaliar o alcance dos resultados e benefícios esperados.

O monitoramento do progresso e dos benefícios é fundamental para a definição de prioridades e para a gestão do portfólio de iniciativas estratégicas, em constante mutação. O CGD orienta as reuniões de análise estratégica, de modo a garantir o monitoramento, a análise e o ajuste das iniciativas em andamento. Depois da conclusão da iniciativa, seu patrocinador conduz análises periódicas do tipo "lições aprendidas", para avaliar o alcance dos objetivos propostos e para levantar o aprendizado estratégico daí decorrente em futuras iniciativas.

Compartilhamento das melhores práticas

O processo de governança estratégica deve fornecer feedback a ser utilizado para testar se a estratégia está tendo sucesso e, em última instância, se de fato é o melhor meio para realizar a missão e a visão da organização. Quando se compartilham as informações sobre o desempenho do Balanced Scorecard em toda a organização, as pessoas desenvolvem novas ideias sobre os fatores que contribuem para o êxito da empresa. Quando a organização abre acesso às informações sobre o desempenho, torna-se possível verificar com facilidade se a estratégia está tendo sucesso e quais unidades, departamentos e equipes estão trabalhando melhor para alcançar os resultados estratégicos.

Embora o campo de pesquisas sobre melhores práticas já se encontre hoje bem desenvolvido, a maneira de entender a ligação entre melhores práticas específicas e os resultados estratégicos não é tão bem compreendida. Os métodos tradicionais de aproveitar as melhores práticas quase sempre independem da estratégia. Muitas organizações usam o sistema de relatórios do Balanced Scorecard para identificar equipes, departamentos ou unidades de alto desempenho, com base em sua capacidade de produzir resultados estratégicos. Desta maneira, as organizações tornam-se capazes de registrar como alcançaram o alto desempenho e disseminar tal informação em todo o seu âmbito. Sendo assim, treinam e desenvolvem outras pessoas sobre como melhorar seu próprio desempenho.

Caso de melhor prática: Crown Castle International (CCI)

O sistema de gestão do conhecimento da Crown Castle, CCI-Link, é um banco de dados e uma biblioteca abrangente de compilação das melhores práticas da empresa. Essa ferramenta de gestão do conhecimento, que explora as análises baseadas no Balanced Scorecard, é fundamental para consolidar e compartilhar informações sobre o desempenho e melhores práticas, para toda essa empresa global e altamente descentralizada.

A CCI usa o Balanced Scorecard para comparar entre si seus 40 escritórios distritais quanto aos indicadores estratégicos de desempenho. Este tipo de *benchmarking* ajuda os executivos a descobrir os processos e práticas que funcionam melhor na empresa e a treinar o pessoal de outras áreas da organização a desenvolver os mesmos paradigmas para que alcancem os mesmos níveis de desempenho. O foco nas melhores práticas internas permite que a Crown Castle absorva essas lições e ajuda a integrar estratégia, scorecard, melhoria de processos e atividades de treinamento em toda a organização.

As práticas de gestão do conhecimento da Crown Castle prestaram grande contribuição ao alinhamento e à eficiência operacional – sobretudo durante um período de redução no efetivo de pessoal. A arquitetura básica da CCI-Link é a mesma em diferentes áreas geográficas. Os diferentes países exercem as mesmas funções tradicionais, como finanças, gestão de ativos e capital humano, mas o conteúdo é em grande parte local. As análises detalhadas são fundamentais para identificar as diferenças entre as principais áreas geográficas, de modo que os gestores compreendam as verdadeiras causas das disparidades de desempenho.

Processos de aprendizado e controle

Em tese, a parte mais importante do processo fechado de gestão do desempenho é o controle: a capacidade de detectar desvios em relação às metas, para determinar suas causas e adotar ações corretivas, é fundamental. No entanto, quando se trata de estratégia das organizações, o aprendizado é mais importante do que o controle.

Estratégia é nada mais do que um conjunto de hipóteses sobre como a organização espera alcançar os resultados almejados, as quais devem ser submetidas a testes contínuos, como parte de um processo mensal de revisão, análise e ajustes. Em nossa biblioteca de melhores práticas encontram-se dois tipos de processos: sistema de relatórios do Balanced Scorecard e reuniões de análise estratégica.

Sistemas de relatórios do Balanced Scorecard

Já há muito tempo, dispõe-se de aplicativos padronizados do tipo planilha eletrônica para o desenvolvimento de relatórios padronizados de Balanced Scorecard. Hoje, quando se conta com mais de vinte alternativas comerciais de software de Balanced Scorecard, os usuários desse sistema de gestão consideram cada vez mais a hipótese de automação logo no início da implementação. E quem desenvolveu sistemas de relatórios baseados em planilhas eletrônicas já está pensando em migrar para ferramentas especializadas.

Quais são as vantagens da automação? Em comparação com os sistemas manuais, é muito mais fácil revisar e agregar dados entre scorecards, além de consolidá-los com scorecards da "matriz", com muito menos tempo e esforço. Em consequência, as análises e decisões são muito mais diretas, característica sobremodo importante para as organizações com dezenas de BSCs.

Caso de melhor prática: Royal Norwegian Air Force

A Royal Norwegian Air Force adota um sistema automatizado, denominado Cockpit, para divulgar os scorecards de todas as suas unidades organizacionais. Além de apresentar dados sobre a maioria dos indicadores e iniciativas, o Cockpit inclui avaliações executivas (interpretações).

Esse sistema de relatórios baseia-se numa plataforma básica de software de gestão empresarial e é acessível a todo o pessoal. Todos os meses, por meio do Cockpit, divulgam-se informações atualizadas, e ainda se dispõe de resumos impressos. As agendas das reuniões estratégicas se concentram em áreas específicas, incluídas e armazenadas no aplicativo. O Cockpit também serve de base para reuniões gerenciais.

Reuniões de análise estratégica

Da mesma maneira como o Balanced Scorecard é a peça central do modelo de gestão da estratégia, também a estratégia em si é a pedra angular da nova reunião de gestão da estratégia. Como os usuários avançados do Balanced Scorecard compreendem muito bem, já não basta afirmar que o BSC consta da agenda; o BSC *é* a agenda.

Essas reuniões devem começar com uma revisão geral do desempenho estratégico, com base no Mapa Estratégico e nos Balanced Scorecards relevantes. Mesmo que não se disponha de dados para cada indicador, como em geral ocorre no início, a equipe de gestão deve examinar o desempenho estratégico em sua totalidade. O dono de cada objetivo lidera a questão sobre as metas e temas estratégicos que estão sob sua responsabilidade.

É importante que os líderes seniores desenvolvam uma cultura de apoio, que estimule a abertura e não puna resultados negativos. Esse tipo de atitude fomenta o trabalho em equipe e motiva os gestores a revelar os problemas mais cedo, antes que se tornem mais graves. Resultados aquém das metas devem ser vistos como oportunidades para melhorias, assim como ocasiões para questionar a validade da estratégia – para compreender se, e como, ela está de fato funcionando. Talvez seja necessário redirecionar os recursos para áreas com desempenho insatisfatório ou ajustar as metas que se revelem demasiado agressivas.

Numa organização, alguns responsáveis pela execução da estratégia vinham apresentando resultados no vermelho (abaixo da meta). Na verdade, essas unidades estavam superando o desempenho de outras que não haviam imposto a si mesmas metas tão agressivas. Essa situação surgiu numa organização que valorizava a autenticidade e demonstrou grande disposição para perseguir metas ousadas.

Caso de melhor prática: Korea Telecommunications (KT)

Desde princípios de 2000, a KT usou o Balanced Scorecard para elaborar a agenda de suas reuniões executivas trimestrais. O que de início se resumia em debates sobre os resultados financeiros, hoje se converteu em ampla discussão sobre a estratégia, na qual os participantes analisam os indicadores das quatro perspectivas. Os gestores dos 24 escritórios e grupos de negócios da empresa se reúnem para discutir os resultados do trimestre anterior, além da avaliação do desempenho geral e da estratégia. Na reunião do quarto trimestre, os executivos avaliam o desempenho estratégico do ano e reformulam a estratégia para o ano seguinte.

Além de garantir a oportunidade e a transparência das informações para a avaliação do desempenho, o Balanced Scorecard também afeta profundamente a maneira como os executivos monitoram o desempenho e gerenciam a execução da estratégia. O BSC serve como referencial para a organização dos debates e das análises. Por exemplo, numa reunião de análise da estratégia, os chefes de divisão identificaram demandas ainda incipientes, embora potencialmente explosivas, decorrentes de nova tecnologia de transmissão, como resultado do monitoramento do desempenho relacionado com o Balanced Scorecard. Devido ao BSC, a gerência estava preparada para reajustar com rapidez a meta de capacidade da rede para atender às novas exigências e foi capaz de conquistar maior participação nesse mercado emergente.

RESUMO

As empresas do Balanced Scorecard Hall of Fame têm demonstrado que a estratégia pode ser executada com sucesso. Ao permitir que documentemos suas práticas de gestão, elas evidenciaram que a execução bem-sucedida da estratégia requer o alinhamento eficaz de quatro componentes: a estratégia, a organização, os funcionários e os sistemas de gestão. Por baixo de tudo isso, destaca-se a mão orientadora da liderança executiva. Cada um desses componentes do alinhamento é condição necessária, mas não suficiente, para o sucesso. Em conjunto, contudo, fornecem a receita para o desenvolvimento de processos de gestão eficazes (ver Figura 10.9).

Os Capítulos 1 a 9 deste livro descrevem o processo de alinhamento da organização. Este capítulo fornece uma visão geral de alto nível do processo de alinhamento das pessoas e dos sistemas de gestão com a estratégia. Acreditamos que, no todo – em conjunto com nossos trabalhos correlatos sobre Mapas Estratégicos, Balanced Scorecards, organização orientada para a estratégia e Unidade de Gestão da Estratégia (OSM: *Office of Strategy Management*) – esses processos constituem os fundamentos para uma *nova ciência da gestão da estratégia*.

A execução da estratégia não é questão de sorte. Mas sim o resultado de uma atenção consciente, combinada com liderança e processos de gestão

Figura 10.9 Melhores práticas de gestão subjacentes ao alinhamento

para descrever e medir a estratégia, para alinhar unidades organizacionais internas e externas com a estratégia, para alinhar funcionários com a estratégia por meio da motivação intrínseca e extrínseca e de programas convergentes de desenvolvimento de competências. Por fim, alinhar também os processos de gestão, sistemas de relatórios e reuniões de análise e revisão, com a execução, o monitoramento e a adaptação da estratégia.

NOTAS

1. W. Edwards Deming. *Quality, Productivity and Competitive Position* (Cambridge, MA: Center for Advanced Engineering Study, MIT, 1982), 101-104.
2. M. E. Porter, "What Is Strategy?" *Harvard Business Review* (novembro-dezembro de 1996).
3. R. S. Kaplan e D. P. Norton, *Mapas Estratégicos: convertendo ativos intangíveis em resultados tangíveis* (Rio de Janeiro: Campus/Elsevier, 2004).
4. R. S. Kaplan e D. P. Norton, *Organização orientada para a estratégia – Como as empresa que adotam o Balanced Scorecard prosperam no novo ambiente de negócios* (Rio de Janeiro: Campus/Elsevier, 2001).
5. R. S. Kaplan e D. P. Norton, "The Office of Strategic Management", *Harvard Business Review* (outubro de 2005).
6. R. S. Kaplan e D. P. Norton, "Measuring the Strategic Readiness of Intangible Assets", *Harvard Business Review* (fevereiro de 2004): 52-63; ver Capítulo 8, "Prontidão do Capital Humano", em Kaplan e Norton, *Strategy Maps,* 235-243.
7. Correspondência com a Balanced Scorecard Collaborative.
8. O conteúdo desta seção foi extraído de "Govern to Make Strategy a Continual Process", *Balanced Scorecard Report* (janeiro-fevereiro de 2005).
9. M. Hammer e J. Champy, *Re-engineering the Corporation: A Manifesto for Business Revolution* (Nova York: Harper Business, 1993).

ÍNDICE

O Coração da Mudança

Inteligência Financeira na Empresa

Conduza a Sua Carreira

Big Data no Trabalho

GESTÃO ESTRATÉGICA DE PESSOAS COM "SCORECARD"

LIDERANDO MUDANÇAS

MAPAS ESTRATÉGICOS

DESIGN DE NEGÓCIOS

Impressão e acabamento:
Grupo Smart Printer
Soluções em impressão